社會團體工作
——理論與實務

許臨高　主編

許臨高、曾麗娟、莫藜藜、張宏哲　合著

五南圖書出版公司 印行

主編序

　　從事社會工作教育一晃有四十多年了，在過往的教學歷程中，有關社會工作三大工作方法，多年來我主要教授的課程是團體動力學和社會團體工作等二門課。此次利用退休較多閒暇的機會，與二位同在社工界曾經教授團體工作的老師一起修撰第三版《社會團體工作》，利用每隔一段時間為完成這本書所安排的聚會或是電話、Line，分享、討論及澄清這門專業必修課程所涉及的內涵和重要的觀點。

　　本書內容共分為十三章，分屬三大篇。第一部分為基礎篇，內容包括第一章社會團體工作之基本概念、第二章團體動力與領導、第三章多元文化與社會團體工作、第四章任務性團體；第二部分為操作篇，內容包括第五章團體的組成、預估與評估、第六章團體方案設計、第七章團體的發展與歷程；第三部分為實務篇，內容包括第八章兒童團體工作、第九章青少年團體工作、第十章老人團體工作、第十一章不幸婦女的團體工作、第十二章醫療機構的社會團體工作、第十三章是最後一章介紹自助性團體。

　　本書的內容乃是所有作者群累積多年教學和實務經驗結果的整理，其可作為大學部及研究所「社會團體工作」專業知識學習的參考用書，亦可作為社工實務機構及社會工作人員助人專業之參考資料。雖全力以赴，相信缺失難免，謹此，懇請所有社工先進能不吝指正。

許臨高 謹識

2024年11月

目　錄

第一章
社會團體工作
之基本概念

許臨高

每個人自出生起就生活在團體中，在不斷地受他人影響的過程中，成為社會的一個成員。透過團體，人和人之間得以建立有意義的關係，學習可以被接受的社會行為規範、獲得令人滿意的社會關係、確認個人的目標，並從與親密社會系統的連結中獲益。總而言之，團體塑造和影響著個人之人格和態度的成長與改變，而個人也深深地影響及塑造著團體的發展與成長。雖然有些人可以獨處於團體的邊緣，但從社會的本質來說，此種情況既不適合人的需要也不健康。

　　社會工作是一門助人的專業，社會團體工作是社會工作的方法之一，配合著人們不斷改變的需求逐步發展，從早期具教育性、休閒性的團體活動發展到具有治療性功能，逐步建構出各種不同實施模型及立基不同理論觀點的團體，並實施於不同服務對象的社會福利機構。

　　本章將就社會團體工作的基本概念作說明，包括社會團體工作中，定義、發展史、相關名詞的比較、分類與功能、實施範圍及價值觀與相關的倫理議題，以及三個重要傳統運用模型等分為六個小節加以討論。

 第一節　社會團體工作的基本概念

　　團體是一個動態、有生命的有機體，透過團體中的成員和其彼此間的互動，形成影響各個團體分子及整個團體的力量，此種力量如能有效加以運用，則可以產生正面的效果。以下先對社會團體工作中團體的基本要件作一介紹。

壹、社會團體工作中「團體」的定義

　　團體是兩個或兩個以上個人的集合體，但並非個人的集合體便可稱為「團體」，對於那些沒有形成一個單位（unit），或沒有享有某些類似性，或彼此間沒有互動，只可稱之為聚集（aggregate）。團體並非其組成分子的總合，其必須要具備以下的要件（李建興，1993；黃惠惠，

1994；潘正德，2012；林萬億，1998；Johnson & Johnson, 1997）：

1. 確認為該團體的成員；
2. 擁有團體意識及與團體一體感；
3. 有共同追求的目標；
4. 滿足彼此的需求，及成員間的相互依賴；
5. 成員彼此間有互動；
6. 成員擁有類似的行動能力；
7. 具有組織性的，成員間會透過角色、規範及關係建立，發展出穩定的型態；
8. 具動態本質的整體，其中任何一部分的改變，都會影響到其他部分；
9. 會隨時間進展而不斷改變。

　　總而言之，團體是一個有生命，會產生變化，具有形或無形的界線和範圍的有機體。而社會團體工作中所謂的「團體」是指兩人或兩人以上的成員聚集在一起，透過互動而產生角色、地位、規範等相互依存獨特且有組織的形式，具有方向性為追求共同目標而努力。

貳、社會團體工作定義

　　依據Trecker的觀點，社會團體工作是一種工作方法，透過個人在各種社區機構的團體中，藉著工作者的協助，引導成員在團體活動中互動，促使成員彼此建立關係，並以個人能力與需求為基礎，獲致成長的經驗（林萬億，1998）。莫藜藜（1995）則認為社會團體工作是專業的工作方法之一，是基於人類彼此的需要及相互的依賴，以面對面的小團體經驗及社會工作者的參與介入，加強個人的社會功能及社會的和諧。另根據Toseland的觀點，其認為社會團體工作的定義是：在小型的治療性與任務性團體中，運用目標導向的活動，來滿足團體成員社會情緒的需要與任務

的完成。在服務輸送的系統中，活動是用來指導團體個別成員及整個團體（許臨高等譯，2000）。Reid認為社會團體工作是一種社會工作的治療取向與方法。透過一小群有共同興趣或問題的人頻繁的聚集，並參與為達成共同目標而設計的活動（劉曉春、張意真譯，1997）。

參考前述學者對團體工作的定義，可以整理出以下幾個意涵：

一、社會團體工作是一種工作方法

此一工作方法是由知識、理解、原則和技巧所組成。

二、透過團體工作者的協助

工作者透過接納、團體及團體成員個別化、團體目標的確定、有效的團體帶領及決策、團體方案活動的設計與執行、組織與程序，以及資源的運用，對團體成員提供適當的協助。

三、目標導向活動

在為團體成員提供專業服務的範疇中，工作人員有計畫且循序漸進地依據團體目標執行各種活動。

四、目標導向活動有許多目的

旨在達成個人行為的改善、團體民主化的形成和社區的發展，例如：團體工作者將目標放在支持或教育成員，為成員的問題及其所關心的事情提供協助以促進其社會化和成長；工作者協助團體成員發展領導能力，以便成員可以為團體的發展，承擔更多的責任；工作者協助團體具備

改變社會環境的能力，協助成員能對影響他們生活的組織與社區，具較大的控制力。

五、引導成員互動、促使建立關係，以獲得良好的成長經驗

包括參與、歸屬、決策、解決問題、責任感、積極主動及適應等能力與經驗。

六、特別是指「小團體」中的成員

這個名詞意指成員有能力去認同他是團體中的一分子，參與互動，透過言語與非語言的溝通過程，彼此間交換思想與感覺。

七、工作者所服務的團體包括治療性團體及任務性團體

工作者將其注意力放在滿足成員社會情緒的需求和任務的達成，協助案主滿足其個人的需要，和幫助機構或組織完成其任務。

八、強調工作者在團體中針對「目標導向的活動」設計與運用

其注意力不只放在個別成員身上，也應考量整個團體。

九、強調團體的存在是與社區中服務輸送系統有關

社區會支持及贊助能配合其所需的團體。另自助團體和私人指導的團體也會受組織與社區的支持、贊助和認可的影響。

十、團體和其贊助的機構彼此會相互影響

團體會受其贊助組織資源、任務、目標和政策的影響，同時，團體也可能成爲需要改變的機構政策或程序的催化劑。舉例來說，機構爲某一特定區域的年輕父母提供支持性團體的服務，在聚會期間需要有兒童照顧的服務，團體凸顯了兒童照顧的需求。

參、社會團體工作的種類與功能

一、種類

依據Toseland（1998）觀點，團體可分爲兩類：

（一）組成團體（formed groups）

通常是爲了某特殊的目的，經由一些人／機構發起或加入而聚在一起，所形成的團體，例如：治療性團體、教育性團體、社會運動團體、工作團隊等。

（二）自然團體（natural groups）

通常是未經正式的發起或贊助，乃是基於自然發生的事件、人際間的吸引力或爲滿足成員所覺察到的需求而聚在一起，例如：家庭、同儕團體、街角幫派、朋黨等。

本書主要是參照Toseland（1998; 2012）的分類，主要聚焦在「組成團體」的探討。對於由家庭或其他非團體工作者計畫或建構而成的「自然團體」，因其擁有較長的發展史，且成員之間的關係有其獨特的意涵，工作者的介入還需發展出另一套知識，爲避免篇幅過多，故在本書中不予以討論。但書中所介紹的知識、技巧及技術，亦適用於「自然團體」。

「組成團體」的分類是依據團體組成的目的。「目的」領導團體的

組成、確定了將成員聚在一起的原因、協助導引團體對目標導向活動的選擇，與界定服務輸送的範疇（Klein,1972）。Toseland（1998）的將「組成團體」分成「處遇性團體」（treatment group）和「任務性團體」（task group）兩類型（許臨高等譯，2000）。

1. 「處遇性團體」主要的目的是在滿足成員社會情緒的需求，包括滿足成員支持性、教育性、治療性、成長性或社會化的需求等五個目的。「處遇性團體」依其五個主要目的可分為五種團體。在團體實務運作的過程，工作者所帶領的團體有可能只具其中的一個目的或是多個目的，例如：煙毒勒戒的團體可能具有前述五個目的；而精神病患家屬團體可能具教育性、支持性和成長性等目的。

2. 「任務性團體」被用來表示任何團體其最重要的目的，是在達成目標而不是與團體成員的需求作較內在或直接的連結。任務性團體工作的達成足以影響整個相關人等而非只限於團體成員而已，其有三個主要的目的，包括滿足案主需求、滿足組織需求、滿足社區需求。在滿足案主需求目的方面的團體，包括團隊（team）、治療會議（treatment conference）、職工發展團體（staff-development）等；在滿足組織需求目的方面的團體，包括委員會（committees）、顧問團（cabinets）及董事會（boards of directors）等；在滿足社區需求為主要目的的團體，包括社會行動團體（social action groups）、聯盟（coalitions）及代表會議（delegate councils）等。

二、功能

　　Yalom（1995）認為團體之所以具有治療和支持的功能關鍵在於它能夠提供植入希望、資訊的交流、互助或利他的精神、社交技巧的發展、行為的模仿、偏差行為和認知的修正，和個體經驗的共通性或正常化等要

項。Reid（1997）的看法大同小異，除了上述的項目之外，還加上自我了解、現實感的檢視、接納、自我表露，和學習的轉移到團體之外等。

團體的功能，依據Klein（1972）的看法可包括以下八項（許臨高等譯，2000）：

1. 復健性（rehabilitation）：恢復成員以往所具有的功能。
2. 開展性（rehabilitation）：幫助成員成長與發展。
3. 矯治性（correction）：協助有問題的成員能遵守社會的法律或更多。
4. 社會化（socialization）：協助成員學習如何與他人相處及做社會接納的事。
5. 預防性（prevention）：協助發展與行使功能至最佳的程度，幫助成員準備面對可能發生的任何事件。
6. 社會行動（social action）：幫助成員改變他們的環境。
7. 問題解決（problem solving）：協助成員解決複雜的與其所關心的事。
8. 發展社會價值觀（developing social values）：協助成員發展人性化的生活取向。

肆、社會團體工作的實施範圍

一般而言，社會工作者必須在機構的支持、贊助、指導、保護及限制下，運用社會團體工作的方法來服務團體成員。其實施範圍可由案主年齡所界定的人生各個不同的階段，以及實施機構來作說明（莫藜藜，1995）：

一、案主年齡階段

包括兒童團體、青少年團體、成人團體及老人團體。

二、實施機構

（一）醫療衛生機構

例如：綜合醫院、慢性病院、復健中心、公共衛生及精神病防治機構等所設之醫務社會工作或精神社會工作部門所辦理的團體。

（二）社會福利機構

例如：兒童福利、少年福利、老人福利、身心障礙福利、家庭福利、公共救助、早期療育等福利機構針對其特定服務對象所提供的團體工作。

（三）教育輔導機構

例如：學校輔導室、學校社會工作所提供的團體服務。

（四）司法矯治機構

例如：在更生保護、感化院、矯治學校、觀護所等所提供的團體服務。

（五）工業機構

例如：企業生產單位或管理行銷單位為員工及其眷屬所提供的各種團體方案。

（六）軍事機構

例如：為參與救災的士兵提供「任務回顧」團體，或因執行作戰任務所進行的戰爭創傷的團體治療等等。

第二節　社會團體工作的發展史

壹、國外社會團體工作的發展

　　社會團體工作的發展，主要是受到英國及美國的睦鄰會社的影響
（settlement houses）。睦鄰會社運用社會化團體、成人教育團體及休
閒娛樂團體等，使居民有機會聚在一起分享彼此的觀點，增加相互間的
支持，透過共同的合作以促進社會變遷。事實上，在早期的幾年，「社
團工作」（club work）經常與「團體工作」交換者使用（許臨高等譯，
2000）。在此一趨勢發展之同時，也有一些例外，例如：1985年初期，
慈善組織除提供一對一的服務之外，也有一些人意識到有必要組織窮人以
促進社區改變；美國州立心理衛生機構為了治療的目的也運用團體工作提
供服務。

　　許多事件和議題多少影響了團體工作的發展，Garvin將此發展分為
團體工作的出現（the emergence of group work）、工作方法的闡明（the
clarification of the method）、實務的普及（the diffusion of practice）、
朝向綜融發展（the move to the generic），及團體工作的復活（the
revitalization of group work）五個時期，以下針對國外社會團體工作的發
展情況，簡要介紹並配合表格說明如下（林萬億，1997；許臨高等譯，
2000；林萬億，2007；曾華源，2011；Garvin, 1997; Toseland, 1998）：

一、團體工作的出現（1861-1927）

　　此一階段又稱之為醞釀期。團體工作的出現主要是源自於工業革命所
產生的社會問題和都市移民問題，以及當時是如何因應和解決這些問題所
進行的各種運動和相關的工作機構，包括勞工運動、兒童樂園運動、童軍
運動、宗教組織、青年機構及睦鄰會社。

此時期從事團體的工作者有來自教育、心理、社會及社會工作者等背景。社會個案工作的先驅Mary Richmond於1920年代開始注意到小團體心理學（small group psychology）的重要。此外有一位政治科學家弗列特（Mary P. Follett）在她所著的一本書「*The New State*」中表示，她認為可以在鄰里中創造團體以解決社會問題，其強調民主過程及解決社會問題的途徑成為團體工作的基石。另一位思想家杜威（John Dewey）提出發展進步教育的觀點（the idea of progressive education）。前述二位的觀點對早期的工作者均產生相當的影響。根據此一時期的想法，社會團體工作方法被認為是「運用進步教育的原則到休閒設施非正式的小團體當中」。

最初團體工作和社區發展的概念有密切地關聯，事實上，社區組織方法的源起以及強調公民參與的觀點，與團體工作最初的想法是沒有什麼區別的。總而言之，1920之前，社會團體工作缺乏專業的認同，且並不視為社會工作方法之一，直到1923年Western Reserve大學的Mildred Chadsey開始教授團體工作相關之課程，而真正的「團體工作」名稱到1927年才出現。

二、工作方法的闡明（1928-1946）

選擇1927年作為前一階段的結束，主要的原因是因為自此之後，很明顯的有一種新的取向出現。從1928年至第二次世界大戰結束，團體工作能有更近一步的發展主要受二個重要的社會變動的影響，一為經濟不景氣，二為戰爭。這兩個因素帶出了社會改革的挑戰，社會工作者被迫去質疑該如何協助人們有效適應及在現存社會秩序中生活，過程中讓團體工作者看到「團體」是促進社會變遷的一個工具，使得這段期間真正出現所謂的團體工作。

覺察到團體服務的重要性也強化了團體工作者對社會工作專業的認同，當然也帶來不小的挑戰。幾位對團體工作有興趣的學者，例如：Coyle, Kaiser, Wilson, and Newstetter等努力了幾年後，直至1935和1936年間才得以在全美社會工作會議上發表相關的文章並成立團體工作專業組織。

總而言之，在1930年代和1940年代間，團體工作持續在男女青年機構、睦鄰會社、猶太社區中心和童軍組織中運作發展，以協助那些受到經濟不景氣及戰爭影響的人們，滿足其需要；在同時亦有一些專家學者努力於發展與爭論團體工作的實務理論，以及促進工作者的專業認同。

　　之所以將1946年作為此一階段的結束，主要是在此之前，人們不斷在爭論究竟團體工作是教育工作或是社會工作。1946年後由於Coyle在全美社會工作會議將社會團體工作視為社會工作的一種工作方法，此觀點並促成美國團體工作者協會（American Association of Group Workers, AAGW）的成立，訂定了專業標準的共識，並將團體活動擴展在其他領域中實施，導致團體工作能持續發展的重要原因之一。

三、實務的普及（1947-1963）

　　受到經濟不景氣及戰爭因素的影響，政府方案和服務的實施導致社會工作實務的擴展。另一方面國際事務方面，特別是與蘇聯的冷戰所帶來的對「內部共產主義威脅」的恐懼，以及對改革者是「顛覆破壞者」的譴責，造成對前一階段社會改革精神的阻礙。由於許多社會團體工作者與社會改革的精神有所關聯，所以此種情況的發展對團體實務者的努力有所影響。簡言之，在1940年代及1950年代十年間，如前述的原因，團體工作與社會變遷的連結消聲匿跡，團體工作的重心不再是實現社會變遷，而是將實務實施在其他領域，和努力於闡明及擴展團體工作實務理論，並出版了許多有影響力的書籍，例如：《團體》（*The Group*）目前仍由AAGW贊助出版，持續扮演一個重要的角色。

　　此外在此一時期，受到Freudian心理分析（psychoanalysis）及自我心理學（ego psychology）的影響，以及缺乏訓練有素的工作人員為二次大戰身心受創的退伍軍人提供服務，另也受到Fritz Redl與Gisela Konopka二人將團體服務成為兒童輔導診所整體服務的一環，團體工作者開始在心理衛生機構實施團體的治療與矯治。運用內在洞察取向的治療團體，強調成員問題的診斷與處遇，較不依賴方案活動。這種發展取向的轉

變引發一些爭議，有些認為此種現象意味著團體工作者是從承擔社會運動責任中撤退；另有一些工作者擔心團體工作所扮演的預防功能將會消失（Garvin, 1997）。

在1950年代及1960年代，在鄰里中心及社區機構運用團體方法，來推動社區發展與社會運動。在同時，將小團體視為一種社會現象的研究有增加趨勢。依據Hare（1976）的看法，1950年代是研究團體的黃金時代。

四、朝向綜融發展（1964-1979）

1960年代後社會工作學院實務朝向綜融觀點發展，許多社會工作者包括團體工作者，統整社會工作實務運作方法為一種方法，導致團體工作的聲望下降，團體工作方法式微。1970年代對團體工作的興趣繼續衰微，專業學校提供團體工作進階的課程的教授並不多，工作者運用團體作為實務運作的方法也不普遍。

在1960年代和1970年代間，影響團體工作發展的兩大議題，一是對貧窮作戰（War on Poverty），一是公民權利運動（Civil Rights Movement）。這兩項運動導致社會工作者從新的、更社會學的、透澈的、前瞻性的角度看問題，同時在解決問題上比較不會為傳統教義和原則所限制。

為了增加社會工作者了解團體潛存的益處，美國及加拿大的團體工作者，於1979年聚集在一起，召開促進團體工作發展（the Advancement of Group）第一次專題研討會的年會（the First Annual Symposium）。從那時候每年都召開團體工作的研討會，研討會的召開，使得美國及其他國家的團體工作者聚在一起，發表臨床上的發現、研究結果及開設工作坊分享在自己的社區運用團體工作的成效。

五、團體工作的復活（1979-）

在1980年代及1990年代，試圖復興社會工作中的團體工作持續且不斷地增加，社會團體工作促進協會（AASWG）擴展成許多地區性分部的國際性協會的集合。除了贊助每年的專題研討會外，AASWG有一人負責與社會工作教育協會保持聯絡，以促進社會工作學院團體工作課程的規劃。AASWG也發展出團體工作教育的標準，並向社會工作教育協會教育政策委員會提出意見。

從1985年之後的每一年，社會工作者與教學者所組成的團體，在Sheldon Rose及Charles Garvin兩人的帶領下，召開有關團體工作相關議題的研討會。研討會的設計，主要是透過鼓勵參與者分享研究上的發現，改革方法學的取向，並集合有志於團體工作研究的同好，共同努力以促成團體工作的發展。

有關目前實務趨勢的發展，Papell & Rothman在一篇文章中說明治療性團體對團體工作實務深遠的影響，並概要列舉出團體工作實務三個重要的傳統運用模式：社會目標模型、治療模型、交互模型，這三個模式迄今仍被廣泛地使用。現在流行的實務模型，依據其目的、實務情境、團體所面對的任務，各具有不同的焦點，但同樣地都有其理論上的依據。團體工作實務站在折衷的立場，因應教育、娛樂、心理衛生及社會服務等不同的需求，加以發展。近年來，有愈來愈多嘗試將不同的團體工作實務加以整合。筆者依前述五個階段，以表格1-1簡要陳述社會團體工作的歷史發展。

表1-1 社會團體工作的歷史發展

階段／年代	內容
團體工作的出現 （1861-1927）	1. **影響團體工作出現之因素：** (1) 勞工運動：因工業革命自動化工廠林立，吸引許多鄉村年輕人至生產中心的城市工作。大量勞工帶來居住、公共衛生、教育、童工、犯罪和貧窮等問題，勞工以販賣個人勞力維生，經濟上幾乎完全依賴資方所提供之薪資過活。面對資本家的剝削，勞工組織工會，結合群體的力量，爭取福利：要求提高薪資改善待遇；提供勞工補習教育、提升勞工知識水準；舉辦勞工子弟假期露營會，調劑勞工子弟生活促進福利措施。直接間接促進社會團體工作發展的一股力量。 (2) 宗教組織：有許多教會團體組織從事社會慈善事業。宗教慈善組織曾運用團體工作方法協助兒童、青年、成人和外來者建立公民責任，促進團體工作的發展。 (3) 青年機構：基於宗教情操，成立了許多社團和機構，透過團體的方式來協助人們，例如：基督教青年會（YMCA）和基督教女青年會（YWCA）協助男女青年利用閒暇時間，從事各種團體活動。透過提供地區性的各種康樂性或教育性活動，促進青少年德、智、體、群的發展。青年會的發展使社會團體工作也隨之發展。 (4) 兒童樂園運動：針對兒童提供團體活動的服務，1868年波士頓一個教會利用公立學校的校園成立第一個兒童假期樂園，後教會團體、私立學校、各地睦鄰會社及社區中心紛紛響應。由只是利用假期而實施的活動，而後發展為經常性的計畫；由只是兒童自由運用相關設施，變為由工作人員帶領的康樂活動，其在社會團體工作的發展占重要地位。 (5) 童軍運動：男童軍和女童軍透過非定點，以多樣化的活動及服務方案來提供服務，以建立健康的人格和體魄。童軍活動與社會團體工作發展有密切關係。 (6) 睦鄰會社：運用使用休閒活動為基礎的團體，以引導出相互扶持、自助的信念，使團體經驗成為新移民解決問題的有效途徑，滿足移民生理和生存的需求。 2. **影響人物及觀點**：(1)杜威（John Dewey）的進步教育理論（Progressive Education）；(2)弗列特（Mary P. Follett）的新國家（The New State）觀點。 3. **正名**：社會團體工作納入社會工作課程訓練是1920年代之後的事，真正「團體工作」的名稱直到1927年才出現。

階段／年代	內容
工作方法的闡明（1928-1946）	1. **時間**：1928年至第二次世界大戰結束。 2. **功能**：團體被用來達成休閒、社會行動、教育及個人成長等目標。團體工作具有社會參與、社會行動、民主過程及學習與成長等功能。 3. **學者代表**：Coyle, Kaiser, Wilson, and Newstetter。 4. **發展重點**：(1)1935年「全美社會工作會議」同意闢一個時段討論團體工作，許多社會團體工作的論文在這個會議中發表；(2)1936年「社會團體工作研究協會」（The National Association for the Study of Group Work）成立；(3)1946年團體工作正式成為社會工作方法之一。 5. **代表著作**：(1)柯義爾（Coyle）的《組織團體內的社會過程》（*Social Process in Organized Groups*）；(2)牛司泰特（Newstetter）的《團體調適》（*Group Adjustment*）。 6. **工作焦點**：(1)正常個人之成長；(2)以團體來服務各個階層；(3)對社會中有問題部分進行干預；(4)在傳統的休閒娛樂或偏差行為的矯治機構中工作；(5)工作者的角色是一個教育者與問題解決的導引者；(6)工作的目的是在消除社會中的不幸者，使其能被納入社會主流者；(7)主要的案主群：依賴人口、不健康者、貧窮人口、外來移民或少數民族。
實務的普及（1947-1963）	1. **背景**：(1)社會工作界受到精神分析觀點的影響，團體工作也被導引至此方向；(2)二次大戰後，醫院中有所謂的治療性團體，團體工作者採用研究、診斷、治療等「醫療模式」的概念，重視團體中個人的失功能因素。 2. **影響**：(1)精神醫學對團體工作已形成了重大影響；(2)傳統團體工作仍繼續努力，例如：睦鄰會社、鄰里中心、社區機構及青年團體等仍持續推動社會化與休閒性的團體，重視環境因素對個人失功能的影響。 3. **著作**：(1)柯義爾的《為美國青年服務的團體工作》（*Group Work with American Youth*）；(2)柯義爾與哈弗德（Margaret E. Hartford）合著《社區與團體的社會過程》（*Social Processes in the Community and the Group*）；(3)威爾森（Wilson）的《社會團體工作實務》（*Social Group Work Practice*）；(4)崔克爾（Trecker）的《社會團體工作》（*Social Group Work*）；(5)克那普卡（Konopka）的《兒童治療性團體工作》（*Therapeutic Group Work with Children*）。

階段／年代	內容
朝向綜融發展 （1964-1979）	1. **背景**：受到美國公民權利運動（Civil Rights Movement）、對貧窮作戰（War on Poverty）及女權運動（Women's Right Movement）等的影響，團體工作被用來參與社會行動。 2. **觀點**：60年代之前團體工作多以精神分析觀點來進行診斷處遇，與個案工作取向無太大之差異；60年代之後，針對社會團體工作有更多不同的主張和觀點，而有所謂的「綜融途徑」（Generic Approach）的發展。 3. **模型**：(1)帕波爾與樓斯門（Papell & Rothman）的社會目標模型、治療模型及交互模型；(2)文特（Vinter）的治療模型；(3)史華滋（Schwartz）的中介模型（Mediating Model）；(4)柏恩斯坦（Bemestein）提出第四個模型「發展模型」（Developmental Model）。
團體工作的復活 （1979以後）	1. **背景**：團體工作重要模式之發展與美國社會、政治、經濟條件的變化有密切關係，例如：1930年代的社會目標模式和60年代的交互模式，反映了當時社會追求民主與配合社會變遷需求之趨勢；1950年代治療模式到1970年代末的行為修正模式，反映出當時社會變遷停滯，發展以個人改變為團體工作之目標。 2. **發展重點**： (1) 80年代以後團體工作再度復活，其與兩件事情有關，一是團體工作期刊的發行，二是「促進社會團體工作協會」（Association for the Advancement of Social Work with Groups）的成立。 (2) 強調社會團體工作需面對社會變遷，面對各種挑戰。 (3) 80年代以後團體工作又繼續發展出新的工作模式，其中較受重視包括生態模式、人本模式、臨床模式、社會行動與體系統發展模式。 (4) 90年代受美國健康照顧改革的影響，團體工作被用來協助個人健康計畫；電腦使用的普遍，電腦中介支持團體被用來協助無法面對面溝通及無法定期參加的成員，例如：愛滋病患者、癌症病人、行動不便的老人等電腦團體。

*本表格資料參閱及整理自林萬億（1998；2007）、Garvin（1997）和Toseland & Rivas（2012）。

貳、國內社會團體工作的發展

一、早期國內社會團體工作的發展

　　依據林萬億教授（1998）的觀點，我國社會團體工作發展也是遠落後於社會個案工作，其認為長久以來受到歐美社會工作的發展是以社會個案工作為主流的影響，再加上國內社會團體工作師資與相關書籍缺乏，以及社會工作者因訓練不足且對團體工作的不熟悉，和以青年工作為主的社會服務機構使用了輔導取向的團體技巧，造成了團體工作與團體輔導概念及運用上的混淆，由於以上的因素相互影響，導致國內早期社會團體工作發展很緩慢的原因。

　　有關團體工作的源起，在國民政府遷臺以前，臺灣設有YMCA，主要是提供青少年團體活動服務為主。遷臺後，宗教團體辦理的慈善性社會服務，後於1954年救國團成立，在各縣市辦理寒暑假的青年育樂活動，平時不定期辦理學校青年和社會青年休閒育樂與才藝培養等活動（曾華源，2011）

　　雖然早在葉楚生教授所著的《社會工作概論》就對社會團體工作的專業方法有所介紹，但是國內社會工作者界有關團體工作的運作仍是從經驗摸索開始，早期基督教青年會及救國團的青年服務，對臺灣的社會團體工作有催生的作用和貢獻。1969年救國團「張老師」成立，採用團體模式培訓義務張老師。根據紀錄資料顯示，國內社會工作者界首先運用社會團體工作的專業方法，應該是1970年社區發展訓練中心有計畫地訓練社區中的領導人才，及1971年彰化基督教醫院社會工作部為病人和家屬所辦的小型座談會。1976年救國團張老師舉辦「蘭陽育樂營」正式運用社會團體工作來協助虞犯青少年。在此時期所謂的專業方法，排除純粹以團康或育樂活動方式為主的團體工作（莫藜藜，1992；莫藜藜，1995；曾華源，2011）。

　　以下綜合國內幾位學者對早期臺灣社會團體工作發展之整理，依社會團體工作的實施範圍，說明早期社會團體工作在臺灣實施概況（莫藜藜，

1992；莫藜藜，1995；林萬億，1998；曾華源，2011）。

（一）醫療衛生機構實施團體工作概況

　　國內醫院團體工作最早始於1971年，主要是彰化基督教醫院爲內科病房家屬所舉辦的座談會，之後於1973-1974年間在該院精神科門診，爲出院的精神分裂病患辦理封閉式的小團體討論會；而精神科團隊中的醫生、護士、社會工作者及牧師等依據團體組成的目的，在病房爲病人團體辦理開放式小團體的討論會，並擔任團體主持人或協同主持人，探討宗教及手淫等問題。

　　1981年之後，各醫院陸續推出團體工作方案，根據1992年莫藜藜收集臺北長庚、馬偕、臺北榮總及彰基社會工作者部門資料，目前我國醫院團體工作有從疾病種類、成員身分、成員出入控制、團體性質等幾種區分方式進行團體工作。

（二）社會福利機構實施團體工作概況

　　莫藜藜（1995）將社會福利機構分爲四類說明團體工作的實施概況：

1. 兒童及青少年福利機構

　　以中華兒童福利基金會爲例，其將團體工作分爲三大類，包括社區中的節慶活動、育樂活動、輔導性活動等。而因應案主問題及其需要，中華兒童福利基金會的團體工作，可分爲以下五種服務領域（中華兒童福利基金會，1991）：(1)兒童及青少年福利服務，如兒童社會技巧訓練團體、兒童保護訓練營等；(2)家庭服務，如媽媽團體、聯合家庭會談、親職教育講座等；(3)衛生保健服務，如偏食兒童團體輔導、清潔兒童俱樂部等；(4)社區服務，如兒童讀書會、鄰里托兒保母訓練、義工團體訓練等；(5)學校社會工作，如低學業成就兒童課業輔導等。

2. 老人福利機構：老人團體工作的發展，可分爲兩類。

(1) 社區老人的團體工作：1982年臺北市各區成立社會福利服務中心，成立了老人聯誼團體，以提供多樣化的團體活動方案，包括健康、休閒、技藝、聯誼和參觀等，人數由數十人至上百人不

等。另於當年，臺灣各地陸續成立老人活動中心，舉辦老人社團、常青學苑、老人聯誼活動及長青志願服務隊等。各項活動均以團體形式運作，唯以興趣團體為主，社會工作者甚少介入帶領。1984年至1989年為全盛時期，後因社福中心轉型，各區文康中心成立，原來老人團體逐漸減少。

(2) 安養機構的老人團體工作：臺北市立浩然敬老院於1986年，在社會工作者的帶領下成立老人成長團體，並發展成為該院常態服務之一，被視為安養機構中發展較為專業的團體工作；在該院還有另一種社會工作者介入較少，自助自治的老人團體，即所謂的興趣團體。另在臺北市愛愛院老人自費中心，自1993年發展出以康樂休閒活動為主的老人聯誼性團體。其他安養機構，如臺北市立廣慈博愛院、救總翠柏新村、省立花蓮仁愛之家，臺北縣立仁愛之家等，皆曾由社會工作者間續進行過較具團體動力與發展的團體工作，唯未發展成常態服務。

3. 身心障礙福利機構

莫藜藜（1995）參閱相關文獻，發現無論政府和民間都致力於政策上的努力，而臨床實務則不足。就團體工作而言，簡明山的「殘障者的自我成長團體」是以結構式的團體方案進行。另陽光基金會兒童中心於1995年寒假舉辦「潛能開發團體」。此外在社區中有為身心障礙者以自助團體形式，舉辦一些有關親職教育和休閒聯誼活動，由於當時許多殘障福利團體尚未設置社會工作之職，是以許多支持性服務項目多由一般工作人員負責。

4. 綜合性社會福利機構

1981年及1982年臺灣省政府社會處編印之《社會工作案例彙編》中，曾納入團體工作的案例，如臺北市「社區兒童育樂營」；臺中縣豐西社區「青少年團體」；彰化縣東州社區「暑期兒童育樂營」；嘉義市保安社區「歡聚生活營」；嘉義縣溪州社區「童子軍團」；臺中市「好父母親子溝通團體」；彰化縣「康乃馨讀書會」；臺中縣「鋁光灼傷者社會復健團體」等。莫藜藜（1995）認為這些團體報告，都具有某種程度的專業水準，唯未發展成常態服務。

另以救國團諮商輔導中心（通稱張老師）為例，綜觀該機構提供的各項服務項目可歸類於綜合性社會福利機構。參考其1993年之年度報告資料，得知該機構透過休閒、教育及輔導性之團體輔導方式，舉辦青少年團體輔導活動，包括人際關係、異性交往、生活適應、生涯規劃、自我探索、領導才能、克服考試壓力、疼惜自我、情緒管理、壓力抒解、心理劇成長、活力甦醒、自我發展等團體。

（三）教育輔導機構實施團體工作概況

1968年教育部公布的《特殊教育法》中，規定特殊學校得聘用受過專門訓練並具有學士以上學位之社會工作者；然而直至1995年未聞該類學校已聘用社會工作者。但在司法體系的少年輔育院與社會福利體系的公立托兒所，已有正式任用社會工作者；這兩類機構雖非正式學校體制，但具有學校教育性質。

1976年，中華兒童福利基金會正式標示「學校社會工作」為其服務方案之一，這樣的模式乃是在教育體系外所從事的學校社會工作，或稱之為社區中的學校社會工作，其服務方式中的團體工作可歸納在兒童、青少年福利機構。

（四）工業機構實施團體工作概況

蘇景輝將臺灣地區推展工業社會工作（勞工輔導工作）的機構歸納為四類，即(1)政府社政單位的勞工服務；(2)救國團的工廠青年服務；(3)教會的職工青年服務；(4)企業組織內的員工輔導。然莫藜藜（1995）從有限的資料發現各機構對勞工的服務內容如以團體的方式，多屬大型的育樂活動；至於辦理成長團體、幹部訓練團體或活動領導人才團體等，亦為曇花一現，未見正式報告發表，或形成常態服務。

（五）司法矯治機構實施團體工作概況

以臺北市少年輔導委員會為例，該會於1992年度進行暴力行為學生之「團體輔導及課程教學方法成效」的研究，並於事後編輯成實務手冊。團體活動方案包括九次系列性結構式活動，主要目標在設計一套團體輔導

活動模式，並檢驗其對暴力學生行為與認知的改變有何影響。該會又於1993年度以機車竊盜行為學生為對象，在五個國中各實施一期八次的團體輔導，團體輔導目標在增進自我了解及概念、學習人際交往方法、增進自我管理能力、引導社會規範之了解及遵行。

（六）社會團體工作教育

學校方面，1971年起分別在臺灣大學和東海大學開授社會團體工作選修課程，1974年東海大學社會工作系將該課程改為必修課。1983年，教育部規定各大專院校社會工作系（科組）將社會團體工作列為必修課程。

有關社會團體工作的論述，針對早期社會工作概論多本的著作，僅李增祿主編之書由莫藜藜撰文部分，有較多著墨臺灣社會團體工作的概況及實施的問題；而社會團體工作專書中，只有少部分提到臺灣社會工作的發展，換言之，教科書仍以引介外來知識為重；有關團體工作專文，則以實務工作經驗論述團體工作理念，其中楊蓓指出工作者多限於治療取向的發展，而忽略任務取向的團體工作；其他相關著作，多為譯作。

由以上團體工作早期的實施概況可知，團體工作在量方面逐漸成長，而在質的方面（專業性）仍處在專業認同模糊階段，說明如下（莫藜藜，1995）：

1. 未能正確發揮社會團體工作的特質

例如：有些無法達到組織團體時的嚴謹要求；有些團體目標太大且籠統，甚至可能在團體開始時根本沒有設定目標；成員年齡懸殊太大，以致無法溝通；招募成員時，人數過多，無法做到面對面的互動；只做四次的團體，居然期望那些有問題的學生行為能有所改變。

2. 行政主管對社會團體工作的期待和要求，與社會工作者有異

例如：要求社會工作者以數據彰顯績效，統計年度中做了幾次團體、團體成員人數要多、以人次總計、工作人員亦以工時累計，導致團體工作是熱熱鬧鬧的團康活動，談不上專業性。

3. 社會團體工作著作文獻缺乏，反映出臺灣團體工作發展之不足

例如：在學校教育方面，較重知識及理論，致使實務理念與演練不

足。而在從事實務工作時，因挫折而怯於再努力的境況。

二、近期國內社會團體工作的發展

　　近年來，社會團體工作在機構實務的運用愈來愈普遍，包括醫院、社福機構、縣市政府的社會工作者、教育輔導機構、司法矯治機構、工業機構、軍事機構，以及個人工作室等，都運用團體提供服務，顯示團體工作已經廣泛地運用在各個社會工作的領域中。

　　在教育訓練方面，大專院校社會工作者系社會團體工作課程學分為3-4；有些學校採上學期教授小團體理論或動力，下學期教授社會團體工作理論與技術；甚至有些社會工作者系採取小班教學，安排學生到機構見習或實習團體工作。

　　實務機構在職及職前訓練方面，除增強實務領域的專業知識外，透過需求評估，辦理團體方案及活動成效的討論，彼此切磋學習；由資深者逐步督導資淺者，不斷在嘗試錯誤中作修正和調整，以建構本土的知識和實務。

 第三節　社會團體工作與其他專業助人取向團體

　　早期社會團體工作是用來滿足及健全兒童和成人閒暇需求，換言之「團體工作」被視為與「休閒娛樂」或「成人教育」同義詞，其與「團體治療」兩者毫無關係。唯此種觀點已與現代社會團體工作將「團體工作」視為工作方法之一的概念不符，再加上目前社會團體工作用來提供服務的助人知識與技術，與「團體輔導」（group guidance）、「團體諮商」（group counseling）及「團體心理治療」（group psychotherapy）有相互混淆的情況。為避免將社會團體工作的學習與應用和前述三個名詞發生混淆，有必要將其釐清。以下先簡要介紹三個名詞的定義，其次運用表格（見表1-2）針對八項特質加以比較（黃惠惠，1994；何長珠，1997；林

萬億，1998；蔡漢賢總主編，2000）。

壹、團體輔導

在國內，團體輔導經常與團體諮商混為一談，事實上，團體諮商的層次較團體輔導深些。「團體輔導」指的是透過對學生提供教育、職業、個人及社會的訊息，協助其作適當的規劃和抉擇，有系統及有組織地預防問題的產生。根據何長珠（1997）的看法，「團體輔導」較屬於知性的傳導，是以班級為主的情境中，以小團體的方式，就某一主題進行資訊分享、意見交流，以達價值澄清等認知學習目的的一種教育活動。以國中輔導活動課程為例，其包括生活輔導、學習輔導、生涯輔導，以及心理輔導等各方面之單元教學活動。

貳、團體諮商

「團體諮商」不只是知性的傳達，更著重於探索成員的經驗、感覺、想法或行為。其是在一種動態的人際關係團體，透過小團體中不同成員的個人特質及領導者催化帶領間的交互作用，孕育出一種容納、宣洩情緒、現實取向、相互信任、關心、了解及支持的氣氛等具治療功能氣氛的團體，以增進成員的自我了解、自我接納、自我改變及自我肯定。

參、團體心理治療

「團體心理治療」與「團體諮商」最大的差異不是其實施過程，而是實施對象。團體的進行是透過接受過心理治療訓練的醫護人員或專業人員特別設計並且是在其控制之下，針對精神或情緒有嚴重障礙者，運用較深度的洞察、分析、重建及支持等方式，處理深層的緊張與衝突、人格問題或嚴重心理障礙，以協助減輕與改善個人症狀，促成行為及人格的改變。

表1-2　社會團體工作與其他專業助人取向團體之比較

團體 向度	社會團體工作	團體輔導	團體諮商	團體心理治療
對象	正常人或弱勢族群。	一般學生及社會大眾。	適應困難或情緒困擾者。	心理疾患者。
目標	滿足案主、組織和社區的需求與任務的完成。	增進獲得正確知識與資料，建立正確之觀念、認知及健康的態度與行為。	促使想法、情緒、態度、行為之改變。	協助個人症狀減輕與改善，行為及人格的改變。
功能	預防、成長、復健、社會化、問題解決、社會或情緒的改變、促成團體行動的發生。	預防、發展。	發展、解決問題、補救（少許治療功能）。	補救、矯治（治療）、再建性。
領導者	社會工作者。	教師或輔導員。	諮商員（師）。	心理治療師。
助人關係	強調助人者與當事人共同參與、平等、充權與夥伴關係。	強調對當事人的觀念、認知、行為、態度等導引關係。	強調陪伴當事人探索主體經驗的關係。	強調與當事人共同面對疾病之治療（醫病）關係。
處遇焦點	社會、情緒、文化的調適；意識層面問題。	意識的認知學習／強調資訊的提供與獲得。	意識的思想、情緒和行為。	意識及潛意識的思想、情緒和行為。
工作特色	舉凡具有支持性、成長性、教育性、治療性、社會化及任務性等所有足以形成有目的的團體經驗皆是。	較注重教育性。	較注重催化探索之交互作用過程。	較注重診斷、分析及解釋行為。

團體向度	社會團體工作	團體輔導	團體諮商	團體心理治療
涉及範疇	人與環境統整、成員的社會性功能、團隊及組織的行動力、社會變遷等。	成長歷程中的發展性議題。	心理及情緒的適應與成長、潛能的發揮。	症狀的減輕與人格的深度處理。

*本表格參閱和整理自黃惠惠（1994）、何長珠（1997）、許臨高等譯（2000）和莫藜藜（2014）。

第四節　社會團體工作與社會個案工作於初期發展時之比較

　　相較於起源於19世紀末期英國及美國的慈善組織（charity organizations）的個案工作，團體工作發展較晚。社會工作學院在90年代的初期開始開設有關團體的一些課程。直到1935年社會工作全國會議（the National Conference of Social Work）時，團體工作才正式地與社會工作有所連結，在1940年代，社會工作專業增加對團體工作的認同，在團體工作者加入六個其他的專業團體之後，組成了社會工作者全國協會。20世紀初期，社會工作者才開始同時運用個案工作和團體工作。有關個案工作和團體工作的差異，簡要比較如下（許臨高等譯，2000；莫藜藜譯，2014；Toseland & Rivas, 1998）。

壹、兩者工作方法，有不同的焦點及不同的目標

　　相較於個案工作者從心理動力的觀點探討內在洞察力及連結與輸送社會資源，工作的重點在協助解決問題與復健；團體工作者則較依賴運用方案活動鼓勵成員採取行動，解決問題。各類型的方案活動是團體完成其目標的重要媒介，透過露營、唱歌、登山、運動、競賽、討論、遊戲、藝術

及手工藝等活動來達成休閒、社會化、教育、支持與復健等功能。

貳、協助的關係中的差異

一、對服務象

　　個案工作者針對在工業化過程中，缺乏適當權益弱勢貧困的受害者，透過資源的提供，教導這些案主成為有品德、勤奮工作的模範公民；團體工作者也為貧困者及受傷害者服務，但是他們不會只為最貧窮者或只為最有問題者工作，他們較喜歡用「成員」名詞取代「案主」（Bowman, 1935），他們強調成員的長處而非弱點。在整個團體工作發展的歷史中，工作者的服務重點放在整個團體及個別成員上，團體工作者通常都很關心如何能最有效地運用團體中不同的人，經由彼此互動發展出個別的潛能。

二、團體工作過程中的「協助」被視為分享的關係

　　團體工作者較被要求分享互動、分享權力及分享作決策的過程，團體工作者與團體成員一起工作以促成相互間的了解，及為他們的社區所共同關心的問題採取行動。團體成員的人數、成員間相互支持及民主決策的過程，促使團體工作者必須發展出不同於個案工作者的技巧。團體工作者運用他們的技巧介入複雜與多變的團體互動，並注意到所有團體成員的福利。

參、著作內容差異

　　早期有關個案工作者的著作，多強調審慎地探究、診斷與處遇來改

善實務的成效（Richmond, 1917），而與有關團體工作者的著作強調團體
聚會的過程，有所不同（Coyle, 1930）。舉例來說，Grace Coyle是第一
位撰寫團體教科書的社會工作者，其於1930年出版書名為《組織團體的
社會過程》（*Social Process in Organized Groups*）；但是第一本個案的
教科書是於1917年由Mary Richmond出版，書名為《社會診斷》（*Social
Diagnosis*）。

表1-3　個案工作和團體工作初期發展的比較

特質	社會個案工作	社會團體工作
源起	慈善組織：強調貧窮問題的診斷與處遇。	睦鄰會社：提供居民教育、休閒、社會化及社區參與，重視居民間的合作、支持與分享。
發展早晚	較早。	較晚。
工作焦點	探討內在洞察力、連結與輸送社會資源，以協助解決問題與復健。	運用方案活動鼓勵成員採取行動及解決問題。
達成目標主要方法	透過會談、家訪蒐集資料及提供資源等方式，協助案主達成目標。	方案活動是完成團體目標的主要媒介。
協助對象	主要是為缺乏權益弱勢貧困的案主提供服務。	不會只為最貧窮或最有問題者工作，且以「成員」代替「案主」的稱呼。
著作重點	強調透過審慎的探究、診斷與處遇以改善服務的成效，例如：第一本個案教科書，1917年Mary Richmond的《社會診斷》（*Social Diagnosis*）。	強調團體聚會過程，例如：第一本團體教科書，1930年Grace Coyle的《組織團體的社會過程》（*Social Process in Organized Groups*）。

*本表格參閱和整理自許臨高等譯（2000）及莫藜藜譯（2014）。

第五節　社會團體工作的價值觀與倫理

壹、團體工作實務的價值觀

　　價值觀即是信念，針對「人該如何行為」作喜好上的描述，什麼樣的目標是值得追求，而團體工作實務沒有絕對的價值中立，即使領導者是完全放任與非指導性的，也呈現了其價值喜好。團體工作者的行動會受周遭環境價值觀（contextual values）、案主價值系統和工作者個人的價值系統之影響。價值觀會影響工作者為案主提供服務時的介入風格及技巧，也會影響案主對工作者努力的反應。

　　在計畫組織一個團體之前，工作者必須要熟悉機構正式及非正式的價值觀，例如：所帶領的團體是否偏向於提供治療的服務？團體決策的制訂，是否要讓所有的成員參與，還是由機構行政主管作主？如果能了解機構在運用團體時相關的政策、程序和實務運作的取向，將有助於工作者充分掌握團體運作過程中可能產生的阻力、助力、資源上的支持和團體的成效。另外，在策劃一個團體時，工作者也必須考量社區元素對團體及其成員的影響。

　　專業價值觀也會對工作者及團體產生影響。除了所有專業社會工作者應具備的價值觀外，團體工作者的價值觀，會受到團體工作基本的特質，而有特別的考量和關注。Gisela Konopka提出的團體工作價值觀如下（許臨高等譯，2000；莫藜藜譯，2014）：

1. 不論膚色、信仰、年齡、國籍和社會階層，任何成員都可以參與團體，並建立正向的關係。
2. 在民主參與的原則下，強調合作與共同做決策的重要性。
3. 團體中個人自主性的重要性。
4. 自由參與的重要性，包括對個別成員或整個團體事物表達思想與感覺，且有權參與團體決策的過程。

5. 團體個別化應受高度重視，唯有如此，任何一位成員的關切點才會被重視。

除了以上五個團體工作的核心價值觀，還有另外四個基本的價值觀，可以運用在處遇性團體與任務性的團體，包括尊重和尊嚴、團結和互助、增權（empowerment）、了解和友情。

團體成員也會帶著自己的價值觀進入團體。工作者的任務是協助成員澄清他們自己的價值觀，認同和解決領導者與成員間、成員彼此間、成員和大社會之間的價值衝突。

工作者個人的價值系統也會影響其實務運作。如果工作者未能了解自己價值觀的意涵，極有可能與不同價值觀的成員發生衝突。在為團體工作時，工作者愈清楚自己的價值觀、目的和立場，愈容易將衝突的目標整理分類，並讓團體成員了解工作者的目標。

雖然工作者永遠不可能完全價值中立，但是督導可幫助工作者知道自己帶什麼價值觀進入團體。督導可以協助工作者修正或改變那些與社會工作專業不一致或對團體實務不利的價值理念。價值澄清活動也能幫助工作者確認那些足以影響團體工作中個人及專業的價值觀。

貳、實務倫理

美國有兩個組織特別為團體工作者發展倫理守則，一個是團體工作專業人員協會（ASGW），另一個是美國團體心理治療協會（AGPA）。其著重在三個部分：(1)告知並徵求同意（informed consent）；(2)領導者的能力及訓練；(3)團體聚會時合適地行為舉止（許臨高等譯，2000；莫藜藜譯，2014）。

一、第一部分

告知成員團體的目的與目標，及相關的一些訊息，例如：參與潛存的危機；費用、時間與期間；參與是否是自願的；聚會期間團體成員的期待是什麼；確保機密的程序和篩選與結案的程序。

二、第二部分

主要是與團體工作者有關的倫理守則，包括保證工作者受過適當的教育、訓練和帶領某一個團體的經驗。沒有具備足夠的教育、經驗和督導來保證其能適當地執行工作，工作者不可以帶領團體或在團體中運用任何方法或技術。

三、第三部分

主要著重在团体聚會時應有行為，包括：
1. 篩選的程序導引選擇哪些能配合團體需求與目標的成員。
2. 工作者協助成員發展和實現治療的目標。
3. 成員應受保護，避免遭受任何形式的威脅恫嚇，或非治療上之需要被強迫接受工作者與其他成員的價值觀，及任何形式的壓制和同儕壓力。
4. 成員應被公平及平等地對待。
5. 工作者應避免為他自己的利益不當地剝削成員的權益。
6. 當某位成員無法在團體中滿足其需求時，應提供適當的轉介。
7. 為保證團體能配合成員的需求，工作者應不斷對成員診斷、評估和後續追蹤。

Galinsky ＆Schopler（1977）指出違反這些倫理原則會造成團體成員的傷害。Lewis（1982）指出雖然全國社會工作協會的倫理守則中明示每

位成員的興趣是工作者首要的考慮，但有時工作者會以自己的角度考量案主的需求，或優先考量某些案主的需求。Lakin（1991）指出，即使是非常用心的團體工作者也可能會違反倫理原則，導致傷害到團體，例如：在某些女性主義傾向治療團體中，會有強調一致觀點的壓力，導致成員可能會壓制某些意見或觀點，以避免與團體優勢意識型態相衝突。更甚者，如果團體的發展是為了徵召或說服類似意識型態的新會員為目的，團體動力可能會被濫用。為防止此種潛存違反倫理的發生，他建議所有的團體工作者的價值觀應該和團體成員的需求和問題一致；議程規劃應考慮團體成員的需求與願望，以及成員需求個別化的必要性（許臨高等譯，2000；莫藜藜譯，2014）。

 ## 第六節　社會團體工作的實施模型

　　Papell和Rothman（1962）在其一篇文章中概要列舉在團體工作實務，迄今仍被廣泛使用的三個重要傳統運用模型，這三個模型是社會目標模型、治療模型、交互模型。以下參閱林萬億（2007）、許臨高等譯（2000）、莫藜藜（2014）和Toseland & Rivas（2012）的資料，以表1-4分成十個項目，簡要整理三大實施模型的內容，供讀者參考。

表1-4　社會團體工作的三大實施模型

項目＼模型	社會目標模型	治療模型	交互／互惠模型
特色	1. 立基早期社會團體工作傳統，企圖處理小團體中的社會秩序與社會價值。 2. 重視文化的差異性及團體行動的力量。 3. 被社區發展機構用	1. 促成社會團體工作整合於社會工作專業體系內。 2. 提供了社會個案工作連結機會。 3. 是臨床上的模型。 4. 運用團體工作領導者為中心的取向，	1. 又稱居間模型。 2. 史華茲（William Schwartz）為主要主張者。 3. 在團體成員間形成一個互助體系，形成一起工作和分擔彼此共同關心事物

項目 \ 模型	社會目標模型	治療模型	交互 / 互惠模型
	來改變社會規範與結構，改善居民的社會福利。 4. 主要目標是喚起社會意識、社會責任、告知公民權、鼓吹政治及社會行動。 5. 青年服務組織、睦鄰會社、猶太人社區中心均發展形成類似團體工作服務。 6. 早期學者沒有任何一位能完整描繪出此模型，各人均提供部分貢獻。	以任務為中心，或以行為為焦點，積極介入團體的過程。 5. 主要目的和目標是針對行為失功能，無法適當發揮功能因應生活的團體成員，協助其修復及復健。 6. 被廣泛地用在住院病患及以社區為基礎的機構中，因為這些人多患有嚴重的行為問題及社會技巧的不足。	的夥伴，以達最佳的適應和社會化。 4. 協助過程中的焦點是個人與社會。 5. 假設團體是有機的，個體與社會間是系統化關係。 6. 強調團體成員與社會間的互惠關係；成員影響環境，也被環境影響。
團體工作功能	1. 中心概念是「社會意識」與「社會責任」。 2. 功能在增加市民廣泛的知識與技巧。 3. 工作聚焦在較大的社會、鄰里和社會環境脈絡中的個人。 4. 協助界定行動，藉以成為政治與社會行動。 5. 將民主的社會價值觀在社會化的過程深植在成員心中。	1. 治療、復健。 2. 工作聚焦在減輕問題或關心的事情，以及改善因應技巧。 3. 透過團體來治療或改善個人社會關係與適應（團體變成治療的工具）。 4. 協助適應不良的個人達到更可預期的社會生活功能。 5. 透過協助他們改變他們的行為，使個人恢復原狀或使個人得以復健。 6. 協助個別成員特殊問題的處理。	1. 預防、儲備、復原。 2. 工作聚焦在團體成員間創造一個自助和互助的體系。 3. 強調團體的過程、使能與訂約的品質。 4. 鼓勵工作者運用團體的過程，使整個團體培養出治療的環境；也鼓勵工作者去協助機構及廣大社區。

項目 \ 模型	社會目標模型	治療模型	交互／互惠模型
對成員的看法	1. 每個人都是具有潛能，在社會中從事某種有意義的參與。 2. 相信社會中的個人在擁有某種共識下，會尋求機會或有意願去促成其動機，轉換自我追尋成為社會貢獻。 3. 重視團體成員的自治權與追求自我設定目標的自由。	1. 受苦於某種不良的社會適應或是需求的不滿足。	1. 個人具有互惠的動機與能力，個人行為被此刻團體所決定。 2. 個人將己需求與團體社會需求發生關聯。 3. 團體成員創造了許多助人關係、分享權威。
對團體的看法	1. 團體潛存能力影響社會變遷。 2. 藉方案的發展，有助於團體力量（strength）的增強。	1. 團體被視為一種治療工具。 2. 團體的預防效果並非被認為是最主要的。 3. 透過團體經驗來治療個人心理、社會與文化適應的問題。 4. 透過團體結構與團體過程，最終以達成個人改變為目的。 5. 較少自主性。	1. 團體是社會工作者心中的案主。 2. 強調互助的體系，團體體系本身就是一個問題解決的必備情境。 3. 沒有治療目標，沒有政治、社會變遷的方案。 4. 團體體系中的方向與問題，由團體的成員來決定。
工作者的角色	1. 影響者、角色示範者和使能者，以觸發有責任的公民。 2. 在團體中耕耘社會意識，發展親密的人際關係。 3. 政治取向的人物	1. 是變遷的媒體（change agent），而非使能者（enabler）。 2. 工作者乃問題解決取向，強調研究（study）、診斷	1. 居間者、使能者。 2. 在成員需求、團體和較大社會的需要之間扮演調解者。 3. 協助成員取得其無法獲得的資料或資源。

項目 \ 模型	社會目標模型	治療模型	交互 / 互惠模型
	（運用政治參與來獲得弱勢權益的改善）。 4. 基於本身的社會職責感，而鼓勵、增強案主的行為模式，以合乎公民責任，進而導向社會變遷。 5. 社會工作者不為成員設立目標，而鼓勵團體自我引導。 6. 工作者扮演使能者（enabler）的角色，運用方案活動，例如：露營、討論及教導民主過程的方式，透過社會化的過程，讓成員了解民主的觀念。 7. 賦予成員權力（empower）的人，透過協助成員共同作決策，運用成員彼此的力量，使社會更能為成員需求的滿足負責。	（diagnosis）、與治療（treat-ment），以協助成員達到個別治療目標。 3. 強調專業權威，其來自機構與專業所賦予的，不是團體所形成的，而是被認定的。 4. 不需要給案主團體自主權，也不會維持一個自助的體系。 5. 工作者的引導是臨床的、優勢的、權威的。權威表現於設計任務。	4. 社會工作者是「社會工作者與案主」體系的部分，能被影響、也能影響他人。 5. 不是針對案主（not to the client），或是為了案主（for the client），而是與案主一起（with the client）。 6. 社會工作者自我表露、熱情、積極。
機構	1. 視機構為鄰里的一部分（社區觀點）。 2. 機構是可接近的與彈性的，依社區利益促成社區行動。	1. 機構政策在於支持治療目標。 2. 較少對案主提供非正式的服務，多提供正式的專業服務。	1. 假定任何機構都希望建立交互契約。 2. 機構接受交互體系的安排。 3. 較少機構權威。 4. 不偏好機構預設立

項目 \ 模型	社會目標模型	治療模型	交互／互惠模型
	3. 機構成為提供成員在社會行動中，工具性技巧的媒體，及形成社會變遷的支持者。 4. 機構係指社區活動中心和鄰里中心設施。	3. 機構係指正式機構設施、臨床門診或住院設施。	場。 5. 機構係指不論是臨床住院、門診設施，以及鄰里和社區中心，彼此是相容共存的。
理論基礎	1. 新佛洛依德學派的人格理論。 2. 機會理論。 3. 無力感、文化剝奪、代間疏離。 4. 危機理論、初級預防。 5. 經濟學、政治民主、杜威等教育哲學。	1. 精神分析理論（較難運作到團體）。 2. 社會角色理論。 3. 小團體動力學。 4. 行為修正。 5. 學習理論。	1. 社會體系理論。 2. 場域理論。 3. 結構功能途徑。 4. 社會心理學的人格理論：假設個人有動機與能力去追求整體性。
工作原則	1. 團體、機構、社區間關係的原則：例如：機構政策的澄清、使用限度、機構目標、決定集體行動的優先順序、衡量行動的可選擇性。 2. 在團體中強調參與、共識與任務的達成。 3. 團體間的關係：例如：從事種族間活動；減少異質團體中個人恐懼。 4. 主張從專家領導轉	1. 較強調「為案主」（for the clients），少強調「與案主一起」（with the clients）。 2. 特定治療目標為團體中每一成員的目標。 3. 社會工作者將成員個人治療目標總和定為團體目標（因成員同質性高）。 4. 依治療目標來協助團體發展規範系統與價值。 5. 團體中運用的工作	1. 面對案主自我需求及社會需求面，尋找一種共同的基礎。 2. 透過協助成員的共通性的尋找，協助案主增強目標。 3. 澄清團體成員期待及所建構來澄清社會工作者的角色。 4. 提供意念、事實、價值、概念等，但非預先導入情境中。 5. 驅散專業主義的權威。

項目＼模型	社會目標模型	治療模型	交互／互惠模型
	換為草根領導。 5. 團體中運用的工作方法：包括討論、參與、一致同意，以及發展和執行團體任務、社區組織和方案及行動技巧，協助團體成員習得有關社會行動、社區生活和改變技巧。	方法：結構的練習，在團體內外發揮直接及非直接的影響，以協助成員改變行為模式。	6. 團體中運用的工作方法：成員共同討論所關心的問題時，共享權威、相互支持，建構一個有凝聚力的社會系統，使彼此均能獲益。
優點	1. 目標模型：團體目標的達成。 2. 本模型相當類似社區工作，利用草根領導來解決社區問題。 3. 主張團體過程民主化原則（團體過程民主性）。 4. 在理念與工作手法上與社區組織的工作方法有不少共同點。 5. 重點放在充權策略（empowerment strategies）上，對社會團體工作有很重大的貢獻。	1. 目標模型、特殊目標達成。 2. 治療取向。 3. 本模型作了一些修正，使得其在臨床上廣泛應用。 4. 臨床與個別取向的。 5. 具有清晰的目標、明確的工作守則和程序，強調與其他專業人士的團隊合作為案主提供服務。 6. 愈來愈重視處遇時間的設限、目標導向，及處遇成效，所以近年來此模型愈受重視。	1. 團體中個人與社會的平衡。 2. 提供進一步理論發展的基礎。 3. 交互模型是居間協調與團體導向。 4. 過程模型（process model）。 5. 治療取向（哲理背景與價值取向，非技術）。 6. 「互動體系」觀念──最大貢獻。
缺點	1. 未能產生配合問題的適切理論設計。 2. 不強調個人動力，缺乏對個人需求的	1. 缺乏現實感。 2. 本模型缺乏人際互動中的創造性與動態性。	1. 所建構理論有瑕疵。 2. 缺乏個人體系理論。

項目＼模型	社會目標模型	治療模型	交互／互惠模型
	了解。 3. 實踐理論不夠清楚。 4. 小組工作過程較缺乏個人需要方面的考量。	3. 如果社會工作者的專業知識不能恰如其分、專業技巧的帶領太過或不及、小組所處的環境與外在環境差距太大，治療模型成效是有限制的。	3. 沒有關於個人動力與常態期望指針，無法評詁個人變遷影響。 4. 未將團體系統變異性納入考慮。 5. 團體發展過於簡化。 6. 社會工作者權威的寬容與自棄，團體過程處於不切實際的優越感。

*本表格資料參閱及整理自林萬億（1998）、許臨高等譯（2000）、莫藜藜譯（2014/2023）、Toseland & Rivas（2022）。

　　近年來，有愈來愈多的學者和社會工作者將不同的團體工作實務加以統整，例如：Papell和Rothman（1980）提議合併不同實務模型的元素，成為所謂的「主流模型」（mainstream model）。同樣，在考量團體工作的過去、現在及未來，Middleman和Wood（1990）也認為團體工作實務的運作是屬於混合的模型。由於不同的實務模型，有其應用性及適用性，故團體工作者應考量所帶領團體的目的、宗旨與目標，善用不同的團體工作方法（許臨高等譯，2000；莫藜藜譯，2014；Toseland & Rivas, 2012）。

　　除了Papell和Rothman提出前述三大工作模型外，晚近社會團體工作的發展甚速，新的工作模式相繼出現，例如：過程模型、折衷模型、行為模型、任務中心模型、團體中心模型、個人成長模型、成熟階段模型、生態觀點、目標形成模型、社會行動與系統發展模式、人本系統等（林萬億，2007）。

參考書目

中文部分

李建興（1993）。社會團體工作。臺北：五南圖書出版公司。

何長珠（1997）。心理團體的理論與實際。臺北：五南圖書出版公司。

林萬億（1998）。團體工作：理論與技巧（一版）。臺北：五南圖書出版公司。

林萬億（2002）。當代社會工作。臺北：五南圖書出版公司。

林萬億（2007）。團體工作：理論與技巧（二版）。臺北：五南圖書出版公司。

莫藜藜（1992）。社會團體工作在醫院中之運用。東吳社會學報，1：95-128。

莫藜藜（1995）。社會團體工作在臺灣。東吳社會工作學報，1：201-221。

莫藜藜譯（2014）。團體工作實務（第三版）。臺北：雙葉書廊有限公司。

莫藜藜譯（2023）。團體工作實務（五版）。臺北：雙葉書廊有限公司。

許臨高等譯（2000）。團體工作實務。臺北：雙葉書廊有限公司。

曾華源（2011）。對團體的社會工作實施。收錄於李增祿主編：社會工作概論。臺北：巨流圖書股份有限公司。

黃惠惠（1994）。團體輔導工作概論。臺北：張老師文化出版社。

劉曉春、張意真譯（1997）。社會團體工作。臺北：揚智文化事業服務有限公司。

蔡中理譯。團體診療歷程與實務。臺北：五南圖書出版公司。

蔡漢賢總主編（2000）。社會工作辭典（第四版）。臺北：內政部社區發展雜誌社。

潘正德（2012）。團體動力學（第三版）。臺北：心理出版社。

英文部分

Bowman, L. (1935). Dictatorship, democracy, and group work in America. *In Proceedings of the National Conference of Social Work*. Chicago: University of Chicago Press.

Coyle, G. (1930). *Social process in organized groups*. New York: Richard Smith.

Corey, G. L. (1930). *Social Process in Organized Groups*. N.Y.: R. Smith.

Corey, M. & Corey, G. (1992). *Groups Process and Practice* (4th Ed.).

Corey, M. & G. (1992). *Groups Process and Practice* (4th Ed.). N.Y.: Brooks Cole.

Galinsky, M., & Schopler, J. (1977). Warning: Groups May Be Dangerous. *Social*

Work, 22(2), 89-94.

Garvin C. D. (1997). *Contemporary Group Work*. Boston: Allyn & Bacon.

Glassman & Kates (1990). *Group Work ~ A Humanistic Approach*. CA: SAGE Publications, Inc.

Hare, A. P. (1976). *Handbook of small group research*. N.Y.: Free Press.

Hartford, M. (1971). *Group in Social Work*. N.Y.: Columbia University Press.

Johnson, David W. & Johnson, Frank P. (1997). *Joining Together ~ Group Theory & Group Skills* (6th Ed.). MA: Allyn & Bacon.

Klein, A. (1972). *Effective Group Work*. New York: Associated Press.

Lakin, M. (1991). Some Ethical Issues in Feminist-Oriented Therapeutic Groups for Women. *International Journal of Group Psychotherapy*, 4, 199-215.

Lewis, H. (1982). Ethic in Work with Groups: The Client Interests. In N. Lang & C. Marshall, Patterns in the mosaic. Symposium Conducted at the Fourth Annual Meeting of Social Work with Groups, Toronto.

Middleman, R., & Wood, G. (1990). Reviewing the Past and Present of Group Work and the Challenge of the Future. *Social Work with Groups*, 13(3), 3-20.

Northen Helen (1988). *Social Work with Groups*(2nd), N.Y.: Columbia University Press.

Papell, C., & Rothman, B. (1962). Social Group Work Modes—Possession and Heritage. *Journal of Education for Social Work*, 2, 66-77.

Papell, C., & Rothman, B. (1980). Relating the Mainstream Model of Social Work with Groups to Group Psychotherapy and the Structured Group Approach. *Social Work with Groups*, 3(2), 5-23.

Reid, K. (1997). *Social Work Practice with Groups: a Clinical Perspective* (2rd.ed.).

Reid, K.E. (2002). *Social Work Practice with Groups: A Clinical Perspective* (2nd Ed.), Boston: Birkhauser.

Richmond, M. (1917). *Social Diagnosis*. New York: Russell Sage Foundation.

Rokeach, M. (1968). *Beliefs, Attitudes and Values: A Theory of Organization and Change*. San Francisco: Jossey-Bass.

Toseland, R, & Rivas, R. (1998). *An Introduction to Group Work Practice* (3rd Ed.). MA: Allyn and Bacon.

Toseland, R. & Rivas, R. (1998). *An Introduction to Group Work Practice.* (3rd.ed.).

Toseland, R. W. & Rivas, R. F. (2022). *An Introduction to Group Work Practice.* (9th edition). N.Y.: Person Education, Inc.

Trecker, H. B. (1972). *Social Group Work: Principles and Practices*. New York: Association Press.

Yalom, I. (1995). *The Theory & Practice of Group Psychotherapy* (4th Ed.). NY.: Basic Books.

Zastrow Charles (1993). *Social Work with Groups* (3rd ed.). Chicago: Nelson-Hall Publishers.

第二章
團體動力與
領導

許臨高、曾麗娟

團體動力對於處遇性團體及任務性團體的運作都很重要，社會工作者要在團體中有效地工作，要能做到四件事情，首先，要在團體動力衍生的第一時間就對此動力有所了解；其次，要評量這些動力對個別成員所產生的影響；接著，要評估這些動力對於當下及未來的團體功能可能產生的影響；最後要運用技巧引導團體動力的發展（Toseland et al., 2006）。上面這四點清楚呈現出影響團體工作有效性的關鍵性因素就是「團體動力」，社會工作者要能用團體動力的眼光來看團體、了解團體動力的影響、做出有效的評估，並在此評估之下做出適切的處理。

要成為有效能的團體工作者，對於下列問題的思考是重要的：

1. 要了解團體，需要具備哪些團體動力的概念？
2. 結構層面的團體動力要素有哪些？這些要素的內涵為何？
3. 歷程層面的團體動力要素有哪些？這些要素的內涵為何？
4. 團體動力與團體工作運作的關聯性為何？

工作者的知（知道在團體中要做什麼）與行（具體的行動能力）是團體工作得以發揮效能的兩個重要個關鍵，工作者清楚知道自己在團體中所要執行的任務，也具備領導的技巧來完成任務，團體的功能就得以發揮。

要做好團體領導需要具備鉅視的觀點，了解工作者的任務，具備帶領團體整體性的視野，再搭配微視面的技巧運用，方能發揮領導功能。社會團體工作中經常採用協同領導的方式，安排兩個（或兩個以上）工作者擔任協同領導者，共同承擔帶領團體的責任。處遇性團體與任務性團體由於團體目標與性質不同，領導做法互異。這些都是團體工作者帶領團體需要了解的重點。

學習團體領導需要思考的問題包括：

1. 團體工作者的主要任務為何？
2. 帶領團體所要發揮的功能有哪些？
3. 團體領導技巧的執行要領為何？
4. 選擇協同領導所的考量與運作要領為何？

本章共分五節，針對團體動力的基本概念、團體結構、團體歷程的各個要素、團體領導、協同領導等單元進行說明。

 第一節　團體動力的基本概念

團體動力的基本概念包括團體動力的定義與團體動力的內涵，本節分別說明之。

壹、團體動力的定義

團體動力這個名詞有四個意涵，它是團體中的現象、一門研究團體現象的學問、一套了解團體現象的知識，也是一套實務工作的原理原則與技巧（李郁文，2008；宋鎮照，2007；潘正德，1995；Johnson&Johnson, 2000）。社會工作者所關切的是運用團體動力的系統性知識，來了解團體現象，並運用這一套原理原則與技巧來提升工作效能。

源自於團體成員間互動所產生的力量，通常被稱之為團體動力。團體動力包含幾個要素：它是一股能量，受許多因素所影響，也會隨著組成元素的變動而改變，對成員及整個團體有影響力。在這樣的概念之下，團體動力就可以定義為：團體成員在團體之中交流互動所產生的力量，這個能量受到許多因素的影響，會隨著各個元素的變動而改變，對團體成員與整個團體都有影響（Alle-Corliss & Alle-Corliss, 2009; Heron, 1999; Anderson, 1997; Toseland, R. W., & Rivas, R. F., 2023）。

貳、團體動力的內涵

團體動力包含三個面向：結構（structure）、歷程（process）及改變（change）（Hare, 1976）。各個面向的意涵及所涵蓋的要素如表2-1

所示：

表2-1　團體動力的內涵

面向	意涵		要素	
團體結構	外在結構	團體成立之初，外在加諸於團體的條件	團體時間／期程 團體空間 團體大小（規模） 聚會地點的擺設	
	內在結構	團體內部運作、交流的結構	社會整合	角色 地位 規範
			領導 溝通 凝聚力	
團體歷程	事件發展中的系列行動		團體決策 解決問題 處理衝突 團體發展	
改變	團體結構隨著時間的演進所產生的變化		團體內在結構的每一個要素	

　　團體結構又稱之為團體靜態現象，指的是在一個特定的時間內各相關元素之間的關係，是橫切面（cross-sectional approach）的探討（宋鎮照，2007），可區分為外在結構（external structure）與內在結構（internal structure）兩類。

　　團體歷程意指事件發展中的系列行動，是縱向面（longitudinal approach）的探討，所涵蓋的議題包括決策、解決問題、處理衝突、團體發展等（宋鎮照，2007）。其中決策、解決問題與處理衝突三個向度有可能是各自獨立的，也可能是互有關聯的，其關聯性及產生不同動力的歷程如圖2-1所示：

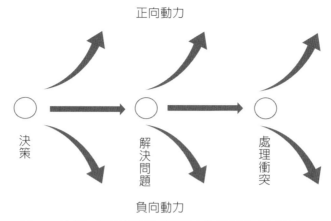

正向動力

決策　　　　解決問題　　　　處理衝突

負向動力

圖2-1　決策、解決問題與處理衝突的脈絡性動力發展

　　由圖中可以看出，決策是第一個關鍵點，如果團體的決策功能佳，則可以產生正向的動力影響團體，如果決策過程有問題，就有可能產生負向的動力來影響團體，也會導致問題的產生。當問題出現之後，團體處理問題的做法是另外一個產生團體動力的點，如果問題解決得宜，則可以帶出正向團體動力；如果問題解決的過程有狀況，則可能帶出負向的團體動力，甚至產生衝突。團體處理衝突的做法又是另外一個關鍵點，可能為團體帶來正向或負向的動力。

　　改變的層面探討團體結構隨著時間的演進所產生的變化，例如：團體規範從團體形成之初到團體結束的歷程中所產生的變化。

　　本章因篇幅的關係，僅探討團體結構及團體歷程兩個層面的團體動力。包括探討角色、地位與規範等社會控制結構或稱之為三個社會整合要素，以及溝通與互動模式、凝聚力、團體文化、團體領導和協同領導等。

第二節　團體結構

　　團體結構分為外在結構及內在結構。外在結構是指團體成立之初，外在加諸於團體的條件，包括團體的大小、團體進行的期程、團體進行的空

間、聚會地點的擺設等要素；內在結構是指團體內部運作、交流的結構，包括社會整合三大要素：角色、地位和規範，領導、溝通和凝聚力等。

本節重點放在內在結構的介紹，先說明社會整合的意涵，再分別針對角色、地位與規範，領導、溝通和凝聚力，探討其內涵及相關動力概念。

壹、外在結構

外在結構是指團體成立之初，外在加諸於團體的條件，包括團體的大小、團體進行的期程、團體進行的空間等要素。

一、團體規模

團體愈大則溝通愈困難，個人分享的溝通頻率愈低，參與機會愈少，匿名性愈高；反之，團體較小，緊張較少，參與機會較高。以下歸納幾個原則，作為決定團體規模的參考（林萬億，2007；Garvin,1981；Hartford, 1971）：

1. 團體以圍坐相互看得到對方且聽得到對方的聲音。
2. 團體大到成員均能得到刺激，小到足夠參與個人認知。
3. 團體小到能產生工作效果，大到能被工作者掌握。
4. 如果團體必須增大，就要將結構分化，使每一個次結構仍然有足夠的參與，且團體成員能容忍團體領導者中心的帶領。
5. 封閉性團體可以不太重視團體成員的多寡；但是，開放性團體的大小卻很重要，以免因成員的流失而解散。

二、團體空間

柯義爾（Coyle, 1930）認為團體的空間可以使團體成員在一個特定

的場地，集中焦點於團體。團體的空間因素可以透過活動場域、個人空間、空間安排等三個向度來分析。

三、團體時間

團體時間包括四個因素：團體的期間、會期的長短、聚會的頻率、聚會的時間。時間是決定團體目標的重要變數，時間決定目標的範圍與廣度，也影響助人過程的結構，時間也刺激成員對團體經驗的投入與承諾。總之，團體期間的長短要配合團體目標，治療性團體通常時間較長，而任務性團體較短。

貳、內在結構

內在結構意指團體成員在團體中交流互動所建構出來的結構，包括角色、地位、規範、領導、溝通、凝聚力等（潘正德，1999；Henry, 1992），其中角色、地位與規範是社會整合的三個要素。

一、社會整合

社會整合又稱之為社會控制（social control）（Toseland & Rivas, 2009）或社會影響（social influence）（Forsyth, 1999），意指成員如何在團體中被接納，並融合在一起。角色、地位與規範這三個團體動力的要素都會影響成員在彼此關係中的行為，勾勒出成員在團體中的位置，增添團體歷程的次序與熟悉感，使得成員的行為可預測，也讓大家都覺得舒適，團體因而可以避免過度的衝突與不可預測性而產生混亂，甚至解體。也就是說，角色、地位與規範所產生的社會整合具有規範性的影響（normative influence），讓團體對目標產生一致的態度，用有次序、有效率的方式朝向團體目標前進（莫藜藜譯，2024）。

（一）角色

角色可區分為正式角色（formal roles）與非正式角色（informal roles），以下分別說明：

1. 正式角色（formal roles）

任務性團體的正式角色是經由正式安排所產生的，與職位有密切關聯。機構或組織為了執行工作，規劃設定某些職位以及每個職位所承擔的職務與責任，例如：社會服務機構中的主任、組長或社會工作者，任何人坐上特定職位就被期待有對應於該職位的行為表現（Shaw, 1981），這些行為是居其位的人、團體其他成員、別的團體的成員，甚至社區人士都共同期許的。處遇性團體中的正式角色只有兩種：工作者與成員，工作者負責帶領團體、協助團體，成員的主要職責則為參與團體。

團體中的每一個正式角色都有與該角色相對應的一套行為表現，扮演該角色者被期待表現出某些特定的行為、做某些事情，但是成員執行角色的過程中會出現一些狀況，角色衝突就是團體中常出現的問題，這個問題與角色期待（role expectation）、角色認知（role perception）與角色表現（role performance）等概念有關（李郁文，2008；潘正德，1999；Forsyth, 1999）。

角色期待指的是組織或團隊認為居於某個職位要有行為表現；角色認知是成員認為自己應該有的言行表現；角色表現則為其實際表現出來的言行舉止（Robbins & Judge, 2010）。最理想的狀態是個人的角色覺知符合他人的角色期待，同時又具備相關知能而有稱職的角色表現，但實際上這三者之間經常有落差而產生角色衝突。

角色衝突容易帶出人際間溝通協調、相處互動的問題，或任務執行上的問題，這些延伸出來的問題需要藉由溝通、調整規範、重新做決策，或直接針對問題做處理。

2. 非正式角色（informal roles）

非正式角色可以從兩個向度來探討，一個是以成員行為表現所發揮的影響來區辨，另一個角度是以成員在團體中經過互動後被定位的角色（Hepworth et al., 2010）。角色依照成員行為表現對團體的影響區分為

三類（李郁文，2008；Anderson, 1997）：

(1) 任務性角色（task roles）：對於團體執行任務、達成目標有幫助的行為，例如：任務分析者、資料提供者、尋求意見者。

(2) 維繫角色（maintenance roles）：對於創造團體氣氛、維繫人際和睦有幫助的行為，例如：支持者、情緒釐清者、鼓勵者。

(3) 個別性角色（personal roles/individual roles）：又稱之為失功能角色（disfunctional roles）或反團體角色（anti-group roles），這一類的行為滿足行動者個人的需求，卻阻礙團體目標的達成或其他成員需求的滿足，例如：滔滔不絕者、攻擊者。

另外一種非正式角色是成員在團體參與互動後被定位的角色，從這一類的角色可以看出扮演該角色者在團體中的人際關係樣貌，例如：孤立者在團體中不屬於任何一個次團體，缺乏人際連結，經常受到大家的忽略或排斥。

這兩種非正式角色在任務性團體與處遇性團體中都會出現，任務性團體的成員除了扮演正式被賦予的角色之外，可能在參與團體的過程中經由與其他成員的互動而發展出非正式角色，例如：擁有個人魅力的成員受到大家的敬重而成為團體的自然領袖（Hepworth et al., 2010）。處遇性團體中，所有成員在團體中的正式角色都一樣（是團體中的成員），但每個人會因其個人特質、行為表現或在團體中的人際關係而扮演不同的非正式角色，例如：有人成為萬人迷，有人成為代罪羔羊。

（二）地位

成員會因為自己所擁有的聲望、職位或階層的重要性程度而在團體中有一個位置，這個位置就是他的地位（status）（Robbins & Judge, 2010; Toseland & Rivas, 2006）。地位具有相對性，是相較於團體中的其他人而產生出來的。以下探討影響地位的因素、地位的影響及影響地位改變的因素：

1. 影響地位的因素

影響成員地位的因素包括機構因素、團體內部因素與情境因素三種，機構因素指的是成員的地位是由機構所決定的，個人所居之職位高則

地位高。

團體內部因素包括成員在團體中受歡迎的程度、擁有的權力或聲望、負擔的責任、團體仰仗其專長的程度，或成員個人的條件（例如：職業、外貌等）（莫藜藜譯，2013；Toseland et al., 2006）。

情境因素是客觀條件所聚合而成的，例如：一個組織贊助團體的運作，團體中的成員是這個組織的職員，他在組織中的職位就會影響到他在團體中的地位（李郁文，2008）。

2. 地位的影響

地位所產生的影響包括參與團體的滿意度、人際關係、對規範的遵守及溝通互動等四項：

(1) 參與團體的滿意度：有些地位取決於先天條件或無法改變的特質（例如：性別、種族、年齡），無論個人的成就或條件多高，都無法改變其在團體中的地位，因而影響成員參與團體的滿意度。以性別為例，女性在團體中的地位較男性低，不論其工作表現如何傑出，當面臨競爭時，總是居於劣勢，這種先天不平等的地位，影響女性參與團體的滿意度。

(2) 人際關係：在團體中具有相同地位的成員會相互親近而成為小團體，他們彼此之間溝通的頻率會增加，也較容易互相幫忙（Shaw, 1981）。地位高的成員在人際關係上會自由地選擇要親近地位低的成員還是保持距離，地位低的成員多半對高地位者保持距離。

(3) 對規範的遵守：團體成員在團體中的地位會影響其對團體規範的遵守。成員在團體中擁有不同的地位，這些地位在團體中擁有不同的聲望，而衍生出「地位階層」（status hierarchy）（李郁文，2008；Toseland & Rivas, 2012），進而影響其對團體規範的遵守。

低地位成員如果希望能夠獲得較高的團體地位就不會出現違反團體規範的行為；反之，如果他不在意自己在團體中的地位，反正已經是低地位的成員了，就算違反團體規則，也沒有什麼好損失的，便會較不在意團體規範。中等地位的成員為了要維護既有的

地位或提升成為高地位者，就會遵守團體的規範與角色；居高地位的成員在建立自己在團體中的地位時會遵守團體規範與角色期待，當自己的團體地位穩固之後，就有較大的自由度去違反團體規範（莫藜藜譯，2014；Toseland & Rivas, 2012）。

(4) 溝通互動：地位對團體溝通互動的影響有下列幾項：

  A. 成員在團體溝通體系中所站的位置，例如：孤立者在團體中的地位低，往往都處在團體溝通網絡中的邊緣地帶（Henry, 1992）；地位高的成員經常成為團體的焦點，團體所進行的溝通、討論以他為中心（Shaw, 1981）。

  B. 成員在團體中溝通的發言順序與發言機會。地位高的成員先發言、有較多的發言機會；地位低的成員較晚發言，等地位高的人說過了，才表達自己的看法，發言機會較少（Napier & Gershenfeld, 2004）。

  C. 成員對團體溝通的影響力。地位高的成員對團體有較大的影響力，地位低的成員影響力較低，進一步影響到他去親近大家、發表建設性言論的勇氣（Napier and Gershenfeld, 2004）。

  D. 成員表達的內容。地位高的人較少向地位低的人表達對自己工作的負向態度或困惑，低地位的成員交談的內容多與任務相關（Shaw, 1981）。

3. 影響地位改變的因素

成員在團體中的地位會因為下面幾個因素而改變：(1)新成員加入或舊成員離去，這使得團體成員所擁有的資源或籌碼重新洗牌，而整合出不同的團體地位；(2)團體討論，成員有機會表達對自己團體地位的感覺，或提出調整團體地位的意見；(3)更換成員在團體中所扮演的角色；(4)爭取一個較能夠被看到、承擔較多責任的職位（莫藜藜譯，2013；Toseland & Rivas, 2012）。

在任務性團體中，角色與職位有密切關聯，因此，可以透過調整職務而改變在團體中的地位。處遇性團體中並沒有正式職位存在，因此，透過更換職位而改變團體地位的說法並不存在。

（三）規範

規範是一個社會系統中成員對適切行為的共同期待與信念，希望成員在特定情況下表現出來的適切言行舉止（許臨高等譯，1999；Hepworth et al., 2010; Anderson, 1997），也可以說是團體做事的方法，或是團體中的具體規則（Toseland et al., 2006; Henry, 1992）。透過這些規則成員就清楚知道團體所重視、喜愛、接納的行為是什麼，在特定的情境下可接受、不被接受的行為是什麼（Robbins & Judge, 2010），因而會受到規範的限制，同時也從規範所造就的次序中得到好處（Forsyth, 1999）。以下針對規範的類別、功能、影響成員遵守規範的因素與規範的維繫等四方面做說明。

1. 規範的類別

規範依其形成的方式可區分為正式規範（formal norms）與非正式規範（informal norms）兩種（莫藜藜譯，2013；Zastrow, 2012; Toseland et al., 2006）。

正式規範又稱之為公開的規範（overt norms）、明示的規範（explicit norms），由帶領者或負有領導責任的成員主動提出，告訴團體成員某些行為是團體的行事做法，成員們在被告知後就接受這些要求，照著規範行事（Robbins & Judge, 2010）。非正式規範又稱之為暗示的規範（implicit norms）、隱藏的規範（covert norms），是團體運作過程中自然產生的，成員體會到應該要有大家共同遵的規則來讓團體順利進展，而逐漸發展出來（李郁文，2008）。

規範可能以角色期待的方式來呈現，例如：主管要負責召開會議、祕書要準備資料；當團隊需要活動經費時，經濟條件較優的成員就要認捐。有些非正式規範可能透過非口語溝通而形成（Zastrow, 2012），例如：開會時有人在看手機，主席靜靜地看著他直到他把手機收起來為止，從此之後沒有人會在會議時間看手機；在處遇性團體中有人用揶揄的口氣對其他成員說話，領導者皺著眉搖頭，這之後大家都知道不可以用輕蔑的態度對待彼此。

2. 規範的功能

規範提供成員一個預知他人行為的基礎，使成員可預估別人可能有的表現，有充分的時間準備合宜的行為做回應，而減少曖昧、模糊（Shaw, 1981）。因此，規範具有兩個層面的功能，就團體而言，規範讓團體得以發揮實質的運作功能而朝向目標前進（Fatout & Rose, 1995）；就個別成員而言，規範可以調節成員在團體中所發揮的功能，讓成員融入團體運作之中（Napier & Gershenfeld, 2004）。

當團體成員共同遵守的規範具有區辨性，清楚呈現出該團體具有與其他團體不同的特色時，就形成團體文化，例如：特殊的講話方式、穿著打扮、言行舉止等。當團體規範提升為團體文化時，表示團體成員對團體產生正向的情感與認同，有助於提升團體凝聚力（Henry, 1992）。

3. 影響成員遵守團體規範的因素

規範訂定出來之後，並不保證團體成員會遵守，下列幾個素影響成員對團體規範的服從性（Napier and Gershenfeld, 2004; Shaw, 1981）：

(1) 個人特質：聰明的人較不遵守規範，女人比男人遵守規範，容易自責的人較權威型的人遵守規範，年輕的成員比年老的成員遵守規範。

(2) 成員之間的人際關係：凝聚力強的團體成員較容易遵守規範。

(3) 團體的情境因素：團體愈小，結構愈簡單，成員愈會遵守規範。

(4) 成員的參與動機：想留在團體中繼續參與團體較容易遵守規範。

(5) 身分被凸顯：為維護自己及團體的形象而遵守規範。

(6) 不遵守規範後果：不想承受違反規範的制裁或懲罰而遵守規範。

團體所能掌握的條件愈多，愈有助於成員遵守規範，領導者要能檢核團體的狀況，創造利多因素以維繫團體規範的功能。

4. 規範的維繫

團體用來促使成員遵守規範的方法有兩種：用正增強的做法（例如：獎賞、鼓勵、支持、讚美）促使遵守規範的成員持續保持下去；用負增強的做法（例如：懲罰、忽略）對不遵守規範的成員施壓，促使他們接受、遵守團體規範（Henry, 1992）。

當成員破壞或踰越團體規範時，他面臨幾種選擇：歸順團體規

範、改變團體規範、繼續做破壞規則的人，或者離開團體（Napier & Gershenfeld, 2004）。不論哪一種選擇，都不是該成員個人的課題而已，而是該成員與團體需要共同面對的課題，例如：成員想要改變團體規範，但團體對於該成員之行為有不同的意見，雙方對此課題的態度或期望，以及彼此所採取的面對方法都會對個人與團體造成影響，而成為團體的課題。

二、領導

　　領導（leadership）是一種能力，也是一個歷程。從能力的角度而言，領導是能夠影響團體朝向目標前進的能力（Robbins & Judge, 2010），任何會促使團體達成目標或提升團體情感交流的行為表現都是領導（Zastrow, 2012）。從歷程的觀點而言，領導是影響團體朝向目標進展的歷程，是成員之間相互影響以達成團體目標的人際影響歷程。

　　社會團體工作的重要功能之一就是提升成員的社會性功能，適切發揮領導功能是成員社會功能的一環，因此，對工作者而言，領導這個課題有兩個重要的意涵，第一個意涵為工作者本身領導功能的發揮，第二個意涵為引導成員分擔領導功能（Napier & Gershenfeld, 2004）。

　　本單元針對領導的內涵、成員與領導、領導與權力、權力的種類、權力性質對團體的影響，及成員分享權力的重要性等五個層面做探討。

（一）領導的內涵

　　處遇性團體與任務性團體的領導都注重任務性功能與情感維繫功能的運作，由於團體目標與性質不同，這兩種團體的領導內涵有所差別。

　　處遇性團體的目的是為成員提供服務，因此領導的重點在於如何讓團體的運作能夠達成所設定的服務目標。在此前提之下，任務性的領導在於針對團體主題開啟團體互動、徵求資訊與意見、提供資訊、協調、評估、記錄等，著重於促使團體朝向目標前進；情感維繫的領導則透過鼓勵、把關、設定標準、觀察等行為，讓成員彼此之間的交流互動順暢、有品質

（Forsyth, 1999）。

任務性團體所著重的任務性領導內容包括規劃任務內容及執行期程，協調分工，給予必要的支持設備與技術協助，協助成員設定具體目標等；關係性領導的重點則包含表達信任、友善、體貼，想要了解成員所面臨的困難，欣賞成員的創意，肯定成員之貢獻與成就，給予成員揮灑的空間，用自己的方式執行任務等（Yukl, 2013）。任務性團體的領導除了要發揮任務性功能與情感維繫功能之外，還重視權力的運用。

（二）成員與領導

在團體中每一個人都有可能透過自己的言談舉止發揮領導功能，從這個觀點來看，所有成員都跟團體領導有關。讓成員分擔領導功能可以產生的功能有下列四項：

1. 完成個人無法獨自完成的目標

每個成員都發揮對團體的影響力，則團體會匯集出一股大的能量，對個人目標的達成愈有利（Zastrow, 2012, 2001）。

2. 提升成員的社會性功能

成員因為有機會承擔領導角色，學習到適切發揮領導功能的技巧，這些領導的能力在日常生活中可以發揮作用，而提升社會性功能（莫藜藜譯，2013；Toseland & Rivas, 2012; Lee & Yim, 2004）。

3. 提升成員的自信心

成員有機會在團體中發揮領導功能，具體看到自己對於團體所產生的影響，知道自己是有能力的，而提升自信心（莫藜藜譯，2013；Toseland & Rivas, 2012）。

4. 激發出成員的才華、能力與彈性

成員因為自己對團體有影響力，提升對團體的歸屬感及參與團體的意願，並竭盡心思為團體付出，而提升其才華、能力與彈性（Saleebey, 2009）。

因此，工作者在團體中有一個重要任務，就是在特定的情境中讓適當的人選發揮領導功能，讓他帶領團體前進（Napier & Gershenfeld, 2004）。

（三）領導與權力

權力可以說是影響力，是個人讓其他人採取某種行動或言行表現的能力（Zastrow, 2012, 2001）。對任務性團體而言，權力除了影響他人行為之外，還包括掌控他人行動，讓他人因為自己的行為而獲得獎賞或付出代價，影響他人的目標達成等（Johnson & Johnson, 2000），也就是說，權力是領導者用來促使團體達成目標的手段（Robbins & Judge, 2010）。

不論是哪一種團體，成員都會在團體做決策的歷程中，提出自己的意見與想法來影響其他成員，透過彼此的交流協商，最後產生一個大家都可以接受的結果，因此，有功能的團體中，成員運用權力是很自然且必要的。

（四）權力的種類

權力依照其性質可以分為兩種，一種來自於個人所擁的才能或特質，稱之為軟性權力（soft power）、個人權力（personal power），或實際權力（actual power）（蔡春美等譯，2012）。屬於這一類的權力有連結權（connection power）、專家權（expert power）、資訊權（information power）、參照權（referent power）等。

另一種來自於組織對其所擁有的正式職位所賦予的權力，稱之為硬性權力（harsh power）、職位權力（position power），或先賦權力（attributed power），包括獎賞權（reward power）、強制權（coercive power）、合法權（legitimate power）等。

各項權力的性質與類別歸納如表2-2（蔡春美等譯，2012；Zastrow, 2012, 2001; Napier & Gershenfeld, 2004; Stewart et al., 1999）：

表2-2　權力的性質與類別

	類別	意涵
個人權力	連結權	擁有達成團體目標所需要的人脈與資源，能夠針對團體的目標而動員，運用有影響力的人員或資源。
	專家權	擁有執行團體任務所需要的知識、能力或技巧，可以讓任務執行較有效率，能處理團體所面臨的挑戰與問題。

	類別	意涵
個人權力	資訊權	擁有完成團體目標所需要，又不容易從別的地方獲得的資訊。
	參照權	擁有清晰的倫理價值、認真工作，且聰明靈敏、擁有人脈，或有讓人喜愛的特質，具有人際魅力，受到團隊成員的尊重與喜愛，而對團體有影響力。
職位權力	獎賞權	能夠針對某些行為給予正向獎賞或移除原本可能受到的懲罰作為獎賞。
	強制權	能夠針對某些行為給予懲罰或移除其可能獲得的正向後果，包括給予痛苦或孤立、拒絕給予必要之支援、給予言語上之責難等。
	合法權	可決定哪些行為是合宜、需要被遵守的，或是對任務執行方法做最後定奪。

　　資訊權在某個程度上與專家權有共同的意涵，都是擁有團體執行任務所需之資源，所不同的是資訊權強調擁有資料或訊息，而專家權偏重於知識、能力或技巧。參照權與認同感有重要的關聯性，當成員樂於與之親近，樂於與之一起工作，樂於接受其影響與建議，希望自己的言行舉止與之相同，就表示成員對該對象是認同的，該對象就擁有參照權。參照權是潛移默化的影響力，成員在不知不覺之中就會以該成員的標準、價值或做事方法爲圭臬。

　　獎賞權是合法權，這個權力與情境有關，坐上某個職位或擁有某些實權才擁有獎賞權。獎賞權要能產生作用的關鍵在於所提供的獎賞是受賞者認爲有價值、有意義的，且不容易從其他管道獲得，否則，獎賞權的影響力就會降低。獎賞權與強制權基本的差異在於獎賞權可以增進給賞者對受賞者的吸引力，而強制權責會降低此吸引力。

　　團體中成員因爲身分的關係，只擁有軟性權力；工作者除了軟性權力之外，還擁有硬性權力。一般而言，軟性權力所發揮的影響力比硬性權力好，因爲成員較容易打從心裡接納軟性權力；硬性權力能夠影響成員外在的行爲表現，卻不容易改變其態度與信念。

（五）成員分享權力的重要性

在團體中讓成員分享權力有下列四種好處：

1. 提升成員彼此之間的合作與溝通

當所有成員對團體都有相當的影響力時，就會在互動中呈現出合作的態度，也容易回應別人合作性的表達。相反地，權力不公平會干擾成員彼此的信任與溝通（Johnson & Johnson, 2000）。

2. 提升決策品質

當成員的影響力立基於能力、專長與所擁有的資訊之上，而不是立基於權威或是受歡迎的程度，團體就容易做出高品質的決策（Johnson & Johnson, 2000）。

3. 提升成員執行決策的投入程度

當團體權力均衡地由大家所共享時，成員會覺得團體的決策是自己參與而形成的，這個決策跟自己有關，則會較投入於決策的落實。如果團體決策是由幾個較獨斷的成員做出來的，會使得其他成員覺得決策結果與自己沒有什麼相關而降低執行意願（Zastrow, 2012）。

4. 提升團體解決問題的能力

如果團體成員能夠均衡地分享權力，會對團體有歸屬感，覺得要對團體任務的執行負責，因此會在團體需要解決問題的時候竭盡所能參與、集思廣益找尋方法，而提升團體解決問題的能力。如果權力基礎來自於權威或受歡迎的程度，而團體又需要處理具有專業性與能力的任務，則團體解決問題的能力會下降（Zastrow, 2012）。

對任務性團體而言，讓成員分享權力會提升成員之間的溝通互動品質、團隊做決策、執行決策及解決問題的能量，這些正向發展有助於團體順利完成任務。因此，任務性團體的帶領者除了要釐清團體需要哪些行動來朝向團體目標前進之外，還要讓團體成員有充分的空間參與，分享團體權力（Napier & Gershenfeld, 2004）。

三、溝通

　　成員之間的溝通互動是處遇性團體及任務性團體都必須留意的一個環節。任務性團體中如果成員之間的相處互動狀況不佳，則無法好好地一起工作，自然會影響到團體任務的執行與完成（Jacobs et al., 1998）。在處遇性團體中，工作者了解成員之間的溝通互動、覺察過程中訊息的意義、了解這些溝通對成員與整個團體的影響，就可以以此爲基礎爲成員及團體提供適切的服務（Toseland & Rivas, 2012）。本段針對溝通的種類與影響溝通的要素做說明。

（一）溝通的種類

　　團體溝通所涵蓋的層面有兩個，一個是溝通模式（或稱之爲溝通管道），也就是團體溝通的方向（潘正德，1999；Forsyth, 1999）；另一個層面是溝通的運作方法，指的是成員表達、傳遞、接收訊息的方法（Toseland et al., 2006）。本段先說明溝通模式，再探討溝通運作方法。

1. 溝通模式

　　溝通依照其所處的脈絡可分爲組織結構中的溝通及團體內的溝通兩種：

(1) 組織結構中的溝通模式：組織結構中的溝通是任務性團體成員在其所屬的機構體系中經常會參與的，可分爲垂直溝通（vertical communication）與水平溝通（horizontal communication）兩種，垂直溝通又可區分爲向上溝通與向下溝通兩種（潘正德，1999）。一般機構中垂直溝通及水平溝通兩種溝通模式並存。不同方向的垂直溝通在質與量上都有顯著的不同，由上而下垂直溝通的訊息包括說明將要採取的行動爲何、採取該行動之原因、建議採取某個方式來行動，及對執行成果的回饋等。由下往上的訊息多爲有關工作表現的資訊、巧妙地奉承同輩的成就、要求知道某些資訊、表達不信任或對政策的抱怨等。由下往上的溝通，其數量較少、內容較短，也較審慎（Forsyth, 1999）。

組織機構中難免會採用垂直溝通，在上位者擁有較高的職位、權力或資源，可以說是溝通的強勢者，如果能主動建立與下位者平等、開放的溝通管道，除了在工作內涵上作「角色對角色」的表白之外，開放「人與人」直接接觸的空間，對團體的運作必有正面、積極的貢獻。

(2) 團體內的溝通模式：團體內的溝通是任務性團體及處遇性團體都會面臨到的課題，其溝通模式包括輻射型（maypole）、熱椅子型（hot seat）、繞圈型（round robin）及自由流動型（free floating）等四種（莫藜藜譯，2013；黃惠惠，1995；Tseland & Rivas, 2012; Toseland et al., 2006），每一種溝通模式其內涵綜合整理如表2-3所示。

表2-3　團體溝通的模式與內涵

分類	模式		內涵
組織中溝通	垂直溝通	向上溝通	溝通由較低層級流向較高層級。
		向下溝通	溝通由較高層級流向較低層級。
	水平溝通		相同層級人員或單位之間的溝通。
團體內溝通	帶領者為中心	輻射型溝通	成員分別與帶領者互動，彼此之間沒有互動。
		熱椅子型溝通	互動過度集中於某位成員與帶領者之間，其他成員只是看著帶領者與該成員對話。
		繞圈型溝通	成員在帶領者的引導之下，輪流獨白發言，彼此之間不交流對話。
	團體為中心	自由流動型溝通	成員自發地參與對話，表達的時機、對象或內容都有自由的彈性與空間。

輻射型、熱椅子型及繞圈型等三種溝通模式的共同點都是由帶領者主導，以帶領者為中心進行對話交流，其優點是節省時間、效率較高，缺點為成員參與不足、彼此的情感交流及滿意度較低。

自由流動型又稱之爲自由漂浮型（莫藜藜譯，2013），這種以團體爲中心的互動可以讓成員全然參與在彼此的交流之中，使得成員之間有足夠的交流對話，有機會激盪出創意，加深成員在過程中的體會，是社會團體工作者努力經營的方向。任務性團體中成員由於各自專業背景或專長不同而需要互助互賴，便需要此種非集中式的溝通互動模式才能發揮功能（Toseland et al., 2006）。有時候任務性團體因爲任務性質、時間壓力或人員調動等因素而必須採取帶領者中心的互動，這是隨著現實情況所需的彈性調整，長遠來看，任務性團體的互動若能以團體爲中心作爲基調，再視情境所需而靈活調整互動模式，可說是最理想的。

　　2. 溝通運作方法

　　不論採取哪一種溝通模式，參與溝通者都在表達、傳遞、接收訊息，他們如何進行溝通對於彼此都有影響，例如：溝通是否具體、聚焦，是不是在同一個頻道或脈絡之中，還是各說各話等。如果溝通是模糊的、不聚焦的，參與溝通的人各自表述，卻沒有在聽別人的表達，都會造成溝通的障礙，例如：某個成員的表達模糊不清，接受訊息的人則因爲他自己選擇性的接收與詮釋而陷入痛苦之中；團體進行討論時，某兩位成員習慣性地私下交談而干擾團體對話的品質（Toseland et al., 2006）。工作者要留意成員參與溝通的做法，以確保溝通互動的品質。

（二）影響溝通的要素

　　影響團體溝通互動的因素大抵可以分爲個人的因素、團體的結構因素及物理環境因素等三類。

　　1. 個人的因素

　　影響團體溝通的個人因素包括下列四項（Toseland et al., 2006; Reid, 2002）：

　　(1) 溝通慣性：較外向活潑的成員有較多的機會與其他成員溝通，而容易成爲溝通互動的焦點；較被動安靜的成員容易成爲溝通互動的邊緣人。

　　(2) 口語及非口語的暗示：讚美、鼓勵等正向口語表達或眼神接觸、微笑點頭等非口語表達會促使較多的溝通表達；否定、批評等

負向口語表達及皺眉、搖頭等非口語表達則會減少成員的溝通表達。

(3) 溝通表達的用詞：習慣性地運用「應該」、「不應該」、「必須」等字眼表達，容易讓成員感受到壓力而引發防衛氛圍。

(4) 溝通表達的方式：採用間接表達容易降低成員參與團體溝通的意願，因而降低團體溝通表達的成效，例如：缺席的成員成為大家議論的對象，視某成員不存在似地在他面前議論他，不直接針對重點具體談論，採用一般化的方式泛泛而談，以及為別人發言等。

2. 團體結構因素

與團體結構因素有關的因素有三項（Toseland et al., 2006; Fatout & Rose, 1995）：

(1) 團體中的地位與權力關係：擁有較高地位或較多權力的成員往往會成為團體溝通的核心，較會自由地與其他成員溝通；地位較低的成員在向上的溝通上就顯得較保守。

(2) 團體中的人際吸引力與情感連結：次團體的成員彼此之間有較多的交談，人緣好的人容易成為大家溝通對話的焦點。

(3) 團體成員的多寡：團體愈小則團體成員愈有參與溝通的機會。

3. 物理環境因素

影響團體溝通的物理環境因素包括聚會場所的氛圍、桌椅的性質與擺設方式，都會影響成員的溝通表達（Toseland et al., 2006）。正式會議的圓桌讓成員傾向於用正式的態度與口吻作理性表達，休閒式的椅子圍成圓圈讓成員有非正式的感覺，容易進行情感交流。

四、凝聚力

凝聚力是團體中讓成員喜歡其他成員，喜歡團體與團體活動，認同團體目標的那股力量，所有影響成員持續參與團體的影響因素加總起來，就是團體凝聚力（Toseland & Rivas, 2012; Zastrow, 2012; Robbins & Judge,

2010; Henry, 1991）。當個人與團體的互動增加，由團體的周圍漸漸地向團體的中心靠攏，對團體的承諾與認同感加深，與其他團體成員形成搭配的默契，追尋共同的目標，團體凝聚力的基礎就形成了（Levine & Moreland, 1990）。團體成員會用「我們」、「我們的」來對話，也會開始關切其他成員，提早出席團體，並且穩定地參加聚會（Anderson, 1997; Henry, 1991）。

本段探討凝聚力的影響與影響凝聚力的因素。

（一）凝聚力的影響

團體凝聚力對團體的影響有正向的一面，也有負向的一面，分別陳述如下。

1. 凝聚力的正向影響

凝聚力的正向影響可以分成對成員的影響及對團體的影響兩個層面來敘述（蔡春美等譯，2012；張守中，2008；Toseland & Rivas, 2012; Zastrow, 2012; Toseland et al., 2006; Forsyth, 1999; Anderson, 1997）：

(1) 凝聚力對成員的影響：凝聚力高的團體對於成員所產生的影響包括下列幾項：

　　A. 成員對團體的參與：凝聚力高的團體成員會較穩定地參與團體聚會，也較會持續參與團體，敢在團體中冒險做一些自己平日較不會做的事情。

　　B. 成員之間的交流：凝聚力高的團體成員願意在團體中表達自己正向與負向的情緒，願意傾聽別人的表達，能夠同理別人的情感，願意做對他人有利的事情、相互幫忙，用較正向的方式彼此回應，建設性地表達彼此的衝突，較容易彼此相互影響。

　　C. 成員的滿意度與適應：凝聚力高的團體成員覺得參與團體有趣味、很享受，對團體經驗感到滿意。成員的壓力或緊張程度較低，對壓力的因應較佳，適應程度較佳。

　　D. 成員正向的收穫：凝聚力高的團體成員會有效運用其他成員的回饋與評價，感受到自己在團體中是被接納、喜愛、重視的，而提升心理健康。

(2) 凝聚力對團體的影響：凝聚力對團體的影響包括下列幾項：
　　A. 成員接受團體規範：凝聚力高的團體成員會尊重團體所制訂出
　　　　來的規範，覺得團體是自己的而認定遵守團體規範是理所當
　　　　然的。
　　B. 成員對團體任務的投入：凝聚力高的團體成員較能接受團體的
　　　　目標、方向與做法，一起堅持朝向團體目標前進，願意承諾並
　　　　承擔責任，容易對自己所負責的職務感到滿意。
　　C. 團體效能與團體動能：凝聚力強的團體成員彼此之間的信任與
　　　　合作穩定，面臨外力的威脅或干擾時，團體效能（或稱之為生
　　　　產力、團體成果）與團體動能的變化較小，凝聚力弱的團體其
　　　　團體效能與團體動能都容易受到外力的干擾。
　　D. 團體成就：凝聚力高的團體對成員有足夠的吸引力，成員深
　　　　以團體為傲，高度投入於團體任務之中，使得團體有較高的
　　　　成就。
　　E. 成員對團體的保護：成員因為喜歡團體而會在團體面臨外在批
　　　　評時站出來保護團體。

2. 凝聚力的負向影響

過高的凝聚力可能產生的負向影響包括下列幾項（Toseland, 2006; Forsyth, 1999; Konopka, 1983）：

(1) 成員對團體過度依賴：成員視團體為重要支持來源，而過度依賴
　　團體，尤其心理疾患或酒、藥癮成員所組成的團體，很容易出現
　　此問題。
(2) 發展出團體思考（group thinking）：成員竭力爭取全體一致的同
　　意，而喪失團體的創意與多樣性
(3) 妨礙成員的社交發展：凝聚力過高造成團體成員的內縮，覺得在
　　團體外發展其他的人際關係有背叛團體之嫌。
(4) 固著於既有的關係失去新連結的可能：凝聚力過高而使得團體因
　　為成員流動或改變而產生壓力，拒絕與新成員建立情感連結。

（二）影響凝聚力的因素

有些因素會提升團體凝聚力，有些因素則會降低團體凝聚力，以下分別說明。

1. 提升凝聚力的因素

有助於提升團體凝聚力的因素包括下列幾項（Toseland & Rivas, 2012; Robbins & Judge, 2010; Toseland, 2006; Henry, 1991）：

(1) 團體相處的時間：團體共同相處的時間愈長，成員會因彼此的交流互動而發現彼此共同的興趣而產生相互之間的吸引力。

(2) 加入團體的難易程度：加入團體需經過申請、測試、面談、等待結果等歷程對於團體的吸引力都有影響。

(3) 團體中的人際吸引力：成員彼此之間因相似而感到熟悉，因相異而相互成長，彼此之間相互接納、欣賞、讚美（例如：有特定成員的表現符合個人期待或能夠照顧其他成員的需求）等都會增加團體凝聚力。

(4) 團體滿足成員需求的程度：團體能夠讓成員歸屬的需求（獲得親密的人際關係、安全感及情感支持等），自我肯定的需求（被賞識、被喜愛，覺得自己是有能力的、重要的，自己的參與是有價值的），以及休閒愉悅的需求（參與團體活動的經驗是享受的），就能夠提升團體凝聚力。

(5) 團體讓成員獲利的程度：團體讓成員獲得社交的好處（認識某些想認識的人、能夠與高地位的成員交往、獲得聲譽），任務執行與達成的好處（所要執行的任務是享受的、能夠完成需要藉助外力才能完成的任務或個人目標），個人成長的好處（在團體中跟其他人因相異而成長）等，對團體凝聚力有幫助。

(6) 與其他團體經驗的對照：成員發現在團體中所獲得的資源或服務無法在其他地方得到，參與的經驗較正向時，有助於團體凝聚力的提升。

(7) 外在的競爭或壓力：當團體面臨與其他團體的競爭或來自於團體外在的壓力時，成員會感受到團結凝聚的重要性，而願意放下自

己的堅持、相互合作，凝聚在一起。

(8) 團體的成功經驗：一個有輝煌紀錄的團體會發展出團體精神，讓成員以身為團體一分子為榮，而產生凝聚力。

團體的利多因素程度愈高，則對成員的吸引力愈大，因此，工作者要努力提升團體在上述各個層面的品質，以維持團體的吸引力（Zastrow, 2001）。

2. 降低團體凝聚力的因素

團體中會降低團體對成員吸引力的因素包括下列幾項（Zastrow, 2012；2001）：

(1) 缺乏對問題的界定與解決的共識：當團體的運作出現問題時，成員對於團體所面臨的問題是什麼、要怎麼處理眾說紛紜，各說各話，無法達成共識，長時間的耗損讓成員產生無力感與挫折感，團體對成員的吸引力自然下降。

(2) 對成員不合宜或過度的要求：要求團體成員承擔超過其能力的事務會讓成員產生過多的壓力，而覺得參與團體的經驗是負擔；其他成員看在眼裡，容易產生不安全感，擔心自己有可能成為下一個受害者。這些壓力或威脅感容易降低團體凝聚力。

(3) 無法化解個別成員所造成的負向影響：某些成員為了滿足自己的需求所表現出來的行為對於團體的運作造成負面的干擾，例如：滔滔不絕者占用團體大部分時間，強勢主導的成員要求大家遵照其意思做事，代罪羔羊對團體做出反擊。這些現象都挑戰到團體動力的發展及團體成員的參與經驗，當團體無法適切處理這些課題時，團體對成員的吸引力就降低了。

(4) 參加團體對於團體外的生活產生排擠效應：成員參與團體所要付出的時間、經歷或金錢對於其團體外的生活產生排擠效應，例如：團體要求的任務占去成員太多時間，或團體聚會太頻繁，而影響到其他層面的生活，就會減低團體對成員的吸引力。

第三節　團體歷程

　　每一個團體都有兩個層面同時運作，內容層面是大家所說的話、所做
的事情；歷程層面是人們如何在特定情境中反應、如何對待彼此、團體如
何共同行動。隨著團體的進展，成員會對團體的內容與運作做出反應，許
多的互動與交互關係就交織出團體歷程（Lindsay & Orton, 2011）。本節
探討團體決策、解決問題、處理衝突及團體發展等四項團體歷程。

壹、團體決策

　　任務性團體與處遇性團體都需要做決策，團體決策本身就是一個溝通
的歷程，在許多不同的觀點當中做出抉擇，並且透過這個抉擇的過程達成
共識。任務性團體的決策通常跟團體所要執行的任務或所要採取的策略、
行動有關。處遇性團體則需要針對團體的目標、達成團體目標的做法，以
及成員規範等議題做出決定，以便讓團體順利運作（Henry, 1992）。以
下針對團體決策的方式、步驟及優點分別討論。

一、團體決策的方式

　　團體做決定的方式共有七種（Johnson & Johnson, 2000），依其性質
可歸納成五類，說明如下。

（一）權威決

　　由掌有權力者做決定，這個方式的做法又分為兩種，有的權威先開放
給成員討論，或諮詢成員的意見，最後由他做出決定，稱之為諮詢式決策
（consultative decision making）（蔡春美等譯，2012）。有些權威者則
未經團體討論而自行做出決定。不論是否有徵詢成員的意見，權威決的優
點是省時間，可以在很短的時間內做出決定。

（二）多數決

　　每一位成員都有一票，可以參與團體的決策。這個方式的做法也有兩種，一種是成員聚集討論後投票表決，又稱之為民主式決策（democratic decision making）。此方法的好處是可以快速將所有成員的選擇進行整合，但如果團體還沒有充分討論之前就進行表決，可能會降低少數成員對團體的承諾。另一種做法為分別詢問個別成員的意見後，以多數成員的意見為依歸做決定。

（三）專家決

　　依照團體任務的特性，交由擁有與任務相關專長的成員做決定。

（四）少數決

　　團體選出少數幾位成員成立小組或委員會，由這幾位成員做決定。

（五）共識決

　　由團體成員充分交換意見討論，透過對話的過程凝聚共識，討論出大家都能接受的結果，又稱之為共識性決策（consensus decision making）。這個方法需要花費較多的時間，但較能夠讓全體成員將其知識與技能都貢獻出來。

　　上述這些決策方式中，成員參與的程度各不相同，有三種方式是在成員不參與的情況下做決策的（權威未經團體討論而決策、專家決與付委的少數決），有兩種做法是由成員全程參與做決策的（多數決及共識決），這兩種方式較能夠達到集思廣益及滿足參與的目的。每一種方式都有其適用的時機及優缺點，例如：與倫理有關的議題適合選用共識決，分派執行任務可以用多數決（Forsyth, 1999）。至於要選用哪一種方式進行決策，則需考量團體的發展背景、團體所擁有的時間、任務性質或待決策議題之本質、團體期望營建的氣氛、團體的結構等因素而定（Zastrow, 2012）。

二、團體決策的步驟

由成員全程參與做決策大體而言，有下列四個步驟（Forsyth, 1999）。

（一）定向（orientation）

這個階段主要工作重點為界定問題與規劃執行程序。界定問題指的是具體釐清需要面對的課題、需要做的選擇，或需要處理的議題。要完成一個目標需要花時間採取行動，團體需要考量所擁有的時間及各種行動可以發揮的功能，來規劃要怎麼做決策。

（二）討論（discussion）

蒐集相關資料，考量各種選擇的可能性及結果。討論的重點包括分享對資訊的了解，對各種想法做批判性的評估，顯示對團體任務的投入，評估圓滿達成任務的可能性及團體可能達成的成效等。

（三）決策（decision making）

先選擇做決策的方式（例如：用付委、多數決，還是共識決），再從各種做法選項當中選出一個做法。

（四）付諸實行（implementation）

將團體決策付諸實行並評估其成效。

三、團體決策的優點

由全體成員參與的團體決策具有的優點包括下列幾項（Robbins & Judge, 2010; Shaw, 1982）。

1. 獲得較完整的資訊與知識，讓團體有較多元的視角來審視所要處

理的課題。

2. 透過集思廣益的討論釐清盲點，區辨並排除不當的處理方法或建議。

3. 提升對決議的接受度。參與團體討論的歷程可以提升成員的認同與執行動機。

4. 提升決策的合法性。團體大家共同討論出來的，表示大家都有共同參與，不是少數人黑箱作業的結果，提升了決策的合法性。

貳、解決問題

解決問題是一個歷程，在這個歷程中，團體針對其所面臨的緊張狀態或不確定旳局面、困難，找尋方法來化解（Napier & Gershenfeld, 2004; Zastrow, 2001）。有效解決問題需要了解影響解決問題的因素，以便加以運用或避免，同時要採取有效步驟。本段探討解決問題的步驟及影響解決問題的因素。

一、影響解決問題的因素

影響團體解決問題的因素可區分為正向因素與負向因素兩種，正向影響因素為成員擁有均等的團體影響力。當團體成員相信大家對團體都擁有相當的影響力，團體沒有任何人獨掌對團體運作的影響力，會願意彼此合作、對他人所提出的合作邀約做出正向回應，而發展出適切的團體決策（Johnson & Johnson, 2000）。成員也會從均衡分享權力的過程中提升其對團體歸屬感，覺得自己對團體有責任，在團體採取行動解決問題時竭盡所能，而提升團體的執行能力（Zastrow, 2012）。

對團體解決問題有負向影響的因素包括對問題的錯誤認識或界定不清、工作團隊本身有問題（例如：溝通不良、缺乏需要的技巧與資源、缺乏動機等），或決策偏頗（例如：由權威或受歡迎處理具有專業性與能力的任務）（Zastrow, 2012）。

二、解決問題的步驟

團體所要處理的問題可分為團體內部運作過程所產生的問題及服務對象、機構或社區所面臨的問題，不論是哪一類的問題，都可以採用下列步驟來進行（Zastrow, 2012, 2001; Levi, 2007; Napier & Gershenfeld, 2004; Elwyn et al., 2001）。

1. 確認、界定問題。
2. 發展目標。
3. 蒐集資料。
4. 發展各種可行的策略。
5. 評量與選擇策略。
6. 執行。
7. 評估。

由於解決問題為任務性團體重要的功能，帶領者需要經常帶領團體解決各種問題，本書在第三章第四節中詳細討論解決問題各個步驟，本段僅條列示意。

參、處理衝突

衝突是因觀點或利益分歧而產生的敵對狀態（Zastrow, 2012），不論是人際之間或是單位、團體之間的衝突，都包含對立、缺乏與阻擋等元素，團體之間因為所要爭取的資源有限，不同的意見又無法整合，當事者認為對方採取阻擋的策略自我保護，讓自己受到排擠或威脅，因而造成彼此之間對立就產生衝突（Robbins & Judge, 2010; Levi, 2007）。本段說明衝突的意義、衝突的種類與成因、衝突的處理，與處理衝突所產生的影響。

一、衝突的意義

在團體實務工作中，衝突有其正向的意義與負向意義存在。衝突表示有強烈的差異性存在，而接受差異是社會工作的基本價值，人們有權力表達自己的感覺、想法，以及對問題的看法與做法，對話可以釐清成員之間的相同與差異，經由面對衝突、對話、找尋解決方法的歷程，成員會對自己所做的努力感到滿意，彼此之間也會發展出進一步的關係，團體會有共識、朝目標前進。

如果成員面對衝突時表達強烈的負向情緒，威脅要剔除某位成員離開團體或發生肢體衝突，衝突就會產生心理或生理上的傷害。如果這樣的衝突未能獲得解決，就會引發焦慮或恐懼，增加某些成員參與團體的困難度，甚至離開團體，團體本身的發展也會受到干擾（Northen, 2008）。這樣的情況發生帶出衝突的負向意義。

綜上所述，可知衝突本身是一個中性的自然現象，讓這個現象產生正向或負向影響的關鍵在於處理衝突的做法。處理得當可以讓團體成員更加親近、促進彼此的合作關係，處理不當則會讓團體成員疏離、防衛，對團體產生破壞性的影響（Zastrow, 2012）

二、衝突的種類與成因

衝突的種類有三種分法，第一種分法是以兩造雙方彼此之間的關係來談，區分為團體間的衝突（intergroup conflict）及團體內的衝突（intragroup conflict）；第二種分法是以衝突本身的健康程度區分為健康的衝突與不健康的衝突（Levi, 2007）；第三種分法是以衝突的屬性分為任務的衝突（task conflict）與關係的衝突（relationship conflict）。以下分別說明。

（一）團體間的衝突與團體內的衝突（intergroup conflict & intragroup conflict）

團體間的衝突顧名思義是兩個團體之間的衝突，組織中的不同單位或團隊在共事的過程中因為立場不同，要在成果表現上競爭，或需要爭取經費、人力資源或權力等因素而產生衝突（Zastrow, 2012）。當個人介入到團體間的衝突時，他是整個團體的代表，而不是以個人的身分面對衝突。

團體內的衝突發生在團體中人與人之間，可能出現在個別成員之間、幾個成員與另外幾個成員之間、成員與團體之間，或成員與工作者之間。不論發生衝突的當事人是誰，衝突依其性質可區分為對團體掌控與主導的衝突、利益的衝突以及團體任務執行做法的衝突（Henry, 1992）。

團體成員個人價值觀、做事風格各不相同，團體所具備的條件或能量不一定完全具足，而難免產生衝突。團體內產生衝突的原因有許多，包括成員彼此之間溝通不良，無法接受彼此之間意識型態或文化上的差異，團體結構僵化或缺乏團體規範，權力分配不均，對領導型態有意見，團體目標無法回應成員需求，成員相互競爭掌握有限資源，團體運用容易引發爭議的影響策略，成員的人際風格傾向競爭較勁等（Siddiqui, 2008）。

（二）健康的衝突與不健康的衝突（healthy conflict & unhealthy conflict）

健康的衝突基本上是單純的，成員之間沒有人際糾葛或恩怨，純粹因為對任務有不同的意見、觀點、信念與價值，或對決策影響有不同的期待而產生衝突。不健康的衝突又稱之為隱藏性衝突，在這種衝突中，衝突本身是一個表象，真正的關鍵在於被隱藏起來的因素。產生的原因包括對權力、利益或資源的競爭，個人目標與團隊目標衝突，不良的溝通，個人之間過去的誤解或恩怨等（Levi, 2007），也有可能因個人認知扭曲，對工作者或其他成員的負向轉移反應，對事實的否認或抗拒等因素而產生（Northen, 1988）。

（三）任務的衝突與關係的衝突（task conflict & relationship conflict）

任務的衝突主要是成員對於執行任務過程中所呈現出來的意見、資訊與事實有明顯的差異所產生；關係的衝突則為成員之間情緒的與人際關係的衝突（Toseland & Rivas, 2012）。任務的衝突可以刺激健康的對話，對各種提議審慎評估，發展具有包容性的解決做法，所以對團體有利。關係的衝突因為牽涉到主觀的情緒與複雜的經驗脈絡而較難處理。

三、衝突的處理

當團體出現衝突時，個人及整個團體的因應做法會自然出現，如果當事雙方所採取的因應做法得宜，衝突就可以平和落幕，甚至產生正向的影響。如果當事雙方所採取的因應做法對個人或團體產生負向的影響，帶領者就需要介入處理。以下先說明當事雙方對衝突時自發性的處理做法及影響，再談帶領者意圖性的處理作為。

（一）當事者面對衝突的處理

當事者要處理衝突時會考量兩個層面，第一個層面是自利：滿足自己的需求、達成自己的目標的重要性；第二個層面是利他：滿足他人需求或目標，藉此與他人維持良好關係的重要性。當事人處理衝突的做法隨著他認為自利及利他的重要程度不同而產生五種做法（Levi, 2007; Johnson & Johnson, 2000），綜合整理如表2-4。

表2-4　處理衝突的五種做法

類型	做法
逃避	忽略議題、否認問題的存在，希望衝突自己消失，不面對議題也不面對對方。
順應	放棄自己的意見，藉由順應對方來維繫關係。

類型	做法
強逼迫使	為了要贏得自己的利益或優勢而強迫、威脅,或說服別人放棄,甚至採取攻擊性行為先發制人。
妥協	放棄部分的目標,關係上也做一點犧牲,雙方各退一步。
協商	開啟問題解決的協商歷程來解決衝突。 努力使雙方都能達成自己的目標,並化解緊張與負向情緒。

逃避容易讓當事人在團體中處在「編制內,狀況外」的尷尬位置,並沒有真實參與在團體之中。順應可以換來人際和諧,但容易產生負向的情緒及參與經驗,而影響其對團體的向心力。妥協使得團體中沒有絕對的贏家或輸家,大家的需求都獲得部分滿足,即使不滿意,但仍是可以接受的。強逼迫使的做法跟團體運作的低效能有密切關係,如果雙方都採用強逼迫使的策略,就會強調自己最好的部分,誇大對方的缺點或弱勢,輕蔑對方,而無法客觀地彼此看待,產生溝通的障礙與困難,容易造成心理上的疙瘩,為未來的溝通協調或合作埋下不利的種子。

協商可以開啟合作的空間,尋找各種可能的解決方法,有機會創造雙贏,為決定帶來較大的承諾,有利於團體成效的提升,也可以提升關係及參與的滿意度。

每一個因應做法都有其發揮功能的時機,例如:面對一個還不熟悉卻充滿敵意的對手,雙方情緒高漲,無法心平氣和的就事論事時,逃避可能是必要的權宜之計。面對一個有誠意卻容易衝動的對手,暫時採取順應的做法有機會換來長久的合作關係。

(二)帶領者對衝突的處理

衝突發生時,如果當事雙方所採取的處理做法對於個人或團體可能造成負面的影響時,帶領者就需要在評估其所產生的影響之後,做必要的處理。

有時候衝突出現在組織中的小單位之間,與此衝突情境有關的兩個層次的領導者可以發揮影響功能,協助雙方處理衝突,一個領導者是雙方的共同主管,另一個領導者是當事雙方各自的主管。

不論是處理團體間的衝突或是團體內的人際衝突，正確的態度與方法是必要的，正確的態度包括（Yanca & Johnson, 2009；Northen, 2008；Siddiqui, 2008）：

1. 承認團體有衝突存在。
2. 把衝突界定為團體所關切的議題，而不是個人的問題。
3. 了解想法、利益或觀點的差異是自然的，也能區辨差異與厭惡、排斥或鄙視的不同。
4. 就事論事。
5. 保持中立，不偏袒。
6. 信任團體有能力看清處衝突所造成的緊張，並妥善處理衝突。

　　在這樣的態度之下，可採取的具體做法包括下列幾項（Yanca & Johnson, 2009; Siddiqui, 2008）：

1. 把所有成員都涵蓋進入處理衝突的歷程。
2. 創造支持性的氛圍，發展相互接納、同理與真誠的關係。
3. 引導用開放的態度面對衝突，表達對衝突的看法。
4. 確認觀點的相似處與相異處。
5. 確認成員充分了解每一個觀點。
6. 協助接受彼此的差異。

　　以上所述為處理衝突可採行的步驟，如果有特殊狀況出現，就需要做進一步的處理（Northen, 2008; Siddiqui, 2008），例如：

1. 互動造成生理上或心理上的傷害時，運用限制掌握衝突，進行面質。
2. 如果問題的複雜性高，尋求專家協助。
3. 追蹤缺席者與退出者。缺席或退出可能起因於基本價值落差太大而感到被拒絕或排擠，或是歸屬感不足，還不覺得自己屬於這個

團體，不想參與攪和。追蹤有助於協助這些成員面對自己因衝突而引發的個人課題。

四、處理衝突所產生的影響

衝突對團體的影響端視團體面對衝突、處理衝突的做法而定，如果處理得當，對團體成員及團體都有正向的影響，如果處理不當，則團體及個人都會受到傷害，而產生負向的影響（Levi, 2007; Johnson & Johnson, 2000）。

如果團體採用建設性的方式處理衝突，會對個別成員及整個團體產生正向的影響。對團體成員而言，可以藉由處理衝突的歷程發掘自己產生不良功能的行為模式、釐清重視的議題或價值，以及對團體目標的認定與承擔程度，更認識自己與他人，抒解憤怒、焦慮、不安及哀傷等負向情緒，同時提升面對問題、解決問題的能力。

對團體而言，建設性的處理衝突可以充分探究議題，進行深入的對話與溝通，化解彼此之間的誤解或對立，發展出建設性的調整做法，提升團體溝通效能，同時因為成員參與團體的興趣與意願提高而增進團體建設性運作的能量。

如果處理不當，團體處理衝突的歷程可能會加深當事者之間的嫌隙，彼此之間更加防衛，切斷團體溝通對話的管道，產生憤怒、敵對、痛苦、悲傷等負向情緒，進而降低對團體的信心與凝聚力。

肆、團體發展

團體從開始到結束有其生命歷程，像一個人從出生到死亡，會經歷各種不同的階段，每一個階段各有其特性及特有的課題要面對（Reid, 2002），成員會出現不同的言行舉止與反應，這些不同的行為受到許多因素影響，也對團體及個人造成影響（Zastrow, 2012）。在特定情境中，

成員有其自己對待彼此的方式，整個團體則會產生共同參與的言行表現，這個歷程隨著時間的推演而有所改變（Benson, 2001）。理解團體發展的概念可以清楚知道團體互動與團體歷程是怎麼隨著時間的推移而改變（Stewart et al., 1999），能夠判斷團體目前處在發展歷程的哪個階段，團體所發生的哪些事情是正常的，哪些問題是需要處理的，同時也知道必須採取的行動及有效處置的要領是什麼。有關團體發展各個階段的動力，詳見本書第七章。

 ## 第四節　團體領導

有效的團體領導包含兩個目標，第一個目標是運用符合社會工作基本價值的觀點來協助個別成員與整個團體達成目標，第二個目標是滿足成員的社會情緒需求，簡單地說就是團體目標的達成及情感面的照顧（Toseland & Rivas, 2012）。協助團體達成目標的各種作為稱之為任務性領導，透過情感面的運作滿足成員社會情緒需求為關係性領導（Yukl, 2013; Forsyth, 1999）。儘管任務性團體與處遇性團體的目標各有不同，但這兩個領導目標是共通的。

團體領導的探討可以從鉅視面分析工作者在團體進行當中所要發揮的領導功能，也可以從較微視的觀點分析工作者的行為表現。另外，發展個人催化風格是團體領導的重要課題，本節分別探討帶領團體所要發揮的功能、團體領導技巧，與發展催化風格等三個與團體領導有關的課題。

壹、帶領團體要發揮的領導功能

本章第一節說明，在團體正式運作之後，工作者處遇的重點包含個人、團體與環境三個層面，本段針對團體層面工作者所要發揮的領導功能做說明（Yanca & Johnson, 2009）。

一、促進團體互動

引導、促進團體互動是工作者所要發揮最基本的領導功能，在團體開始階段或是有新成員加入團體時，這個功能尤其重要（Reid, 2002）。促進團體互動可以從二個層面著手，第一個層面是建立成員彼此之間的關係，這個關係非常重要，因爲正向的成員關係是團體發揮功能的重要管道（Yanca & Johnson, 2009; Konopka, 1983）。第二個層面是搭建團體運作的平臺，透過訂定團體規範、目標與角色等做法讓團體有一個順暢運作的基礎，而可以動起來。

在後續的每一次團體聚會，工作者都需要促進團體互動，建立友善、接納、支持的氣氛，敏察個別成員的需求，鼓勵成員用問題可以解決的方式來討論他們所面對的問題、誠實的回饋，分擔團體的權力與責任等（Yanca & Johnson, 2009; Reid, 2002）。

二、催化團體討論

討論是團體內溝通的管道，順暢的討論能夠讓成員了解彼此所持的觀點、信念或解決問題的方法，也能夠促進成員有所領悟，是團體發揮功能的重要管道（Konopka, 1983; Brilhart, 1974）。工作者有責任促使團體討論，以便讓團體的互動有深度，並且朝向團體目標前進。

要達成這個目標工作者要做到某些事情，同時要協助團體避免某些事情發生。工作者要做到的事情包括設定氣氛、鼓勵成員分享想法、相互尊重與了解、不帶敵意地反對、協助團體欣賞差異性等。工作者要協助團體避免的事情包括強迫成員順從眾議、依賴某一個成員、對易受傷的成員做出傷害性或非支持性的反應、縱容多話的成員總攬團體的注意力等。

三、催化團體發展

團體要發揮功能，必須真實面對團體中所呈現出來的需求或問題，並作適當的回應與處理。工作者的任務就是運用各種技術讓團體能夠引發出有利於團體運作的能量，化解可能干擾團體運作的因素，讓團體往建設性的方向前進，順利走過團體發展的歷程，朝向團體目標前進。

四、建構團體活動

活動是工作者用來協助團體運作、發揮功能的重要管道，適切的活動可以讓成員從參與活動的過程中獲得情感的滿足，增進彼此的情感與了解，讓團體發揮功能（Yanca & Johnson, 2009; Konopka, 1983）。

工作者選擇的活動及組織，運用這些活動的方法會影響團體的發展，因此要在團體目標的指引之下，考量團體發展階段、成員特性與需求等因素，意圖性地運用各種活動。

五、處理團體衝突

當成員融入團體，用自己真實的情感與樣貌參與團體之後，團體有可能會出現衝突，例如：團體的任務與功能是什麼，誰要承擔重要角色，哪些團體規範應該要拿來討論、商議等（Yanca & Johnson, 2009）。衝突是一個挑戰，也是一個機會，工作者要能夠有正向、積極的眼光，看出衝突所蘊含的可能性，引導成員面對衝突、處理衝突，並從這個歷程中成長。

上述五個領導功能各有其重要性：促進團體互動做得好，團體就會有能量動起來；催化團體討論做得好，團體的互動就會有深度；催化團體發展做得好就能夠讓團體穩穩地往前進展；建構團體活動得宜就可以讓團體豐富、多元、多采多姿又深刻、有意義；當團體產生衝突時能夠妥善引導

團體解決衝突就可以避免衝突可能產生的負向影響，讓團體轉化出新的正向能量。團體工作者適切發揮這五項領導功能，就可以讓團體有效運作。

貳、團體領導技巧

團體領導技巧（group leadership skills）指的是可以協助團體及個別成員達成目標的各種行為或活動。

團體領導所需要具備的基本技巧區分為三類：催化團體歷程的技巧、蒐集與預估資料的技巧，及促進行動的技巧（莫藜藜譯，2013；Toseland & Rivas, 2012）。

催化團體歷程的技巧主要重點在於營造團體基本運作架構、維繫團體互動功能、催化團體向前進展（吳秀碧等，2004），可以促進成員彼此之間的了解，建立開放的溝通管道，鼓勵信任感的發展，而使得團體動起來，成員願意竭盡所能地為團體作貢獻（莫藜藜譯，2013）。

蒐集資料、預估資料的技巧可以讓工作者對於團體的現狀、潛力等面向有清楚的了解，並且以這個了解為基礎來發展有系統的計畫，根據這個計畫採取各種作為來影響團體的溝通互動，讓團體朝向目標前進（Toseland & Rivas, 2012）。這一套技巧就像連結兩個車輪的橫軸，將團體歷程的運轉與團體目標的達成兩個層面串連在一起，讓團體能夠有效能地朝目標前進。

促進行動的技巧可以激發出成員改變的意願、相互支持提攜的動力、找出具體方法共同前進，把團體朝目標推進，讓成員完成其參與團體的目標、團體完成任務。以下分別針對這三類技巧作說明。

一、催化團體歷程的技術

工作者催化團體歷程時，以個別成員及整個團體為對象，分別從內容層面及運作層面來進行催化，綜合整理催化團體歷程的技術如表2-5。

表2-5　催化團體歷程的技術

處理重點	處理層面	運用的技術	功能
個別成員	內容	協助成員表達	提升個別成員的溝通表達品質。
		回應成員	
	運作	含納所有成員	讓成員融入團體。
		關注成員	提升成員的參與意願及對團體的歸屬感。
整個團體	內容	聚焦團體互動內容	提升團體溝通品質。
		釐清團體互動內容	
	運作	讓團體歷程清楚明確	提升團體運作的能量。
		引導團體互動	

（一）針對個別成員所採取的催化技術

內容層面的技術可以引導成員做具體、深入的表達，運作層面的技巧目的在引導成員參與團體對話或活動。以下簡要說明：

1. 協助成員表達

協助成員表達可以兼顧積極性做法與消極性做法，積極性的做法包括引導成員說出自己的想法與感覺，必要的時候幫他們重述一遍，讓成員能夠自由、開放地針對議題做討論（Toseland & Rivas, 2012）；消極性的做法如不搶話，讓成員把話說完（Shulman, 2012）。

2. 回應成員

回應的目的在於引導成員持續表達、參與，同時營造團體後續的溝通模式，回應的方式包括肯定某位成員的努力，表達對某位成員的欣賞與支持，忽略某位成員離題或偏激的陳述或行為等。

這兩項技術可以確保成員有敘說的空間，提升表達的品質，知道自己的表達受到重視，看到需要修正的空間，自然會提升參與的意願。

3. 含納所有成員

又稱之為囊括所有團體成員的經驗（莫藜藜譯，2013），是工作者帶領團體過程中隨時要關注的課題之一（Thomas & Caplan, 1999），意指讓

所有成員都參與團體正在討論的議題，且個人相關的情況也受到關注。

4. 關注成員

透過眼神接觸、身體姿勢與口語表達來傳達了解、尊重、溫暖與信任等，讓成員感受到被關懷、接納與重視。除了對個別成員的關注之外，也可以藉由環視所有成員來表達對所有人的關懷（Toseland & Rivas, 2012）。

當成員受到關注，同時又在溫暖的引導之下融入團體，成為團體的一分子，很快會發展出對團體的歸屬感與認同感，而提升參與團體的動機。

（二）針對整個團體所採取的催化技術

這一類的技術有四種，簡要說明如下：

1. 聚焦團體互動內容

讓團體的對話有焦點、深入的探討或減少不相關的對話，以提升團體溝通的效率。可採取的做法包括澄清、要求某一成員重新陳述，建議團體成員限定他們對某個議題的討論等（Toseland & Rivas, 2012）。

2. 釐清團體互動內容

主要目的為讓成員清楚看見大家所談論的內容，可採取的做法包括核對某一個訊息是不是充分被了解，協助成員清楚表達，點出團體互動失焦或岔題，指出可能被刻意迴避的禁忌話題等。

3. 讓團體歷程清楚明確

點出團體歷程就像魔鏡般地把成員的互動及其影響呈現在成員面前，讓成員看見。經由這個看見可以開啓內容以外的另一個層面的探索與對話，對團體的運作及成員在團體外的生活都有重要的影響。

可採取的做法包括指出隱晦的團體規範，某一特定成員的角色，特殊的互動模式等（Toseland & Rivas, 2012）。

4. 引導團體互動

意指意圖性地催化出具有功能的團體互動模式，協助團體發展自我管理與自我導向的能力，自發地朝向目標前進（Henry, 1992）。工作者可運用提引、連結、阻止與設限等技巧來引導團體互動（Toseland & Rivas, 2012; Reid, 2002）。

工作者對於這幾項催化技巧的性質與內容有所了解，就能夠針對團體當下的需求、工作者所設定的目標來選用適當的技巧進行催化，讓團體的運作順暢。

二、蒐集資訊與預估資訊的技術

　　蒐集資訊、預估資訊的技術可以讓工作者清楚了解團體的現狀與潛力，以這個了解爲基礎發展出一套有系統的計畫，根據這個計畫採取各種作爲來影響團體的溝通互動，讓團體朝向目標前進（Toseland & Rivas, 2012）。這些技術在實際運用上有先後順序及不同的功能，綜合整理如表2-6。

表2-6　蒐集資訊與預估資訊的技術

技術	包含之技巧	功能
確認與描述資訊	澄清、具體	確保成員表達的品質，讓團體的情境及成員的情況清楚呈現。
蒐集資訊	要求提供資訊、提問、探究	增加資訊的豐富度。
連結強化資訊	總結與拆解資料	回顧所討論的議題。 核對對議題的理解。 提高成員面對問題、執行任務的信心與意願。
	綜整資訊	讓隱晦的意涵浮現。 呈現相關議題之間的關聯性。
分析資訊		了解現況。 釐清後續行動方針。

（一）確認與描述資訊

　　透過成員具體描述或確認成員的描述可以了解團體所面臨的情境，成員之間不同的觀點、立場或需求等。除了引導成員作具體描述，工作者

也可以從自己的觀點出發，具體描述問題的歷史脈絡及現況，再邀請成員確認。

（二）蒐集資訊

在確認、描述資料之後，如果工作者覺得有必要進一步多蒐集一些資料，可以透過要求提供資訊（requesting information）、提問（questioning）或探究（probing）等互動技巧來增加資料的豐富度。

（三）連結強化資訊

當資訊夠豐富時，就可以做連結強化（consolidating）（Reid, 2002），或稱之為融合（劉曉春、張意真，1997），意指整理團體進行過的議題，呈現相關資訊之間的邏輯、脈絡或關聯性，讓團體對於所進行的分享討論有清楚的看見。連結強化這個技術包含三個技巧：總結（summarizing）、拆解（partializing）與綜整（synthesizing）。

總結又稱為摘要（劉曉春、張意真，1997）、摘述（莫藜藜，2013），意指歸納整理團體討論過的重點。可以在團體結束之前做總結，也可以在下次團開始前做總結，幫助成員喚起上一次團體的印象，為這一次的團體做鋪橋準備（Reid, 2002）。

拆解或稱之為分類化（劉曉春、張意真譯，1997）或部分化（莫藜藜譯，2013），意指將複雜的問題或議題拆成幾個較容易處理的小議題，讓任務或主題較為單純，讓成員覺得可以掌握問題而提升信心與執行意願（Shulman, 2012; Toseland & Rivas, 2012; Reid, 2002）。

綜整又稱之為綜合（劉曉春、張意真譯，1997；莫藜藜譯，2013），把在不同時間點出現或看似不相關的元素連結在一起，讓隱晦的意涵浮現。具體做法包括連結成員的說詞與行為、挑明呈現成員隱藏的感覺和想法、點出成員的行為重複出現的課題，以及把成員的暗盤端上檯面等。

這三個技巧的差異性在於運用角度或做法不同，總結是把討論過的重點做綜合整理，拆解是把面臨的問題化解成具有關聯性的小課題，綜整是把隱晦的相關課題明朗化。

（四）分析資訊

組織、綜整所蒐集到的資訊之後，就要分析資訊，以便清楚了解團體及團體所面臨的課題，以及後續的做法。分析的重點有三個，分別為資訊所呈現出來的模式，所蒐集到的資訊是否有落差，還需要蒐集什麼資料（Toseland & Rivas, 2012）。

工作者善用上述四類技術，就可以提升資訊品質，豐富資訊的數量，重新整理資訊，看清楚資訊所蘊含的意義，了解情況並釐清後續行動方針，作為催化團體歷程或採取行動的參考依據。

三、行動技巧

行動技巧可以促進團體運作、深化團體內容，協助團體及個人處理問題、學習改變，或採取行動（吳秀碧等，2004）。本段分別探討促進團體運作及深化團體內容所需要發揮的功能及運用的技巧。

（一）促進團體運作的行動技巧

促進團體運作所需要發揮的功能共有七項，每一項功能的意涵及需要運用的技巧如表2-7所示。

表2-7　促進團體運作的行動技巧

發揮的功能	運用的技巧
強化成員參與的能量	支持 接納 再保證
連結成員之間的溝通	協助成員彼此回應
引導團體行動	澄清團體目標 催化團體討論 協助成員參與活動 分享新資訊 預估特定問題

發揮的功能	運用的技巧
激發動機	面質
深化溝通表達	自我揭露
強化團體運作能量	提供資源
處理衝突	緩頰 協商 調解 仲裁

1. 強化成員參與的能量

強化成員參與能量的技巧包括支持、接納與再保證。支持是所有行動技巧當中最核心關鍵的技巧，可以讓成員覺得團體是安全的，自己是被接納的，而樂於融入團體中，並真實呈現自己、相互回應，激盪出交流的火花。

支持這個模糊性的技巧可以透過具體做法來進行，例如：引導、鼓勵成員參與團體（Toseland & Rivas, 2012）；引導成員表達懼怕、憤怒、受傷、悲傷或仇恨等強烈情緒，舒緩高漲的身心狀態（Reid, 2002）；用正向、接納的態度鼓勵成員探索死亡、性、權威與依賴等禁忌性話題（Shulman, 2012）。除了支持之外，接納、再保證也可以強化成員參與團體能量（Brown, 1990）。

2. 連結成員之間的溝通

成員凝聚出一個真正情感交融的生命共同體是團體帶出豐富的成長與改變的重要前提（Henry, 1992），而連結就是把原來各自存在的成員捏攪成一團的重要關鍵。工作者可以用不同的方式做連結，例如：個別連結（邀請處於邊陲、觀望的成員參與團體歷程）、團體連結（打造一個平臺讓所有成員共同參與團體討論）、邀請成員對其他成員的請求協助做回應（莫藜藜譯，2013；Thomas & Caplan, 1999）

3. 引導團體行動

引導（directing）又稱之為指導（莫藜藜譯，2013），意指協助團體發展出自我管理與自我導向的能力，而自發地朝向目標前進（Henry, 1992）。具體做法包括釐清團體目標、帶領團體討論、協助成員參與活

動、分享新資訊及預估特定問題等（Toseland & Rivas, 2012）。

當團體滯留打轉或偏離方向時，工作者要把這個現象點出來，提醒團體成員做修正或調整（Henry, 1992）。

4. 激發動機

有時候成員看不到自己真實的樣貌，不覺得現狀有何不妥之處而缺乏行動動機，或是理性知道要改變，但是情感上抗拒改變，而造成拉扯。當這兩種情況出現時，團體的運作就會卡住。工作者可以運用面質來激發成員的動機，協助團體跨越這些關卡。

面質意指工作者有意識地引導團體及成員接觸他們的力量、弱點、盲點或資源，在表達了解的同時挑戰成員建設性地處理口語及非口語的言行（Reid, 2002）。對整個團體做面質時，重點多放在團體的主題與過程，尤其是團體的溝通模式、角色、抗拒或決策，以檢核真實情況、增進團體互動、發展出有功能的溝通。針對個別成員做面質時，重點放在協助成員檢核自己的行為、溝通與假設（Reid, 2002）。面質可以由工作者直接來做，也可以由工作者鼓勵成員彼此之間做面質。

5. 深化溝通表達

當團體可以自由對話、交流與運作時，工作者可以藉由自我揭露讓成員覺得自己被了解、團體是安全、可以訴說的地方，同時感受到這個帶領我們的人是活生生、有血有淚、有情感的人，受到感染而開放、跟進作深入的溝通表達（Shulman, 2012; Toseland & Rivas, 2012）。

6. 強化團體運作能量

有時候團體需要運用資源來提升服務品質或執行任務的能量，例如：處遇性團體中成員需要醫療、健康照護或法律諮詢等服務；任務性團體需要某些器材、設備或與相關機構合作、聯盟來推展任務。工作者可以提供成員所需的資源，讓成員能夠獲得即時的協助，同時鼓勵成員分享他們所知道的、覺得有助益的資源，提供參考。這樣的做法除了豐富成員所能獲得的資源之外，也建立起成員之間的互助陪伴網絡，強化了團體的運作能量。

7. 處理衝突

團體中難免有衝突出現，工作者要引導成員釐清彼此的相同與差

異，建設性地處理衝突，讓成員對於自己所做的努力感到滿意，同時提升彼此的關係（Northen, 2008）。

處理衝突可採取的技巧包括緩頰（moderating）、協商（negotiating）、調解（mediating）或仲裁（arbitrating）。

協商著重於對各種觀點的協調，請相關人等陳述自己的觀點與理由，接著檢驗這些觀點與理由的合理性或可行性，找尋彼此願意妥協的空間（Yanca & Johnson, 2009）。調解著重於對造成衝突原因的處理，重點包括協助當事人檢核自己的處境，釐清造成衝突的因素，進行有效的溝通對話，思考可行的做法（Sheafor & Horejsi, 2012）。

（二）深化團體內容的行動技巧

從內容層面來看，團體重要的功能包括協助成員發展新觀點與學習新行為，深化團體內容的行動技巧如表2-8所示。

表2-8　深化團體內容的行動技巧

發揮的功能	運用之技巧	
發展新觀點	再建構 再界定	
學習新行為	直接實作	示範 角色扮演 預演 指導訓練
	口語討論	忠告 建議 教導

以下分別說明各項功能所需要運用的行動技巧：

1. 發展新觀點

發展新觀點意指採用彈性的、新的觀點來看問題、關係、處境或任務，是有效處理問題或任務的前提，工作者可以運用再界定（redefining）與再建構（reframing）協助團體與成員發展新觀點。

再界定主要著力於重新思考問題的意涵、重新定義問題是什麼；再建構又稱之為重新架構（劉曉春、張意真譯，1997），著重調整對情境的解讀，用新的視框、較實際、有彈性的觀點來看自己的問題、處境及處理做法等（Reid, 2002; Northen, 1995）。

2. 學習新行為

協助學習新行為的方法有直接實作與口語討論兩種，兩種方法各有其適當的運用時機，工作者需要考量團體的特性、成員的需求等因素做選擇運用。

直接實作的方式包括示範（modeling）、角色扮演（role playing）、預演（rehearsing）與指導訓練（coaching）等，創造出實地觀看、演練、回饋討論、修正的機會，讓成員起而行，透過具體的經驗學習來發展新的行為。

如果工作者決定採用口語討論提供新行為的相關觀念或方法，則可運用忠告、建議與教導等做法。這些方法雖然沒有在團體中建構出模擬場景，讓成員實地操作，但透過口語討論可以讓成員產生解決問題的新想法與新做法，而帶出正向的改變（Smith et al., 1992）。忠告、建議與教導除了可以讓成員學習新行為之外，還可以協助成員了解問題、改變有問題的情況（Toseland & Rivas, 2012）。

參、發展個人催化風格

本段所說明的各項領導技巧是帶領團體的基本功夫，這些基本功夫大家都有，但在臨場運用時就會出現不同的樣貌與功能，這與個人風格有關。因此工作者要能夠了解自己在帶領團體上的興趣、喜好或偏愛，在這個基礎上適切搭配各項技巧，以便發展出自己的風格，發揮最佳之領導功能。

催化風格可以用幾組相對性的指標來呈現（Toseland & Rivas, 2012; Lindsay & Orton, 2011）：

1. 指導性或非指導性（directive or non-directive）：催化者擺出清楚的態勢，引導團體朝自己所意圖的方向前進或鼓勵團體自我引導或做決定。

2. 結構或非結構（structuring or un-structuring）：催化者採用活動、遊戲進行團體，還是用非正式的方式進行團體。

3. 過程取向或結果取向（process-oriented or outcome-oriented）：注重團體進行過程的體會與發現，還是重視最後的結果。

4. 成員中心或帶領者中心（member-centered or leader-centered）：成員有參與、作主的空間，還是遵照帶領者所規劃、重視的方式進行。

5. 解釋或不解釋（interpretive or non-interpretive）：催化者針對團體的行為做出一個解釋，對照於催化者鼓勵團體對自己的行為做解釋。

6. 面質或不面質（confronting or non-confronting）：催化者挑戰團體還是鼓勵團體自我挑戰。

7. 情感抒解或無情感抒解（cathartic or non-cathartic）：催化者鼓勵情感的抒發與表達，還是把團體導向不做情感表達。

8. 自我袒露或不自我袒露（disclosing or non-disclosing）：催化者分享自己的想法與感覺，還是壓抑這些感覺與想法。

這幾個面向都是連續性的光譜，可以藉由思考自己較熟悉、安全的點落在哪裡，而看出自己的領導風格，例如：指導性強的工作者較傾向採用結構式、解釋或面質，基本是較專家取向、領導者中心的風格。

看清楚自己目前的領導風格以及想要發展的方向之後，就可以採取行動發展自己的催化風格。發展個人催化風格可以在下面幾個層面下功夫（Heron, 1999）。

1. 探索個人價值

風格背後有著其深層的價值信念在，那是個人對於人類發展的信念。舉例來說，尊重與信任是帶領團體重要的原則，如果工作者個人的信念與價值觀與這個專業原則有落差，則其具體言行表現將會大異其趣。因

此工作者要探索、反思自己的價值。

2. 自我發展

工作者在個人發展課題上所下的功夫愈深，則愈有彈性來隨順團體的
條件靈活運用不同的催化風格。所謂的個人發展課題包括療癒成長歷程所
累積的記憶與開展人際能量的交流。前者是內在的心理課題，後者是外在
的人際交流課題。在自己身上所下的功夫愈深，就愈能夠清楚覺察自己在
帶領團體的過程中所出現的陷阱，而作必要的處理；如果沒有辦法覺察，
就很可能在不經意的情況下把自己隱藏的壓力投射到團體中，或把自己侷
限在一個小範圍之內，只運用某幾項處遇做法。

3. 專業訓練與專業發展

良好的專業訓練協助工作者對自己有所覺察，並發展出對議題或選擇
較寬廣的視野，以及較豐富多元的策略與要領，而有較大的揮灑空間，工
作者可以從提升批判能力，從實務操作體驗中學習、獲取回饋、反思及向
楷模學習等面向著手，深化自己的專業訓練，促進自己的專業發展。

 第五節　協同領導

協同領導（co-leading）又稱之為協同工作（co-working），意指
由兩個以上的人共同承擔帶領團體的責任，在團體中一起做決定、催化
團體、分擔對團體的影響力、承擔團體結果與成效的責任（Collins &
Lazzari, 2009; Doel, 2006）。協同領導受到普遍重視與運用，與其所發揮
的正向功能有密切關係，以英國的實務場域為例，成效良好的團體中，協
同領導的比例高達百分之八十七（Doel, 2006）。

這些實務上的需要與成功經驗使得協同領導已是社會團體工作發展的
一個趨勢，要進行協同領導需要了解協同領導的好處與不利之處、協同領
導的考量與運作等議題；近年來多人領導逐漸發展，以下分別針對這幾個
議題做探討。

壹、協同領導的好處

協同領導對於團體及工作者而言，都具有正向的影響，以下綜合整理說明（Toseland & Rivas, 2012; Zastrow, 2012; Lindsay & Orton, 2011; Northen, 1995; Henry, 1992）。

一、協同領導對團體的好處

對團體而言，協同領導的好處有下列幾項：

（一）提供豐富的催化資源

協同領導者的領導風格、人格特質、經驗與知識等方面都有個人特色，可以提供豐富的觀點、擴大處理問題的能量，比單獨領導提供豐富的催化資源。有時候社會工作者會與護理師、心理師、特教教師等其他領域工作者協同帶領團體，不同的專業背景可以讓成員從不同的觀點與專業來思考（Banach & Couse, 2012）。

（二）提升預估的正確性

協同領導者對團體及個人的觀察有不同的角度與看見，彼此相互核對可以修正或補充原先的解讀，使得預估較貼近真實。

（三）個體動力與團體動力可以獲得較周延的照顧

對於同一個人，不同的領導者所觀照、留意的面向不同，可以對個別成員有較周延的認識。另外，兩位協同領導者可以因為多一雙眼睛而對錯綜複雜的團體動力有較清楚的看見（Collins & Lazzari, 2009）。

（四）治療性處遇的進行可以獲得協助與支撐

領導者在進行角色扮演、模擬或方案活動時，協同領導者可以協助作示範、觀察、引導或回應、對話，讓治療性處遇的進行較具體、細緻，發

揮較佳的功能。當一位領導者以某位成員為主角進行處遇時，另一位領導者可以照顧現場的情緒氛圍，或觀察留意這個事情對整個團體的影響，在必要的時間點對團體作回應（Doel, 2006; Henry, 1992）。

（五）成員可以看適切互動合作的示範

協同領導者無可避免地要在團體成員面前對話互動，他們的態度、表達方式以及彼此的關係都是具體的示範，讓成員看到成熟、尊重的人際互動而受益（Collins & Lazzari, 2009）。兩位領導者可能會有意見分歧、各有堅持或認定的時候，他們如何面對、化解彼此之間的爭論也是具體的示範與展現。

二、協同領導對領導者的好處

對團體領導者而言，協同領導的好處包括：

（一）分擔領導責任

協同領導讓兩位領導者可以分工合作、分擔壓力與責任，例如：一個領導者專注於團體內容的照顧，另一位領導者著重於團體歷程的課題；一個負責著重團體任務的執行，另一個著重情緒與關係的照顧。這樣在減輕責任負擔的同時又可以專注把自己所負擔的任務做好。

（二）獲得支持

兩位協同領導者共同經歷團體的高低起伏、風風雨雨，深知其中的甘苦，有個人可以了解自己的辛苦、努力或成就，能夠激發出再持續往前的堅持信念與心力，在相互信任、共同分享之下，可以作為彼此的支持（Shulman, 2012）。

（三）獲得回饋及專業成長的機會

兩位領導者可以在合作的過程中了解彼此的態度、做法、特色與優

缺點，有助於專業成長與提升，例如：兩個工作者搭配成一個團隊，其中一個帶領團體，另一個作觀察，接著再角色對調，這樣的做法對於工作者的專業發展有很大的幫助，成效甚至大過由資深工作者所提供的個別督導（Doel, 2006）。

（四）提升客觀性

兩位領導者對於團體體現象的觀察、解讀與處理具有相當的主觀性，藉由彼此的分享可以進行反思，擴展自己的視框，提升客觀性。

（五）可以相互支撐補位

兩位協同領導者一起工作可以互相支撐補位，例如：當一個領導者狀況不佳時另一位領導者可以立即接手，承擔起帶領團體的任務。當領導者之一對於團體正在討論的議題不知道該說些什麼或怎麼處理的時候，另一位領導者就可以接手處理，讓該領導者有緩衝的空間（Zastrow, 2012）。

（六）新進領導者可以獲得豐富的學習

跟資深領導者協同帶領團體有許多好處，在情感上資深領導者的了解、接納與支持是新進領導者最重要的加持力量。在專業學習上，新進領導者在老手庇護之下不必全然承擔帶團體的責任，又可以練習，同時可以從事前與會後的討論、實際參與實作、觀察中學到很多專業知識與方法（Shulman, 2012）。

貳、協同領導的不利之處

協同領導存在一些不利之處，是決定是否採用協同領導時需要考量的，具體而言，協同領導的不利之處包括下列幾項（Toseland & Rivas, 2012; Zastrow, 2012; Lindsay & Orton, 2011; Doel, 2009）。

一、成本較昂貴

協同領導需要兩位領導者都把時間精力花在同一個團體上，在團體外需要規劃出共同討論的時間，所需要的人力成本與時間成本要比一位領導者高（Doel, 2009）。

二、理論取向差異造成團體進行的困擾

兩位領導者的理論取向無法整合會造成團體帶領的困擾，讓團體的進行片段無法連結，甚至相互衝突矛盾，例如：一位領導者傾向以無結構的方式帶領團體，另一位則熟悉以高度結構的方式帶領團體，兩位的取向落差造成團體進行的困擾，讓成員無所適從。

三、成員所需要因應的關係與溝通變得較複雜

每一位成員要分別與兩位領導者發展關係，因應自己與領導者的關係，這麼一來，領導者與個別成員及整個團體的關係就被淡化，成員也需要了解不同領導者的期待。兩位領導者的角色定位也會影響成員與之相處互動的方式，而使得成員所要因應的情境較複雜。

四、領導者之間的衝突可能對團體造成負向影響

協同領導者可能互相手奪對團體的掌控、不贊同對方對團體某一個情境的處理做法，或能對彼此的任務角色有不同的認知，這些衝突會對團體產生破壞性的影響，成員很容易覺察到領導者之間的衝突，而感到不安、不知如何是好，而逃避某些困難的議題；有些成員會支持某一位領導者來制衡另一位領導者，而形成拉扯或對立。

參、協同領導的考量與運作

　　協同領導要發揮功能，需要對相關課題有周詳的考量與規劃，這些課題包括協同領導的必要性、協同領導的選擇、協同領導的準備及協同領導的運作。以下分別說明。

一、協同領導的必要性

　　考慮協同領導的要素是團體的需求，如果協同領導有利於團體目標的達成與團體的運作，就可以考慮協同領導。相關的考量包括下列幾種（Lindsay & Orton, 2011; Toseland & Rivas, 2012; Zastrow, 2012; Doel, 2006）：

1. 團體的目的要呈現不同角度的思考：有兩位協同領導者共同帶領團體可以呈現不同的觀點與思考，而豐富團體的學習。
2. 團體的主題與兩性相關：由男性領導者與女性領導者協同帶領可以呈現與性別有關的觀點、經驗或情感等。
3. 團體的大小：團體愈大就需要愈多的工作人員。
4. 團體活動性質：戶外追蹤活動或冒險活動基於安全考量需要較多工作人員。
5. 團體有高風險：例如：施暴者團體，基於安全考量可以安排協同領導。
6. 團體任務性質：團體的任務較複雜，需要高度的創意才能發揮功效，就需要協同領導。

二、協同領導的選擇

　　選擇協同領導搭檔的考要件包括（Shulman, 2012; Miles &

Kivilghan, 2010; Doel, 2006; Nosko, 2003）：

1. 理論取向相容。
2. 能夠相互支持。
3. 可以一起學習、成長。
4. 視彼此為一個團隊，能夠為了想讓團體有深刻的體會、學習與成長，並且提升自己帶領團體的技巧而一起努力、前進。
5. 願意冒險開放、誠實溝通。
6. 有幽默感。
7. 願意撥出時間回顧共同帶領團體的經驗、規劃後續團體。

　　在此基本前提之下，後續考量的因素包括年齡、性別、族群與領導風格等（Henry, 1992）。年齡的考量會受到團體成員與團體目標影響，例如：團體目標是要帶領青少年探索自我認同，不適合讓兩個剛畢業的新手領導者共同帶領，因為他們的焦慮往往會成為對方的麻煩，而失去為彼此加分的功用。性別的考量會受到成員特性的影響，例如：親密伴侶團體由一位男性領導者與一位女性領導者一起帶領，可以提供不同性別的觀點與示範；受暴婦女的支持團體不適合由男性領導者來搭配（Shulman, 2012）。

三、協同領導的準備

　　決定共同合作之後，兩位領導者一起針對相關議題做溝通討論是重要的準備，討論的議題包括（Toseland & Rivas, 2012）：
1. 領導風格
個人帶領團體的獨特的風格（例如：著重於個人議題的處理還是以團體為主體、在自我袒露、解釋、面質等面向的做法等）。
2. 作為一個領導者的強項與弱點
討論彼此的強項與弱點可以知道如何相互截長補短，發揮加乘

效果。

3. 對成長與改變的信念及介入團體的做法

透過對話可以讓協同領導者了解彼此的信念與做法，並思考調整的可能性或搭配的技術性做法。

4. 對團體成果的期待

透過對期待的分享增加對彼此的了解，形成共識與合作的默契。

5. 在團體中的角色

在團體中如何分工，例如：兩人位置的安排、團體的開始與結束、團體內容的責任分擔、對特殊成員（多話或太安靜的成員、代罪羔羊、守門員）的處理、對成員遲到、缺席的處理等。

6. 衝突的處理

對團體中的衝突（包括兩人之間的衝突及領導者與成員之間的衝突）的處理做法、時機與場合。

7. 強烈情緒的處理

對團體中出現的強烈情緒（例如：哀傷、憤怒、恐懼）可能採取的處理做法。

8. 對協同領導的堅持

在帶領團體的過程中，有什麼事情是沒有商量餘地的。

四、協同領導的運作

協同領導發揮功能的關鍵為溝通討論，重點包括帶領團體的規劃，團體進行過程所出現的狀況與處理，彼此合作所出現的好處、收穫、困難、挑戰與因應，對於合作經驗的感覺與看法等。以下討論協同領導的過程中，要做到的事情（Okech, 2008）：

（一）團體開始前的運作

1. 自我介紹

了解彼此的興趣、背景等，對即將要共同合作的對方有一些認識。

2. 了解

一起了解提供團體服務的緣由、團體的目標與運作。

3. 檢核領導功能

討論彼此想要發揮的領導功能，檢核其適配性。

4. 覺察

討論會如何處理可能遇見的困難情境，如何因應彼此處理的差異。

5. 團體進行前準備

共同準備帶領團體所需要的事項（承擔的準備工作分量可以不同，但絕對不要把所有準備工作都讓一個人做）。

（二）團體執行期間的運作

1. 共同實作

共同承擔團體運作的責任，分擔領導角色、一起協同帶領，尤其是團體設立運作基本規則時要一起參與。如果出現固著的模式，就交換角色做些不一樣的事情，以保持活絡與彈性。

2. 誠實溝通對話

經常回顧共同合作的歷程，以發揮協同領導的價值，其中特別重要的討論重點有兩個：

(1) 彼此的角色功能：從合作夥伴口中獲知自己表現的正向回饋與建議，有助於領導者後續的表現及團體成效的提升。

(2) 合作所產生的問題：誠實溝通協同領導所出現的問題（例如：不信任、競爭、爭權、為反對而反對或過度親密等）與搭檔之間無法真誠對話有關（Shulman, 2012）。先整理自己與工作夥伴及整個團體的互動歷程與自己在這些人際脈絡中的所思與所感，再與夥伴對話，一起回看彼此的互動與關係，帶出對個人與對方的評估，共同探討彼此的人際模式、關係品質、個別的成就及合作的成就等，而提升彼此的信任、合作與有效性。

肆、多人領導

　　近來協同領導的方式已經由既有的兩人協同領導模式發展出多人共同領導（multiple led）的模式。這種做法有兩種形式，一種是由固定的團隊（三人或更多人）一起帶領團體，第二種模式是由三人以上組成小組共同帶領團體，但每一次團體聚會只有兩個人帶領（Deol, 2006）。

　　以青少年為對象的冒險性團體（例如：登山、單車、溯溪、攀岩、獨木舟等）都在大自然中進行，有較多的不確定因素，需要照顧的層面較廣且複雜，傾向於採取多人領導，共同處理團體運作過程中的所有事務。採取此種模式運作時，要照顧的層面有兩個：工作者本身所形成的任務性團體，與成員為主體的處遇性團體。

參考書目

中文部分

王沂釗、蕭珺予、傅婉瑩譯（2014）。團體諮商歷程與實務。臺北：心理出版社。

李郁文（2008）。團體動力學：群體動力的理論、實務與研究。臺北：桂冠圖書股份有限公司。

宋鎮照（2007）。團體動力學。臺北：五南圖書出版公司。

潘正德（2012）。團體動力學（第三版）。臺北：心理出版社。

莫藜藜譯（2014）。團體工作實務。臺北：雙葉書廊有限公司。

莫藜藜譯（2023）。團體工作實務。臺北：雙葉書廊有限公司。

吳秀碧、許育光、洪雅鳳、羅家玲（2004）。非結構諮商團體過程中領導者技術運用之研究。中華心理衛生學刊。17(3)，23-56。

蔡春美、蘇韋列、蕭景容、魏慧珠譯（2012）團體動力學：團隊工作的運用。臺北：洪葉文化事業有限公司。

劉曉春、張意真譯（1997）。社會團體工作。臺北：揚智文化事業服務有限公司。

英文部分

Anderson, J. (1997). *Social Work with Groups: A Process Model*. N.Y.: Longman.---

Alle-Corliss, L., & Alle-Corliss, R. (2009). *Group Work: A Practical Guide to Developing Groups in Agency Settings*. New Jersey: John Wiley & Sons.

Banach, M., & Couse, L. J. (2012). Interdisciplinary co-facilitation of support groups for parents of children with autism: an opportunity for professional preparation. *Social Work With Groups, 35*, 313-329.

Brandler, S., & Roman, C. P. (1999). *Group work: skills and strategies for effective intervention*. N.Y.: The Haworth Press.

Brilhart, J. K. (1974). *Effective Group Discussion*. Dubuque, I A: Wm. C. Brown.

Brown, L. N. (1990). *Groups for growth and Change*. N.Y.: Longman.

Collins, K. s., & Lazzari, M. M. (2009). Co- Leadership. In M. Galinsky & J. Schopler (Eds.), *Encyclopedia of Social Work with Groups* (pp. 299-302). N.Y.: Routledge.

Coyle, G.(1930). *Social process in organized groups*. New York: Richard Smith.

Doel, M. (2006). *Using groupwork*. London: Routledge Taylor & Francis Groups.

Doel, M. (2009). Co-Working. In A. Gitterman & R. Salmon (Eds.), *Encyclopedia of Social Work with Groups* (pp. 302-304). N.Y.: Routledge.

Fatout, M. F. & Rose, S. R. (1995). *Task groups in the social services*. Thousand Oaks: Sage Publications.

Forsyth, D. (1999). *Group Dynamics*. Belmont, Ca: Wadsworth Cengage Learning.

Garvin, Charles D. (1981). *Contemporary Group Work*. Englewood Cliffs, New Jersey: Prentice-Hall, Inc.

Hartford, Margaret E. (1972). *Group in Social Work*. NEW York: Columbia University Press.

Henry, S. (1992). *Group skills in social work: a four-dimensional approach*. Itasca, IL: F.E. Peacock.

Hepworth, D. H., Rooney, R. H., Rooney, G. D., Strom-Gottfried, K., & Larsen, J. (2010). *Direct Social Work Practice: Theory and Skills*. Belmont, CA: Brooks/Cole.

Heron, J. (1999). *The Complete Facilitator's Handbook*. London: Kogan Page Limit.

Johnson, D. W.& Johnson, F. P (2000). *Joining Together: Group Theory and Group*

Skills. Boston: Allyn and Bacon.

Jacobs, E. E., Masson, R. L., & Harvill, R. L. (1998). *Group Counseling Strategies and Skills*. N.Y. : Brooks/Cole Publishing Company.

Konopka, G. (1983). *Social Group Work*: *A Helping Process*. Englewood Cliffs, N. J. : Prentice-Hall.

Koprowska, J. (2005). *Communication and Interpersonal Skills in Social Work*. Exeter: Learning Matters.

Lee, F. W., & Yim, E., L. (2004). Experiential learning group for leadership development of young people. *Groupwork, 14*(3), 63-90.

Lindsay, T., & Orton, S. (2011). *Groupwork Practice in Social Work*. Exeter, Devon: Learning Matters Ltd.

Malekoff, A. (2009). Why we get no respect : existential dilemmas for group workers who work with kids' groups. In C. S. Cohen, M. H. Phillips & M. Hanson (Eds.), *Strength and Diversity in Social Work with Groups*. N. Y. : Routledte Taylor & Francis Groups.

Miles, J., Kivlighan, D., AF Miles, J. R., & Kivlighan, D. M., Jr. (2010). Co-Leader Similarity and Group Climate in Group Interventions: Testing the Co-Leadership, Team Cognition-Team Diversity Model. Group Dynamics-Theory Research and Practice, *14*(2), 114-122.

Napier & Gershenfeld (2004). *Groups*: *Theory And Experience* (6th Ed.). N.Y.: Houghton Mifflin Company.

Northen, H. (1988). *Social Work with Groups*. N.Y.: Columbia University Press.

Northen, H. (1995). *Clinical Social Work*: *Knowledge and Skills* N. Y.: Columbia University Press.

Northen, H. (2008). I hate conflict, but.... . *Social Work With Groups, 25*(1-2), 39-44.

Nosko, A. (2003). Adventures in co-leadership in social group work practice. *Social Work With Groups, 25*(1-2), 175-183.

Okech, J. (2008). Reflective practice in group co-leadership. The Journal for Specialists in Group work, 33(3), 236-252.

Reid, K. E. (2002). *Social Work Practice with Groups*: *A Clinical Perspective*. Boston Birkhauser.

Robbins, S. P. & Judge, T. A. (2010). *Essentials of Organizational Behavior*. N. J. Upper Saddle River: Prentice Hall.

Shaw, M.E. (1981). *Group Dynamics: The Psychology of small Group Behavior*. McGraw-Hill.

Sheafor, B. W., & Horejsi, C. J. (2012). *Techniques and Guidelines for Social Work Practice*. Boston: Allyn & Bacon.

Shulman, L. (2012). *The Skills of Helping Individuals, Families, Groups and Communities*. Belmont, Ca: Brooks/Cole.

Smith, M., Tobin, S., & Toseland, R. (1992). Therapeutic processes in professional and peer counseling of family caregivers of frail elderly. *Social Work, 37(4)*, 345-351.

Stewart, Greg L., Manz, Charles c. & Sims, Henry P. (1999). *Team Work and Group Dynamics*. N.Y.: John Wiley & Sons, Inc.

Thomas, H., & Caplan, T. (1999). Spinning the Group Process Wheel: Effective Facilitation Techniques for Motivating Involuntary Client Groups. *Social Work With Groups, 21*(4), 3-21.

Toseland, R. W., Jones, L. V., & Gellis, Z. D. (2006). Group Dynamics in Handbook of Social Work with Groups. (ed) by Garvin, C. D., Gutierrez, L. M., & Galinsky, M. J. The Guilford Press. N.Y.

Toseland, R. W., & Rivas, R.F. (2012). *An Introduction to Group Work Practice*. Boston: Allyn & Bacon.

Toseland, R, & Rivas, R. (2022). *An Introduction to Group Work Practice* (9 Ed.). MA: Allyn and Bacon.

Yanca, S. J., & Johnson, L. C. (2009). *Generalist Social Work Practice with Groups*. N.Y.: Pearson Education, Inc.

Yukl, G. (2013). *Leadership in Organizations*. Harlow: Pearson Education.

Zastrow, C. H. (2001). *Social Work with Groups: Using the class as a Group Leadership Laboratory*. Pacific Grove, Ca: Brooks/Cole.

Zastrow, C. H. (2012). *Social Work with Groups: A Comprehensive worktext*. Belmont, Ca: Brooks/Cole.

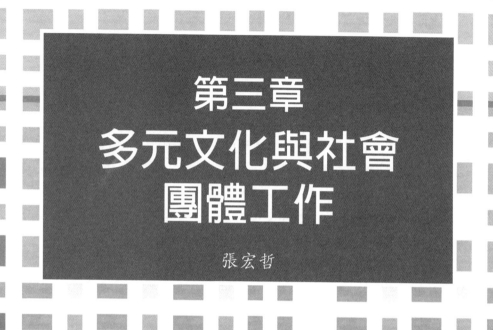

第三章
多元文化與社會
團體工作

張宏哲

第一節　多元文化的重要性和意涵

本節說明多元文化在團體情境中的重要性和它的意涵。

壹、多元文化的意涵

「多元文化」一詞的英文為「multiculturalism」，和該詞相近並且交互使用的語詞頗多，例如：「差異」或「多樣性」（diversity）、跨文化（cross-culture）、雙文化（bi-culture）（Singh, Merchant, Skudrzyk, &Ingene, 2012; Toseland & Rivas, 2000），整體而言，使用「文化多樣」（cultural diversity）或「多元文化」的學者或社會工作者比較多（Singh et al., 2012; Sue & Sue, 2008）。

多元文化包括兩項語詞──多元和文化。在文化的意涵方面，Anderson（2007）認為文化是一種生活方式，透過根植在社會和歷史情境中的象徵系統，包括語言文字、圖像、習俗或儀式等系統，進行世代傳承，因為是生活方式，也反應了多樣和差異的樣態。為美國的「團體工作專業協會」（Association for Specialists to Group Work, also ASGW）草擬專業指引的Singh等人（2012）賦予「多元文化」的意涵是：「社會裡多樣的群體的生活方式、傳統、價值或信念體系，這些要素影響個體的認同感，也就是文化的認同感」（第2頁）。她們列舉文化認同感的例子，包括年齡（age）、性別（gender）、性別認同和表現（gender identity and expression）、性取向（sexual orientation）、種族或族群（race/ethnicity）、宗教或靈性傳統（religious/spiritual tradition）、社會階層（social class）、社經地位（socio-economic status）、移民身分（migration status）、年齡（age）、能力地位（ability status）、精神狀態（mental status）、宗教（religion）、靈性（spirituality）、教育（education）、文化（culture）、工作（employment）等，從上述這些文化認同的層面看來，多元文化的面向很廣泛，幾乎無所不包，已經

超越過去傳統界定的三個主要的特質，不再侷限於種族（race）、性別（gender）和階級（class）（Davis & Practor, 1987）。

多元文化不只涉及多樣的層面，更重要的是這些層面之間的交織與交錯產生的作用（intersectionality），首先強調這類交錯或交織的就是美國的人權律師Crenshaw（2005），她針對社會歧視提出的人權倡議，強調深入探究弱勢族群受到不公平對待的跨文化交錯的面向，如果僅考量非裔美國人受到的歧視（族群），忽略性別、文化、教育、階級等等許多的面向，就很難對症下藥。目前美國主要的助人專業的全聯會在多元文化的立場方面，政策的宣示都採用這個概念（Sue, 2019），強調專業人員對於服務對象（不論是個體、團體或族群）的需求或問題評估，必須探討和檢視他們的跨文化經驗，重視前述的多元層面認同感的交織或交錯的影響，避免以單一的認同感侷限（例如：性別、階級、年齡、族群等），例如：評估新住民單親母親照顧腦麻的兒子的需求，必須考量性別、族群、文化、社會階層、移民、身心障礙、年齡、宗教等很多元的背景和這些認同層面的交錯影響。

貳、多元文化和團體工作

美國傳統的多元文化團體工作簡單的說就是團體工作的對象或團體成員有一種以上的族群背景，不過Mann和Duan（2002）認為這樣的意涵過於簡單，因為這裡的族群是以種族為主要考量對象，因此他們認為適用範圍必須廣泛，多元指的自我認定，只要團體有一位以上的成員對於自我的群體認定和其他成員不一樣，或者更具體一點就是個體的生活方式、文化和價值有些差異，就算是多元文化，從這個觀點看來，Corey（2011）認為：沒有任何的團體不具有多元文化的成員組成，或者沒有任何的團體工作不是多元文化的團體工作。如果將前述的Crenshaw（2005）提到的多元文化認同的面向加以考量，則跨文化團體工作涉及的議題和層面比一般想像的還要複雜。

在詳細的內涵方面，Andersen（2007）認為「多元文化團體工作」

（multicultural group work）含括下列幾個要素。

一、助人過程

多元文化團體工作是一種評估團體目標、確認團體過程、決定團體策略、診斷團體動力，和執行團體介入的助人過程。

二、處遇根基

多元文化的團體工作必須建立在多元文化的處遇知識、專業技巧和實務能力的基礎上。

三、情境對象

多元文化的處遇情境是社會中的各種群體，由於群體的生活方式具有多樣的特性，這些群體和成員的認同感、世界觀、地位、權力和其他重要的人口與社會特質都是團體工作必須參考和重視的面向。

四、團體目的

多元文化團體工作的目的是促進人類的發展，強化人際關係，完成發展任務，辨識精神疾患和預防與介入，減少疾患，降低失能，或者消除危損害個人或群體尊嚴與自由自主的風險。

社會工作實務的對象或主體是案主或案主群，他們都具有某些特質或來自特定的群體和文化，這些背景和特質是社會工作助人過程必須考量的因素，因為這些因素影響案主對問題的定義、案主因應問題的方式和策略

的選擇、案主的求助行為，以及他們和專業人員的互動關係，整個助人的過程無不受到影響，因此，他們的文化背景就必須納入考量。

多元文化使得團體工作更為複雜且更具挑戰性，在團體的情境裡，因為牽涉到多位案主，團體成員的組成比個案複雜，團體可能由兩種或兩種以上的族群組成，成員可能在文化、習俗、價值和信仰方面很多元，對於團體過程的衝擊可能很廣泛，例如：成員對問題的看法可能很多樣，差異如果過大，又無法協調，矛盾和衝突可能發生，這些差異又影響成員對於解決問題方案的主張，可能也因為差異很大，為團體的動力投入更多的變數。如果再將團體成員的性別、年齡和階層的特質納入考量，對團體動力的衝擊可能更加巨大，徒增團體工作的複雜性，也使得團體的領導工作充滿挑戰。

團體的情境不只因為多位成員使得整個系統的樣態更為多樣之外，領導者的因素加入之後，所激盪出來的互動關係更為複雜，其中牽涉到領導者的性別、年齡、族群、階級、宗教和價值觀；如果團體的領導者不只一人，不同的領導者之間可能因為個人的價值、文化背景和信念等的差異衝擊到領導的效能；因此，團體的成員與成員、領導者與共同領導，和成員與領導者之間的互動關係，都可能受到個人特質、文化、信仰和價值的衝擊，如何了解和掌握這些複雜的互動關係，以及它們對團體動力與團體效能的影響，都屬於團體工作的多元文化課題。

參、多元文化的趨勢

美國因為屬於多元族群的國家，多元文化的議題早已是社會工作者關注的焦點，在助人的專業之中，有關個案或案主群的問題和解決問題方案的理論框架又以社會工作專業最為廣泛，不只看到個案本身或家庭的因素，更擴充到整個案主或案主群的生態系統（Ashford, LeCroy, Rankin, 2017），在生態系統的理論架構之下，重視多元文化議題是理所當然的取向。

值得注意的是多元文化裡的群體或群體的認同感都屬於主流社會中

的「弱勢群體」，在社會情境中，主流社會的主流群體可能會對這些弱勢群體中的個體產生偏見（bias）、烙印（stigma）、標籤或刻板印象（stereotype），後者指稱：某些社會族體（通常是主流社會）對其他族群（通常是少數族群）的特質所持有的特定信念、印象、觀感或態度（John & John, 1997），這些想法大都是和事實或真相不相符合，甚至嚴重扭曲。

不過，比上述這些個人的主觀意見，更嚴重且衝擊更大的問題是歧視（discrimination）（Ashford, LeCroy, Rankin, 2017），也就是弱勢族群的個體可能只是因為群體的歸屬（例如：女性、同志、原住民、外籍配偶），在主流社會的文化、政治、社會和經濟的結構裡，成為被剝削、被壓迫、被忽略的人，在各方面的機會（例如：就業、上學、升遷、居住、婚姻、福利等）可能不如掌握權力的強勢階層或群體（例如：男性、異性戀、漢人）。因此，多元文化議題也含括對主流文化和社會結構的一種反動。

社會結構的不平等也使得美國的團體工作專業，包括比較傾向於將問題歸因於個案內在或家庭系統的心理學界，愈來愈多專業人員將「多元文化」和「社會正義」（social justice）相結合，認為團體工作者除了必須認識案主或案主群的獨特世界觀和了解他們的社會文化的差異之外，還必須充權（Sue, 2019; Chen, 2013; Singh et al., 2012），因此，針對上述的弱勢群體，以及移民、街友、貧民、精神疾病患者和非法移民等，團體工作者有專業的責任維護他們的權益（Chen, 2013），更重要的是檢視團體成員面對的結構性不平等的多元認同感架構的社會問題情境，在團體的主題、團體的預估、團體的動力營造和團體的模式的考量中納入上述這些議題。

 ## 第二節　多元文化和團體工作的關係

本節討論多元文化和團體工作的關係，因為這項主題牽涉到的層面很廣泛，無法逐一說明，只能選擇幾個層面討論，本節聚焦在四個層面，包

括團體的組成、團體的領導、團體動力和團體的目標或成果等四個層面。由於多元文化的群體認同很多元，例如：性別、族群、社會階層、性別取向、年齡等，無法分別針對每一種認同或每一個群體進行說明，僅能夠在四個層面的描述過程，列舉少數幾項進行說明。

壹、團體的組成

團體的組成指的是團體成員或領導者來自多元文化背景，各種組合的型態都有可能衝擊到團體的過程、效能、動力或結果等。

一、成員的組成

成員的組合方式可能有很多類型，從全部成員都來自某個群體，或者團體中僅有一人屬於某群體，團體中有多位成員屬於同群體，但在團體中屬於少數，或者成員來自兩種群體，在團體中各占一半，更多元的則是幾個不同的族群齊聚在一個團體。團體成員的組成主要是由領導者決定，美國不少團體的成員來自個案工作者的轉介，有些成員還是工作者自己的個案；另外，有些時候，成員的組成並不是選擇的結果，例如：機構的服務對象，或者自願服務人員，領導者被安排帶領他們組成的團體，機構希望全部包括在團體內。還有許多的情形之下，團體成員的認同感是隱藏的，例如：性別認同，有可能在團體進行的過程到結束都沒有人會知道。

不論上述的組合方式是什麼，領導者在組成團體的時候，需要注意哪些組合影響團體的運作，團體成員的族群或文化背景可能必須納入成員的組成或選擇的考量（Toseland & Rivas, 2017），例如：大多數的人都不希望自己是團體中唯一來自某一群體的人，如果被安排在團體中，有可能影響自己或團體的互動，筆者曾經帶領過家庭照顧者支持團體，因為由機構招募，大多數的成員是女性，僅有一位成員是男性，男性成員很熱心參與團體過程，極力想凸顯自己的知能，如何避免該成員占據發言的時間成

為主要的挑戰之一；另一種極端則是團體中唯一的男性成員在團體的過程中，選擇保持沉默的時間居多，很少加入團體成員的討論和互動。

　　成員的性別組合也可能影響成員對於團體或對於其他認同背景的成員的評價（Davis & Proctor, 1989），例如：團體中成員人數比較多的性別（例如：女性），對團體整體的評價通常會比人數少的群體（例如：男性）來得高，當兩性的人數相當，對異性的評價也會比較正向；另外，男性在全男性、女性在全女性的團體裡比較能夠將性別角色或者角色相關的行為分享出來。上述這些情形都是團體領導者在組成團體之前需要思考的議題。

二、領導者的文化認同

　　領導者的文化認同對團體的影響可能更甚於團體成員的組成。在一些情境之下，領導者的文化或群體認同，和團體的成員都不一樣，例如：臺灣的社會工作者以女性為主，女性帶領接受矯治個案組成的團體，成員可能清一色是男性，或者，美國的社會工作者以白人為多數，不少團體的領導者是白人，領著一群少數族群的團體成員（例如：非洲裔美國人）；或者少數族裔的領導者（例如：亞裔）帶領一個族群混雜的團體（例如：非裔、白人和亞裔），和領導者的文化認同一樣的成員居少數；由社會工作者帶領的老人團體，工作者的年紀一定比團體成員輕，輩分以孫子輩分為多。在上述的情形之下，成員對於領導者的接受度和文化和價值的隔閡是否能夠被跨越是領導者必須面對的議題。

　　如前所述，在個案和團體工作的連結方面，工作者可能考量到個案比較能夠從團體情境獲益，會把個案轉介到自己或其他工作者帶領的團體裡，Davis和Proctor（1989）回顧團體相關的文獻發現：女性個案工作者比較容易把不喜歡的女性轉介到自己的團體，因為個案工作需要面對的跨文化議題使得工作者無法面對；其實，不只是性別，許多工作者面對和自己文化認同（例如：族群）不一樣的個案，或者在個案諮商過程不討喜的病患轉介到團體，這種情形值得注意，當個案工作者把個案轉介到自己帶

領的團體，是否就能夠迴避多元文化的議題，需要再思考，另外，這樣做並不符合專業倫理原則，因為工作者轉介的考量不是個案的需求，而是解決自己遇到的個案工作的難題。

在某些特定的情境裡，最理想的團體領導者還是與團體成員認同感雷同的安排，例如：原住民的銀髮成長團體，就由原住民工作者負責規劃和帶領；但是這樣的安排也無法避免其他層面的多元文化認同議題，例如：年齡議題，長者在部落具有的權威，可能讓年輕的團體帶領者止步，或是需要取得長者認同才能夠提供服務，帶領團體可能也必須經過妥適的安排。另外，還有性別議題，有些原住民族傾向於母系社會的傳統，但是男性在公共事務的領域具有主導權，現代父權比較伸張的時代，性別與權力的結構關係比較複雜，如果團體是由女性社會工作者負責，需要關注的文化認同層面益形複雜，團體方案的規劃和帶領就需要更審慎的考量。

三、團體的目標

團體的目標和多元文化認同兩者的關係密切，通常團體的成立和團體目標的擬定是以多元文化認同的案主群的需求評估為基礎，反之則不然，領導者不會先擬好團體目標，然後依據這些目標招募團體的成員，因此，個案的需求和問題是起點。個案的問題也是選擇處遇方式的考量因素之一，由於多元文化的個案或案主群的問題可能和社會結構或社會層面有關，例如：批判老人學女性主義專家Calasanti（2009）認為家庭照顧涉及年齡、疾病、身心障礙、性別、族群，和社經地位等跨文化因素交織或交錯作用的結果。

如果為家庭照顧者成立支持團體，必須考量這些認同感交錯的作用，協助團體成員面對社會對於老年和身心障礙的偏見和歧視問題，女性成為照顧者必須面對性別社會化和照顧角色選擇與進入過程的父權結構，例如：女性因為養兒育女導致職涯發展的弱勢，學經歷和社經地位比較不如男性，如果未婚或離婚在家，加上性別社會化的刻板印象使得女性成為照顧者的機會遠大於男性。多數國家的政策背後的意識型態認為家庭照顧

是家庭的責任和家庭必須自己面對的議題，照顧屬於愛的勞務的無給制，又因為照顧屬於勞力密集，帶來身體、精神、財務、工作和人際關係的壓力和負荷，許多照顧者必須自我承擔。這種社會結構性問題也映照在家庭結構裡，女性是家庭系統裡的弱勢，家庭總是無法公平分工，加上弱勢的身分也被其他手足，甚至被照顧的失能父母輕視，上述這些議題都是家庭照顧者支持團體必須處理的主題。由於老人或家庭照顧涉及多元議題的交錯，也是結構性的議題；這些問題如果能夠在團體的情境之中處理，效果可能勝過個案工作。

由於團體的目的可能影響成員組成結構的考量，如果團體的目的之一是為了減少歧視或偏見對於成員的影響，教育弱勢族群的案主如何因應，同時教育占有優勢的個案如何避免偏見，團體最好的成員組成就是族群各半，又稱為「族群治療團體」（ethnotherapy groups）（Klein, 1989），如果團體的目的是為了強化某一個或某些少數族群的認同感（例如：非洲裔美國人或猶太人），有助於成員盡情地討論自我的感受，減少自我否定，強化自我的認同和自我概念，可以招募不同的弱勢族群背景的成員組成團體，這時候團體的成員最好不要包括社會結構裡占有優勢的個案。

團體的目標如果會影響團體中的種族的組合之考量，同樣地也會影響性別的成員組成的考量（Davis & Proctor, 1989），例如：如果團體的目標是和性別特殊的議題有關，不論是強化性別認同感，或者提升團體成員的性別意識，或者增進成員的自我接納，比較適合的組合應該是完全由女性組成團體；同樣地，完全由男性組成的團體有助於減少為了男性尊嚴無法在男女混合的團體中自我探索的問題，全男性的團體有助於成員探索自我的情緒和討論敏感議題（例如：性功能問題），因為同性別組成的團體可以減少性別角色期待相關的行為，有助於成員的開放和探索敏感的議題。另外，如果團體目標是為了了解不同的性別角色的動力或兩性相處的議題，則性別混合的團體成員組成比較合適，不過，團體進行的過程中也可以男女分開個別討論，提供一個同性成員可以敞開心門和沒有焦慮的分享情境，等到同性的成員彙整討論的結果之後，再回到團體和異性成員分享（Davis & Proctor, 1989）。

貳、團體的領導

　　在領導者的因素方面，除了領導者的文化或群體認同之外，領導的「風格」（style）、「表現」（performance）和「共同領導」（co-leadership）等因素都直接衝擊到團體的過程、動力和成效。團體的領導風格又受到多元文化的因素的影響，例如：領導者可能比較無法期待「思覺失調症」（以前稱為精神分裂症）的團體成員能夠踴躍的發言或熱烈的參與團體的過程；同樣地，不習慣於西方的心理諮商或處遇的多元文化族群，可能對於「說話治療」（talking therapy）也持保留的態度，求助於專業人員通常是因為問題已經嚴重到無法忍受，或者多次求助於其他的管道卻無效，如果他們團體的成員，或許參與和互動的情形不如預期的熱絡，領導的方式就必須有所調整，否則可能造成團體成員的流失，團體工作無法持續。因此，文化的認同或族群與群體的多樣性可能使得領導者必須檢視自己的領導風格與方式（Sue & Sue, 2008），有一種團體領導風格的調整比較常被提到，就是採取比較肯定（assertive）或指引性（directive）的領導讓少數族群的團體或思覺失調症的成員出席和互動參與，這類團體的滿意度通常都比較高。

　　和團體的領導有關的另一項議題是團體成員的文化認同背景是不是會影響領導者在團體中的領導行為和表現。Davis和Proctor（1989）回顧相關文獻之後發現雖然不少社會工作者可能會認為答案是肯定的，但是這種答案並沒有實證研究的支持，也就是說團體成員的多元文化認同不一定會影響領導者的領導行為和效能，除非領導者自己落入「自我言中」的陷阱（self-fulfilling prophesy）。不過，實證研究的證據也顯示：在多元文化的團體之中，成員很容易把和自己的族群或文化認同不一樣的領導者當成具有威脅、比較負向、比較嚴厲的人，另外，來自社會比較優勢的族群或主流文化的個案（例如：白人、男性）所組成的團體，如果領導者是來自少數文化認同的族群或弱勢群體（例如：亞裔、女性），團體成員通常比較容易對領導者持有偏見或負向的評價的觀點。

　　多元文化和領導的另一項議題就是共同領導，共同領導也涉及多元

文化，因為領導者可能來自相同或者不同的文化認同背景，如果來自相同的認同背景，兩位領導者的知能和經驗就可能成為多元文化團體成員評估領導者的依據，文化或族群不是評估的重點。過去的研究（Davis & Proctor, 1989）也顯示如果一個領導者屬於社會優勢族群的成員，共同領導者來自社會弱勢的族群，這樣的安排有助於領導者和同樣屬於弱勢族群的成員之間的溝通，但是比較大的問題就是雙方角色是否能夠平等，如果少數族群的領導者的團體領導經驗和知能勝過社會優勢族群背景的領導者，或許不是問題，但是很多的團體情境之下，團體成員的刻板印象可能產生，很容易以為少數族群的領導者只是助理。類似的情形是不是也發生在兩性成為團體的共同領導者的組合之下，則有待未來研究的確認。

參、團體的動力

本段的團體動力聚焦在團體的關係、團體大小和成員族群人數的平衡。團體成員的群體認同的組合是不是會影響團體的動力，這項議題值得探討，如前所述，多數團體成員不想成為團體中的少數，也就是團體之中只有自己的多元文化認同或背景與其他成員不同，成為團體中的少數；有些團體成員會隱藏自己的認同感，例如：性別認同和主流社會的認同不一致，團體有可能以主流社會的性別取向的成員居多，如果團體討論過程不經意的提起對多元成家方案的反對，隱藏的成員又不想輕易透露自己的意向，團體的互動很可能受到衝擊，最後可能造成少數贊成多元成家方案的成員退出團體。

Trotzer（1999）認為少數族群在團體的溝通過程可能會比較保留，除了信任感的問題之外，文化和習俗可能讓這些成員不太想開放分享，因為在公眾之下談論隱私並不是文化規範鼓勵的行為，亞洲人可能把這種分享看成是軟弱的象徵，另外，有可能少數族群的團體成員來自鼓勵服從權威的社會，使得成員不敢對領導者有負向的觀感，也不敢過於自我透露，謙虛可能是美德，過度分享是自我中心的表現。

Davis和Proctor（1989）文獻回顧的結果發現：在團體的情境裡，社

會結構中的多數可能在心理的感受上成為少數，例如：白人很習慣處在社會結構中的優勢或多數，但是在一個團體裡，如果白人成員的人數不再是多數的時候，心理上可能會產生少數的感受，稱為「心理上的少數」（psychological minority），反之，少數族群在社會情境裡習慣當少數，但是只要他們在團體中的成員超過整體的10-20%，就有可能產生「心理上的多數」（psychological majority）的感覺，這種心理上的感受對於團體的影響不能輕忽，因為心理上的少數的成員對團體的滿意度通常會比較低，相較之下，心理上的多數的成員對於團體的整體滿意度可能會比較高，顯示領導者在思考團體的族群人數的安排時可能必須重視成員的組合對於團體動力的可能衝擊。實務經驗顯示有些團體的招募會受到人口特質的影響，例如：單親支持團體、新住民支持團體、失能或失智者家庭照顧者支持團體，或老人成長團體，這些團體以女性居多，男性成員是少數，有時候僅有一位，如果能夠增加到兩位或三位，團體的動力就會有些變化，男性成員也比較不孤單。

在性別方面，團體中的男性和女性人數的組合可能影響到不同的性別在該團體如何被看待或對待，也影響到成員的自我觀感，例如：女性人數占少數，男性占多數，有可能讓女性處於弱勢的情境，可能會產生孤立、不重要，或地位低落的感受（Davis & Proctor, 1989）。不過這項結論也可能忽略某些情境之下，位居少數的女性可能不以為意，或者在某些特定的團體之下，女性成為男性吸引的對象，例如：筆者在紐約研讀社會工作碩士學位的時候，在市立醫院的精神科外診單位實習，有次加入資深的白人女性諮商師的行列，擔任團體的協同帶領人，帶領思覺失調症個案組成的團體；由於疾病的影響，成員剩下三人，團體的氣氛比較凝重安靜，帶領者必須努力催化，成員才有些被動的溝通與互動。團體有兩位男性（一位白人和一位非洲裔），唯一的女性是非洲裔，習慣性的遲到，但活潑外向，每次到了一定會先倒一杯咖啡，拿一個甜甜圈，大啖起來，不會因為遲到有絲毫歉意，因為是唯一的女性，深受團體兩位男性成員的喜愛，對團體的互動和動力的影響頗大；主要帶領者約莫四十歲，是一位美麗動人的白人女性，筆者則屬於少數族群。每次團體之後，都會和資深的督導討論團體動力和過程，很明顯地，那位女性成員很善於引起兩位男性成員的

注意，能夠挑動他們心，影響他們的出席和參與的動力，兩位男性成員似乎也在暗中較勁，女性成員則樂在其中，參與團體的動機極強；該位女性成員對偶爾會幫她泡咖啡的白人男性成員（在社福團體負責行政工作）似乎比較有好感，示好的動作也讓非裔男性成員不以為然，團體中的族群和工作的因素似乎對團體動力也有影響。

　　Davis和Proctor（1989）回顧文獻的結果也顯示：男性成為團體的少數成員的情境之下，有可能反而受到女性的重視和尊重。筆者在老人中心帶領過喪偶團體，其中有一個團體只有一位男性參加，該成員很積極參與，團體聚會之前，會協助場布和準備茶點，很受女性成員的歡迎。另外兩次帶領團體的經驗，分別是志工的成長團體和家庭照顧者支持團體，兩個團體都只有一位男士，由於男性成員的表現太負向，包括發言常用貶抑女性的字眼、獨占發言臺，或經常轉移話題批評時政，兩人都很不受歡迎，但是都因為孤單而需要團體。另外，在團體中位居少數的成員對異性的觀察可能會比較敏銳，再者，不同的團體組合也可能影響到團體成員之間的親密、親和和開放的程度，在這方面，從最親密和最開放到比較不親密或自我封閉的程度依序為：全部由女性組成的團體、男女混合的團體和全男性的團體；不過，不論是族群或性別的團體情境，讓成員能夠互相幫助，有助於強化成員之間的群體和諧和滿意度，相反地，鼓動成員之間互相競爭，很容易引起雙方的敵視。

肆、團體的成效

　　團體的結果或成效會不會因為團體成員的多元文化背景不同而有差異，這是值得探討的議題，探討這項議題的其中一個切入點就是團體的緣起和屬性；心理諮商，包括個案或團體工作，常常被視為是白人中產階級社會情境興起的治療方法或產物，這套治療模式對少數族群或社會階層比較低的族群似乎比較不適用，不過，愈來愈多的人，不論文化或族群的背景，都在使用團體方案是不爭的事實，而且實證證據顯示成效頗佳（Leong et al., 2006）。其實，並沒有確定的證據顯示團體成員的多元文

化背景組合對於團體的成效有什麼影響，也沒有證據顯示團體領導者的族群背景會影響團體的過程或結果，如果有影響的話，原因應該就是領導者對於團體成員的文化不太熟悉，在多元文化的團體領導方面的經驗也不足所造成。

　　另外，在團體的領導與介入的模式方面，也沒有足夠證據顯示哪一種團體模式或形式對哪些族群比較有效，不論領導哪一種多元文化的團體，最重要的還是回歸基本面，也就是不論運用哪一種團體的模式，針對多元文化或少數族群的共同與重要的原則就是團體的目的和成員的需求能夠契合，領導者具有足夠的文化敏感度，必要時運用比較積極或指引的方式減少成員的焦慮，或者選擇焦點取向和問題解決的處遇方法，以及和團體成員共同努力將問題的框架放在環境或社會結構的影響（Sue, 2019; Leong et al., 2006）。

 ## 第三節　多元文化的團體工作技巧

　　面對多元文化的團體情境，許多團體的專家或社會工作者都主張團體領導者必須具備所謂的「多元文化的能力」（multicultural competence），本節討論這些能力的主軸。

壹、領導者的覺知

一、了解與反省

　　任何團體的領導者面對團體的情境都需要有所準備，這是任何社會工作者都知道的原則，只是面對多元文化的團體情境，領導者需要的預備可能有所不同，多元文化團體的領導者除了必須具備基本的團體工作技巧之外，更重要的就是自我的反省和自我的覺知，這也是「美國社會工作者

協會」（National Association of Social Workers, 2007, NASW）對於任何面對多元文化案主或案主群的專業人員所提出的專業準則（professional standards），除了要求社會工作者檢視個人的價值觀之外，也呼籲專業人員檢視社會工作的專業價值，確認兩者是否和跨文化族群的需求有所衝突。該協會提出社會工作者「跨文化識能」（competence）七項重要的指標：

1. 檢視自己的文化認同以增強個人的價值觀或刻板印象與偏見的覺知，並經常檢視這些價值觀和刻板印象如何影響社會工作服務和專業關係的建立。
2. 辨識自己的知識、信念和感受，特別是跨文化的意識型態與歧視（-ism），例如：性別歧視（sexism）、族群偏見（racism）、恐同症（homophobia）、老年歧視（ageism），或對障礙者的負面態度與歧視。
3. 發展可以帶來跨文化自我覺知與改變錯誤態度、信念和感受的策略，例如：深入了解跨文化服務對象的社區和投入其生活情境。
4. 對於自我和專業在認識跨文化方面的限制有所覺知，特別檢視這些限制可能成為個案連結資源與轉介專業服務方面的障礙。
5. 試著熟悉和融入跨文化情境，至少對不同文化的習俗和世界觀能夠覺知而不會覺得不舒服。
6. 專業的能力必須和督導制度緊密結合，透過督導增潤或強化跨文化的自我的覺知和反思。
7. 培養和展現「文化的謙卑」（cultural humility），以平衡社會工作職位與文化認同的權力與特權。

這些指標很強調自我反省，特別是檢視自己的文化價值和認同，認為除非社會工作者能夠深入認識和了解自己來自的文化傳統和價值觀，否則可能忽略了自己的文化認同對團體和團體成員的衝擊，因而影響團體的過程和效能；缺乏對自己的文化和價值的覺知可能帶來比較大的衝擊的情形就是：領導者所屬的族群位居社會結構的頂層或具有優勢，或者領導者的

文化認同屬於社會的主流文化，無視於這樣的優勢可能忽略了社會結構性的問題和團體成員所處的弱勢情境，無形中傷害到成員的感受或者讓團體成員充滿了挫折感，導致成員的退出或者團體的失敗。

愈來愈多的專家建議強化多元文化團體領導者的訓練，尤其是採行團體運作的方式，進行跨文化的訓練和模擬，同時檢視領導才能與團體帶領的技巧是否到位，另外，專家諮詢或督導，以及融入或以開放的心經驗多元文化社會的情境都是比較積極的做法（Singh et al., 2012）。

二、跨文化的覺知

領導者對於自我文化認同或所屬族群的認識和了解，與對多元文化的團體成員的文化和背景的覺知或深入了解，兩者必須同時進行，並且緊密連結。在認識團體成員的多元文化特質方面，Mann和Duan（2002）提醒社會工作者必須避免「文化封裝」（cultural encapsulation）的做法，簡單的說，「封裝」就是把所有的事物都包裝在另一個事物裡，使得前者完全被掩蓋；在多元文化的情境裡，「封裝」是指團體領導者接受沒有經過仔細檢驗的多元文化的知識，這些知識充滿了對少數族群的刻板印象，以為任何一個多元文化的群體內部都是一致的，忽略了群體內部的多元化和差異性，這種現象的結果就是團體領導者很容易將自己的價值和期待加諸在團體成員的經驗裡；前述的Crenshaw（2005）的觀點就是想打破人權工作者或專業人員對某些群體套用單一認同的錯誤框架。老人團體工作的專家Anderson和Delgado（2005）因此強調在進行多元文化老人團體工作的時候，務必清楚認識每個少數族群老人社群或團體之間的差異，以及團體內部成員之間的差異，避免以偏蓋全或充滿刻板印象；Corey（2011）也建議團體的領導者檢視自己的刻板印象，並且協助成員檢視自己的刻板印象。

問題是對許多的團體領導者而言，多元文化可能構成認知框架的鴻溝，想要跨越並不是一件容易的事，這裡牽涉到幾個不同層次跨越的努力，從不排斥或拒斥多元文化，進一步到純粹的理性了解和認知接受的層

次，到最後能夠深入地體驗多元文化或接受多元文化的洗禮，也就是和多元文化的族群或群體有許多的接觸，Toseland和Rivas（2017）建議團體領導者進行所謂的「文化沉浸」（cultural immersion）的體驗，也就是居住在少數族群或文化認同的人的社區，融入他們的生活，深入認識他們的價值觀和道德行為準則，為了了解和體驗少數族群的社會網絡的運作，可以畫出「社會地圖」（social mapping），能夠深入了解多元文化族群的社區生活。筆者覺得如果可能，誠如宗教多元化鼓勵的跨宗教對話的層次，除了持守自己的傳統之外，還能夠進一步達到「皈依」其他信仰的經驗層次，在多元文化的觀點看來，形同被其他文化所感動，生活上開始融入該文化的價值觀和互動模式。

Clark（2000）則強調以「民族誌的視角」（ethnographic approach）進入跨文化對象的服務場域，她提出五項重要的原則與路徑：

1. 跨文化工作者必須扮演「學習者」（learner）的角色，站在團體成員的立場，才有可能真實地進入服務的情境和場域，真實掌握情境的脈絡。
2. 跨文化工作者必須是傾聽者，能夠傾聽成員的感受，也必須能夠傾聽服務對象賦予他們的經驗的意義，排除自己預設的文化框架和立場。
3. 跨文化工作者必須能夠「重新框架」（reframing）或轉譯團體成員的經驗和賦予的意義，並以易懂的話語「改敘」（rephrasing）傾聽到的內容。
4. 跨文化工作者必須敞開心胸，透過雙向式對話（reciprocal dialogue），深入了解成員所處的權力和社會政治情境如何影響他們的世界觀與人生觀。
5. 跨文化工作必須不斷的反思，讓這項反思成為習慣性的內化參考架構（reference framework）。

貳、團體運作過程相關原則

　　本段的主旨在於討論多元文化團體的工作和運作的原則，由於多元文化團體工作的對象很多元，團體階段也具有多樣性，想要針對團體階段詳細區分的做法，似乎不切實際，因此，本段僅簡要地區分成團體的準備工作和團體的工作過程。

一、準備工作

　　Mann & Duan（2002）針對少數種族（ethnic groups）相關的團體工作提出族群工作的勝任度或能力（ethnic competence），他們強調如果所有的團體都需要周延的準備工作，這項工作對於多元文化團體更加重要，包括團體開始前必須評估和篩選成員之外，對於沒有參與過團體或者對於「說話治療」接受度比較低的團體成員而言，有必要進行團體特質、運作方式和的介紹，尤其可以進行團體前的個別訪談。

　　ASGW（Singh et al., 2012）為專業團體領導人員訂定的準則中，提到團體事前準備的原則，包括辨識成員的需求、確認團體目標、決定團體類型、篩選成員、會前準備，深入了解文化傳承和經驗或者社會政治背景如何影響成員的人格特質、職場選擇、精神違常和症狀呈現以及求助行為等。

　　Anderson和Delgado（2005）也強調團體進行之前的準備工作，針對少數族群的老人實施的團體，準備工作包括簡述團體的目標和目的、探索和釐清成員對團體的期待、處理團體期待和目的的衝突、討論隱私和保密方面的規範、評估案主問題的心理內在和外在的因素、評估正式和非正式的網絡、討論可能使用的介入方式。

　　值得注意的是避免前述的刻板印象，在團體開始之前和開始的階段，領導者必須注意團體成員「涵化」、「濡化」、「文化適應」或「融入主流文化」（acculturation）的程度，Anderson和Delgado（2005）將少數族群的老人的文化融入程度分成四個層次：

（一）「文化抗拒」（cultural resistance）

團體成員拒斥新社會的文化，完全以自己的傳統文化習俗為中心。

（二）「文化移轉」（cultural shift）

團體成員以新的社會文化替代傳統的文化，形同拋棄自己來自的文化傳統。

（三）「文化包涵」（cultural incorporation）

團體成員試圖適應新的文化和傳統的文化。

（四）「文化蛻變」（cultural transmutation）

團體成員來回於新社會的文化和過去舊傳統文化之間，創化出新的或獨特的次文化。

Anderson和Delgado（2005）提醒這樣的分類方式雖然有助於了解多元文化團體的成員在主流文化或移民社會文化的融入情形，可是很容易讓讀者以為文化融入是很單純或依循線性的軌跡進展，其實團體成員可能進出這些層次，另外，文化融入牽涉到許多的層面，不論是語言、習俗、社會網絡、人際關係等。

二、團體工作過程

本段彙整幾位專家學者有關團體過程的工作原則的建議，包括介入模式的考量、衝突和對立的處理，和其他相關原則。

（一）介入模式的考量

在面對多元文化的團體成員，愈來愈多的團體專家建議採用文化特定的介入或領導的模式，其中最常見的選項就是短期焦點取向（solution-focused）或問題解決的模式（problem-solving model），例如：Mann

和Duan（2002）認為多元文化的團體成員因為比較不熟悉團體運作的特質，領導者必須提供更具結構性的團體方案，並採用短期焦點取向的介入模式。

在多元文化的情境裡，當服務對象是少數族群的成員，領導者需要考量到成員的特質，尤其是他們對於治療或諮商的看法，當案主看不到心理諮商的好處，卻又不得不求助，Sue和Sue（2008）認為社會工作者除了需要尊重案主在自己的文化框架之下賦予問題的意涵之外，還必須盡快地讓案主感覺到有「收穫、得著或獲益」（gain）是很重要的原則。他們反對過去社會工作者針對少數族群案主的做法，該做法主張以比較直接式或指引式（directive）的介入方式協助多元文化的案主；他們認為讓案主在諮商或介入開始的時候覺得有收穫符合華人社會文化的見面給禮物的觀念（gift-giving），因此，短期焦點取向的介入方式勝過其他比較需要心理有洞察和病識感的介入方式來得有效。

Toseland和Rivas（2017）提出幾項跨文化種族或族群的介入技巧：

1. 運用社會工作價值和技巧

採用傾聽和接納的技巧，針對不同溝通習慣的成員決定使用比較多的傾聽，或者需要多一點的摘要、釐清或聚焦。

2. 善用優勢的觀點

從團體成員的文化中，找尋一些優勢或優點，例如：社會網絡的綿密和互助的精神，社會對於女性成為照顧者的角色期待；從成員的文化優勢切入有助於激勵他們對團體的投入和參與。

3. 探索成員經驗的異同之處

領導者如果能夠探索這些經驗和文化的異同之處，有助於團體的互動，當成員看到文化的多樣性，有助於他們對於不同文化的了解和接納，看到文化的共同點則有助於減少孤立感，這些探索的過程也是訓練成員的同理心、傾聽，與接納的時機。

4. 探索意義和語言

協助成員探索文化賦予現象和經驗的意義，以及語言的意涵和用語的多樣性，有助於多元文化的欣賞和擷取文化的精華，例如：靈性的重視和民俗療法的優勢。

5. 挑戰歧視和偏見

多元文化的成員可能是歧視和偏見的受害者，但是在團體過程也可能持有對其他成員的刻板印象和偏見，挑戰這些偏見是領導者的重要任務；另外，釐清歧視和偏見的差異，鼓勵成員分享自己的經驗和認識它們的衝擊有助於下一步的充權和倡導。

6. 為成員倡導

從團體成員本身的福祉出發，探討他們在取得資源上的困難，協助他們取得，再進一步協助他們探討自己所處社區的需要，找尋可以為社區爭取資源或權益的方案和行動。

7. 為成員充權

從成員的分享和互動讓成員感受到互相支持的力量，過程之中能夠對自己的文化接納與肯定，這些都有助於提升成員的價值感，因為領導者帶領大家探討在自己的社區可能採取的行動，這些具體的經驗使得充權更扎實。另外，充權也包括協助身處弱勢情境的團體成員肯定自己面對困境能夠妥適因應的成就，同時探索個人的想望和對於未來的期待；也因為團體成員背景的雷同，分享雷同的經驗，而不覺得孤單。

8. 運用和文化契合的技巧和方案

協助成員欣賞和接納文化的多樣性，催促他們分享共同的經驗，進一步強化成員之間的情誼和同儕的互助，找尋文化的優勢，因應族群或文化認同的差異，選擇和採行文化契合的介入的模式（例如：結構性與任務取向），都是領導者可以努力的方向。

（二）溝通模式和衝突的處理

Mann和Duan（2002）認為團體中的衝突和對立是正常的，有助於團體的凝聚和效能，多元文化的團體也不例外，雖然像其他團體一樣，領導者必須注意不讓衝突過度卻不加以處置，不處置的結果可能導致成員受傷或者產生焦慮，影響團體的效能，甚至可能導致成員退出團體，對於多元文化的團體成員，更需要注意到衝突的影響，領導者必須深入了解族群溝通的方式和對於衝突的觀感，例如：亞洲文化背景的團體成員，人際溝通可能比較講求含蓄和關係取向的互動（relationship-oriented interaction），團體過程的衝突可能令成員焦慮不安，及時處理這類衝突成為團體工作重要的原則。

　　ASGW（Singh et al., 2012）提供的多元文化團體運作的準則強調領導者必須對自己的文化認同的多樣性更深入的認識，並具有覺察的敏感度，同樣地，也必須對團體成員的多重文化認同有足夠的敏感度，此外，還必須協助成員認識到不同的溝通方式和這些方式背後的文化與價值觀，以及這些溝通方式與價值觀對於團體過程的衝擊。Toseland和Rivas（2017）也強調在面對多元文化族群的團體成員的時候，必須評估文化價值、人際互動模式，或其他族群的特質對於團體互動的影響，遇到團體成員之間產生衝突的時候，最好能夠檢視成員之間的文化差異，包括次團體的互動如何受到文化的影響，避免以個人特質做衝突的歸因，以免失去領導者的效能。另外，Toseland和Rivas（2017）也提醒領導者必須深入認識團體成員對於領導者的看法是否有文化差異的情形存在，例如：亞裔美國人比較傾向於尊重權威，團體領導者也屬於權威人物，因此亞裔的團體成員的溝通方式比較有所保留，意見的表達被認為是衝撞，透露自己的隱私可能會引發羞愧的感受，更不會輕易地挑戰領導者的權威，領導者如果把這種溝通方式解讀為團體過程中的「抗拒」，可能選擇錯誤的介入方式，影響團體的效能。在某些議題方面，這些提醒格外重要，特別是族群文化和求助行為，例如：在親密暴力方面，有些族群和部落，女性通報配偶對自己施暴，可能違反社區共同持守的規範，例如：家醜不可外揚和家庭問題社區自己解決，符合文化習俗的求助模式。

　　ASGW（Singh et al., 2012）的另一項準則就是「表現和處理」（performing and processing），前者是團體領導者運用適當的技巧和知能進行團體計畫的執行，後者是確認和監控團體的進展，例如：建立尊重多元文化和價值的團體規範，評估成員融入主流文化的差異，注意每個群體的個人差異，避免刻板印象。不因文化差異而對成員有差別待遇，尊重成員對於因應精神疾病所選擇的另類或傳統文化的療法，並且注意明顯或隱藏的團體衝突。在另類或傳統文化的療法方面，因為相信專業的判斷，工作者可能會有所保留，例如：家屬認為個案的精神障礙症狀（憂鬱或思覺失調）是因為冤親債主纏身，因而尋求民間宗教信仰療法試圖化解，社

會工作者需要評估個案的狀況，除非有風險或危機，否則應該予以尊重；如果狀況惡化，則需要在尊重文化和宗教信仰的前提之下，展開跨文化對話或者透過個案與家屬信賴的宗教人士，協助說服就醫事宜。

在團體過程的掌握方面，由於多元文化的團體成員的溝通方式、價值觀、信任感等可能都有些差異，例如：團體凝聚的時間可能比一般團體來得長，領導者的耐心和尊重是必要的，否則太早要求團體成員自我揭露，或者太早處理成員的抗拒，可能因為操之過急而帶來反效果（Lee, 2012）。

雖然Lee（2012）提出的觀點是針對個案處遇的關係，是發自對過去的跨文化介入模式的不滿，這些觀點也很適用於多元文化團體的情境，她強調社會工作者和案主雙方可以共同專注在案主文化對於現階段處遇關係的衝擊和影響。她提出「跨文化的處遇關係阻斷和修復」（alliance ruptures repairs in cross-cultural clinical practice）的概念，指的是社會工作者必須檢視退縮、有距離，或抗拒的處遇關係，共同回顧和找出社會工作者對於案主文化的缺乏了解和誤解，結果導致處遇目標和計畫的設定的錯誤，接著共同探索案主自我和人際關係，和處遇關係背後的經驗與感受，以及文化如何影響和賦予經驗意義，同時檢視文化和弱勢族群在社會中的經驗如何影響自我概念和人際互動，也就是人際互動的習慣和模式。許多的處遇關係其實也映照個體的形象和人際互動的模式，這些形象和模式受到跨文化和社會歧視與偏見的影響，例如：案主內化歧視的社會感受，社會互動選擇退縮和迴避，處遇關係也是如此。

（三）其他相關原則

如前所述，在團體成員的組合方面，沒有證據顯示團體成員的族群、領導者的風格和方式與族群背景組合，和團體的成效有顯著的關聯；當然這並不表示成員的組合的考量不重要，例如：性別角色認同的經驗最好能夠在清一色的團體裡進行（Davis & Proctor, 1989），對於某些特定的議題，例如：性別認同、女權運動的議題，或許，領導者的性別或文化認同和成員一致，成員比較能夠信賴，有助於團體動力的營造和團體目標的達成。不過，與其在成員的組合方面著力，任何領導者想要讓多元文化

團體工作產生效果的不二法門還是：文化的敏感度或個案中心取向的介入，以及將問題的框架放在環境或社會結構的影響上，而不是個別成員的身上；也就是透過重新框架，讓成員認識到自己面對的處境是結構性問題的產物，降低自責帶來的無力感，接著是充權技巧的運用，提升自我意識和找尋解決問題和行動的方案，以及進一步執行這些方案（Leong et al., 2006）。

團體成員雖然都希望和自己同族群的人當領導者，Toseland和Rivas也認爲（2017）讓文化認同與團體成員相同的領導者帶領團體是最佳的安排，只是很多的情境之下，這樣的安排有難度。重點應該放在：團體領導者的條件和處遇模式的選擇，前者包括經驗豐富、跨文化工作識能充足，和勝任度足夠的團體領導者，雖然與成員的文化和族群的背景不同，還是可以贏得成員的喜好和信賴。否則，即使成員和領導者的族群都雷同，並不保證領導者一定討喜。

團體成員當然也很不希望自己是團體中的唯一少數，文化認同的背景與眾不同，如果有這種情形發生，領導者如何準備團體成員接納這類成員，除了鼓勵同儕互助，或者針對已經互動的行爲予以增強之外，Winston和Neese（2005）認爲團體領導者可以示範自己對少數族群成員的支持，例如：領導者可以透過座位安排，和少數族群的成員坐在一起，或許坐在他們的旁邊，或者讓他們分別坐在自己的左右兩邊，表示對他們的支持。

在某些情境之下，領導者可能必須帶領特定的團體，或許自己也不是很有帶領這些團體的經驗，例如：協助難民或移民的子女面對親人過往引起的哀傷，對於這類案主而言，團體工作是頗爲適宜的工作模式，Prichard（2010）提醒領導者在決定是否要將哀傷或創痛很深者和比較輕微者兩種成員混在一起，組成一個團體，必須謹慎從事，因爲貿然實施或混合兩類成員在同一個團體，可能會引起創痛經驗比較輕微的成員「二手創傷壓力反應」（secondary traumatic stress reactions），因爲創痛經驗深邃者的血淋淋經歷的描述與分享過程，可能會讓團體成員產生創痛壓力的症狀，包括失眠、惡夢、恐怖影像不斷出現，另外，領導者也可能會有同樣的問題，除非透過充分的訓練和事前的準備，否則無法預期可能產生

那些二手創傷壓力的反應，更不知道要如何協助因應，導致領導者和成員都成為受害者。

參、多元文化團體和社會正義

本段說明多元文化團體工作和倡導工作的融合、意識的覺知和充權，和團體工作的範圍。

一、團體工作與倡導工作的融合

在團體工作的領域，愈來愈多的專家或社會工作者把多元文化團體工作和社會正義結合，例如：Constantine和Sue（2005）認為「多元文化的能力」（multicultural competence）和社會正義兩者密切不可分離，因為兩者的共同目標就是消除制度性和系統性的壓迫或不公義，這也是多元文化族群團體的成員在主流文化之中，需要面對的結構性問題；雖然他們的觀點是針對個案工作的情境，在團體工作的情境也一樣適用。Yalom和Leszcz（2005）也認為團體工作的焦點就是在成員心中植入希望，強化他們的經驗的雷同性，和提供資訊的交流的情境，在這個情境裡，改變社會的動機和行動的潛在力量可能不斷地被強化，成為團體的重要目的。

ASGW（Singh et al., 2012）的準則強調團體工作者在「社會正義倡導能力」（social justice advocacy competence）方面的發展，例如：組成或參與社區領導者的討論團體，與成員討論社會正義和倡導的重要性和這些議題對團體工作的影響，掌握從地方到國家層級的社區組織和倡導與行動的機會，參與意識提升的團體，以及實際參與倡導團體或社會關懷行動小組。

ASGW（Singh et al., 2012）所宣示的多元文化團體工作的「社會正義」觀點更具體的建議是將多元文化和社會正義倡導的主題融入團體，使得倡導貫穿整個團體的過程，該準則主張領導者必須具備：

（一）問題框架

在團體情境的意涵指的是領導者對問題定義的框架和賦予問題的意涵必須從社會結構或社會正義的觀點切入，避免譴責個體或受害者。

（二）動力評估

領導者對於團體過程的評估必須包括了解社會不公和壓迫與族群偏見和歧視對於團體工作中的團體動力和過程有什麼樣的衝擊。

（三）行動方案

團體必須探討改變社會結構或採取行動強化權益的行動方針。

如前所述，NASW（2007）提出的多元文化實務工作的準則，強調社會工作者必須針對自己的價值觀和文化信念深入的認識和反省，以及對個案文化的信念和經驗有深入的覺知；該準則進一步強調這兩項覺知與反省的功夫是為了讓團體領導者能夠具有正確的框架，可以透視團體成員的問題，並且進一步能夠開始進行賦權和倡導的工作。

二、意識的覺知和充權

Chen（2013）認為團體工作情境最能夠促成社會結構改變的方法就是提升弱勢族群的意識（consciousness raising）；林萬億（2006）強調充權必須重視的過程和目的：

（一）意識的覺醒

這是充權的過程必須經過的路徑，團體領導者需要讓團體成員覺知自己面對的情境和明確了解自己擁有的選項。

（二）壓迫的認知結構

這是充權的目的之一，主軸在於透過團體過程使得成員覺知促成壓

迫的認知或想法，也就是弱勢者將壓迫者的指控和觀點內化了，雖然被壓迫，卻可能反而自責。

（三）壓迫的行為結構

充權的另一個目的是讓團體成員覺知自己貶抑或輕視自己的能力，尤其是貶抑和否定自己具有改變環境的能力。

（四）壓迫的社會和政治結構

兩者都是將被壓迫者排除在外，並且施行壓迫的政策和制度，團體領導者有需要提升成員的覺知，認識社會制度和結構是壓迫的元凶。

上述這些觀點必須放在Crenshaw（2005）的多元文化認同感的交錯的理論架構裡，思考團體成員中的弱勢族群的框架，檢視團體領導者本身的問題意識和解決問題的藥方，是否具備跨文化的識能、文化智商，或文化勝任度，能夠深入掌握團體成員多元文化認同與對應的社會情境交互影響對成員問題評估與解決問題方案。

三、團體工作的範圍

在多元文化的倡導方面，Chen（2013）認為「團體」的適用範圍必須擴大，不能只是侷限在小團體或治療性的團體工作，必須擴充到社區和社區的集會，以及為了社區中弱勢群體的權益所組成的各種形式的倡導團體。

ASGW（Singh et al., 2012）的團體工作準則也有類似的宣示，強調把案主的意涵與範圍從小團體的多元文化的成員，擴充到包括社區、制度，與社會相關的系統。美國心理諮商全聯會也強調以生態的觀點檢視個案和個案系統面對的結構性問題（Sue, 2019）。

參考書目

中文部分

林萬億（2006）。團體工作：理論與技術。臺北：五南圖書出版公司。

英文部分

Anderson, F. & Delgado, R. (2005). *Cross-Cultural Issues in Group Work*. In B. Haight & F. Gibson ed., Burnside's Working with Older Adults: Group Process and Techniques, 4th ed. Sudbury, MA: Jones & Bartlett Publisher.

Ashford, J., LeCroy, C., & Rankin, L. (2017). *Human Behavior in the Social Environment*: *A Multidimensional Perspective* 6th Boston: Cengage Learning.

Calasanti. (2009). Theorizing feminist gerontology, sexuality, and beyond: An intersectional approach. In V. L. Bengtson, D. Gans, N.H. Putney & M. Silverstein eds.. *Handbook of theories of aging* 2nd, p.471-485. New York, NY: Springer.

Clark, J. (2000). Beyond Empathy: An Ethnographic Approach to Cross-Cultural Social Work Practice. Unpublished Manuscript. University of Toronto.

Davis, L. & Proctor, E. (1989). *Race, Gender, & Class: Guidelines for Practice with Individuals, Families, and Groups*. Englewood, N.J.: Prentice Hall.

Chen, E. (2013). Multicultural competence and social justice advocacy in group psychology and group psychotherapy. The Group Psychologist, April, 1-3. Retrieved on May 30, 2014 from http://www.apadivisions.org/division-49/publications/newsletter/group-psycho gist/2013/04/multicultural-competence.aspx.

Constantine, M., & Sue, D. (2006). *Addressing racism*: *Facilitating cultural competence in mental health and educational settings*. New York: John Wiley.

Corey, G. (2011). Theory and Practice of Group Counseling.

Crenshaw, K. (2005). Mapping the Margins: Intersectionality, Identity Politics, and Violence against Women of Color (1994). In R. K. Bergen, J. L. Edleson, & C. M. Renzetti, *Violence against women*: *Classic papers* (pp. 282–313). Pearson Education New Zealand.

Johnson, D. & Johnson, F. (1997). *Joining Toghther*: *Group Theory and Group Skills* (6th ed.). Needham Heights, MA: Allyn & Bacon.

Klein, J. W. (1989). Jewish Identity and Self-esteem: Healing Wounds Through Ethnotherapy. The Institute for American Pluralism of the America n Jewish Committee.

Lee, E. (2011). A working Model of Cross-Cultural Clinical Practice (CCCP). Clinical Social Work Journal, 40, 23-36.

Leong, F., Inman, A., Ebreo, A., Yang, L., Kinoshita, L., & Fu, M. (2006). *Handbook of Asian American Psychology* (2nd). California: SAGE Publications, Inc.

Mann, M. &Duan, C. (2002). *Multi-cultural Group Counseling*. In S. Boriotti & D. Dennis Ed., Multicultural Counseling: Context, Theory and Practice, Competence.

National Association of Social Workers (2007). *Indicators for the Achievement of the NASW Standards for Cultural Competence in Social Work Practice.*

Prichard, D. (2010). *Group work with refugee children in a multicultural bereavement program.* In L. Berman-Rossi, M. Cohen, & H. Fischer-Engel ed., Creating Con-nections: Celebrating the power of groups. London: Whiting & Birch Ltd.

Singh, A., Merchant, N., Skudrzyk, B., & Ingene, D. (2012). *Multicultural and Social Justice Competence Principles for Group Workers Association for Specialists in Group Work.*

Sue, D. & Sue, D. W. (2008). *Counselling the Culturally Diverse: Theory and Practice* (5th Ed.). Hoboken, N.J.: John Wiley and Sons Inc.

Sue, S. (2019). *Integrating Multiculturalism and Intersectionality into the Psychology Curriculum, ed. American Psychological Association.*

Toseland, R. W., & Rivas, R. F. (2017). *An Introduction to Group Work Practice.* Bos-ton: Allyn & Bacon Pub.

Trotzer, J. (1999). *The Counselors and The Group: Integrating Theory, Training, and Practice.* Philadelphia, PA: Tylor & Francis.

Winston, C. &Neese, J. (2005). *Support and Self-Help Groups.* In B. Haight & F.

Gibson ed.. *Burnside's Working with Older Adults: Group Process and Techniques,* 4th ed. Sudbury, MA: Jones & Bartlett Publisher.

Donald Anderson. (2007). Multicultural Group Work: A Force for Developing and Healing. *The Journal for Specialists in Group Work,* 32:3, 224-244.

Yalom, I., &Lesczc, M. (2005). *The theory and practice of group psychotherapy* (5th ed.). New York, NY: Basic Books.

第四章
任務性團體

莫藜藜

本書第一章第一節已指出，社會工作者運用社會團體工作方法所組成的團體可分為處遇性團體（treatment group）和任務性團體（task group）。「社會團體工作」是社會工作學系必修課程之一，筆者自擔任社會工作者專業教師之後就開授這門課。從自身的養成教育訓練和實務經驗，授課內容一直都專注在社會工作者組織及帶領「處遇性團體」的知識與技術。當然，授課的教材也是以上述內容為主；甚至後來至實務機構督導，亦是以指導處遇性團體中的成長團體、支持團體、治療團體、教育團體或社會化團體為主。

然而，漸漸發現在機構內的社會工作者其實並不常親自帶領處遇性團體，反而是將上述各類團體的執行交由外聘諮商心理師或社會工作者來帶領。初步了解原因，社會工作者多是表示因為個案工作量很大，已無暇顧及團體工作的服務；且因可以向政府或一些基金會申請經費聘請兼任的團體帶領者，而機構內部社會工作者帶團體並未有額外津貼，那何不就寫好團體工作計畫，申請外聘人員來帶領團體呢！因此，如果社會工作者不需要親自帶領處遇性團體，筆者開始懷疑在社會工作者系的「社會團體工作」課程作為必修之專業方法之存在價值，其實答案仍是肯定的，因為還是有少數機構，如醫院社會工作者仍是必須親自帶領處遇性團體。那麼，「社會團體工作」在學校還需要是必修課程嗎？答案仍是肯定的，因為筆者認為社會工作者教師和督導們除了繼續鼓勵和指導機構社會工作者多嘗試親自帶領他們服務的案主參與的處遇性團體之外，不可忽略的是「社會團體工作」這門課所教授的內容中，其實也有機會運用在幾乎無所不在的任務性團體（莫藜藜，2012）。

在社會工作實務場域中，社會工作者們為了確定服務成效、改善服務方式、發展創新服務方案，或與社區機構結盟進行案主權益之倡導，都需要組成各種工作小組、委員會、代表會等任務性團體。無論社會工作者是其中的領導者或只是成員，仍可善加運用在曾學習之小團體動力知識，和組織與運用團體之技術。因此，本文的主旨即在闡述社會團體工作中任務性團體的特性與運用。

第一節　任務性團體的定義與類型

　　社會工作服務中，我們經常有機會參與決策，經常都有各式的會議在進行。一個社會服務機構如果沒有各種委員會、討論會、團隊和其他工作團體，則無法提出服務方案，發揮社會工作專業功能。因此可以說，任務性團體幾乎無所不在，而且都需要了解小團體動力與帶領之技巧。舉例來說，臺灣某個城市的一個社會福利協會，除了已有其特殊的社會福利服務方案，還有接受委託提供老人保護之家庭教育與輔導、外籍配偶家庭服務方案、高風險家庭與弱勢家庭等服務之外，還必須有各項例行會議，包括個案督導會議、方案評估會議、志工團幹部會議、志工隊會議、工作會報、業務會議、理監事會督導月會、多元督導會議、個案督導會議等。如果沒有上述這些可稱為任務性團體的例行會議，整個組織（協會）或單位將是無法運作的。

壹、任務性團體的定義

　　Toseland & Rivas（2022）認為任務性團體的組成是在達成團體的任務目標，而不是與團體成員的內在需求作直接的連結。雖然任務性團體工作的達成，最後仍會影響到團體成員，但任務性團體的主要目的是達成足以影響案主或服務對象等的目標，而非只限於團體成員的目標而已（莫藜藜譯，2023）。由此可知，任務性團體成員是需要一起達成任務，去執行一項命令或產出一個服務方案；其成員的角色可能是由機構（組織）指派，由具有必要資源與專長的成員組成，以利團體任務達成；或透過彼此間的互動過程而獲得角色，例如：召集人、主席或祕書。而在團體中，共同的文化、性別、種族或倫理的特質，有助於形成團體成員的連結。

　　謝淑琪、吳秀照（2013）在探討臺中市單親婦女微型創業方案時，提到臺中市基督教青年會每月為婦女舉辦一次「班會」，內容為行政報告、產品品質督導與改進提醒、議題討論。在會議中，婦女進行工作機會

及資源等訊息的交流，分享產品製作的經驗，以及共同事項的討論與解決，如訂購包裝袋、產品運費、損失風險等成本的分擔；產品代銷、托運或互助系統規則的建立等。筆者認為機構對這樣的婦女團體提供的服務可稱之為任務性團體工作，因未涉及個人內在需求。但是當要在團體中處理個人生活難題，如子女托育、車禍調解、復健與醫療等問題，協助婦女們互相提供資訊與支持，此時就兼有處遇性團體性質了。

任務性團體多需有正式化的規則，例如：事先安排議事程序，規範成員如何管理團體的事務及達成決策，因此其成員較傾向與領導者溝通，並將他們的溝通放在團體的任務上，或限制成員的討論集中在某特定議題上，或成員彼此限制溝通的重點，因為他們相信團體不會接受成員間不設限地討論。同時，由於以團體任務為目標，成員很少作自我揭露，通常會期待成員將討論的重點放在團體任務的達成，而非彼此分享較親密、屬於個人關心的話題。

另外，某些任務性團體的聚會可能是需要保密的，如討論治療策略會議與預算會議；但其他任務性團體的聚會，如委員會與代表會議的成員是流通的，開放給有興趣的個人與組織參與。至於，評價任務性團體是否成功，主要視其任務目標完成與否，例如：是否產生問題解決的方法與達成決策；或發展出團體的服務方案，例如：成果報告、一套規則或對社區事件提出一系列建議。

貳、任務性團體的類型

任務性團體在許多機構與組織中其實是非常普遍，是常被用來解決組織的問題，產生新的想法與做決策的重要方法；而其存在的樣態有兩種，一種是持續存在、運作的團體，一種是為了執行特定、解決特定問題而暫時成立的團體，達成任務或解決問題後就會解散。任務性團體主要依其目的做分類，Toseland和Rivas（2022）表示，任務性團體有三種主要的目的：(1)滿足案主的需求；(2)滿足組織的需求；(3)滿足社區的需求（莫藜藜譯，2023）。以下分述之。

一、在滿足案主的需求方面

　　機構工作人員需要協調合作、需要討論創新服務方案、需要為案主權益的倡導，因此常需要有下列三種任務性團體：

（一）工作小組（teams）

　　Toseland、Palmer-Ganeles和Chapman（1986）認為工作小組是為了達成某一特定目的，由數位各自具有特殊知識及技巧的工作人員聚在一起，相互分享彼此的專長（Toseland & Rivas, 2022）。大多數的機構會由其工作人員為了某特定案主群的利益而提供協助，例如：由於陽光基金會因接觸愈來愈多因口腔癌而顏面傷殘的患者，因此組成工作小組籌劃對這類患者所需的服務。又例如：中華育幼機構兒童關懷協會舉辦育幼院童與自立少年兩天一夜的「生命教育－自立成長營」，這項活動是由跨專業工作人員組成籌備小組，才得以實現這趟生命教育旅程，讓少年看見自己生命的亮點。

　　專業團隊是任務性團體為了滿足案主需求的一種類型，在目前社會工作實務的場域中，也是社會工作者提供服務常用的重要策略之一（張秀玉，2012）。由於案主具備多元的需求，需要與其他不同專業領域的人員共同合作，以發揮助人成效。臺灣幾乎所有的醫療院所會由不同專業取向的人組成醫療團隊（工作小組），有醫師、護理師、社會工作者、物理及職能治療師等，共同討論對病患的醫療服務。總之，為滿足案主需求而有的工作小組，是有清楚的目標，努力去達成任務。過程中確定每一成員知道自己該扮演的角色，而對角色的重疊或互補，感到自然或認為有其必要。

（二）治療會議（treatment conferences）

　　治療會議與工作小組不同的是他們可能是受僱於不同的機構而前來參加治療會議，為了某些特定案主的利益，共同討論該如何協同努力的方法。這類任務性團體主要是針對特定的案主或案主群的需求，而發展與協

調治療計畫所組成的會議，成員需考慮案主的情況，以決定為案主服務的計畫，例如：機構中或社區中不同專業人員聚集一項會議，討論如何為受到性侵害的女性被害者設計及執行一個治療計畫。治療會議的行動計畫通常是僅由一位成員對案主負完全照顧的責任，社會工作者就常有這樣的機會，舉例來說：某家庭服務機構召開的一次治療會議，工作者從治療會議成員獲得一些忠告，以了解如何幫助一位身處特別困難事件中的案主，而治療會議的其他成員不一定有直接與案主接觸的機會；但是治療會議的重點仍是要做決策、解決問題與協調成員的行動，團體將其注意力放在案主需求，而不是在治療會議的團體成員需求上。團體的連結是基於以解決、治療案主問題為討論的重要考量，以及致力達成團體成員所同意的治療計畫。

（三）員工發展團體（staff-development groups）

　　這是針對機構員工而設立的任務性團體，希望透過一系列活動，發展和增進員工的專業技巧，以改善對案主的服務。員工發展團體為社會工作者提供一個機會，複習以往為案主服務的經驗、學習新的治療方法或社區服務的方法。許多在職訓練計畫和督導制度所推出的團體就是此類員工發展團體，例如：張秀玉（2011）帶領某社會福利機構十位社會工作者進行為期一年之任務性團體，此團體之目的為協助參與者學習以優勢觀點為基礎之家庭評量與擬定個別化家庭服務計畫的技術。在過程中，固定參與此亦可視為在職訓練的社會工作者學習到家庭優勢評量，依此擬定與執行個別化家庭服務計畫之專業知識，以及對於自己工作的方法有了重新的檢視與反省。

　　又例如：聯合勸募協會曾經補助當年的殘障福利聯盟為某些地區沒有督導的社會工作者，各安排一位有經驗的社會工作者擔任地區性定期團體督導，當他們針對固定成員，定期舉辦督導和在職訓練時就是一種任務性團體；或者，某基金會服務方案負責人為在社區中擔任家務指導外展服務的半專業人員，召開每月一次有固定成員的團體督導，也是一種任務性團體。

　　而筆者在過去數年，曾協助勵馨基金會（2004）接受內政部家庭暴力及性侵害防治委員會補助編印之《婦女保護服務—實務經驗彙編》，

林口長庚醫院一項有關社會工作紀錄資訊化的研究計畫（莫藜藜，2005），以及臺灣世界展望會的高風險家庭研究計畫（莫藜藜，2007、2008、2009），這些有關社會工作者服務手冊的擬定過程中，都是先組成員工發展團體，針對個案工作服務的各項問題，討論確定其個案之問題類型與定義、問題內容與處遇項目等，經過數次會議討論，以展現並增進工作團體隊成員的專業水準。

　　總之，員工發展團體的焦點是在改善工作者的專業技巧，以便對案主提供更有效的服務。訓練者或領導者能使用許多方法來幫助成員的學習，諸如演講、討論、視聽教學、情境模擬與現場示範等。成員也許在團體中會練習新的技巧，並從訓練者及其他的成員獲得回饋。

二、在服務組織的需求方面

　　許多社會工作者機構需要確定其成立之宗旨、服務目標；也為了生存和競爭的考量，因此需要下列三種任務性團體：

（一）委員會（committees）

　　這是機構最普遍的任務性團體，由一群人透過指派或經由選舉而組成的團體，可能是組織結構中的常設委員會，或是臨時組成的，其任務是來自上級單位的委派，或工作單位發展上需要的制度，例如：一個由員工組成團體，被指派研究及建議改善機構的人事政策；或某員工團體，負責發展一項「績效改進方案」的建議；或者為了機構定期的被外部評鑑，而組成多個委員會進行準備工作。委員會成員所關切的是要完成任務和提出報告，而委員會的工作需要集合所有成員的智慧，依個人不同的觀點、專長與能力來達成。會議主席可能是經由上級指派或是由委員會成員所推舉出來的。因此，每次會議都有議程，使得每位成員能遵循團體討論或活動的步調，知道在會議以外的時間要做些什麼。亦即，明確的議程能為委員會提供有結構、有焦點和指導性，而會議主席負責依照議程進行並完成整個程序。

（二）顧問團（cabinets）

這是一種特別形式的諮詢委員會，主要是針對機構發展之政策提出忠告，並將專家的調查和報告提供給最高執行者或其他高階行政人員。在機構宣布政策前，顧問團會針對足以影響整個組織的政策、程序與實務，加以討論、研發及修正。顧問團也能夠促使組織資深行政主管間正式的溝通，協助取得高階與中階行政人員對特殊政策的支持，例如：行政院於民國107年核定的「強化社會安全網計畫」，結合政府各部門的力量，希望建構一張綿密的安全防護網，扶持社會中的每一個體，在推動和執行中即設置了顧問團和輔導團。又例如：衛生福利部曾召開地區主管會議，討論長期照顧政策中的某些措施，如何整合跨部會的合作；或地方政府召開社會與教育單位主管的會議，討論幼托整合方案的具體實施方式與問題解決。

顧問團的成員也許是被選出來或被指派的，諮詢顧問一般多為來自各專業中的資深者或權威者。顧問團努力的焦點，是針對整個組織或各部門間有重要意涵的行政及政策上的問題，其議程通常是保密的，成員個人的自我揭露程度向來是低的，成員會思考如何策略性地陳述對問題的看法。

（三）董事會（boards of directors）

Tropman（1995）認為董事會主要的功能是制訂政策、監督機構運作、保證財政獨立與機構穩定，以及建立公共關係（Toseland & Rivas, 2022），例如：臺灣某財團法人公益基金會的董事會，決定組織的任務及長期與短期目標，建立人事與運作的政策，對最高行政主管提供建議與忠告，並監督組織的運作。他們建立財務政策、設定預算、設置監督與稽核制度；也參與資金的募集、聘用最高行政主管及經營公共關係。董事會從不同專業團體中選出其成員，主要的考量是基於個人的專長、權力地位、對社區的影響，及身為特殊利益團體的代表，例如：董事會中也許有資深社會工作者可協助專業服務需考量的必備條件；有律師可針對法律問題提供建議；有會計師或銀行家可針對財務問題提供意見；商人可協助資金的募集與廣告宣傳；傳媒專家可協助建立公共關係；政策專家及消費者

可以協助方案與服務提供的指導等。

三、在服務社區的需求方面

實務機構內部需要任務性團體，往往也需從機構向社區尋求資源，以服務其機構的案主；或與外部社區機構結盟，才可能對社區提供服務以滿足社區之需求，因此需要下列三種任務性團體：

（一）社會行動團體（social action groups）

這其實在臺灣是常有的一種團體，成員藉著參與集體行動，對社區環境作有計畫的改變之努力。Toseland和Rivas（2022）認為這是一種「草根性」組織，其目標經常是與團體內個別成員的需求有關，但目標的達成通常也能嘉惠團體以外的人，所以社會行動團體對成員及非成員的某些共同利益都會有所貢獻（莫黎黎譯，2023），例如：當年臺灣為倡導《社會工作師法》的通過，社會工作者各界（包括大學社會工作者系師生）聯合成立社會行動團體，甚至走上街頭呼籲。社會行動團體通常被視為因為其源自於社區中較無權力或地位的族群，但共同關心某些議題的一些人所組成。

使社會行動團體的成員連結在一起的原因，主要還是共同覺察到現行社會結構中的不正義、不公平及需要改變，例如：當年的殘障福利聯盟和老人福利聯盟，都是透過各自團體，由意見領袖組成的委員會籌劃一項社會運動；或者一群人聚在一起討論一個有爭議的問題，以及如何邀請另一些人加入。在行動過程中，確認、排出優先順序，並選擇各項委員會的議題，以便採取行動，例如：遊說小組產出正式的議題，協商小組在談判桌上努力達成協商議題等。各個團體也有其他社會行動的目的，例如：經費募集、發展與協調一些特定事件等。

（二）聯盟（coalitions）

聯盟的成員是為了追隨共同的目標而組成，因為他們認為只靠任何

一位成員或組織的力量可能無法達成該項目標，因此所有相關組織、社會行動團體或個人集合在一起，透過資源與專長的分享而產生影響力。這是從機構跨入社區特別需要的一種任務性團體，例如：居家照護機構一起去遊說社區，希望能有更多的管道照顧慢性疾病老人；或愛滋防治機構一起去向地方政府衛生主管單位遊說，希望能協助和支持某些服務措施等，只要是共同關心議題的個人或組織都可以參加聯盟的討論。陳燕禎和林義盛（2010）指出，社區據點在實務工作上可朝區域內有意發展據點的社區組織，以結盟的方式可發揮更大效益。

　　從建構聯盟的形成與發展，維持意見一致與良好的夥伴關係，則是聯盟的主要任務，且要將努力的焦點放在目標的達成而非團體之間的競爭。聯盟的成員因為他們共同的理想、意識型態與對某特定問題有興趣，透過天生具有領導氣質者之帶領而連結在一起。由於是因特定議題而結盟，有時聯盟是鬆散的，可能是不定期的聯合會報，但常有的集會仍是具有議事程序規則，規範著正式互動之特質。雖然通常不像董事會議聚會時嚴格地堅持議事程序，但在聯盟中議事程序是被用來促進一體感及歸屬感，藉著會議紀錄的執行，讓成員有機會完全參與聯盟集體的協商及決策的制訂。

（三）代表會議（delegate councils）

　　代表會議組成之目的是為了催化機構之間的溝通與合作，研究與社區有關的社會議題或社會問題，參與集體的社會行動，或支配及影響較大的組織。其成員是由其所屬機構或地區委派或選出，其主要功能是在會議進行的過程中，代表其委託單位利益的立場。代表會議的特別之處是各機構與會者是為了特殊目的而聚在一起開會，有時是比較大型的會議，例如：某地區有幾個安寧照護機構的代表每個月固定聚會，目的為改善機構間的溝通；或者家庭照顧者協會舉辦代表會議，各區代表聚集開會討論相關議案，及批准該協會的年度計畫與預算。又如，筆者當年擔任善牧基金會的婦女緊急庇護機構「安心家園」的外聘督導，由於與當時臺北市的北區婦女福利服務中心常有合作，一起處理婚暴婦女個案，因此召開了正式的連繫會報會議，亦可視之為代表會議。而這幾年，臺灣地區引進英國的「馬瑞克會議」，由區域性的家庭暴力防治團隊成員代表開會，亦屬此類。

總之，以上各類型團體的存在，可能從臨床個案服務開始，後來需進入社區工作，或承擔機構內的行政管理工作，都是社會工作者有機會接觸和參與的任務性團體。因此，在學校修習「社會團體工作」這門課時，基本上特別要了解團體動力學的相關理論，如何觀察和分析團體動力現象，如何領導和推動任務性團體等，這些活生生的知識在任何職涯中都可能出現，應十分重視。

 ## 第二節　帶領任務性團體的基本方法

　　了解以上分類之後，已知在社區工作、社會工作管理和社會工作者督導的課程與實務中亦可討論任務性團體的存在。因此，有必要了解帶領任務性團體的基本方法，以下參考Toseland和Rivas（2022）提出簡要說明（莫藜藜譯，2023）。

壹、準備團體會議

　　任務性團體的主要目的應放在解決問題、做決策，以及評估成果，其中包括讓成員獲得資訊並參與團體，增強成員的權能，以及監督和指導他們執行業務。

一、籌組團體

　　Zastrow（2012）認為帶領任務性團體的第一步是籌組團體，有五個要項：

（一）確立團體目標

　　了解團體需達成之任務，準備相關資料。

（二）了解機構的支持和贊助

審慎評量團體的目標與機構政策的關聯性，以獲得最肯定的支持和贊助。

（三）選擇成員的條件

考量團體達成任務所需人才，參考指標包括個人專長、對任務的興趣、職位與影響力，還有異質性（例如：性別、族群、年齡）等。

（四）決定團體的大小

考量團體任務的性質來決定團體的大小，複雜的任務需要大一些的團體，以便有足夠的專長人力來因應問題。

（五）徵召成員以形成團體

邀請成員加入團體，包括公開招募、由各主管指定、透過會議推舉，或個別邀約適當人選等。

另外，帶領任務性團體必須準備團體可以如何建立訊息回饋的機制，藉此了解決策的結果，且視需要而採取修正行動，然後在參與會議前，了解該團體之職責、倫理道德和是否有法律之強制性等因素，例如：要求機構承辦人員定期向他們彙報資料；或查閱方案執行的統計數據、經費使用的季報表，以及執行募款工作的報告等，以適當地完成監督和評估團體的工作。進一步可參閱本書第五章第一節實施團體前的準備工作，以及第二節組成團體的技術。

二、會議進行

會議開始前將會議資料放置在每一成員的桌上，負責團體的工作者在第一次會議時要介紹成員或相互介紹。然後，每次會議都需做一個開場白，說明當次會議的目的，讓成員快速進入狀況。工作者可用前次的會議

摘要提醒成員，讓成員了解工作的持續性是非常重要的，如此成員會更有興趣和意願參與會議。每次會議結束前，工作者要記得摘要已決議的工作事項。

三、兩次會議之間

在兩次會議之間要完成的工作是：(1)檢閱上次會議結果執行的情形，因為在下次會議中要負責報告；(2)準備下次會議。第一項工作可藉由閱讀會議紀錄來即時執行任務，因此會議紀錄要適當地記載分工的職務和完成的時間。工作者要在會議中記下摘要，而在會議後立即完成紀錄，以便追蹤工作進度。

貳、一般主持會議的方式

一、分享服務工作中的資訊、思考和感受

不同的機構、不同的成員，平時接觸的次數太少；而且由於工作性質不同，專責從事個案處遇的工作者與從事團體或社區處遇的工作者溝通的機會有限，因此第一步是協助團體分享訊息和開放溝通，確定所有成員都清楚了解討論的主題，也知道要負擔的職務。在許多團體中發現成員覺得無聊、沒興趣或不滿意，可能是因為他們不了解會議主題的重要性。為了鼓勵成員的參與，主題必須有關聯性，如果成員對主題缺乏興趣，其結果也對他們沒有好處，則他們沒有理由參與。所以工作者應在將他們帶入團體之前，就讓其清楚主題與他們自身的重要關聯。

工作者應協助成員遵守會議規則，邀請他們針對提議給予回饋。工作者可以制止冗長的發言，要求成員將其意見摘要或聚焦，或者建議該成員給其他人回應的機會。有時可將會議討論的方式形成輪流發言的結構化方式，或考慮其他的規則，也會有所幫助。

二、增強成員對任務性團體和對機構的承諾

工作者可以讓成員了解任務性團體的重要，及其與機構宗旨和其本身業務之間的關係，以及此團體在機構的行政架構上處於什麼位置，以協助成員對任務性團體有參與感。同時，工作者可分配成員在團體中的角色，要求他們對會議議程和決策提出意見，並鼓勵成員盡可能參與決策過程。

三、幫助發現服務工作中的問題

工作者應幫助成員在團體所面臨的問題中找到相關訊息，並發展可能的因應方法。工作者可以協助團體成員產生一些不同的資訊和創意，來解決所面臨的問題。其他的一些方法也可以考慮，例如：鼓勵團體形成自由討論的規範，尤其當自由討論受到團體壓力的限制時，要指出來；提出有創意、可辯論或腦力激盪的交換意見方式，對團體具示範作用；當有成員開始提出創新的意見時，鼓勵大家繼續討論；在討論之初期，鼓勵地位較低，又遲疑不敢發言者表達意見；以及協助團體在決策的步驟中，將相關意見和建議分類處理等，都對團體討論的問題有幫助。

四、處理衝突

成員參與團體運作的過程難免會有些情緒產生，例如：對將發生的改變感到不安，或在執行任務時遇到挫折等，然後可能因負面情緒導致團體中的衝突。當任務性團體出現衝突時，Toseland和Rivas（2022）提出的建議有（莫藜藜，2023）：

1. 經常了解成員個人的興趣和需求，協助成員確認衝突，將衝突視為正常，因為可能是對團體發展有幫助的部分。
2. 鼓勵團體建立開放和尊重彼此觀點的規範，並鼓勵成員暫緩批評

的意見，直到聽完整個團體討論中的意見發表。

3. 鼓勵成員從不同角度看事情，了解別人的立場，並使自己的觀點較有彈性。

4. 幫助成員避免從衝突或個人的差異來看事情，而是從事實來討論。

5. 按事前規定的討論順序，逐項決定解決方法，並強調團體討論中已達成一致性的部分。

6. 經常釐清和摘要正進行的討論結果，使成員不斷累積共識，並運用決策指標（decision criteria）；然後根據團體成員已同意之決策指標來逐一處理。

7. 蒐集事實資料，針對有衝突的部分，再請專家判斷。

8. 在衝突中保持中立，並適時提出疑問，釐清問題狀況。

五、做出有效的決策

Thomas和Charles（2000）認為，團體的決策不只有其功能性，也要注重效率；而且在團體中如果產生認知衝突，其實常意味著成員表達了多元觀點，如此可能更容易達成團體之目標。

為了避免引起疑慮，任務性團體愈早決定相關選擇的程序會愈好。大部分的團體是採全體一致通過或多數通過，在決策指標確定後，成員還需根據重要性予以排序。一致通過的方式比較花時間，但可以讓成員更支持團體的決定。然而，團體要達到一致通過也不是容易的事，不只花費時間，也可能引起緊張，也可能有成員為了讓團體接受而犧牲自己的意見，默從團體的決議。

多數通過的方式是另一選擇方式，當以無記名方式投票時，也保障成員的守密原則。多數通過方式在例行事務和較不重要議題上，是絕佳的決策方式。然而萬一有「重要少數」不同意決定，或是非常重要的議題需要全體的支持時，多數通過的方式就不適用了。如果是重要議案，至少要三分之二的人通過才行；而三分之二的多數也只能說明團體的實際支持率。

參、有效地解決問題

問題解決過程不會只發生一次，而是會在團體過程中持續地發生；其過程可以短至五到十分鐘，或長達幾個月的時間，其決定因素為：問題的性質、團體的結構和功能，以及團體成員參與解決問題的機會、能力和意願等。因此，建議問題解決的程序如下。

一、先確認一項要處理的問題

一項要處理的問題如何被確認，對問題的有效解決是非常重要的，這決定了要蒐集什麼資料，誰要處理問題，哪些因素要考慮，以及問題的解決對誰有影響等。Toseland和Rivas（2022）提出以下幾個步驟用來確定團體的問題，以便提出解決方法：(1)釐清問題的界線；(2)詢問成員對問題的看法，以及他們期待的解決方法；(3)發展一個問題解決方針；(4)界定一項可以解決的問題；(5)確定要解決的問題（莫藜藜，2023）。

二、發展行動目標

一旦確定要解決的問題之後，會先有暫時性的行動目標，並協助進一步的資料蒐集。當資料逐漸累積，目標可隨之修正和再確立，因為有時新目標的出現而可能會完全放棄最初的目標。為特定問題發展目標的程序，與團體初期設定目標的程序相似。經過探索和協商的過程，工作者和成員分享他們對特定問題而訂之目標的看法，其重點在目標的形成盡可能讓成員都能接受。

三、蒐集與分析資料

團體應針對問題盡可能地分工去蒐集資料，以便分析資料和準備可能的解決方法。當成員知道問題發展的經過，讓團體對問題產生的原因和發展有縱貫面的了解。協助團體比較問題發生前後的狀況，常能找出根本的原因和可能的解決方法。當了解問題發展的過程時，團體也應熟悉過去曾用過的解決方法，如此可使團體避免重複採用過去失敗的方法。

四、提出行動計畫，並確實執行

在整理資料的過程中，應鼓勵成員以邏輯性的思考為主，而不是將資料按其特殊性排列。成員彼此間給予對方解釋和說明想法的機會。如果以辯解個人立場的方式，往往可能會侵害其他團體成員的意見；因此，討論的方式最好以帶來相同和相似的觀點為宜。為提出初步之計畫，Toseland和Rivas（2022）建議彙整資料給團體的順序如下：(1)將有關和無關的項目分開；(2)結合相似的項目；(3)確認差異或矛盾的項目；(4)透過不同的項目，找出一些模式；(5)按重要性將項目順序排出（莫藜藜，2023）。

然後，團體一一檢視提出的計畫建議，主要是確定所有成員了解每一個計畫被提出的方法；其次，檢視的動作正好可以釐清每一計畫的目的和目標；再者，成員也可以討論如何克服執行計畫時的可能困難，和如何面對可能的挑戰。

筆者一直認為執行計畫的人在問題解決過程中愈早參與愈好，當他們較了解為何團體決定採用執行任務的方式，則其參與的意願會較高，過程中也會盡力解決問題，而貢獻及影響力也會愈好。有時，提出了一個解決辦法，成員可開始尋求團體外之支持，即對執行決策有權威性的人士，以及那些有能力做決定的人。一旦確定獲得支持，團體即可開始組織並督導計畫的執行。如果是一項大型計畫，則可以做好任務分工，讓每一成員被指派特殊之任務，同時也可能需做一些事前的教育訓練。

第三節　建議：兼論重視任務性團體的方法

　　社會團體工作是社會工作三大基本方法之一，多年實務經驗之後，筆者越發確認其重要性，因為我們服務的案主所在社區是團體工作的重要工作場域，社區工作服務中少不了任務性團體的執行；而無論是處遇性或任務性團體工作，其重要技巧之一仍是需先具備個案工作的基本技巧。由此觀之，社會工作三大基本方法不可偏廢。

　　筆者多年來看到有些實務機構不斷進步中，有些機構則進步有限。有時機構不斷被要求接受評鑑，兵疲馬乏之餘，也常抱怨評鑑帶來的只是形式，對實質的幫助有限。因此，筆者思考這些與機構（或單位）生存有關的行政管理和服務方案規劃，是否可靠任務性團體的執行來發揮功能呢？「社會團體工作」授課內容如何加強，或不忽視任務性團體的知識與技術呢？不斷進步的機構，是否與有效運用任務性團體有關？而進步有限的機構，是否因忽視運用任務性團體有關呢？這些都只是在筆者接觸中觀察所得，未有實證研究，且尚需要更多文獻佐證。

　　如今許多社會服務機構對任務性團體之運作仍不夠重視，當我們強調綜融性社會工作專業服務服務理念時，團體工作中的任務性團體是與社區工作之間的一道橋梁，亦即在社區工作服務中運用團體工作知識與技術，讓社會工作者也有運用團體工作方法，表示學校學的知識沒有白費。Bishop（2002）提到，社區工作是加強居民的社區參與，我們要多與群眾一起討論、計畫，並由他們做出決定，以加強他們承擔組織工作的責任感（甘炳光，2011）。相信這個理念的實踐是需以任務性團體，如工作小組或代表會議來進行。另外，蕭明輝、吳長勝、蔡恩子（2011）曾以醫院與老人福利機構的協調與合作為例，探討衛生福利夥伴關係的建立。筆者認為，無論是已在辦理的擴大服務功能及提供特殊個案服務方案，或建議整合共享醫療與照護資源，以節省雙方經費與人力，都需要以不同的任務性團體積極執行才有可能實現。

　　不只在社區工作服務方面，社會福利行政或社會工作管理的課程或實務中，亦有運用任務性團體的情況，例如：姚瀛志（2011）指出，若能

善用組織外部資源的網絡關係，並做有系統的管理，將其資源成爲組織固定的資產，必能提升工作效益。同時他說，組織需爲員工建立一個互信的工作環境，讓員工在相互信任的環境下，合作處理居民事宜。因此，筆者認爲要實踐這些建議，除了建立有效率的工作小組和員工發展團體之外，也需與社區其他組織建立聯盟，才能發揮作用。另外，王秀燕（2012）從優勢觀點談社區發展育成中心的設立，其諸多做法可能也都要靠有效率的任務性團體去實現，例如：育成中心作爲一個機構（或組織），依社區特質與發展需求和目標，與社區共同擬定培力策略；辦理社會工作者巡迴訪視，與社區進行輔導和對話，依社區資源、特性而提供個別化輔導諮詢，及推動社區發展的建議等，都需組成工作小組、員工發展團體、委員會、顧問團、代表會議或社會行動團體等，以實現其中心之任務。

趙善如（2009）以屏東縣爲例，探討兒童少年福利服務資源網絡連結現況與影響因素時，建議積極倡導資源網絡連結之觀念，建置多元溝通平臺，如舉辦跨專業的教育訓練、加強跨專業聯合彙報等溝通機會，或是以特定服務對象建立跨專業的資源次系統，來增進不同專業之間的相互認識與了解，提高網絡連結的效能。以上這些建議已相當具體，然而筆者仍認爲可能也都要靠各類有效率的任務性團體去實現。

過去數年來，在筆者接觸的社會工作者機構中，往往看到社會工作者因服務工作中產生的困擾、疑惑，卻一直未獲解決或解答，致使社會工作者開始出現冷漠、哀怨、覺得受苦；或最後只有離職的情況。當然其原因複雜，處理與解決方式應多元，但其中以督導制度來進行認知重構應是不錯的方法。督導可以促發工作者的合作學習，讓團體產生凝聚力。黃倫芬（1983）以團體督導爲題，和督導者、社會工作者的會談和觀察紀錄進行個案研究，發現督導者發揮了運輸團體的基本功能，帶領團體討論，並指導團體的開始和結束。督導者在團體中，對於問題的解決，衝突的處理和做決定，皆負起相當大的責任；而討論的重點是以「事」爲主，較少涉及社會工作者能力的增強。團體成員有建設性，參與團體的能力，但督導者較少運用團體成員的團體經驗和成員之間的相互作用來發揮督導功能。

黃源協、蕭文高（2006）在探討社會服務契約管理時，發現社會行政人員在契約管理責任之外，更需對契約所引進的關係網絡進行協調，特

別是案主服務使用權益之確保與維持，與內部單位（例如：主計、採購與法制）互動頻率之增加，以及公私部門間日趨綿密之合作網絡。筆者認為，這些都需要透過與不同的任務性團體執行有效的溝通與協調，也需要運用在學校所學之團體動力學知識，和帶領團體之技術。

Toseland & Rivas（2022）認為任務性團體會期待成員有創新的點子、發展工作計畫和服務方案、解決團體外在的問題，以及對機構的措施做決策。運作良好的會議，確實有其積極的作用。這樣的會議讓人們聚在一起創造有效的團隊工作，分享意見、表達感受、彼此接納，並共同做決定。工作職場中沒有比這樣的情景更能表現向心力、職業承諾和工作滿意了（莫藜藜譯，2023）。

總之，在社會工作專業服務生涯中，一定會有任務性團體存在，如果不知如何善加運用，常是挫折感的來源。因為當會議沒有好好的進行時，確實會使人感到浪費時間，而有不滿和煩悶的感受；然後會對團體缺乏參與感和回饋，進而對團體失去興趣，因此本章討論了帶領任務性團體的基本技巧。而在學校中的課程除了「社會團體工作」之外，在「社會福利行政」、「社會工作管理」、「社區工作」等課程的相關知識，對執行任務性團體也有幫助，期使更了解這些屬於社會工作者的團體帶領技術、社會工作者管理知識與方法後，社會工作者在機構內可能會更團結、有效率；然後，社會工作者在機構外（於社區中）更有方法，更知道如何結盟與倡導。

參考書目

中文部分

王秀燕（2012）。從優勢觀點談社區發展育成中心的設立。社區發展季刊，138，138-151。

甘炳光（2011）。新建城區社區發展的實踐與創新。社區發展季刊，135，399-409。

姚瀛志（2011）。社區工作、社會資本與知識管理：以澳門社會問題為例。社區發展季刊，135，410-420。

莫藜藜（2005）。醫院實施社會工作資訊化系統的社會心理障礙與突破—以個案照會和紀錄系統為例。社區發展季刊，111，134-147。

莫藜藜（2007）。發展「高風險家庭」介入服務模式之研究：實務理論與服務成效初探。世界展望會委託研究計畫成果報告。（主持人）

莫藜藜（2008）。發展「高風險家庭」介入服務模式之研究：個案工作服務之內容與方式。世界展望會委託研究計畫成果報告。（主持人）

莫藜藜（2009）。發展「高風險家庭」介入服務模式之研究：團體工作與社區宣導服務之內容與方式。世界展望會委託研究計畫成果報告。（主持人）

莫藜藜（2012）。團體工作中任務性團體的特性與運用。社區發展季刊，140，19-30。

莫藜藜譯（2023）。團體工作實務（五版）。臺北：雙葉書廊有限公司。

張秀玉（2011）。以家庭優勢為焦點的個別化家庭服務計畫—任務性團體過程與成果。特殊教育研究學刊，第36卷第一期第1篇（p1-26）。

張秀玉（2012）。任務性團體在社會工作實務之運用。社區發展季刊，140，31-40。

陳燕禎和林義盛（2010）。社區照顧關懷據點之實踐經驗—社會工作者的田野觀察。社區發展季刊，132，385-403。

黃倫芬（1983）。團體督導中督導員的領導任務研究—以某一社會福利機構進行個案分析。東吳大學社會學研究所碩士論文。

黃源協、蕭文高（2006）。社會服務契約管理：臺灣中部四縣市社會行政人員觀點之分析。臺大社會工作學刊，13，173-217。

趙善如（2009）兒童少年福利服務資源網絡連結現況與影響因素之探討：以屏東縣為例。臺灣社會工作學刊，7，85-128。

蕭明輝、吳長勝、蔡恩子（2011）。衛生福利伙伴關係的建立—談醫院與老人福利機構的協調與合作。社區發展季刊，136，115-121。

勵馨基金會（2004）。婦女保護服務—實務經驗彙編。內政部家庭暴力及性侵害防治委員會補助編印。

謝淑琪、吳秀照（2013）。單親婦女微型創業的困境與突破：以臺中市基督教青年會創業脫貧方案為例。社區發展季刊，143，173-183。

英文部分

Thomas, M. B. & Charles, E. M. (2000). Communication networks in task-performing groups: Effects of task complexity, time pressure, and interpersonal dominance. *Small Group Research*, 31(2): 131-154.

Toseland, R. W. & Rivas, R. F. (2022). *An Introduction to Group Work Practice* (9th edition). N.Y.: Person Education, Inc.

Zastrow, C. H. (2012). *Social Work with Groups*: *A Comprehensive work text*. Belmont, Ca: Brooks/Cole.

第五章
團體的組成、
預估與評估

莫藜藜

社會團體工作是社會工作直接服務的基本方法之一，為了讓團體進行順利，工作者必須在第一次團體聚會前做好準備工作，且團體籌劃之同時需考慮如何了解成員的需求，以及執行團體之後的成效。因此，本章將分為五節來介紹，第一節了解為何團體工作需要計畫，第二節討論團體組成的技術，第三、四節分別探討團體的預估（assessment）和評估（evaluation）方法，以及第五節介紹預估和評估資料蒐集的工具。我們已知社會團體工作是組成團體，分為處遇性團體和任務性團體兩類，其在團體組成、預估和評估方法上大致雷同，但為臨床表現的專業性，本章之論述多以處遇性團體為主。

 ## 第一節　團體工作需要計畫

　　團體工作需要擬定計畫是因為團體對個人可能有不同的影響，而我們希望進行的團體是能增加對案主有幫助的影響。如果一位社會工作者只具備了有關團體的理論知識是不夠的，他（她）還必須懂得如何擬定一個團體的計畫，組成團體，並帶領這個團體。因此，實施團體前需要一些特別的準備。

壹、團體對個人有不同的影響

　　社會團體工作的一項主要事實是，團體對於個人的行為具有極為深遠的影響力量。我們知道團體通常對人會有重要的意義和極大的幫助，但團體經驗也可能使某些成員受到傷害，根據Hartley、Roback和Abramowitz等人所做的研究指出，在參加了團體之後，成員們覺得受到團體「傷害」的比例，有的團體中不及1%，但也有的團體中高達50%；另一個較為嚴謹的調查是由Lieberman、Yalom和Miles完成，他們指出被調查的十七個會心團體的二〇九個成員中，有8%的人在這項團體經驗後變得更加沮喪或嚴重適應不良；有8%的成員事後在日常生活功能或人際關係能力上發

生部分退化的現象（秦文力，1984）。雖然國內的研究多以團體獲益來看，尚未見到類似「傷害」的研究，但是仍可引以爲戒。當社會工作者在計畫組織團體時，應盡可能考慮周詳，避免對成員可能的傷害。

因爲團體對於個別成員的影響力不一定是社會性或積極性的，有時候團體的影響是反社會或消極的，例如：在團體開始階段，成員和工作者在尙未建立信任關係之時，就讓某成員一再述說其內心深處不爲人知的經歷，如此可能滿足其他成員的好奇心，但如果不知如何給予支持和回應，使得該成員可能再次陷入無力處境。又例如：當團體在衝突風暴時期，某成員成爲代罪羔羊，在千夫所指之下，形成團體傷害，可能使該成員後來退出團體，甚至導致後來怯於再參加任何團體活動。因此，社會工作中之團體必須具有審愼計畫的特色，讓團體多發揮積極正面的功能，避免團體傷害。

當社會工作者要計畫組織一團體時，最好依一定的程序進行（見圖5-1），以使團體成員經驗到合宜的、有益的團體經驗。在計畫時，可因了解機構環境，選取有利團體的因素，以使成員和團體體驗到成功的經驗。社會工作者更可以發揮本身專長，排除在計畫進行時的可能阻礙，以滿足成員和團體的需要。總之，團體計畫階段強調的是爲團體成員尋找各種機會，選取對團體有利的因素，避開不利團體的因素和可能威脅到團體的因素。

貳、實施團體前的準備工作

社會團體工作者在實施前必有的準備工作，可以使團體更有方向，進行更順利。本章所關注的部分是前團體時期，當計畫組織一個團體時，社會工作者把焦點放在個別成員、團體和環境上。在個別成員方面，社會工作者考慮他們的動機、期望和加入團體之個人目標。在團體方面，社會工作者把團體看成一個整體，考慮團體的目的，和如何促使成員互動，以及團體發展。在環境方面，社會工作者考慮機構及社區如何提供資源及影響這個團體。

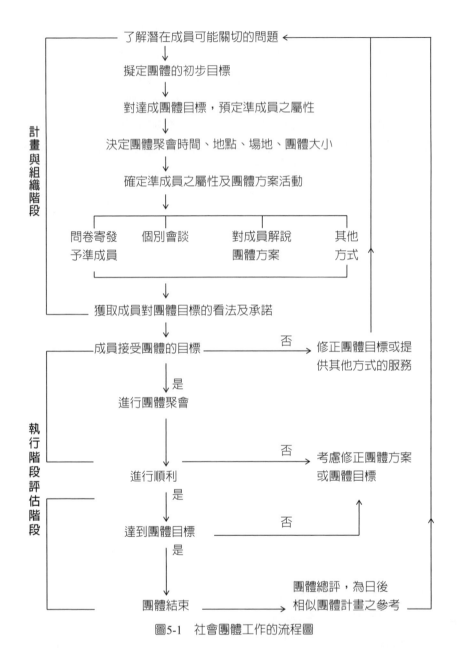

圖5-1　社會團體工作的流程圖

　　團體如何組織及如何形成是社會工作者應具備的初步技術，一般來說，團體前的準備工作有：

1. 確實了解社區背景：社會團體工作比其他社會服務更仰賴社區的參與和支持。我們了解社區的狀況，民眾的需求，才更知道成員的需要及用什麼方法達成團體目標。

2. 認清機構的狀況：社會工作者了解機構的特性與政策，才能使團體認識和了解機構的目標和功能，並要使全體成員了解機構所有的機會和限制，以便使團體能接受機構功能內所包含的機會和限制。

3. 研究團體實情：團體是社會工作者的工具，藉此協助個別成員。因此社會工作者除了要了解一般團體的動力現象之外，應對特定團體的需求，以研究和分析的態度入手，澈底了解該團體的各種狀況和資料，以便有效運作。

4. 社會工作者個人團體經驗的累積：社會工作者需在可能接觸的團體中，體驗成員的與領導者的角色，將有助於以後帶領團體。如能不斷嘗試參與各種活動的設計與執行，更能啟發社會工作者將來設計團體活動（莫藜藜，1992）。

5. 考慮是否需要協同領導者（co-leader）：許多時候，團體需要兩位帶領者，尤其當計畫兒童團體和夫妻團體時，最好有兩位團體帶領者，例如：Nosko（2002）曾指出，在帶領青少年團體或是全由男性組成的團體，都需要與協同領導者花一些時間事前準備。

所謂計畫團體的過程是指兩方面：一是前團體（pre-group）時期，準備要組成一個團體的計畫工作；二是團體進行各階段之計畫工作（例如：初期、中間及結束階段），都是預先安排或調整一些計畫活動。在團體初期，社會工作者進一步預估（assessment）成員的特質和需要，並和成員確定團體的目標，藉此可以導引更適切的團體方案活動，以順利進行團體的中間階段和結束階段。

籌備團體之最初動作之一是擬就一份「團體工作計畫書」（見表5-1），據此就其中各項目與單位直接主管、最高行政決策者或工作團隊中的同仁商討籌組團體事宜。團體工作計畫書中亦擬就初步的團體活動方案，此乃另一團體特殊技術，進一步請參閱本書第六章團體方案設計。

表5-1　團體工作計畫書

一、團體名稱：

二、成立的動機：

三、團體目標：

四、團體成員：
　　1.
　　2.

五、活動方案設計：

次序	活動內容
1.	
2.	
3.	
4.	

六、活動時間，地點：

七、工作進度：

內容	完成日期
1. 選擇可參加團體的潛在成員。	
2. 邀請函的印製、發送。	
3. 統計參加人數。	
4. 團體前的個別會談。	
5. 協調會議。	
6. 商借場地，問卷設計及印製。	
7. 活動進行。	
8. 評價，並完成報告。	

八、經費預算：

九、活動副案：

第二節　組成團體的技術

　　以下提出綜合性模式的組織團體的技術，包括發展團體的目標，以及組織團體的條件等兩方面來討論，並將提出實例說明。

壹、發展團體的目標

　　Toseland和Rivas（2022）認為計畫團體時，首先最重要的問題是：「團體的目的是什麼？」團體目的之敘述應盡可能廣泛，包含不同成員的目的及團體的特殊目的（莫藜藜譯，2023）。清楚地敘述目的，可使成員容易回答：「我們聚在這裡做什麼？」也可以預防因缺乏團體方向，而讓成員產生挫折感或沒有成就感的團體經驗。團體的目的通常可以用一段簡單的陳述來表達，其內容包含說明團體已確認的問題和需求，個別成員和整個團體希望達成的目標，以及個人和團體將如何一起工作。

　　然而，筆者參閱相關文獻發現，有些人提出的名詞是「團體目標」，有些人則採用「團體目的」，似乎有些混亂。筆者認為，目標（goal）應是動態的，有方向的努力行動，具有過程觀和結果觀的意涵，是團體整體的概念；而目的（purpose），指的是靜態的結果，或一次性的行動，例如：某次團體組成的目的。團體有組成的目的，但是團體有要達成的目標；亦即團體的目標，乃由團體的目的（即團體為何組成）而來。目標是整個團體的中心，它必須具體清楚，可包括(1)機構的；(2)成員的；(3)社會工作者的；和(4)團體的目標。這是本章採用「團體目標」的主要原因。

一、團體目標的內涵

　　我們從觀察團體工作的推動中，可知機構有其希望達到的機構目標，以展現其機構的功能。如果機構希望以團體工作方式幫助案主，則機

構可能會推動較多的團體工作方案，並支持團體工作的執行。但是，由於每一機構都有其可能的限制，往往影響團體目標的完成，因此團體工作計畫時必須考慮機構的目標。

另一要考慮的是成員的目標，團體中最重要的是團體成員，每位成員參與團體是想要獲得其需求的滿足。團體工作的目標也必須以達成團體成員的目標為首要。社會工作者本身採用團體工作方法也有其希望達到的目標，例如：協助機構目標之達成，或協助成員滿足其需要，或期望自己在社會工作者專業技術的成長等。最後是團體的目標，必須要同時顧及機構的、成員的和社會工作者共同的目標，即合併上述三類目標，整合而成為團體的目標。當成員和社會工作者能分享共同的目標，使成員解決個人的困難，或促進個人的進步時，團體便獲得相當的增強。

團體的目標只有在組成的團體中清楚說明，了解及接受彼此的目標，團體工作的作用才能發揮出來。如果社會工作者對團體和成員的目標不十分了解，則無法確信團體的運作會順利成功。

因為團體目標將作為團體成效評估的依據，所以在籌備團體時，社會工作者就應決定以何種方法可以確保團體目標的達成。社會工作者可在處遇性團體中，於各次聚會的開始和結束時，檢視團體如何朝目標的達成有所進展；而在團體將結束時，詢問成員對目標達成程度的看法。如是任務性團體，則在每次小組會議結束時檢視哪些任務完成，哪些任務還有待完成。如此，監督團體改變的過程和進展，能讓團體不偏離方向，確保所同意之目標持續在執行和完成的過程中。社會工作者可以在團體開始時、過程中和結束時，運用更正式的評估工具（此將在本章第四節再進一步討論），來檢視團體目標的達成。

※ 舉例說明

茲以當年由筆者全程督導，彰化基督教醫院楊淑美社會工作者（1982）帶領之「攝護腺肥大病人討論會」為例。當時機構希望以團體工作方法幫助病患，社會工作者的目標是為了協助相同疾病的患者，藉團體的過程而得到有關治療的知識，使有助於疾病的痊癒及適應，因而籌劃組成團體。當時的社會工作者部門希望藉此訓練社會工作者熟悉團體

工作的技術，曾考慮舉辦截肢病患團體或臨終病患團體，但因截肢團體當時該院尚無一專門負責醫師，病患流動性也大，不易組成團體；而臨終病患多為急性個案，病因複雜，病情變化快，且較快出院，難以找出固定的處遇目標而作罷。泌尿科在該院附屬於外科中，有一位專科醫師，有定期門診時間，住院病患也都有一住院計畫可循，出院後仍需定期門診追蹤。經與泌尿科主治醫師林介山醫師討論，確定林醫師亦視病患團體為其職責內之工作後，乃決定選擇良性攝護腺肥大（Benigh Prostatic Hyperplasin, B.P.H.）病患的成員組成團體。由於當時的泌尿科也是該院重點發展科之一，這段達成共識的過程可稱為對機構目標了解之過程。

接著，就要預估病患的問題及需求，以了解並確定病患參加團體的目標。此類病患皆為男性，且近老年。攝護腺亦稱前列腺，是膀胱前面的腺體，其疾病症狀為排尿困難、夜尿頻繁、小便無力、尿流細小、便前遲緩、便後滴答不停；有時會結石、有時性慾減退、有時有出血現象。社會工作者經評估病患共同的問題為：(1)疾病帶來的不便與困擾；(2)治療上的問題——如何治療？是否開刀？(3)性生活的再適應；以及(4)一般生活的適應。由此，發展出團體的目標如下：(1)協助病患更加了解疾病的知識；(2)促使病患分享對疾病的適應和互相幫助；(3)增進病患與其家屬生活的幸福；(4)促進醫師與病患間的良好溝通。

二、非自願案主團體與團體目標

這些年來，社會工作者常有機會接到非自願性（involuntary）的個案，例如：精神病患、法庭交付接受強制性輔導的案主等。服務非自願案主需要更專門的技術，尤其是當成員拒絕或排斥加入團體時，表示成員的目標與機構、社會工作者的目標不同。此時，社會工作者需要花一些時間，更有耐心的了解案主的需求，與案主建立信任關係，逐漸誘導案主產生求助的動機，了解到團體對他可能有幫助，願意參加團體的方案活動，則其期望的目標也可能逐步成形與確定。

另外，在計畫非自願案主團體時，可以先列出一些參加團體的好

處，以便在團體開始時與成員分享。因為一般人在預期可能會得到幫助，或看到團體將會對其有幫助的描述，才可能樂意或決定來參加團體。工作者的熱誠和樂觀會傳染給成員，增加他們參與的動機和完成目標的熱誠。這就像Yalom（1975）描述團體的治療因素之一，「灌輸希望」（instillation of hope）的作用一樣。

當社會工作者必須計畫帶領一個非自願案主團體，包括從猶豫是否接受幫助，或強烈抗拒被幫助的案主，會牽涉到個人在治療情境中的意願和權益，因為非自願案主常是由法院交付接受處遇或治療，或精神科病房之患者。因此在計畫階段時，社會工作者必須非常熟悉案主的法律問題和有關倫理的議題。另外，在計畫階段可考慮從機構或社區找到額外支援或增加誘因，以便讓案主能參與團體，例如：機構提供交通工具、兒童托育服務或減免費用等，為案主解決了實際的困難；或者，社區中的另一機構可能願意提供一個更具有隱私性、不會被烙印的聚會場所等。

貳、組成團體的條件

團體的組成需經由團體工作者事先決定的一套原則，例如：考量成員特質的相似性或相異性；成員的身分、地位、技術和專長；成員的因應技巧、生活經驗和專長的相異性等因素或條件。另外，工作者也應考慮團體的大小和團體的封閉性或開放性等因素。以下分述之。

一、團體成員的選擇

通常應有決定哪些人可以參加團體的一些標準（criteria）。社會工作的團體如何選擇成員，或選擇成員的原則是什麼呢？我們先從兩方面來看成員的特質：一是個人的社會屬性，例如：年齡、性別、教育程度、職業、宗教信仰、種族等；二是個人的問題與需求，例如：成員遭遇的問題性質或種類、解決問題技巧、對同一活動的興趣等。

（一）同質性與異質性因素的考量

Redl（1953）討論團體成員同質性及異質性的問題，曾提出「最佳距離原則」（The Law of Optimum Distance），他認為團體成員的同質性到某一程度，可以保持團體的穩定；而異質性到某一程度，可以保持它的活力。這之間的差距是微妙而藝術化的。

我們從經驗上了解，團體成員的特質不可能是絕對的同質性或異質性。社會工作的團體在選擇成員時，如是處遇性團體有特殊的和共同的問題，則考慮同質性因素愈多愈好，然後容許部分的異質性，以期待團體更穩定又稍有活力。如是任務性團體，其成因複雜或具競爭性與社會性，則考慮異質性因素可以稍多。大抵同質性的團體，因特質和經驗相似，成員較易溝通，也較易建立團體意識和約束力；而異質性團體成員因為個別差異大對成員有多方面的刺激作用，則有助於團體內容的豐富和過程的變遷。然而孰多孰少，無一清楚準則，唯以「最佳距離原則」看待了。

何長珠（1981）在討論諮商團體成員的同質性與異質性因素時亦有相似看法，她提到：「大家（成員）有共同關心的事，雖一方面可促進認同、催化、團體凝聚力的發展；另方面，同一件事討論太多，也可能破壞團體的過程，對成員失去吸引力。」所以，她表示團體成員既有足夠的差異可以吸引彼此興趣，又有適當一致性，足以使參與者感到舒適和認同。Yalom（1975）也曾強調成員彼此相似性的重要，他說：「如果一個人不覺得被團體所吸引或屬於這個團體，則此人很難希望能從團體中獲得什麼。」

所以筆者認為社會工作者在考慮團體成員的選擇時，無論在個人的社會屬性上和問題需求上，同質性條件增加，愈相似愈好。當然如解決問題技巧多樣化，增多成員選擇的機會，則考慮異質性因素增加。但最後決定還是在社會工作者衡量成員的需求、帶領團體的類型、團體動力學理論、團體的目標等做一綜合性的考量。

由「攝護腺肥大病人討論會」的報告中，筆者發現因成員異質性所帶來的活力。團體初期，曾開刀者大談其病史及治療，會冷落未開刀者；而未開刀者也會認為自己就是在聽別人意見，使團體發展不平衡，需社會工

作者出面干預此情勢。但這種治療的差異，經社會工作者適時的引導，會使團體具有互助、提供資料、情緒支持、彼此關心的功能，並解除未開刀者內心的恐懼和不安。

又例如：「癲癇病患團體討論會」（長庚醫院，1982年，張玉瑛社會工作者），選擇成員是考慮以下之條件：癲癇病患，神經科門診繼續治療三、四年者，年齡為十四—二十五歲，性別是男女各半（但比例不要太懸殊），居住地則以臺北市及近郊者，教育程度是在國中以上者，性格差異不大，以及有心理、情緒問題，適應困難者。

Riva、Lippert和Tackett（2000）在研究一個全國性的處遇性團體樣本中（莫藜藜譯，2023）發現，許多領導者認為較重要的篩選成員的指標，是案主對於改變的動機如何，想要進入一個團體的熱切程度如何，以及期待團體對他們會有幫助的程度如何；其他的篩選指標則包括案主的(1)現實感；(2)自我覺察能力；(3)表達感受的能力；(4)忍受焦慮的能力；(5)自我揭露的能力；以及(6)對他人需要的敏感度。由此可知，一個人的性格特質是篩選或選擇成員的重要因素，在比較那些中途離開團體治療的成員和完成團體活動的成員時，發現後者往往具備表達自己感受、願意相信別人和與他人連結等能力，這些都是最佳的預測因素。

（二）團體大小的考慮

以團體的大小而言，團體沒有一個理想的人數。社會工作者所帶領的團體是以小團體為主，其次才舉辦大型團體活動。因為幾乎所有專業社會工作的文獻中皆指出，無論任務性或處遇性團體，談的都是小團體。Hartford（1971）認為團體的大小，其決定因素在：團體的目標、需要互動的程度、問題性質，和社會發展的需求程度。Brilhart（1974）指出，當團體人數增加，它的複雜性很快增加；當人數呈數學級數增加，人際關係會呈幾何級數增加。Thomas和Fink（1960）的研究顯示，團體成員愈多，成員的參與度、滿意度、一致性和親密度都會降低，次團體也易出現，領導力的需求更殷。

Toseland和Rivas（2022）認為大團體的特性有：(1)提供較多的點子、技巧和資源給成員；(2)能處理更複雜的任務；(3)可透過角色演練，

提供成員更多學習的機會；(4)成員有更多機會獲得支持、回饋和友情；(5)成員偶爾可以退縮（withdraw）一些或減少一些參與；(6)即使有人缺席，團體也不致因人數減少而影響互動狀況。至於小團體的特性則有：(1)每一位成員都可以獲得足夠的注意；(2)成員可以面對面密集互動；(3)較不易產生對團體有害的「次團體」；(4)成員不容易在團體中退縮；(5)工作者較容易掌控團體；(6)較有機會進行非正式互動；(7)較有機會形成團體凝聚力；(8)較易達成全體一致同意的情況（莫黎黎譯，2023）。

尤其當組成處遇性團體要決定人數時，工作者應考慮成員會如何受團體的影響，成員所關心的問題是否受到注意，是否讓他覺得滿意等。這是工作者要留心的議題，因為成員需要時間互相了解，並分享個人訊息。有文獻指出，七人最理想，但仍要注意缺席的狀況，否則團體會變得太小（Yalom, 2005）。

我們知道，當團體增大時，團體動力就會不同了。因此，對成人的處遇性團體而言，八－十二人是理想的數目，我們不想團體中人際關係複雜度增高，導致難於應付。因此，對情緒困擾或社會適應不良的兒童團體，人數也不宜過多，五－十人也是適宜的數目。使團體維持一個相當大小來達成社會工作者與成員之間的關係是很重要的。小團體的成員，容易了解團體內正在進行些什麼事。許多醫院中的社會工作團體，以治療及教育為目的之封閉式團體，常為人數較少的團體，例如：當年彰化基督教醫院林輝美的「白血病人及家長聯誼會」，家長團體和兒童團體分別為十二人。總之，不論處遇性團體或任務性團體，皆需根據其團體的目標、成員的需求、成員能貢獻團體的能力，以及實際情境的考量。

（三）團體的開放性和封閉性考慮

這是從成員出入團體的控制來看，團體可以分為封閉式（closed）和開放式（open-ended）。開放式團體是在整個團體的生命期中，成員隨時可加入或退出，但仍確保團體可以一直持續。而封閉式團體則從開始到結束時都是同一批人，且於事先就決定聚會的次數。通常會以團體的目標或一些現實條件來決定團體是開放式或封閉式，例如：一個處遇性團體根據收容機構的性質，當有新住進來的案主，自然會讓他們立即或隨時加入團

體。另外，一個討論預防社區青少年物質濫用的委員會，可能發現必須邀請該社區學校的幾位代表，且固定的人需定期參加，才能得到更深入的意見。

　　社會工作者的專業技術較能展現在封閉式的小團體，其次才是開放式的小團體。縱是如此，我們仍應了解開放式和封閉式團體的優、缺點，以作為決定組成團體時之參考。開放式團體的優點是隨時可允許新的成員加入，則可能引入新的資源，可能更有創造性。誠如Hartford（1971）所說：「新的想法，信念和價值觀，使開放式較封閉式更有創造性，社會工作者可因新成員加入而整個改變團體。」另外，如果對某些在其生命歷程中突遭危機的人（例如：剛離婚或剛喪偶），可以立即加入一個正進行的開放式團體，而不需等待一個封閉式團體的組成，如筆者曾在臺北市一葉蘭喪偶家庭成長協會帶領的喪偶者團體即是開放式團體。因為開放式團體每一次的聚會是一個獨立的單元，即一個成員不需因為上次聚會沒參加，而聽不懂這次聚會的主題。同時考慮隔一段時間，再將上一輪的主題重新開始再輪一次，成員可以陸續參加，前前後後的參加，也可以經歷團體全部的活動方案。但是，計畫開放式團體應考慮將每一次的團體活動公布告知相關的人，並以較為結構式的團體活動進行，例如：為了具備吸引人的特色，每一次聚會邀請專家帶領小組討論，聚會前發出廣告，說明主題，並強調歡迎新成員加入。但是開放式團體的缺點是不穩定，成員隨時離去，會失去對團體的認同感。而加入一新成員，可能使團體的問題改變，團體的任務和目標亦可能隨之被改變。

　　至於封閉式團體的優點，是成員會有很強的凝聚力，因為一開始大家就一起參與加入。穩定的成員有許多好處，如角色和規範的穩定性、高度的團體士氣、容易預測角色行為、成員間增加互助合作感，以及團體的方案計畫也容易進行等，例如：一個封閉式教育性團體可以讓年輕的母親學習親職技巧，可以根據成員的能力基礎，設計按部就班的課程內容。團體開始和結束時都是同一批人，不致因有新成員的加入而妨礙原有的進度，且長時間建立穩定的關係。至於其缺點是如有成員退出或缺席會影響團體的互動；而當同一批成員沒有新想法、觀點或技巧來自新的成員，易產生團體思考的一致性，可能會使團體減低效率。

　　如果封閉式團體的工作者希望能控制成員開始和結束的時間，在過程

中可以考慮在何時邀請新成員加入，例如：一期八次的團體，如果進行到在第三次聚會之前都還可以接受新成員的加入，然後停止招募；即使後來漸漸失去成員，也不宜再邀請新成員加入。另外，如果團體成員事前未告知工作者，就在某次聚會時帶來一位「朋友」參加，工作者需視情況讓其加入，或清楚地告知不宜再參加團體的原因。

二、確定機構的支持資源

機構可以提供的支持資源，是有關團體聚會的地點和設備，團體聚會的日期、時間和期間，這些必須在團體形成之前確定，也同時要確知機構的支持和配合。

（一）團體聚會的地點和設備

準備團體進行所需的設備，包括聚會地點和場所的安排。這是工作者在計畫階段可以控制的範圍，安排妥當將增加團體成功的機率。

團體聚會的地點視活動需要，應事先由行政管道申請固定場所，在該團體聚會期間皆可安心使用，否則會影響成員的參加和出席率，例如：第一次聚會在醫院九樓會議室，第二次在社會工作者室會議間，第三次又改在內科門診侯診室。或者，在一次聚會時，原在某中心會議室，半小時後被告知占用別人場地必須轉移陣地，一夥人尋尋覓覓才找到外科醫師休息室暫用。這些突發狀況，事前規劃好皆可防範。

因為聚會場地對團體成員的互動和團體的進行有很深的影響，所以場地的大小、空間、氣氛、座位的安排和家具的擺置等都需要考慮。聚會場地的大小影響成員在團體活動中活躍或投入的程度。如果一個聚會的房間小，成員間彼此感覺接近，引起積極態度，使得注意力分散的機率減少；但是一個房間也可能因過小，讓成員彼此沒有足夠空間，而覺得不舒服、不自在、焦慮和暴躁。而一個房間過大，則可能讓成員的物理空間距離增加，使得成員覺得遙遠，聽不到發言而不參與活動或談話，亦即因大房間周圍開闊的空間而可能致注意力不集中。

所以Toseland（1995）認為，某個數目以內的人，對聚會場地的大小會有不同的反應，例如：年輕的孩子喜歡大一些、開放一些的空間，讓他們有充分的空間活動。行動不便的老人喜歡輪椅可以出入的、舒適的、有高背椅的房間，讓他們出入無困難；甚至要燈光柔和，但明亮度仍高，以及音響效果良好的房間。

因此，聚會要注意場地的物理條件，例如：溫度、雜音、空氣流通及光線等。至於活動場地的設備，需視團體的目的和活動方案而定。聚會場地一定要有舒服的座位，但室內的布置不用太正式，有時成員喜歡坐在地上，表現出一種閒適的氣氛。室內之地毯、落地燈、工作臺和其他家具等，也能創造舒服的氣氛，這些都會使成員感受到機構對案主的重視。

任何時候，團體的隱密性是應該被保障的，聚會房間有個別進出的門以不干擾他人為主；團體不應該打擾他人，但也不應被他人打擾。在某些團體中，桌子被視為心理上的障礙，有損互動；但在團體提供點心時，一張桌子是可考慮；或有桌面上的工作時，可考慮桌子，以保持流暢的互動。

總之，工作者要考慮聚會場地對團體達成目標或任務的整體影響。如果一個團體想以一種非正式的討論來進行，工作者可以提供躺椅或坐在地上用的抱枕。如果一個團體想以一種正式的任務來進行，例如：審查一份五年計畫，工作者則必須製造一種正式的氣氛，團體可以圍坐在一張燈光充足的會議桌較適合。

（二）團體聚會的日期、時間和期間

聚會日期和時間也是最初計畫的一部分，乃根據成員的需要和期望而定。期望成員根本改變他們的生活模式來參與這團體是不實際的，必須考慮到距離、車費、職業和看顧家人的人。因此時間因素也影響誰來參加團體，相對地也可以知道成員參加團體的態度（莫藜藜，1986）。

社會工作的團體通常每週聚會一次，一次二－三小時，機構收容性質的案主團體可能聚會頻繁些。我們知道一次有意義的聚會，其影響是持續的，且是促成改變的動力。筆者認為社會工作的團體贊成以每週、每月間隔式的聚會，而非一次團體就持續數日，或連續十小時以上的馬拉松式團

體。因為個人的改變和成長是需要時間的，是漸進的。

　　團體到底要進行多久才好？這也是要看團體的目標而定。筆者認為任務性的團體時間較短，通常在二—四個月內，但若轉換目標則可延長。處遇性的團體最好三個月以上，多則至一年。有些團體的目標是階段性，待成員將團體聚會學習到的經驗，轉換成每日的實際經驗，聚會才結束，因此沒有一定時間的限制。

　　有經驗的團體工作者常會在團體開始之初，就與團體成員決定每次聚會相同時間與地點，此不但便於記憶，也可減少缺席率。國內各機構的團體，如是封閉式的團體，通常聚會以每週一次，一期有四—六次或八—十二次。如是開放式團體，有只聚會一次，或不定期舉辦，也無次數限制。

（三）特殊的安排

　　我們已知，團體聚會的地點要交通方便，聚會的場所要舒適安全，才能吸引成員來參加。因此，對於遲疑不來參加的成員，工作者要敏感到他們的需求，要了解他們不能來參加聚會的原因，然後設法提供一些特殊的安排，例如：要計畫一個年輕父母團體，要先為成員安排幼兒的照顧服務。計畫一個兒童的團體，應獲得父母的同意和交通工具的安排。有時為了這樣的安排，結果同時計畫了兩個正式的團體，一是父母團體，一是子女的團體。如果計畫一個老年人的團體，也應考慮安排交通接送、聚會場所的安全和舒服的椅子等。

（四）確定經費預算

　　工作者也應關心團體舉辦可能需要的花費，要從評估機構的財力狀況，來與機構討論經費的問題。處遇性與任務性團體的成本有很大的不同，但相同的主要項目是工作人員的酬勞、聚會場地的使用費和工作者的督導費等，其他費用如影印、電話、郵票、茶點和交通等的支出。

　　參考機構成本和收入的資訊，工作者可決定團體能向機構或向外申請那些經費。有時，帶領團體者是外來的專家，則需透過計畫申請經費以支付酬勞。如果場地需租借的話，則費用應是機構經常性支出，而團體督導

者的酬勞有時也是機構經常性支出。至於，需要現金支出的部分，工作者應先向機構提出預算表。某些處遇性團體之收入可能由成員之繳費，或可由承辦業務而申請之經費而來。雖然大多任務性團體常是沒有收入的，但仍會因新的方案而需申請經費或募款。

參、招募成員的方式

　　社會工作者在確定選擇成員的標準後，即展開招募成員的行動。直接與潛在成員接觸是最有效的招募方式，搜集潛在成員名單，從中篩選，寄發邀請函，等候回音。整理回函資料，找尋接替成員，建立成員問題及基本資料。成員可能轉介自工作者服務機構的其他同事，或其他機構的社會工作者，例如：某婦女機構欲計畫一個受暴婦女的處遇性團體，可能在其機構內無法找到足夠的潛在成員；因而工作者可向其他機構徵求轉介。在連繫時，工作者可與直接提供服務的工作人員商量，也可與其督導和主管連繫，告知團體組成的目的以得到支持。又例如：欲計畫跨國婚姻家庭的家長團體，工作者可評估社區中是否有合於條件的潛在成員，社區居民的人口普查資料也可以提供參考。工作者也可與社區熱心人士，非營利組織或政府部門社會工作者或社區學校的老師等談談。

　　除了直接接觸和張貼團體活動通知之外，也可以準備電臺節目廣告中加以宣傳，或在網頁公告，或接受報章雜誌專訪宣傳團體的計畫。隨著民眾對電腦讀寫能力的增加，透過網路公告也是一種方法，讓更多人知道有某項團體方案服務的訊息。機構和組織可將各類潛在案主以通訊錄群組方式建檔，當有事情需要通知時，可立刻讓他們獲得訊息，對某類服務有興趣的人便可以得到相關訊息。

　　有時，工作者可與潛在成員有關係的團體或組織接觸，例如：筆者曾在臺北市士林區社子社區，先由東吳大學社會工作者系師生組成一個任務性團體的工作團隊，籌劃招募一個跨國婚姻的夫妻團體。當時與該社區之社區發展協會的理事長、幹部接觸，獲得他們了解與協助，評估團體成立的可能性和潛在成員名單。當招募這個不同文化的成員時，信任是關鍵，

工作團隊花些時間了解和接觸該社區里長和里幹事，在計畫組織和帶領團體之前，讓社區的人認識我們。

　　針對上述跨國婚姻的夫妻團體，準備好邀請的名單後，擬了一封簡短的書面通知，請社區人士轉送，其內容清楚陳述團體的目的，計畫聚會的地點、日期和時間。除了註明機構名稱、工作者姓名和聯絡電話之外，還附帶有托兒服務、交通及茶點等的說明。工作者亦將通知寄給相關機構的工作人員，然後打個電話探詢並請他們轉介個案，如此會增加轉介的比率。當然，有時可張貼通知在社區布告欄，某些社區可貼在教堂、學校、消防隊、郵局或雜貨店等，這些人們容易碰到並談論事情的地方，要有把握讓潛在成員看得到才行。工作者也可以請求在某些集會或會議中宣布這項訊息。

　　至於，任務性團體可由團體的類型和目的決定成員的條件，例如：員工福利委員會的成員可選自機構的員工和董事會成員。一個解決災民問題的任務性團體成員，可選自社區中服務災民的機構工作者。這類委員會成員來自社區中不同機構，他們具代表性，雖各有其立場，但對社區的服務有責任感。

肆、接案會談和行前講習

　　當計畫組成處遇性團體時，有一項重要工作是接案會談。它非常重要，因為是工作者和成員之間的第一次接觸。接案會談最主要之目的是初步了解成員的個別需求或問題，解釋團體的目的，讓成員熟悉團體的程序，以及確定成員的加入。在接案會談時，通常也建議潛在成員做出初步承諾，希望他們答應來參加團體聚會，我們有時以報名表形式代替「同意書」，形同一項社會契約。此多半以個別方式，有時也可以用團體方式，例如：藉助錄音帶聆聽、錄影帶觀賞來說明。

　　工作者可能會在開始時與個別成員訂契約，然而大部分仍是在團體開始進行時成員才確定。但是因為國人不十分喜歡固定的參加團體，也不十分習慣在團體中經常的自我揭露，因此要成員參加團體並要求先訂定契

約，常是一項困難。所以我們通常以口頭約定，或以報名表代替他們來參加團體聚會的承諾。

這些努力都是為了確保團體第一次聚會的出席率，工作者要具體說明團體的目的，讓成員發問並了解他們被團體期待的是什麼。成員常會詢問團體如何運作，透過這些疑問的解說，成員可以了解團體功能的一般規則。在接案會談時，工作者說明成員參加團體的程序及團體如何進行。工作者不論在計畫團體階段或團體開始階段皆要建立聚會的一般流程，例如：團體在開始時用幾分鐘時間簡短回顧上次聚會的重點；接著的時間才進入該次團體所關心的議題上。有些團體是在聚會結束前幾分鐘作摘要，討論聚會的作業或談談團體的進展。

出現在團體發展初期的契約有兩種形式：一是有關團體的程序，一是有關個別成員之目標。工作者在團體開始之前必須預先計畫團體的程序，以及要先決定的一些事情，包括團體聚會的期間、頻率，參加的條件，確定保密的程序，和其他的決定如聚會時間、地點和費用等。

至於任務性團體新成員的行前講習，常以小團體方式進行，例如：一個委員會的新成員要參加行前訓練，包括一系列的組織管理、信託基金責任、經費勸募和公共關係等小組課程。任務性團體不論在計畫團體階段或團體開始階段，也要建立聚會的一般流程和一定的程序，如宣讀上次會議紀錄、討論舊案和提出新案。許多這類程序是在上次聚會時決定的，但在計畫團體階段就討論團體運作的程序，成員可以了解他們將如何參加團體，和如何對團體有貢獻。

 ## 第三節　團體的預估

特定團體組成後，對需求的了解是確定團體目標和執行策略的指導方針。社會工作者在計畫團體階段就開始做預估（assessment）的工作，然後持續至團體結束。許多團體工作者原來是個案工作者，但是團體工作的預估比個案工作的預估更複雜。

壹、預估是過程也是結果

團體的預估除了對團體中個人的需求，還要對整個團體的過程，以及團體與機構和社區之間的關係進行了解。亦即，從對個別成員和其家庭的需求預估外，還需以綜融性和整體性觀點，對成員生理、心理、社會、文化、靈性和環境方面的功能加以預估，並將焦點放在團體成員的優勢和問題，以及整個團體與外在環境的相互影響，然後提出有效的介入方式。

無論是處遇性或任務性團體，一個周到又深思熟慮的預估對問題解決和整個改變過程都是重要的。預估的過程由所蒐集、組織和研判的資料，漸漸集中到希望介入、應付或減輕的問題，例如：在成員因擔任照顧者而出現困擾或問題，工作者可能會詢問他們對被照顧者的感受和看法，讓資料的蒐集從初步的了解，進而預估他們對被照顧者可能有的憤怒情緒和失落感受。然後，如果以優勢觀點為基礎的預估中，能強調成員具有改變的能力，使得改變的過程和問題解決的過程更容易和更明確。

特別是在處遇性團體中，需要幫助成員了解其關注的議題和問題，讓他們有機會來導正。因此，預估能提供一個基礎線，了解成員自己和團體的狀態和需求。如果成員不確知自己發生了什麼問題，則不易有改變的動機；而預估能讓成員有一個機會來面對問題，並有動機想要解決問題，例如：當成員發覺他們在人際互動或生活的問題是彼此相似時，會開始覺得他們不孤單，他們不是唯一有問題的人，這正如Yalom（2005）所提「希望的灌輸」（an instillation of hope）。因為大家經驗了相似的問題情境，如有人找到了克服問題的方法，其他成員會被鼓勵去面對問題狀況並設法解決，這也是一種增權（empower）策略。因此，雖然預估可能帶來標籤化，讓成員有負面的自我概念，但是工作者觸發了成員的希望，讓他們確定自己的狀況，並且知道能做一些事來修復以脫離這個困境。

任務性團體也需要預估，這是為了讓團體成員對問題有清楚的概念，並決定面對和處理問題的方式。工作者要能釐清所蒐集的資料和相關事實之間的關聯，並預估能讓成員了解哪些處理方法已採用，哪些問題需進一步處理。持續進行的預估也能指出團體正面和負面的功能，可據以預測哪些解決問題的能力應加強。

貳、預估的內容

為了有一個完整、周到的預估，團體工作者需要考慮以下三方面情況，包括個別的成員、整個團體和團體的外在環境。

一、預估團體成員的特質與需求

工作者是依據成員的特殊需求、特別情境，以及團體的目的而進行預估，例如：一個團體可能將焦點放在成員的情緒管理，另一個團體可能將焦點放在成員與家人的互動關係。換言之，預估的焦點因團體成員需求之不同而改變。雖然所有的觀察都可能會有一些主觀性，但為了預估的正確，工作者應客觀地將事件或行為中的主、客觀因素加以區別，亦即所有的推理都應立基於清楚的邏輯和證據。

工作者需先預估成員個人的特質與其社會功能，個人特質如種族、文化、性別、年齡等因素，會影響他如何在團體中與他人互動，例如：一個婚姻受暴婦女團體，雖成員來自同一城市，她們可能有年齡的差距、慣用語言（國、臺語）的不同，以及有人是大陸籍配偶，可能造成文化因素的差異等。

在社會功能方面，可從發展的觀點和生命週期的理論來檢視成員的功能。從發展的觀點可以幫助工作者了解成員目前的社會功能是否能適應其社會環境，也幫助工作者了解成員問題狀態和範圍。Toseland和Rivas（2022）認為預估時，可從成員的社會生活方式、人際互動狀況，以及促使成員具備功能的社會環境因素等三方面來檢視成員的社會功能（莫藜藜譯，2023）。當要預估成員的社會生活方式時，工作者得依靠自己的觀察力、成員的自我陳述和其他附上的資料。為檢視成員的社會生活方式，工作者可以將焦點放在成員如何陳述他們的健康情形、心理和情緒的安適狀態，以及他們的認知、信念、動機與期待等。

任務性團體的工作者對成員生理、心理、情緒狀態，通常不需深入的了解。工作者要關心的是成員的出席動機和完成團體任務的期待，以及哪

些因素可能影響成員與成員的互動，和團體任務的完成。

　　總之，團體提供了一個自然的環境，讓工作者可以觀察成員之間的人際互動與社會功能的表現，也可以探知成員與其家人、朋友之間的互動關係。工作者可以在團體的環境中，觀察了解成員的社會技巧、社會支持網絡的內容與品質，以及他們的角色扮演。

二、了解團體整體的功能

　　了解團體整體的功能主要是對團體動力的預估，包括團體的溝通、互動、凝聚力、團體的結構和團體文化等。首先，工作者宜審慎預估團體溝通的模式，了解團體的潛在問題，才能協助成員對成員溝通，使團體與個人的目標得以達成，例如：一位成員企圖操控團體的討論，而使其他成員不想參與；又例如：在團體初期就應留意哪些人是因少說話或說得少，而與他人隔離。在團體剛開始，成員傾向於尋求領導者的指導，可能致使成員對領導者的互動過多，而成員對成員的互動太少，這樣的互動低估了成員之間的互動和問題解決能力。

　　其次，工作者應了解是什麼因素讓團體吸引成員，有哪些因素在維持和增加團體的影響力，使之成為團體的凝聚力，例如：在處遇性團體中，吸引力可能來自成員期望團體可以幫助他們解決問題，減輕其情緒壓力，教導他們在生活中扮演新的或有效的角色。在任務性團體中，吸引力可能來自身為成員的地位和特權、團體任務的重要性，或者很少有這樣的機會與同事們分享意見。工作者可能看到團體某些情況會令一個或多個成員覺得團體沒有吸引力，例如：對團體目標的冷淡或敵意，成員彼此間不願聆聽對方或對團體產生忠誠。觀察這些情況後，工作者應可獲得更多有關團體吸引力的訊息。

　　第三，是對團體規範、角色和階層地位的了解，尤其規範的形成非常重要，因為可以確定在團體中可以接受或不可接受哪些行為。工作者要協助成員制訂和修正團體規範，將個人目標轉移至團體目標，使之有利於達成團體目標。同時，團體成員會先嘗試一些角色，之後固定下來或不斷想

做些改變，如社會情感的領導者、任務的領導者、控制者等。工作者需了解哪些是功能性或失功能的角色，然後幫助成員發展其角色行為，以使團體發揮功能。

第四，是對團體文化的了解，包括團體的信念、意見、價值觀和感受等的總和。工作者在團體初期應檢視團體文化的發展，以判斷團體文化是否幫助團體和成員達成其目標。工作者可以早些與成員分享對團體的印象，例如：在團體的第一或第二次聚會中，工作者觀察到消極的、非支持性的團體文化，或成員的溝通方式是問題取向或合作取向等。可參閱本書第二章，以進一步了解團體之動力現象。

三、了解團體的環境因素

工作者首先要確定機構的贊助，一個機構要推出團體工作服務方案，必有其機構的目的，工作者需檢視團體的目的是否受機構的影響，機構提供了哪些資源給團體，工作者在機構中的地位與其他同仁之關係，以及機構之服務輸送流程對團體工作服務所持的態度等，這些對團體的功能會有很大的影響。

其次，要了解社區機構之間的資源，工作者有責任與社區其他機構連繫，告知正在籌備團體，由此獲得一些轉介的成員，並留意其他機構之資源是否與團體有關，避免在一個社區中同時進行性質相似的團體服務；或者雖然有相似的團體，但可事前區隔不同的時段。

第三，是了解社區環境對團體組成的影響，工作者應了解社區環境對團體可能造成的影響，以及社區中其他團體對這個團體的可能支持，如果缺乏社區的接納，又可能被汙名化，則將導致一些潛在的案主不願前來求助。或者，社區對某項議題興趣不大，則工作者很難組成社會行動團體或聯盟，可能要再透過個別會談或小組座談，再宣導社區的問題。

第四節 團體的評估

　　社會工作是一個強調經驗價值的實務工作，早已要求工作者需兼具研究者的角色，以改進社會工作者的專業服務。因此，在進行團體方案服務時，工作者要保持正確的工作紀錄，對所提供的服務做系統性的評估（evaluation），即所謂的責信（accountability）和品質保證（quality assurance）。責信是一種責任，表示社會工作者負責達成對案主提出或同意的服務，亦是一種評估性實務（evaluating practice）的要求。

　　團體工作的評估，包括四個目的：(1)因應經費補助單位的要求；(2)對成員的滿意程度提出證據；(3)證實社會工作專業服務的有效性；(4)提供證據以發展將來的服務計畫。

　　工作者能夠使用任何評估方法以獲得有關團體過程或結果的資訊，一是過程評估，著重在團體的互動、團體的特性（例如：凝聚力、規則及溝通模式）、團體是如何生成的或團體其他方面的功能。二是結果評估，著重在個別成員及整個團體所達成的成果及任務。

壹、團體過程的評估

　　工作者如何維持團體成員發展及團體過程，需要評估團體的方案設計和實際運作。如果是評估服務的過程，則焦點應放在行動計畫中的不同元素如何影響目標的達成。成員所提供的評估資料是過程評估中最重要的一個部分，再加上社會工作者記錄的資料，則主、客觀條件都具備了。

　　不論團體工作者要蒐集什麼資料，都必須很清楚地界定範圍，以便使用適合的工具來監控。至於蒐集的方式，主要由團體工作者負責，再藉由團體成員提供評估資料。由團體工作者負責的一個最簡單方法，就是記錄每次聚會的活動過程，聚會一結束就撰寫完成。工作者運用過程式或摘要式記錄方式，希望能幫助工作者分析團體的互動情況，一步一步敘述與評估團體的發展。因此，在計畫團體時，就已決定記錄的工具，針對團體的

目標和主題，設計紀錄的內容項目（見表5-2）。

　　處遇性團體最常採用由團體成員提供評估資料的方式，是由成員自己記錄在家中的行為狀態，然後在下次聚會時向團體報告。工作者可以運用小型問卷或口頭討論方式，鼓勵成員定期提供回饋意見。這方式有另一好處，使成員覺得可以掌控和影響團體的進展，同時增強他們對團體目標之認同。當成員相信他們的意見有價值、被尊重和被聽到，則他們會滿意自己所參加的團體。

貳、團體結果的評估

　　當評估的焦點放在工作者和成員共同設定的目標是否達成時，就是團體結果的評估，通常又可分為效果（effectiveness）評估和效率（efficiency）評估。但是實務情境中較少實施效率評估，因為那是需要比較成本和效益，試圖以經費預算來看團體結果的價值，往往是一項研究計畫才會去執行。

　　效果評估主要是在了解一個團體達成目的之程度，讓工作者有機會客觀的得知他所用的介入方法是否有幫助。因此，記錄每次聚會的活動過程，聚會一結束就撰寫完成，其內容包括過程的描述、團體動力的分析和目標達成情形。

　　再度參閱圖5-1可知，對團體成員個別的會談是團體非常重要的工作。然後在團體執行階段後，評估階段是考核團體目標達成的狀況。然而，由於團體進行過程應經常處於評估狀態，故筆者以系統理論的觀點，將各評估動作回饋於計畫階段及執行階段，以為修正團體計畫、目標或方案之參考。

表5-2　團體工作紀錄表

次別：

時間：＿＿＿＿年＿＿＿＿月＿＿＿＿日　　　＿＿＿：＿＿＿--＿＿＿：＿＿＿

地點：＿＿＿＿＿＿＿＿＿＿＿＿＿＿＿＿＿＿＿＿＿＿

出席情形：

　　　　參加人數：男＿＿＿＿女＿＿＿＿

　　　　缺席人數：男＿＿＿＿女＿＿＿＿

區位圖：

單元活動名稱：

單元活動目標：

活動設計：

活動內容	時間分配	備註

壹、團體過程概述：

貳、團體過程分析：

　一、團體主題與目標：

　二、團體氣氛：

　三、團體動力：（例如：次團體、配對關係、同盟關係、團體抗拒、團體退化、團體中的權力關係、團體規範、團體發展層次、團體凝聚層次等）

　四、成員的反應：

　　　口語參與程度：（個別成員或團體整體，參與很多、多、少或很少）

　　　參與性質：（例如：獨白、解釋、評價、詢問、同理、分享、建議等）

　　　情緒狀況：（例如：熱烈、興奮、愉快、感動、沉悶、無聊、茫然、氣憤、厭惡、排斥等）

　　　個人特殊反應：（例如：某成員焦慮或擔心、防衛、抗拒、轉移、退縮、外顯行為、這次扮演的角色等）

　　　個人行為改變：

參、檢討、評價：（分析此次活動效果，領導者個人檢討，說明待改進事項及建議，例如：對團體或個別成員的介入、想做卻沒有做到的介入、已做卻想改善的介入、這次活動對團體或成員可能的負面影響等）

效果評估常用的一個工具是「目標達成尺度」（goal attainment scaling），採用這方法可以獲得成員和團體完成目標的情形（Kiresuk & Sherman, 1968; Kiresuk, Smith & Cardillo, 1994; Turner-Stokes, 2009）。工作者針對問題清單，目標達成尺度多是以五尺度來衡量，分別是：(1)最不期待的結果；(2)次於期待的結果；(3)期待的結果；(4)高於期待的結果；(5)最期待的結果。記得在接案會談時，要求潛在成員提出他們想要在團體中處理的幾項問題，這些問題加上團體中後來確定的問題，形成一份問題清單。在聚會前和結束時，每一次都由每位成員評價比較因問題而產生的壓力，以及有效因應問題的程度如何，再加上測量對改變而產生的反應。

但是，要正確地實施團體的效果評估，事實上也是很困難的。Toseland & Rivas（2022）認為，效果評估常需依賴實驗設計和準實驗設計，來決定團體是否達成目的。實驗設計採抽樣技術分成治療組和控制組，比較兩組的結果，並測量他們的差異。「準實驗設計」（quasi-experimental design）則不能隨機地分配實驗對象，因為要分配有困難。而準實驗設計採立意選樣，未以相等重要的變項來處理影響團體結果的測量。如此，評估結果可能會有誤差，但仍是常用的效果評估工具（莫藜藜譯，2023）。

 ## 第五節　預估和評估的資料蒐集工具

預估和評估的一些方法原是以處遇性團體為主，但任務性團體也可引用。Toseland & Rivas（2022）認為，所有的方法都須選擇蒐集資料的方式，以執行有效的評估；其中有許多測量可以選擇，有的是為了了解整個團體的特性，有的是為了了解成員的改變。決定採用哪種測量，是根據：(1)評估的目的；(2)考慮測量的特性；(3)蒐集資料所需的格式；(4)測量的結構性（莫藜藜譯，2023）。在此，介紹其中最常用的方法有以下三類。

壹、成員的自我檢測

這是成員檢視和評估自己行為的一種方法，通常是讓他們回想和描述自己的行為，然後對自己在團體中的行為做一番檢視和解釋。回溯性的自我觀察和自我審視可以發展對個人目前行為的洞察。然而，人們的回顧資料有時可能不正確、不完整、模糊或扭曲，所以宜開發自我檢測（self-monitoring）的工具。

一、圖解式紀錄（charting）

這是一種能提供有組織、看圖說故事的資料，可以看到行為增加或減少的傾向，也可以提醒成員在下次聚會前要完成的職務。工作者應協助成員設計其圖解紀錄，例如：協助一個父母團體設計出能與子女一起看的紀錄，工作者可以建議用些笑臉、星星或愛心的圖像，貼在孩子們能達成的受歡迎行為之紀錄上。工作者也可以協助成員用記分簿，登錄行為發生的次數，但如為較複雜的行為，則只描述其發生的情形。記錄格式通常都以時間序列呈現行為的出現，例如：每天下午六點至七點，每隔十分鐘計算一次行為發生的次數；有時可以在一段完整時間，如三十分鐘內，登記行為出現的時間。

二、日誌和問題卡（logs and diaries & problem card）

日誌（logs and diaries）是靠成員的記憶，在行為發生後一段時間寫下來，而不是行為發生當時立即記下，其正確性可能比圖解式紀錄低。為了避免日誌的內容太特殊或瑣碎，工作者必須清楚地建議成員記錄什麼資料，例如：工作者可以告訴成員哪類問題情境可記錄下來，以及他對此情境的知覺和反應。問題卡（problem card）也是一種日誌形式，要求成員在團體之外，在一張卡上簡單敘述一個與團體主題相關的問題，然後請成

員在團體中選一位裁判，對成員改善的行為給予評分。因為有了評價的成分，因此問題卡的使用包括了預估和評估（evaluation）。

三、自我評估問題排序量表（self-anchored scales）

這是一種針對要處理的問題行為，由工作者和成員共同記錄資料的測量工具。發展此量表的方法是由工作者幫助成員針對問題行為，確認其行為方式、感受和想法，例如：為了要測量憂鬱症狀，一位成員認為嚴重的憂鬱發生在他有自殺念頭、不想吃、不想睡的時候；中等程度的憂鬱是在他興起自己不是好父親、好丈夫的想法時，胃口差，一天只吃一餐，躺在床上許久才睡得著；而當他胃口好，睡得好，認為自己是好父親、好丈夫的時候，他才沒有憂鬱症狀。

貳、工作者的觀察與記錄

依據團體目標，工作者在團體聚會中自然地觀察成員而預估其狀況，也可以透過一些特殊的活動如模擬測驗和方案活動時，也可用來預估成員的功能。如果是要了解支持團體對成員的幫助，採用Yalom（2005）的十二項團體治療因素，則活動的安排和相關紀錄都用以了解這些治療因素的作用情形如何。

一、自然的觀察

讓成員在團體中自由互動，成員可以表現平常在團體之外的行為，工作者可觀察所有團體成員的反應，而看到整個團體的狀況，例如：觀察到一位成員表現某一行為就做紀錄，經過進一步及持續的觀察，工作者逐漸確認該成員的行為模式和其典型的因應技巧，這樣的資料同時可做預估和評估。然後，當團體繼續進行，可以讓成員在團體中描述他們自己的行

為，這樣能看出成員的自我概念和工作者的觀察是否一致。工作者可以誘導出其他成員的觀察和反應，這會比只由一人負責預估來得更加正確。

雖然自然觀察的方式，讓工作者有機會在一種不勉強他人的方式下觀察；但一個主要的限制在於團體的互動有時不一定能提供適當的機會，對團體成員的行為做出正確的預估，例如：在一個親職技巧團體中，一位母親可能形容她如何規定孩子的行為準則，但團體互動中並未讓工作者有機會了解父母實際上訂出規則的過程。此外，經驗告訴我們，有時成員可能也不會正確地描述他們行為的細節，例如：當工作者觀察到成員設定規則的行為，可能發現成員的方式事實上不像他們所描述的那樣；或者成員敘述的聲調和其他非語言的線索與他形容的行為是不一致的，此時工作者需要考慮使用其他方法來觀察成員的行為。

然後，工作者可記錄成員對成員和成員對團體的溝通和互動情形，例如：記錄特定行為每一次出現的情況、頻率和強度；測量團體中溝通的意義，例如：要求成員對一個議題或一個人的態度偏好做選擇等。

二、運用方案活動

團體方案活動可以用來預估和評估成員的功能，但要考慮年齡因素，且要讓成員有機會表現他們想改善的行為，例如：可以選擇一些遊戲活動，如看手勢猜字謎的遊戲，可以了解兒童團體中特殊情境的行為；或採合作性的遊戲，來了解成員如何與他人協議或交涉。如是青少年團體，則可以舞會、聚餐或體能競賽等活動，讓工作者了解成員的社會技巧和社會發展狀況；又如中度或嚴重殘障的中年人團體，可準備一個餐會或外出購物活動，以了解他們日常生活的技能。

工作者也可以設計角色扮演、社會劇或心理劇的方案活動，對團體的預估、處遇和評估都很重要，這幾種方式讓工作者和成員可以觀察某成員在一特定情境中的反應與進展狀況。角色扮演是在一種想像的社會情境中嘗試模擬（simulations）一種社會角色，用以診斷、了解行為改變。角色扮演對以上任何一項目的都是一種有力的工具，運用其技術可增加成員對

其人際關係技巧的知覺與了解，藉著提供正確的回饋以及有機會在安全的團體環境中練習，使成員的行為得以改變。

　　至於社會劇或心理劇，是工作者徵求幾位自願者模擬出一個真實的生活情境，然後詢問一位正被預估的成員，當他面對這情境時會如何反應，例如：在一個親職成長團體中，可以請兩位成員模擬一對手足為了爭奪玩具而吵架的情境，另請這位被預估的成員扮演父親或母親，看他如何處理這種在家中常發生的情境；而團體中其他成員可以對他處理的方式給予回饋，或者提出是否有其他可能的處理方式。

三、標準化的觀察式測量工具

　　有一些工具是簡短的紙筆測驗或紀錄，以了解成員的心理、情緒、行為、精神狀態，或整個團體的情況，例如：「貝氏憂鬱量表」（Beck Depression Inventory, BDI）有二十一道題目，以了解個人憂鬱症狀呈現和嚴重程度之量表。「貝氏焦慮量表」（Beck Anxiety Inventory, BAI-II）也有二十一題，為評估個人焦慮症狀呈現和嚴重程度之自我陳述量表（陳世婺等人，2012）。又例如：「團體氣氛簡易量表」（Group Climate Questionnaire Short Form）（Mackenzie, 1981），應用於一般常規之團體治療，共有十二題，分三個向度：投入（engagement）有五題，逃避（avoiding）有三題，和衝突（conflict）有四題，用以評估不同時期團體氣氛之變化（鍾明勳等人，2001）。

　　最有名的觀察式測量是Bales（1950）的「互動過程分析」（Interaction Process Analysis），包括十二項互動情況，將每一成員編號記錄，例如：當成員1與4互動或成員3與1互動，則將他們記錄至互動項目中，寫下1-4或3-1。由訓練有素的觀察者做紀錄。後來，Bales、Cohen和Williamson（1979）發展一套新的測驗「團體的多層次系統觀察」（Systematic Multiple Level Observation of Groups, SYMLOG）是分析團體成員內在、外在行為的工具（莫藜藜譯，2023）。

　　工作者也可運用「社會測量」（sociometry）方法，記錄成員間互相

喜歡或拒絕的情形，也可以由觀察者記錄成員彼此的偏好方式。再藉由觀察和會談來預估和評估團體的凝聚力，了解成員是否將自己視為團體的一部分，或希望留在團體中，不願離去的情況。

另外，工作者可以自行設計「團體回饋問卷」於每次團體結束時施測，針對團體目標設計不同項目問題，以了解成員的改變和對團體的看法，例如：在認知、情緒、實踐行動、團體幫助或傷害等方面的改善情形如何，用以評量成員在團體結束時對整個團體之評價及獲益程度。

但是我們要記住，一種工具不可能適用於所有人或所有團體，例如：對一些特殊社會文化背景的人或發展遲緩者，這類標準化工具可能會缺乏信度與效度，甚至可能造成對成員能力的曲解。因此在考慮使用某一種工具時，工作者要先檢閱該工具對特殊族群是否適用；如果無法確知，則應考慮使用其他工具，避免使用那些對某類文化有誤解的工具，因為即使小心使用，仍有可能在測驗結果出來後被描繪出錯誤的結論。

參、團體之外其他人對成員的觀察

工作者還可以使用團體之外與成員熟識之人的報告，不過要確定其可信和有效，例如：有些資料可能來自謠傳、假設或未經證實的第三者所言，而其他資料才是來自直接觀察所得。顯然地，工作者對直接觀察所得會較有信心。工作者也要考慮提供資料者與成員的關係，提供資料者是否以團體成員的利益為依歸，或是他與成員有其個人利益衝突或不友善關係。所以，工作者要先了解提供資料者的動機，並確定是否有偏見。

當工作者經常與某些固定可提供資料的人建立關係，如心理治療師、兒童照顧者和老師等，他們的資料應是可信和有效的，例如：一個處遇性團體的領導者可以提供保育老師一份觀察表格，請他在團體成員用餐或康樂活動時做紀錄。同樣的，一位學校社會工作者可以給國小教師一份兒童社會行為的標準化測量檢查清單。所以，工作者要與這些會每天接觸團體成員的人建立關係，以便獲得成員們在團體外之行為的正確資料。

總之，評估是工作者蒐集團體的相關資料，然後對其實務工作予以回

饋。以當前對責信的要求和會計制度而言，選擇一個團體服務方案確實不易，因此評估方法對社會工作者來說，是很好的工具。

參考書目

中文部分

何長珠編譯（1981）。諮商員與團體。臺北：大洋出版社。

陳世婺、洪岱欣、高振耀、許郁琪（2012）。物質濫用者之家屬支持性團體治療。北市醫學雜誌，9(3)，301-307。

秦文力（1984）。團體工作也會傷害參加者嗎？醫務社會工作協會年刊，頁24-26。

莫藜藜（1986）。社會團體工作。收錄自李增祿主編，社會工作概論，第五章，臺北：巨流圖書股份有限公司。

莫藜藜（1992）。社會團體工作者組織團體的技術——以綜合醫院為例。中華醫務社會工作學刊，2，1-16。

莫藜藜譯（2023）。團體工作實務（五版）。臺北：雙葉書廊有限公司。

張玉瑛（1982）。癲癇病患團體討論會。第二屆中華民國醫務社會工作研討會會議資料。

楊淑美（1982）。攝護腺肥大病人討論會。第二屆中華民國醫務社會工作研討會會議資料。

鍾明勳、施杏如、陳映雪、郭珀如、黃心宜（2001）。運用心理劇於過動兒家屬團體之經驗。職能治療學會雜誌，19，1-8。

英文部分

Brillhart, J. (1974). *Effective Group Discussion* (2nd ed). Dubuque, IA: William C. Brown.

Hartford, M.E. (1971). *Groups in Social Work*: *Application of Small Group Theory and Research to Social Work Practice*. N.Y.: Columbia Univ. Press.

Kiresuk, T., & Sherman, R. (1968). Goal attainment scaling: A general method for evaluating comprehensive community mental health programs. *Community Mental Health Journal,* 4(6), 443-453. Doi: 10.1007/BF01530764.

Kiresuk, T., Smith, A., & Cardillo, J. (1994). *Goal attainment scaling: Applications theory and measurements.* Hillsdale, NJ: L. Erlbaum Associates.

Nosko, A. (2002). Adventures in Co-leadership in Social Group Work. *Social Work with Groups,* 25(1/2), 175-183.

Redl, F. (1953). The Art of Group Composition. In Schulze, S.(ed.), *Creative Group Living in a Children's Institution.* N.Y.: Association Press.

Thomas, E.I. & Fink, C.F. (1960). *Effects of Group Size. Psychological Bulletine,* 60, 371-384.

Toseland, R.W. (1995). *Group Work with the Elderly and Family Caregivers.* N.Y.: Springer.

Toseland, R.W. & Rivas, R.F. (2012). *An Introduction to Group Work Practice*(7E). N.Y: Macmillian Publishing Co.

Toseland, R. W. & Rivas, R. F. (2022). *An Introduction to Group Work Practice* (9th edition). N.Y.: Person Education, Inc.

Turner-Stokes, L. (2009). Goal attainment scaling (GAS). *Clinical Rehabilitation,* 23(4). 362-370. Doi: 10:1177/02692155081011742.

Yalom, I.D. (2005). *The Theory and Practice of Group Psychotherapy.* N.Y: Basic books, Inc., Publishers.

第六章
團體方案設計

張宏哲、曾麗娟

團體就像一條船，出發之後受到風與浪的影響而發展出自己的步調與速度，工作者無法掌控風或浪，所能做的是事前的詳細規劃與出發後的臨場調整與因應。這個事前的詳細規劃就是方案設計（programming），又稱之為計畫或規劃（planning），屬於團體工作的第一個階段，是工作者與成員正式見面之前的準備階段（preparatory phase），重點在於勾勒出與處遇相關的所有元素的藍圖，是預估與處遇之間的橋梁，對後續的團體運作有關鍵性的影響（Shulman, 2009）。

方案設計有兩個意涵，它是一個歷程，也是一個任務。從歷程的觀點來看，計畫是在團體工作過程中隨時都在進行的作為，工作者針對運作過程中成員與團體所出現的情況作預估，並根據這個預估做持續性的調整，引導出更細緻、合適的處遇與具有前瞻性的安排（Lindsay & Orton, 2011; Toseland & Rivas, 2017），換句話說，就是預估與處遇的一種形式。

從任務層面來說，方案設計包含四個面向，分別為：為全新的團體做規劃、為每一次的團體做規劃、為團體聚會時間外的活動做規劃，以及為個別成員做計畫（Yanca & Johnson, 2009），前面三項是以團體為對象的設計，最後一項是以個別成員為對象的設計。本章以前面三項為探討範圍，說明方案設計的相關內容。

方案計畫書有多項重要的功能，包括向自己的單位主管提報，爭取主管對於計畫的支持；申請政府或外部單位的標案，取得方案的委託和經費的補助；向潛在團體或團隊成員溝通說明，激發他們參與的意願；對機構同事或其他相關單位溝通，爭取支持或轉介成員等。從這些功能可以看出方案計畫的重要性，深入了解撰寫計畫書的要領有其必要性。

學習方案設計要思考的相關問題包括：

1. 設計適切的方案所需要考量的事情是什麼？
2. 團體目的在方案設計中的重要性為何？
3. 結構式團體與非結構式團體的設計要領為何？
4. 如何撰寫團體計畫書？

本章共分三節，第一節探討新團體的方案設計，第二節說明每一次團

體與團體聚會時間外活動的方案設計，第三節說明計畫書的撰寫要領。

第一節　新團體的方案設計

　　新團體的設計要考量的要素包含成員的需求、團體的目的、團體的領導、團體的組成、團體的結構、團體主要的內容、團體前的準備，以及機構的支持等八項（Toseland & Rivas, 2017; Lindsaty & Orton, 2011; Benson, 2010; Hepworth et al., 2010），以下分別說明。

壹、預估需求

　　需求的預估關乎團體運作的成敗，因為如果成員不覺得團體可以滿足他們的需求，就不會參與團體；如果工作者被迫帶領團體，他就不會投入，不會有熱情；如果機構的需求未被納入考量，則團體很難得到機構的支持（Brandler & Roman, 1991）。

　　完整的預估包含了解服務對象、工作者，與機構等三方面的需求。

一、服務對象需求的預估

　　這部分的預估包含三個層面，一個是個人的獨特需求，包括欲望、問題或關切。第二個是整體性的需求，是這個族群共有的需求，例如：九歲到十二歲的青少年所面對的發展課題為建立自我認同與發展異性關係，這個年齡層的家暴兒需求為處理來自於暴力家庭的烙印、發展，與異性同儕相處的方法，以及發展健康的自我概念（Lindsay & Orton, 2011）。第三個是脈絡性的需求，例如：兒童需要與照顧者有親密的連結或建立依附關係，在學校需要獲得校方協助其面對課業問題或社會性問題，如何需求這些需求成為方案預估重要的考量（Ashford, LeCroy, & Rankin, 2017）。

從這三個面向來思考，就可以對服務對象的需求有整體的了解，作爲設計團體方案的基礎。

二、工作者需求的預估

這方面的預估在於了解工作者發展這個團體的需求爲何，是提供適切服務，還是升遷、獲得同事或上司的肯定？這是兩種完全不同的思考與信念，深切影響工作者的態度與做法（Brandler & Roman, 2015）。在團體的發想階段思考這個問題，可以促使工作者覺察自己可能出現的情感反轉移課題和激發工作者的熱情，讓團體回歸單純的核心價值。

三、機構需求的預估

這項預估包括團體是否符合機構的要求與服務範圍，機構是否願意，能夠運用所擁有的資源來支持團體的目標（Brandler & Roman, 2015）。如果機構是爲了業務發展而舉辦團體，需要思考如何能夠結合機構與服務對象的需求，創造雙贏的局面，以避免機構的需求凌駕成員的需求而失去團體的意義。

貳、確認團體目的

目的是爲團體的焦點定調，引導工作者與成員的方向，提供清楚的架構來分析團體現象、進行活動，進而影響後續的所有過程，提供監測及評估處遇行動的架構，沒有釐清團體目的會導致後續處遇出現問題（Hepworth et al., 2016）。

整體而言，團體工作的目的包括提升社會關係，提升心理社會能力，因應生活轉變或毀滅性的事件所造成的衝擊，和促進社會改變等（Shulman, 2009），工作者要在這些大方向的指引之下，考量機構、自

身與服務對象的需求，擬定團體目的。

團體的目的是廣泛，通常透過概略性的陳述，但是又聚焦在特定族群的發展需求，提出團體所要完成的標的，例如：為因應老化和適應成立的團體目的是了解老化帶來的生理、心理、社會，和靈性層面的變化，學習因應多重失落的原則，例如：情緒的調理、自我概念的重塑、人際再連結關係的建立；青少年面對同儕壓力的成長團體著重在了解人際關係的特質和預期的壓力源、覺察面對壓力的內在感受與想法，和學習面對壓力的因應技巧（Ashford et al., 2017）。

團體目的通常是概略性的訂出團體想要達成的標的，並未具體陳述策略或步驟。要完成團體目的則需要進一步發展出具體的目標，這些目標有關聯性、系列性與層次性，目標完成時，團體目的就達到了。

例如：同性戀AIDS患者團體在「因應具有生命威脅的疾病，豐富生命經驗」這個目的的指引之下，所發展出來的具體目標為（Benson, 2010）：

1. 挑戰、處理因為同性戀身分所引發的負向情緒。
2. 協助辨識、表達因為頻繁的生理危機與情緒危機所引發的情緒。
3. 提供支持系統，以化解孤立所造成的毀滅性影響。
4. 藉由成為互助系統的一分子而消彌無助、沒有價值的感覺。
5. 提供情緒支持氛圍，協助面對必將死亡的命運。

從以上實例可以看出，目標是以目的為核心所發展出來，可具體操作、衡量的指標。每一個目標有其獨立的面向，彼此之間環環相扣，且具有層次性。

擬定目標時，要掌握下列讓目標充分發揮效用的因素（Lindsay & Orton, 2011）：

1. 相關性：目標與成員的需求、期望的結果，和機構功能等都有密切的關係，更重要的是團體目標和團體成員的發展課題和真實生活情境的心理社會功能必須緊密的結合。

2. 可達成性：目標必須是成員的能力所能及，經過一段時間的努力可以做到或達成。如果面對糾結複雜的問題，就要將之切割成獨立的課題，選擇成員能力所及的作為目標。
3. 具體性：用具體的詞彙描述出希望參與團體的經驗會產生的結果。
4. 正向陳述：列出成員希望在態度、關係或行為上的正向改變。
5. 可測量性：有具體和可操作的指標，可以測量或具體觀察出目標是否達成。

　　成員的目標可能與機構或社會工作者的目標會有落差，尤其是被轉介或被迫前來的非自願案主，工作者必須審慎探討成員的目標，協助他們發展出實際可達成的個人目標，這些目標可以成為團體目標設定的參考（Hepworth et al., 2016）。
　　目標在成員參與團體之後可能會改變或需要進行調整，在計畫階段工作者的任務是擬定暫時性的標的，再與成員溝通對話，找出大家都可以接受的目標。

參、決定團體領導的相關議題

　　團體領導的議題包括團體帶領方式與工作者的安排兩部分。

一、團體帶領方式

（一）團體帶領方式可以分為四種（Benson, 2010）

1. 指導型（directive）
　　工作者在團體開始前決定目標與方案內容，在團體進行的過程中經營團體的氛圍與感覺、提供學習架構、指導學習歷程、做解釋、賦予團體歷程或成員的經驗意義、挑戰抗拒。

2. 放任型（permissive）

採取非指導性的做法，在目的清楚的前提下，不為團體做任何事情，放手讓成員作主，給予團體完全的自由去探索自己的方向、練習做判斷、發展團體內容、為經驗賦予意義等。

3. 催化型（facilitating）

工作者視自己是一個具有特殊能力的成員，把團體運作與執行任務的主要責任交給團體，給予團體支持與鼓勵，引導團體發展自我指導的能力，與成員一起決定方案內容、為經驗賦予意義、面質抗拒，在過程中提出自己的看法給團體做參考，但不強迫成員依照自己的意思做事或思考。

4. 彈性型（flexible）

視團體情況與需求彈性運用上述三種領導方式。團體帶領方式會影響工作者思考團體的方向、安排團體內容與處遇團體現象的做法等，因此工作者要審慎選擇一個帶領團體的方式，這個方式既能符合自己個人與理論觀點，又能回應機構要求、適合團體目的的運作、滿足成員特性與需求。

（二）選擇團體帶領方式要考量的因素（Yalom & Leszcz, 2020）

1. 團體目的

不同目的的團體需要不同的帶領方式以發揮團體的功效，例如：教育訓練性的團體針對特定的主題進行觀念與技巧的訓練，需要採用指導型的帶領模式；治療性團體的目的是要提供成員治療性的體驗和改變，適合採用催化型的帶領方式；社區團體主要目的是要增強成員的自主意識、自主能力，和發揮權能，所以適合採用自主和放任型的帶領模式。

2. 團體結構程度

結構性團體的帶領多採用指導型，非結構性團體的帶領可能採取放任型或催化型，視工作者個人的特質、專業取向或成員的成熟度與動機而定。

3. 成員的特性

不同的成員特性要用不同的帶領型態來回應，例如：穩定性不足和干擾性大的兒童團體要採用指導型的帶領；如果成員的社會功能低落，則需

要採用指導型的帶領模式以確保團體任務的執行。

4. 團體發展階段

團體剛開始的時候採用指導型的帶領，隨著團體的發展逐漸採用催化型的帶領，給團體較大的自主發展空間。

二、工作者的安排

工作者的安排包括工作人數與工作者的條件兩部分，工作者人數的安排指的是要採用個別帶領還是協同帶領。這兩種帶領的考量在其他章節已經提及，本段聚焦在工作者的條件。

工作者的安排可以從下列三項特質加以思考與著手。

（一）工作者特質與成員的適配性

工作者的特性與成員的特性和需求相近有益於信任感與舒適感的建立，對團體運作有所幫助。

但是工作者與成員基本條件相近是雙面的刃，可能是加分，也可能是減分，工作者可能會因為自己背景與成員相近而過分認同成員的感覺，無法客觀帶領團體；工作者也可能因為自己的背景與成員不同而擔心成員有過多的聯想或解讀而趨於保守，或因為差異性太大而無法了解與同理成員的經驗和感受（Brandler & Roman, 2015）。

因此，在考量工作者與成員雙方特質的適配性時，需要同時考量這些基本條件可能出現的加分或減分效果，必須能夠在團體帶領過程找到對應的工作方式與原則，善用雙方特質的同質性與適配度，展現同理和建立工作關係，真誠分享和討論雙方不同的特質和經驗，擴展雙方的視野。

（二）工作者的能力

工作者的能力是可以超越個人特質的影響的要素，所謂的能力包括兩個面向，一個是工作者生命層面的功夫，例如：自覺能力與生命課題的梳理能力；另一個是專業知能（對行為有不同角度的解釋；能蒐集口語與非

口語的線索，並憑藉這些線索為特定情境做出適切的選擇；具有溫暖、真誠關懷、同理等特質；當成員扭曲或誤解真誠的溫暖、關懷與同理時，能夠進行面質）（Brandler & Roman, 2015）。

　　只要工作者具備上述生命層面與專業層面的條件，即使工作者的基本條件與成員不同，也可以與成員一起工作。

（三）成員特質

　　有些成員因為個人身心狀態的影響，需要特定的工作者來帶領，例如：偏差青少年的團體需要安排同性別的工作者，因為成員在性別認同議題上辛苦地掙扎，異性領導者會增加團體運作的干擾；特定族群組成的團體需要來自同樣文化與族群背景的帶領者，成員的認同感和信任感成為團體成功的必備要件（Brandler & Roman, 2015）。

肆、團體組成的考量

　　適切組成可以讓成員之間快速輕易地發展出彼此的認同，成員較容易適切表達感覺與關懷，讓團體產生動力，較容易協助成員解決問題（Yalom & Leszcz, 2020)，因此，在計畫團體時要審慎考量團體的組成。

　　團體的組成可以從兩個角度來說，第一個角度是邀請什麼樣的成員可以讓團體發揮最大的效能，第二個角度是排除哪些人可以確保團體的安全與順利的運作（Yalom & Leszcz, 2020; Hepworth et al., 2016）。也就是說，團體成員的組成可以從納入（inclusion）與排除（exclusion）兩個方向來思考，以下分別說明。

一、納入成員的條件考量

　　在考量哪些團體成員可以納入的時候，必須面對很多元的選擇，本段僅列舉五項常見的條件，包括同質性與異質性、年齡、性別、溝通互動能

力與區位臨近性等。

（一）同質性與異質性

　　所謂的同質性與異質性是成員在某些條件上的相近或差異。組成團體最重要的考量是參加團體目的的類似性，成員參加團體的目的相近，便可以因為彼此所關切的事情相同而相互連結，而打造出團體交流互動的平臺（Toseland & Rivas, 2017）。

　　同質性讓成員覺得自己不是唯一的、不是孤單的，而產生安全感與信任感；成員也會因為彼此有共同之處而互相吸引，互相包容、接納、支持，彼此了解，促進團體凝聚力的產生（Hepworth et al., 2016）。

　　異質性可以增加團體的趣味性，豐富團體的動力與資源，增加團體的活力，成員會因為看到別人呈現自我，因應壓力與衝突，面對威脅與傷害時所採取的自我保護方式等跟自己不同，而開始覺察自己的觀點與選擇等，從中有所體會與發現，而擴展觀點、生活方式、溝通技巧或問題解決等方面的學習（Lindsay & Orton, 2011）。

（二）年齡

　　團體建構與形成過程會考慮年齡，主要是因為背後的理念和經驗有雷同之處，年齡相近的人處在相同的發展階段，面對類似的人生課題，世代文化和價值觀差距比較小，次文化與世代的效應比較接近，這些對於團體的動力都有影響（Toseland & Rivas, 2016; Yalom & Leszcz, 2020）。

　　成人組成的團體，成員的年齡落差在十至十二歲之間都在可接受的範圍，可以讓年輕者體會年長者的經驗，從中學習，年長者也可以從年輕者身上學習不同的觀點與做法，處理自己當年未曾適切面對的課題（Benson, 2010）。青少年團體的年齡落差最好介於兩、三歲，因為年齡相差三歲以上所面臨的課題與興趣差異比較大，團體帶領的挑戰也必較大（Lindsay & Orton, 2011）。

　　但是在年齡選擇條件的大原則之下，還是必須注意團體成員的差異。同年齡的人在成熟度、自我領悟能力與社交技巧等方面可能有差異性存在。以兒童團體為例，除了考量年齡之外，也要同時考量社會情緒

發展，情緒發展慢的兒童可以和年紀較小的兒童組成一個團體（Benson, 2010）。

（三）性別

下列因素會影響團體成員性別的考量：

1. 團體目的

不同的團體目的需要配合不同的性別考量，例如：女性意識覺醒團體、探索性別議題團體，或性傷害創傷團體等，最好是單一性別，以免產生異性在場而引發的尷尬、刺激，或干擾等問題（Benson, 2010）；以父職技巧訓練、覺察與表達情緒為目的的團體適合純男性參與（Lindasy & Orton, 2011）；探討異性關係的了解與提升則適合用混合性別的團體（Hepworth et al., 2016）。

2. 成員特性與需求

兩性在需求、特性，和行為的表現都有些差異，需要考量如何組合團體以達到最佳之效果，例如：男性與女性在藥物濫用課題上的需求與特性不同，需要單一性別的治療團體（Lindsay & Orton, 2011）；八到十二歲的兒童，男生女生之間界線很清楚，很難一起在團體中發展出凝聚力或共同執行任務；大一點的青少年或小一點的兒童就比較沒有這類問題（Benson, 2010）。

（四）溝通互動能力

溝通互動能力涉及溝通表達和與他人建立關係的能力兩種量能。

溝通表達能力是組成團體重要的考量指標，這一點對於以口語互動為主的團體而言，重要性更為明顯。個人要能夠適切表達自己，才能夠參與團體的互動和對話，才能夠從中獲益。

與他人建立關係的能力包括對他人行為與感覺的敏感度、在逆境挑戰中適度自我保護的能力、延宕滿足的能力、在關係中的依賴程度等（Benson, 2010）。這幾項能力都是參與團體的基本前提，如果個體缺乏這些能力不但無法從參與團體的過程中獲益，也可能造成團體的困擾或負擔。

（五）區位的鄰近性

　　有些情況下工作者喜歡成員來自於鄰近社區，以便將在團體中學到的原則運用到社區生活中，例如：與青少年的同儕團體一起工作，如果能夠改變他們偏差的團體規範，就可以影響所有成員的行為，這種社區和群體的效果就不是個案工作能夠比擬。如果社會孤立者組成團體，成員都來自社區中，就能夠因為參加團體而結識社區中的鄰居，在團體聚會以外的時間相互連繫，有助於個體之間的交流與互動（Benson, 2010）。另外，團體成員如果是從鄰近社區招募而來，距離和可近性有助於團體的出席，避免因為交通造成出席的障礙。

　　不過，社區鄰近性也可能有負面的效應，當團體成員來自同一個社區，固然有助於動力的營造，成員之間的熟悉度也可能成為保密或隱私的障礙，如果團體成員有可能在團體聚會以外的時間相遇，不論是舊識或新交，都有可能在團體之中形成次團體，甚至阻礙團體過程的表達和信任關係的發展。

　　因此，工作者要衡量區位鄰近性對團體運作的影響，考慮其帶來的是加分還是減分作用，以決定團體是否考慮將區位臨近性列入考量，如果納入考量，就必須思考要如何避免前述的負面效應。

二、排除成員的考量

　　由於團體成員的納入需要考量的條件很多元，特別是同質性的考量，有助於團體動力的形成，但是任何選擇似乎都有遺珠之憾，Yalom和Leszcz（2020）認為與其考量同質性和納入條款，不如考量哪些特質的成員不適合參與，也就是排除條款，本段舉出六個常見的排除條件。

（一）個人課題與團體目標的落差

　　個人關切的課題需要與團體目標有密切的關聯，否則個體就無法融入團體探討的主題，進而影響參與動機，更進一步影響團體運作，例如：成長團體是要探索提升個人成長的方法，藉由分享、體會而轉化、成長，一

個酗酒者正爲酗酒問題而苦惱，他的目標是戒酒，成長對他而言，太過遙遠，因此不適合參加團體（Hepworth et al., 2016）。

（二）個人溝通能力干擾團體互動

一個人如果無法清楚表達自己，參加團體對他個人而言可能會是一個傷害，對團體可能產生抑制的作用（Benson, 2010）。個人的條件限制，不容易表達自己的感覺和想法等，可能會跟不上團體的交談或討論，因而覺得挫折或認爲自己是異類，不受歡迎或者不如人，有受傷的感覺。團體如果必須遷就他，放慢溝通對話的速度、調整對談的深度，或揣摩他的意思，慢慢地等待他表達內心的意向，對這位成員和整個團體都有負向的影響。

（三）個人特質干擾團體運作

團體成員個人的負面特質可能成爲團體運作的障礙，例如：個人喜歡興風作浪、言語刻薄、帶頭作亂，或無法掌控自己。有些人習慣性地打岔、無法傾聽、有強烈的操控欲望，或具有強烈的敵意與攻擊性，這些情況都會妨礙團體凝聚力的發展，對團體造成干擾（Lindsay & Orton, 2011），甚至成爲團體的代罪羔羊，其他成員花費時間與精力，極力排斥或欺負，嚴重影響團體的運作（Benson, 2010）。

（四）身心基本需求未獲滿足

個體都有基本的生理需求需要滿足，不論是飲食、居住、營養，或糊口的工作，當這些基本的需求沒有獲得滿足，個體通常無法專心參與團體，例如：無家可歸的街友最關切的是棲身之處與解決飢餓的問題，心理層面的需求、個人的成長，或自我實現的欲求，這些比較高階的需求的滿足都太遙遠了。沉浸於悲傷或焦慮中的人所需要的是個別的協助，在這些問題未獲得解決之前，不適合參加團體（Yalom & Leszcz, 2020）。

（五）參與的動機嚴重缺乏

成員的參與意願是團體成功的重要因素，有許多團體成員意興闌珊

地前來，可能是個人內心缺乏動機，有些則是非自願案主，迫於父母、司法、家庭暴力防治，或權責單位的強制要求，除非參與爲他們量身訂製的特定團體，否則動機嚴重缺乏的成員很難在團體獲益，團體也很難有工作的成效（Benson, 2010）。

（六）身心狀態不適合參加團體

有些團體想要招募的潛在對象，剛剛經歷重大的壓力事件，例如：處在藥癮發作或戒斷期，不久之前遭受暴力，剛得知自己罹患重大傷病，或失去至親好友，當事者仍然處在高度危機的情境，情緒還在不穩定的狀態，甚至有自傷的行爲，這些人並不適合參加團體（王沂釗等譯，2014）。這些特定的對象可能無心參與團體，即使參與也可能干擾團體的運作，需要考慮予以排除。

由於被排除在團體之外可能成爲負向的經驗，內心也有可能產生負向情緒，甚至有受傷的感受，因此排除的考量必須審慎，謹慎評估個案的身心狀況，除非眞的嚴重，否則需要尊重他們參與的意願和自主權，對於無法參與或被排除在外的個案，也需要轉介相關的資源，協助度過高風險或者危機的情境（Lindsay & Orton, 2011）。

決定將某些個案排除在團體之外，可以進一步思考是否有其他的團體可能符合他們的需求，例如：有藥物濫用問題者不適合參加個人成長團體，但卻可以從藥物濫用問題探索團體的參與獲益（Lindsay & Orton, 2011）

伍、規劃團體結構

計畫團體所要考量的結構性因素包括團體大小、成員進出團體的自由度、團體時間、團體聚會場所、團體結構化程度，與團體規則等六項。

一、團體的大小

團體人數的多少會影響團體互動模式、工作者與成員的關係，以及後續的角色分化（role differentiation）（Yalom & Leszcz, 2020），這些要素又會影響團體效能，因此，在計畫階段需要審慎考慮團體的大小。

影響團體大小的因素有下列兩項：

（一）團體的目的

不同的團體屬性和目的有其對應的團體大小的光譜式的考量，從需要深入與多次密集交流探索的治療性團體，人數不宜過多，到光譜另一端的單次或次數少、交誼性活動屬性的團體，人數比較不受限，例如：治療性團體強調自我揭露、親密互動、深入探索與互相支持，團體人數不能太多，團體工作者比較常推薦的是五到十二人；活動交誼性團體人數可以多，教育性團體人數也是，為了極大化團體參與的效益，人數從二十位到五十位，甚至一百位不等，依主辦單位的資源、場地，和團體目的的考量而定；人數需要維持在最少的團體屬性應該是任務性團體，為了深入討論和合作達成任務，有些專家學者推薦的人數大約五到七人左右（Lindsay & Orton, 2011; Benson, 2010）。

（二）成員情緒成熟度與人際互動能量

參與人際互動需要具備相當的「情緒智慧商數」或「情商」（emotional intelligence）和心理能量，如果團體所招收的對象的情緒自我察覺能力不足、情緒不穩定、容易挫折、懷疑、受傷，或者人際互動能量低和信任感不足，無法產生人際連結，團體人數需要限縮，稍多就可能焦慮不安。

組成團體時可以以團體目的作為首要考量，再配合成員的狀況針對團體人數作必要的增減。

二、封閉或開放性

封閉或開放性團體指的是成員進出團體的自由度，也就是團體開始之後，是否允許新成員加入，封閉或開放的主要考量依據是團體目的、機構特性與服務對象（Hepworth et al., 2016）。

（一）團體目的

團體的目的決定成員進出團體的自由度，例如：治療性團體與心理社會團體需要發展出信任、歸屬與親密感，以建立成員對團體的認定與投入，針對情緒作持續性的探索、醞釀、發展與連結，並針對團體過程中的連結議題進行討論與處理，因此，採用封閉式團體是最妥適的安排。在教育性團體方面，比較不重視成員之間的情感連結、人際互動、經驗分享，採用開放式團體方式進行，比較適宜。

（二）機構特性

在機構的組織脈絡中所進行的團體，其成員進出團體的自由度會受到機構特性影響，例如：住宿或安置型的機構（青少年安置機構、監獄、醫院病房等），服務對象進出機構的時間點各不相同，參與團體的開始點與結束點都不一樣，這些機構的團體適合採用開放式模式進行（Benson, 2010）。

（三）服務對象

除了考量機構屬性或功能之外，同一機構也有不同的服務對象，同一群服務對象也可能有不同的需求，為他們提供團體工作，也需要針對個案的特質和問題的類型、疾病屬性，和因應疾病的需求加以考量，例如：針對住院病患罹患同類型的疾病（例如：腎臟衰竭），有些剛接獲診斷通知，需要社會心理介入，深入探索情緒、想法或因應策略，封閉性的社會心理團體是最佳的考量；對於需要疾病衛教的個案，主題式、單次、開放式的團體衛教活動似乎是最佳的模式。

三、團體時間

團體時間的考量包括聚會的頻率、聚會時間、聚會時段、團體期間等，以下分別說明：

（一）聚會頻率

聚會頻率會對團體經驗產生三種影響，第一，團體聚會頻率影響團體經驗的深入程度。聚會愈頻繁則團體經驗愈有機會深化，團體屬性和目標決定團體互動和經驗需要深入的程度。第二，聚會頻率影響團體經驗對成員的重要性。聚會愈頻繁、持續時間愈長，團體的動力、凝聚力和效能也比較強，團體愈能夠成為成員生命中重要的一環，對於成員的改變也愈有助益，特別是需要社會心理支持或改變與治療的團體；不過，如果團體的目的是鼓勵成員獨立自主，過於頻繁的聚會反而可能成為障礙，需要慎思。第三，聚會頻率影響團體動力營造、內容連貫性和效能的達成。單次團體、聚會頻繁低、兩次聚會間格太長，都可能降低團體的動力、連貫性和效能（Lindsay & Orton, 2011）。

因此，工作者要考量團體目的與需求來決定團體聚會頻率。社會技巧訓練或教育性團體，每週聚會一次，以利成員有時間消化、整理所學，也可以持續性地維持學習效果（Toseland & Rivas, 2016）；兒童病房團體每天都聚會，因為病童有強烈的需求，包括與家人、朋友分離而感到孤獨、寂寞，對醫療感到焦慮、需要適應自己成為病人的事實等；出院後的病人支持團體由於大家住得遠，無法每週聚會，只能安排每月聚會一次（Benson, 2010）。

（二）聚會時間

團體每次聚會時間長短的考量包括團體目的，成員維持互動的耐力和能力，與環境等三項。一般而言，團體在一個半小時之內就可以走完整的歷程，規劃時可以以此為基準，依實際情況作調整，例如：治療性團體需要較長的時間，可以維持在三個小時左右；社交性團體所需要的時間

相對較少，兩個小時至兩個半小時是合宜的；如果成員維持互動的能力低（例如：病人、老人或兒童），聚會時間可能因團體成員而不同，兒童的注意力難以集中的話，可能半小時就可以，銀髮族則安排一個小時半到兩個小時。如果團體所在的機構有既定的操作課程或空間使用的限制（例如：學校、精神科病房、監獄等），團體聚會時間要配合機構既有的規劃。

上述這些考量爲基本原則，工作者在規劃過程必須保持彈性。

（三）聚會時段

團體聚會時段指的是團體在一天當中的哪個時段、一個禮拜當中的哪一天聚會。聚會時段要考量成員的特性與需求，包括工作安排、家庭生活、安全考量或生活習慣等，例如：老人團體不適合在晚間進行，多家庭團體不適合在上班日進行，學童團體適合安排在早自習、午間休息或課後。

（四）團體期間

團體進行的期間長短與團體的目的、成員的需求和能力有關。

1. 團體目的

有些團體的目標或目的需要較長的時間才有可能達成，此時就需要進行期程比較長的團體；團體目的只要短時間就可以達成，需要聚會的時間比較短，適合採用短期性的團體。

例如：團體目的是爲了提升心理社會功能、探索人際或個人內在議題，聚會次數可能需要六到二十次，甚至更長，團體的凝聚力與信任感也比較能夠建立，有利於團體目標的達成（Hepworth et al., 2016）。如果團體的目的是教導特定技能、解決問題、爲新角色作準備（例如：即將成爲寄養父母、即將住進機構），或因應個人或家庭危機（例如：離婚、孩子逃家）等，適合採取短期焦點取向的團體來進行。爲醫院等待室中的病人與眷屬或短期住院的精神科病人提供資訊、降低焦慮、減輕孤獨感所舉辦的團體則適合採用單元性方式。

2. 成員的需求與能力

當團體的目的是要提升成員的心理社會功能，而成員在這方面又有嚴重的障礙或問題時，就需要長期性的團體，讓成員有足夠的時間經營關係，透過穩定的關係學習解決問題、提升因應能力和建立人際關係，例如：精神患者、犯罪青少年。

四、團體聚會場所

團體聚會場所如果安排失當，可能會讓團體在早期階段遭遇運作上的困難、成員出現不適切的行為表現，或團體發展過程中出現無法預期的問題（Toseland & Rivas, 2016），因此聚會場所需要適切的規劃。

團體聚會場所的考量包括三個層面，一個是聚會場所的空間，另一個是聚會場所的擺設，第三個是聚會場所的穩定性。

（一）聚會場所的空間

聚會場所的大小與安全感、界限和控制感有關，可能會影響成員在會談中的活躍與投入程度。一個小房間會讓成員感覺積極、彼此親近，而減少注意力分散的可能性，但空間太小又會讓成員覺得不舒服、不自在、有壓迫感（莫藜藜譯，2013）。空間太大會讓成員覺得自己渺小、無法掌控，與其他人有疏離感且不容易專注。

（二）聚會場所的擺設

聚會場所的擺設攸關親近感與界限的呈現，可能影響團體的情緒氛圍、溝通模式、人際關係，以及凝聚力，例如：椅子的排法會影響成員之間的距離感（排排坐或貼著牆坐都會拉大人際互動的距離，圍圓圈坐可以拉近成員之間的距離）。如果團體的目的是要催化討論與親密關係，理想的聚會場所應該是安靜的，空間足夠進行必要的活動，大家可以圍圓圈坐，看到彼此，增進彼此的互動。

（三）聚會場所的穩定性

成員對於環境的熟悉程度會影響其參與團體的專心程度，固定的聚會地點有助於催化成員對團體的認同、維持團體的持續性。有些人對於新環境感到好奇、新鮮，而想要探索一下，其參與程度會受環境變更的影響；有些人容易對環境的改變感到不安，需要較長的時間適應新環境。因此，除非必要，不要輕易更動團體聚會的場所。

如果團體強調成員的自主性，會給予團體足夠的空間來為團體做決定，團體進行一段時間之後，成員會依照他們的偏好而調整聚會場所、聚會空間或擺設，但在團體開始之初，工作者要先做安排；有時候比較熟悉的成員會坐在一起，或許可以互相支持，可能進一步形成小團體，如果在其他成員分享的時候，私下聊天或互動，則需要介入，如果無效則需要考慮更換座位。

五、團體結構化程度

團體結構化程度意指事先規劃團體內容與進行方式的程度，高度結構化的團體運用有計畫、有系統、有時間限制的處遇模式與方案活動，由工作者在事先做好規劃，採取指導性的方式帶領團體（Toseland & Rivas, 2016）。低結構取向的團體只有一個具體的目的作為指引，鼓勵成員承擔責任，決定團體的目標，討論主題、內容，進行步驟，與進行方式等。

團體結構程度的考量受到團體目的、成員特性與需求和團體期程等因素影響（Toseland & Rivas, 2016）。

（一）團體目的

團體目的與團體結構程度有密切關係，教育性團體（例如：社交技巧訓練）適合採用高結構方式進行，支持性或成長團體適合採用低結構模式進行；如果團體目標是由成員決定自己的目標或採取社會行動，則低結構、過程取向的團體模式的效果比較佳。

（二）成員特性與需求

團體結構程度要能夠回應成員的特性與需求，讓團體順利進行，例如：團體成員的成熟度低、參與動機弱，甚至強烈抗拒，需要採用高結構性式的做法，讓成員有機會順應其腳步來熟悉團體、建立關係、強化對工作者的信任。如果成員的成熟度高、學習動機強，可以採用較低結構的帶領方式，讓他們擁有較大的自主空間進行探索與學習。

（三）團體期程

短期性團體為了充分運用有限的時間來達成團體目標，傾向於採用高度結構化的方式運作；長期性團體有充分的時間可以走歷程取向，從團體過程中體驗和學習，傾向於採用低度結構或非結構式的運作。

有些團體採用結構式與非結構式搭配的做法進行，團體剛開始的時候採用結構式進行，再隨團體的發展逐漸採用較低結構的方式。因為團體剛開始時成員對於如何參與團體、自己在團體中的角色為何、應負的責任與義務是什麼等問題都不清楚，工作者需要有清楚的結構來引導成員順利參與團體運作。如果團體在成立初期就採用非結構式的做法，放手給沒有概念的成員自行運作，很可能無法催化團體初期的動力與發展，而使成員產生焦慮和恐懼，可能干擾團體發展而造成成員的流失。

六、團體規則

規則或程序對於成員的參與有規範作用，依其性質可分為下列兩類。

（一）行政性的規範

與機構政策或行政有關的規則，例如：收費、出席、錄音錄影、抽煙、飲食、設施或肢體與性接觸等。

（二）團體參與規範

參加團體期間所要遵守的規則，例如：保密和隱私、出席與參與、避免攻擊或過度批判，和傾聽與互助等。

規則有其必要性，可以確保成員的安全與團體的順利運作。在計畫團體時工作者要知道哪些機構政策或與程序有關的規則是必須遵守的，哪些行為規則是必要的。以便讓成員知道參加團體要遵守哪些規則，了解這些規則背後的脈絡，如果成員對於這些規則有不同的看法，要給他們空間討論、回饋和提出異議。

陸、確認團體主要內容

團體主要內容受團體目的、機構目的與政策、成員特性等三方面的影響。

一、團體目的

團體內容依據團體目的與目標而來，例如：男性性別經驗探索團體的主要內容包括與父母的關係，與孩子的關係，友誼的發展與維繫，與工作的關係及性關係等（陳慶福等譯，2010）。為家庭功能不彰、學校適應與人際關係問題的兒童所辦理的團體，內容環繞於學童所面臨的問題，他們對自身問題的感覺與期望，同儕互動關係，和可以嘗試使用的新因應方法等。

如果團體的主軸是運用活動設計進行，所選用的活動要以團體目標為依歸，在目的與目標的引導之下，構思方案，選用能夠達成團體目標的活動（Lindsay & Orton, 2011）。

二、機構目的與政策

團體所規劃的內容要配合機構的目的或政策，例如：非營利組織機構推動社區活動，其所舉辦的兒童團體要在機構所主辦的社區嘉年華活動中演出；教會所舉辦的青少年團體需要安排宗教節日的表演活動。工作者要將機構目的或政策納入考量，衡量可以改變或調整的空間，既回應機構期待又符合團體成員的需求。

三、成員特性

團體內容要考量成員特性（包含成員的特質、需求及成長背景），例如：以青少年為對象的團體，如果成員的情緒穩定度高，有學習意願，就可以運用口語討論或心理性遊戲等比較靜態的活動進行；如果成員比較容易躁動，抗拒傳統式的學習，就需要採用登山、溯溪、單車、攀岩等冒險體驗活動來激發成員的興趣。社區老人懷舊團體安排「我們的故鄉」單元，呈現當地宮廟的刈香與燒王船等重要宗教活動相片，喚起成員的回憶，激發參與熱情（呂寶靜，2012）。

柒、團體開始前的準備

團體前的準備所要思考的課題包括成員的來源、提供訊息的方式，與挑選成員的做法等三項（Brandler & Roman, 2015）。

一、成員的來源

成員的來源有幾個可能的管道，包括機構內其他同事轉介，從個案記錄或通訊名單中挑選，當事人自己報名或是請其他機構轉介等。成員來源

的管道不同會影響提供訊息的做法，例如：如果成員的來源為同事及其他機構轉介，就需要請轉介端提供個案資料，協調雙方持續就個案進展情形的溝通事宜，和因應團體過程個案分享轉介者問題的處理原則。

二、提供訊息的方式

讓潛在成員獲得團體訊息的做法包括直接接觸與間接接觸兩種，直接接觸是由工作者主動連繫潛在成員，說明團體的目的與性質，並邀請參與。間接接觸的方法有許多種，包括與潛在成員的重要他人接觸，寄發邀請通知，運用網頁發布消息，在社區張貼活動資料等。

三、挑選成員的做法

有些團體需要挑選成員，有些團體則不挑選成員（例如：所有住進教養機構的兒童或被法院裁定接受團體輔導的青少年都需要參加團體）。如果團體需要挑選成員，則需要決定挑選的做法（由誰負責挑選、挑選的條件、挑選的方式）。負責挑選者可能是機構處室負責人或即將帶領團體的工作者，進行的方式可能是團體前個別會談或團體會談。

團體前的會談讓工作者與成員在團體開始之前就有機會建立關係，展現出團體所強調的關懷與溫暖，而激發成員參與的動機，做好參與的準備。但也可能讓工作者產生先入為主的不良印象，用刻板的眼光評量成員，可能違反工作者在團體歷程中必須保持開放的態度的工作原則（Benson, 2010）。工作者要對這些陷阱有所警覺，避免不必要的負向影響。

捌、爭取機構的支持

機構對團體的影響具體且細微，團體的運作也可能影響機構的運作，因此，團體需要取得機構的支持才能夠順利運作。機構的支持可分為

兩部分，第一部分是機構本身的支持，第二部分是同事的支持（Lindsay & Orton, 2011）。

一、機構本身的支持

團體的實施與運作要獲得機構的支持，需要考量下列幾個因素：

（一）機構對團體的認識

機構可能在理念上就反對團體處遇的模式，認為團體是可怕的、具威脅性的；機構也有可能不反對團體處遇模式，但對團體有所疑慮擔心團體的運作可能節外生枝，無法掌控，反而阻礙機構的運作，影響組織的和諧。在這樣的機構氛圍下進行的團體，領導者得不到支持，組織的態度可能是冷漠的，團體和機構的關係是疏離的，甚至是站在對立面（Brandler & Roman, 2015）。機構也有可能對團體有錯誤的認知，視團體為處理問題或掃除障礙的工具，以致造成團體運作的困境與挑戰，例如：學校用處罰的態度把高關懷的學生轉介到團體中，希望社會工作者「搞定」這些頭痛分子，當學生喜歡參加團體，卻又限制學生參與作為處罰的手段。

工作者需要衡量機構對團體模式的態度、機構過去經驗對現在態度的影響、團體運作所需耗費的資源（人員安排、經費、空間或時間等）等因素，秉持開放的態度（不能預設一定要運作團體工作的立場），進行誠懇的溝通和討論，以獲取支持。

（二）機構的目的

團體獲得機構支持的首要條件是團體的目的符合機構的使命與目標，在組織的運作目標指導之下成立，如果未能針對這一點做具體說明，很難獲得組織的支持與協助（Toseland & Rivas, 2017）。有些時候團體代表一種新的服務模式，這種模式對機構與服務對象而言都是嶄新的，工作者需要具體說明團體的屬性與意義，讓機構了解其必要性（Yanca & Johnson, 2009）。

（三）機構的界限

　　所謂的界限包含團體服務的對象以及團體所能使用的時間、空間。以服務對象的界限而言，有些機構清楚昭示其所服務的對象（例如：醫院只針對病人或家屬提供服務，安置型機構指針對收容對象或其家屬提供服務），這一類的機構無法接受工作者為服務對象以外的人士提供團體服務（Lindsay & Orton, 2011）。以團體所能使用的時間、空間而言，有些機構有其整體性的運作規劃，在這樣的機構中進行團體的需求可能與機構本身運作的需求衝突，例如：監獄中的成員要參與機構的運作，照表操課，能夠參與團體的時間非常有限，但工作者想要規劃受刑人的自我探索團體，這個目的無法在可運用的有限時間中完成。

　　工作者要在機構中推動團體服務，就要釐清機構的現實條件中可以運用、掌握的空間，才能夠與機構進行溝通。

（四）機構關切的重點

　　工作者要以機構所的關切為出發點，讓主管了解團體對於機構的貢獻，例如：主管重視機構聲譽，工作者就要從聲譽的觀點強調團體的必要性，而非單純從對象需求來看團體的必要性（Lindsay & Orton, 2011）。

　　成本效益是機構關切的另一個重點，具體的成本效益分析讓主管從行政管理的層面來了解團體，是決定團體能否付諸實行的重要依據，經費緊縮的機構尤其需要知道團體服務的成本效益分析（Yanca & Johnson, 2009）。

　　團體所需要的成本包括工作者的人力、時間、團體所需要的經費、資料或設備等。團體的效益包括服務品質與財務盈收，服務品質的效益可以藉由評估來呈現，讓機構了解團體的預期成效（Benson, 2010），如果團體有外部經費贊助，需要藉由評估來呈現團體的成果，以便持續獲得贊助（Yanca & Johnson, 2009）。財務營收是團體收費與支出的結算，如果團體採取收費的做法，最好能夠針對盈收作概略估算。

　　釐清機構在上述四個層面的真實情況之後，以此了解為基礎來設計方案，可以掌握與機構對話的重點，避免不必要的干擾或障礙，有助於團體的推動。

二、同事的支持

　　同事的支持是團體能否順利進行的關鍵，從團體前的計畫、成員招募，一直到團體進行中的支持、討論等，工作者都需要同事的支持。同事的支持在跨領域專業合作的機構更顯得重要，有些專業人員對於團體抱持懷疑甚至是敵意的態度，這可能是他們過去參與團體，與社會工作者一起工作的經驗讓他們覺得挫折、痛苦，因此想要保護他們的當事人。工作者需要與這些專業人員溝通，否則他們不可能會轉介成員來參加團體，更不可能與工作者合作，也不會提供相關的支持，更嚴重的是背後進行干擾（Lindsay ＆ Orton, 2011）。

　　獲得同事支持的方法是從機構的立場出發，具體呈現出成員需求就是機構所要提供的服務，團體的成立就是要完成機構的目標；再結合同事的服務重點與成員參加團體的關聯性，說明團體可以在哪些層面提升，支持他們的工作，如前所述，預設一定要進行團體工作的立場，只會讓同仁感受到偽裝和誠意不足的問題，成為溝通的障礙（Benson, 2010）。

 第二節　每次團體與團體外活動方案設計

　　每一次團體都需要作規劃或預先設計，第一次團體需要建立團體運作的架構，與後續每次團體的規劃有所不同；社會團體工作的服務，有許多團體會討論聚會時間外的活動規劃，其設計不同於結構式團體的設計。本節說明每次團體的設計與團體聚會外活動的設計。

壹、為每次團體作規劃設計

　　這個議題包括第一次團體的設計與團體開始之後每一次團體的設計兩個部分，以下分別說明。

一、第一次團體的設計

規劃第一次團體的步驟與規劃新團體的步驟一樣，要先考量各個相關要素，再撰寫團體計畫書。

計畫第一次團體聚會所要作的準備包括下列五項：釐清團體聚會的目標、溫習對成員的認識、選擇團體聚會的核心主題、決定團體的呈現方式、預想成員可能會出現的情況、確認團體運作所需的各項元素（Benson, 2010）。

（一）釐清團體聚會的目標

工作者藉由思考下列五件事情再一次釐清團體聚會的目標：

1. 你與這個團體一起工作的原因是什麼？
2. 你預計要做的事情是什麼？
3. 這是個什麼樣的團體？
4. 團體的目的是什麼？
5. 你為第一次團體所設定的目標是什麼？

回答上述些問題讓工作者心裡有清晰的圖像，就好像在出發前把標示有目的地與路徑的地圖拿出來再看一遍，確保團體的方向無誤。

（二）溫習對成員的認識

藉由下列四個問題再次熟悉成員的特性、經驗、需求、期待與可能有的感覺：

1. 有多少人會參加團體，他們的性別、年齡、興趣、需求、背景是什麼？
2. 成員擁有多少與團體目的或這次聚會主題相關的知識或經驗？
3. 成員對工作者的期待是什麼？
4. 成員來參加團體可能會有什麼感覺？

（三）選擇團體聚會的核心主題

核心主題的內容與進行方式的規劃是設計第一次團體的重頭戲，這個設計會建構出第一次團體的運作架構，引導工作者的處遇，同時發展出成員之間相互回饋的做法（Benson, 2010）。

一般而言，第一次團體的主題都環繞在成員初次參加這個團體的經驗上，例如：自我介紹、認識新朋友，或是我對團體開始的感覺。有些團體會把自我介紹的內容與團體主題相扣，有些則是兩者分開進行，前者的做法，例如：親職教育團體的自我介紹以「我孩子對我的形容是……」作為開頭，自我介紹的內容與團體所要探討的主題有關。

後者的做法，例如：男性性別角色經驗探索團體第一次聚會先進行簡短自我介紹之後，隨即討論團體核心主題（例如：成為一個男人的意義、男性成長過程中接收到的訊息、這些訊息對現在生活的影響等）（王沂釗等譯，2014）。

（四）決定團體的呈現方式

第一次團體的呈現方式包括下列三項：

1. 團體氛圍與進行方式

第一次團體的氣氛與進行方式會影響後續團體的進行，要依據團體所需要的氣氛基調來設計，例如：情緒照顧團體強調輕鬆親切的氛圍及情感的交流與覺察，因此用溫馨、輕快的音樂作背景，以「用肢體打招呼」作暖身活動，引導成員彼此對話，討論的重點為自己真實的感受與體會。

2. 核心主題的進行方式

相同的一個主題可以採取的進行方式有許多種，要配合成員的能力與需求選用合適的做法（王沂釗等譯，2014），例如：用句子完成的活動引導功能較低的老人針對重點陳述；用看相片說故事的方式讓表達能力佳的長者針對相片敘說他的家庭。

3. 覺察與體會的做法

這是團體能否產生深刻影響力的關鍵，可以採用的方式包括回顧反思、討論、評估、回饋與問卷等。

（五）預想成員可能會出現的情況

這是預防性的準備，預想可能出現的狀況、覺察這些狀況的方法，以及可採取的因應做法等，但不要被這個預期所侷限，甚至成為擔憂和障礙（Benson, 2010）。工作者所要預想的情況包括成員害怕參與或不願意參與，成員表達出憤怒或敵意，成員忽略彼此，只與工作者互動，以及團體出現長時間的沉默等，事先作過沙盤推演會讓工作者較篤定，情況出現時可以從容回應與處理。

（六）確認團體運作所需的各項元素

團體開始前要確認成員知道聚會地點與聚會時間，以確保團體能夠準時開始。如果團體有協同領導者或其他專業人員（例如：講座、錄影人員等），要確認他們了解自己所要扮演的角色與負責的工作，並會提早十分鐘至十五分鐘出席，為團體的進行作最後的確認與準備。

二、團體開展後每一次團體的設計

團體開展後每一次團體的設計因團體的結構程度而異，非結構取向的團體開放空間讓成員承擔主要的規劃責任，順著團體歷程進展，共同參與運作。團體無法作事先的規劃設計，具體可規劃的通常是團體開始時針對今天的活動內容或任務作討論，以及團體結束時回顧、檢討過程，並且在可能的範圍內討論下一次團體的內容與做法（郭姵妤，2011）。

結構式團體由工作者承擔責任作事先的設計，以下依照結構式團體的進行架構討論設計的重點。

結構性團體普遍運用的結構是「討論、活動、討論」（discussion, activity, discussion, DAD）（Yanca & Johnson, 2009），這三個步驟的主要重點及設計要領如下：

（一）討論

團體開始時先討論這一週之間所發生的事情與這次聚會所要進行的活

動。這些生活分享主要目的是為團體作暖身，也為這次團體與上次團體作連結，要鎖定與團體主題有關的經驗。有些工作者會採用暖身活動取代討論，就要注意暖身活動的性質與此次團體內容的關聯性，所需要的時間等因素，以免讓暖身活動與團體主題無法連結，或占用太多時間。

（二）進行活動

進行本次團體的主題討論或活動。可選用現成的方案資料或活動，或自行設計，如果轉用現成的資料要考慮是否需要修正或調整，以符合團體的特性與團體成員的需要（Yanca & Johnson, 2009）。

（三）討論活動的經驗

整理成員在活動中所引發的感覺、經驗或想法，討論重點包括體會、發現、學習、收穫、困難與因應，彼此的看見與回應、反思，以及活動體驗與日常生活經驗的連結，參與活動的學習在日常生活中的運用等，要視團體實際運作情況選擇適當的方式進行。如果團體的設計由成員負責，可以花一點時間討論下次團體的計畫等。

上述三個步驟中，「進行活動」這個步驟為每一次團體的核心，這個部分的設計會帶動前後兩個步驟的進行。以下說明這個部分的設計所需要注意的兩個原則：

1. 與單元目標有關聯性

每一次的團體有特定的目標，要以該次團體目標為核心來設計內容，例如：青少年自我超越團體的某次團體的目標為探討父母親職教育方式的影響，如果將討論重點聚焦在：印象中父母對我管教最深刻的一件事、這件事情對我的影響、想要對當時的自己說的話等主題，活動內容就與團體目標結合。反之，如果討論題目為：我最喜歡父母的地方、我最不喜歡父母的地方、我最像父母的地方，內容設計就與團體目標無關。

2. 要配合團體發展階段

團體所進行的內容包括口語討論與活動兩大類型，不論採用哪一種內容，討論主題或活動的安排都要配合團體發展階段。

以口語討論而言，討論的主題要有層次性，團體初期所討論的主題較淺，隨團體發展而逐漸深入，例如：單親媽媽的支持性團體討論主題包括單親媽媽的小錦囊、單親角色調適、單親的挑戰與掙扎等，這三個主題具有層次性，團體剛開始時，大家熟悉度不足，還在彼此測試的階段，適合討論較正向、表淺的「單親媽媽的小錦囊」；團體信任感與凝聚力建立之後，就可以選用「單親媽媽的挑戰與掙扎」。

以活動而言，不同的活動適合在不同的團體階段使用，團體形成階段要選用團體建構活動，給成員足夠的時間與空間用他們自己的步調來融入團體，也要讓成員有共同行動以發展彼此連結的模式。衝突期與維繫期要選用團體維繫活動，提供一個安全的氛圍支持團體的內在拉扯擺盪，支持成員發展他們之間的凝聚力與認同感（Yalom & Leszcz, 2020）。

如本章開場所說的，團體就像一條船，開航之後會隨著所遇到的風與浪而發展出自己的步調、速度與內容，因此，沒有辦法在團體還沒有開始的時候就設想每一次團體要做些什麼、怎麼做，工作者需要保持彈性，在整體性構想的大方向之下，隨著團體的進展而隨機調整和因應（Lindsay & Orton, 2011）。基本上，每一次團體的計畫要在上一次團體結束之後，以該次的團體經驗為基礎作規劃。

貳、為團體外的活動作規劃

團體可能會運用聚會以外的時間規劃大家共同執行的方案，這些方案的性質包括：

1. 在日常生活中舉辦活動，豐富生活內容，例如：舉辦慶生聚會、卡拉OK歌唱比賽、節慶活動等。
2. 解決共同生活所面臨的問題，例如：安養中心的長者組成伙食改善小組，討論伙食的問題與改善做法。
3. 規劃、執行共同生活或工作所需的任務，例如：精神病友會所的伙食組負責所有出席夥伴的中餐，庇護性農場的精神病友共同種

植蔬果、販賣蔬果。

4. 進行社會關懷，例如：安養中心的老人成立關懷小組，到社區訪
視獨居長者；青少年討論舉辦單車環島活動，並且為偏鄉長者修
理單車。

5. 社會倡導，例如：弱勢團體共同創作歌曲、準備相關資料，透過
演唱、演講或座談，進行社會倡導。

6. 自我突破與超越，例如：受暴婦女組織登山隊，攀登玉山。

這些活動超越傳統的團體運作形式，將團體與實際生活、社會關
懷，或社會行動結合。當團體採用這樣的運作方式時，團體聚會的重點就
在於作活動規劃，成員共同發展出終極目標、階段性小目標，以及用來達
成目標的任務與方法等。在準備階段所有成員需要共同作決策，進行分
工，規劃執行期程，處理合作過程中所出現的問題、挑戰或衝突。

這一類的團體採取非結構式的運作，在設計時所能掌握的是釐清團體
目的與理念，以此作為過程中催化、引導的依據。

在每一次團體聚會前，要回顧上一次團體的情況，整理可以持續探討
或需要進一步觀察的重點，以及每位成員的狀況。把這些資訊放在心裡，
進入團體中隨著團體的脈動前進。

 ## 第三節　團體計畫書的撰寫

團體計畫書可分為新團體的計畫書與每一次團體的計畫書兩種，新團
體的計畫書要呈現所有與團體有關的資訊，每一次團體的計畫書則著重在
該次團體的進行規劃，以下分別說明。

壹、新團體計畫書的撰寫

工作者考量過計畫團體的八個要素之後，團體計畫的內容就成形

了，計畫書的撰寫就是具體呈現出團體的重要相關資訊的做法。本段先說明計畫書的重點，再選用真實案例呈現計畫書的具體內容。

一、新團體計畫書的重點

整體而言，計畫書的重點包含下列幾項（Toseland & Rivas, 2017; Benson, 2010; Yanca & Johnson, 2009）：

（一）前言

敘述成立團體的緣由，描述服務對象的需求，此需求與機構服務目的或範圍的關聯性，以及採用團體的方式提供服務的理由等。簡單地說，就是說明要為誰做什麼，為什麼要這麼做。

陳述的重點是需求，而非對象，例如：需要社交接觸或社會參與，學習照顧幼兒的技巧，而不是安養中心的老年人、年輕的單親媽媽。

（二）目的

團體主要目的，以及依據此目的所發展出來的具體目標（包括希望成員參加完團體可以得到的收穫）。

（三）贊助單位

機構名稱與宗旨、機構資源（設施、財務與人事等）、機構地理位置和相關統計資料。這個部分的資料在申請機構外部經費贊助時需要呈現。

（四）領導安排

工作者的條件與專業背景、帶領的方式（個別帶領還是協同帶領），工作者在團體中所扮演的角色。

（五）理論或哲學性基礎

團體運作所依據的專業理論或理念，通常是以簡潔方式敘述。

（六）成員資格

說明成員的挑選條件和訂出這些條件的原因。

（七）團體結構

團體的大小、成員進出團體的自由度、團體結構化程度、團體規則與時間規劃等。

（八）團體主要內容

團體聚會要進行什麼。如果團體會用到教案，以表格簡要呈現每一次團體的主要內容，並且附上一個單元的詳細規劃。

（九）團體前的準備

成員來源，聯絡和提供相關訊息的方法或管道，挑選成員的方法和原則。

（十）記錄、評估、督導或諮詢的安排

提供團體紀錄的表單和項目，說明評估的層面與資料蒐集方式，簡述督導的方式、頻率和人員。

（十一）聚會場所空間安排，簡述聚會場地空間大小與設施和設備。

（十二）需要的資源

所需的資料（例如：招募單張、同意書以及其他項目），經費與或預算和交通等，以及如何取得這些資源。

（十三）預期的阻礙、困難與因應構想

如果方案計畫是以標案方式取得補助和贊助，這些問題的說明格外重要，表示方案計畫有預想的障礙和排除障礙的構想。

並不是每一份團體計畫書都要涵蓋上述十三項重點，工作者可以依據實際需求，選擇必要的項目作為計畫書撰寫的重點，例如：團體經費主要來源是外部贊助，就需要交代贊助機構的資料；如果機構重視理論或哲學性基礎，計畫書就要有這些內容；如果申請外部贊助，或機構重視成效，就要具體陳述成效評估的規劃，讓外部贊助單位或機構了解團體設計的嚴謹性與團體成果的可預期性（Benson, 2010）。

二、新團體計畫書實例

上述所呈現的新計畫書撰寫標題和格式並非一成不變，工作者著手撰寫新計畫書時，可以考量機構特性或個人習慣用詞，彈性調整標題。撰寫的基本原則是簡單、清楚，具體呈現工作者的構想，讓閱讀者對於團體的規劃有清楚的了解。

本段選擇新團體計畫書中理論與哲學性基礎、團體聚會規劃、帶領團體的方式及團體內容等項目，呈現計畫書的內容，作為撰寫參考之用。

（一）理論與哲學性基礎

本團體是以過程為導向（process-oriented）、團體為中心（group-centered）和賦權取向（empowerment approach）的團體。所依循的理論不限於任何特定、單一的觀點，採取綜融的理念，融合不同的理論。個人受完形治療（gestalt therapy）觀點的影響，我會把自己視為一個輔導工具，用我的反應作為對當事人的回饋，重視當下的互動。我也會考慮系統與團體動力（包括規範、角色、地位、凝聚力與團體文化等）的影響，將團體視為一個社會系統（social system），此系統是由其內在元素和彼此間的互動和連結所構成，因此會影響個別成員與整個團體的行為，這些元素都幫助我看清成員與團體所處的情境脈絡，避免把問題過度歸因於個人。

帶領團體的過程，我會特別留意成員的思考、情緒與具體行動，亦即關注於認知、感受和行為三方面之間的連動。

（二）團體聚會規劃

本團體屬於結構式、單元性質的團體，每週聚會一次，每次一小時，持續一學期，共聚會十三次。聚會以結構式團體活動為主，融合部分非結構及過程取向的方式，在六十分鐘的時間裡，區分暖身、工作與結束三個階段。聚會最後會有輪流摘要和總結的時間。每次聚會的結構程度與主題，均視成員及整個團體狀況而定。

（三）帶領團體的方式

對團體的成員（兒童）而言，口語表達清楚意向與想法的對話互動有其困難，尤其是要他們以口語表達情緒與想法，他們似乎比較習慣你問我答式的方式互動，因此團體領導者採用指引式的方法，讓孩子可以順利表達自己。

（四）團體主要內容（因篇幅限制，僅呈現三次團體的內容設計）

團體內容規劃為暫時性的構想，隨著團體的進行，會隨整個團體與個別孩子的狀況做彈性調整。

第四次聚會在暖身活動（「什麼遊戲」）之後，進行「故事接龍」。由領導者起頭，孩子們接續輪流說故事，述說必須包含人、事、時、地、物等要項，透過自由地說故事讓孩子抒發壓抑的情緒，並檢視性別方面的差異。

第五次聚會進行「優點轟炸」，孩子輪流用一分鐘說出自己優點（不得使用「假如」或「但是」字眼），再以大約三分鐘聽別人說出自己的優點（只需聽，不需表示感激），最後討論被炸的經驗。

第六次聚會進行「圖畫完成」，運用孩子愛畫畫與塗鴉的興趣，區分成四組，在特定題材下，各組在限制的時間之內，接力將圖畫完成，之後各組輪番對完成的圖畫作解說，這些活動讓孩子學習專注的聽、清楚的表達，與有效的合作。

貳、每次團體計畫書的撰寫

每次團體的單元計畫書可以用敘述式、條列式或表格式呈現，不論用哪一種方式進行，重點在於讓閱讀者清楚了解該次團體的目標與進行的方式。

一、敘述式方案計畫

以喪偶老人走出哀傷的團體為例（王沂釗等譯，2014），以下針對團體目標、團體主題與做法等層面呈現第一次團體的方案計畫。

（一）團體目標

這個團體的目的是要幫助這半年到一年內喪偶的長者走出哀傷，重新開始面對生活。在這個目的之下，所發展出來的具體目標包括滿足情緒需求、改變對失落反應的迷思與誤解、增進發展新人際關係的能力，以及透過面對悲傷提升自尊。

（二）團體主體與做法

第一次團體預計要進行的內容包括破冰和自我介紹、澄清成員對團體功能的疑問、討論團體規範與期望，以及在團體外的社交活動等。

自我介紹的重點包括名字、失落的情況，以及相關的經驗，除此之外，可能會請成員分享在來參加團體的路上，在想些什麼、有什麼感覺。

成員自我介紹完之後，會針對團體目標作討論，釐清他們想要了解團體的任何問題。

接著討論團體的規範與期望，包括準時、保密、投入、傾聽、不批判等。

成員在團體外保持連繫可以幫助他們處理寂寞、打破人際疏離，因此會主動請成員討論對這件事情的看法。

團體最後會請成員說說參加團體的感覺，並且簡單說明下次團體預定

進行的內容。

二、條列式方案計畫

本段以治療性成人團體爲例（Benson, 2010），用條列方式呈現第一次團體設計的目標、主題與團體預計的規劃等三項。

（一）團體目標

1. 讓成員彼此熟悉。
2. 提供有關團體的資訊。
3. 協助成員說說他們爲什麼會在團體裡出現。
4. 建立信任與親和關係。
5. 提升自我表露的意向。

（二）主題：初次見面

（三）團體預計的規劃

1. 椅子擺一個小圓圈，以催化溝通與互動。
2. 準備輕音樂讓成員放鬆，茶水與點心讓成員覺得舒適自在。
3. 歡迎成員，進行破冰活動。
4. 說明這次團體的目標。
5. 自我介紹（預計從下列幾個題目中引導成員分享：我是誰、我現在的感覺、爲什麼我會在這裡、我對團體的想像、期待與害怕等）。
6. 回顧這次團體。視團體情況從下面幾個題目中挑選合適的進行：我喜歡這次團體的哪些部分，我不喜歡這次團體的哪些部分，我現在的感覺，對我而言，這次參加團體的經驗是怎麼樣的。進行的方式可能是整個團體一起講，也可能是分組分享，視團體當時的情況作選擇。

7. 討論下次團體的議程。

三、表格式方案計畫

以青少年拓展人際關係團體為例，第二次團體目標為學習交朋友的方法，本次團體的計畫用表格方式呈現如下：

活動目標	進行做法	所需器材	預計時間
1. 彼此熟悉 2. 回顧上週團體內容	1. 進行暖身遊戲（大象、牛、兔子、你與我）。 2. 成員自願說出上次團體進行的重點。 3. 工作者做補充。		五分鐘
探索交朋友的方法	1. 個人寫下自己交朋友的方法。 2. 找一個較不熟悉的夥伴，討論彼此所寫下的方法。	四開海報紙、彩色筆、膠帶	五分鐘
練習交朋友的方法	1. 各小組把所討論的方法貼出來。 2. 成員圈選有興趣的方法。 3. 團體討論這些方法與大家的圈選。 4. 選擇一、兩個方法進行角色扮演。	紅色小點貼紙	二十五分鐘
交代家庭作業	每位成員說出這個禮拜想要嘗試的事。		五分鐘
回顧	用句子完成分享收穫：今天我在團體中學到的一件事是。		五分鐘

參考書目

中文部分

王沂釗、蕭珺予、傅婉瑩譯（2014）。團體諮商歷程與實務。臺北：心理出版社。

呂寶靜（2012）懷舊團體介入方案對增進社區老人福祉成效之初探。臺灣社會工作學刊，10，119-152頁。

莫藜藜譯（2014）。團體工作實務。臺北：雙葉書廊有限公司。

英文部分

Ashford, J., LeCroy, C., & Rankin, L. (2017). Human Behavior in the Social Environment: A Multidimensional Perspective 6th. Boston: Cengage Learning.

Benson, J. (2010). *Working more creatively with groups*. Oxon, Ox: Routledge.

Brandler, S. & Roman, C. (2015). Group Work: Skills and Strategies for Effective Interventions, 3rd Edition.

Hepwort, D., Rooney, R., Rooney, G. & Strom, K. (2016). *Direct Social Work Practice: Theory and Skills*, 10th Ed. Boston: Cengage Learning.

Malekoff, A. (2004). *Group work with Adolescetns: Principles and Practice*. N.Y.: the Guilford Press.

Newbery, P. (2002). *Nuts & Bolts: A Practical Guide to Group leadership* Hong Kong: Vox Amica Press.

Reid, K. E. (2002). *Social Wrok Practice with Groups: A Clinical Perspective*. Boston Birkhauser.

Shulman, L. (2012). *The Skills of Helping Individuals, Families, Groups and Communities*. Belmont, Ca: Brooks/Cole.

Toseland, R. W., & Rivas, R. F. (2017). An Introduction to Group Work Practice. Pearson Allyn & Bacon.

Yalom, I. & Leszcz, M. (2020). The Theory and Practice of Group Psychotherapy 6th- Basic Books.

Yanca, S. J., & Johnson, L. C. (2009). *Generalist Social Work Practice with Groups*. N.Y.: Pearson Education, Inc.

第七章
團體發展與
階段任務

許臨高、曾麗娟

有關團體的發展，葉龍（Yalom, 1985）認為，每一個團體的成員性格不同，互動也會有差異，所以，每個團體都會經歷不同的發展（林孟平，1993）。而所謂的團體發展又可稱之為團體的生命循環（group life cycle），是指團體在速度移動的過程，會循著一個可依循脈絡前進，通常團體發展過程依照其特質，是可找到其概略所屬的發展階段。一般而言，沒有任何一個團體的發展路徑和階段，與其他的團體完全相同，且成員同質性愈高，目標愈明確，團體發展愈快，換言之，團體發展主要受到成員的特質與團體目標的影響（林萬億，2002）。

　　學者對團體發展歷程分法各異，不管團體發展速度的快慢，Muhler（1969）將團體發展分為開始進入、轉換、工作及結束等四階段；Hartford（1971）整理團體發展過程包括團體前、組成、整合／不整合／再整合、團體功能運作與維持、結束等五個階段；Trecker（1972）將團體的發展分為開始階段、出現團體感覺、凝聚力的形成與發展、目標達成、興趣衰退與團體感覺降低、結束階段；Hansen（1980）將團體整個過程分為第一創始階段、第二矛盾與對質階段、第三內聚力的階段、第四生產階段、第五結束階段；Corey（1985）將團體過程分為第一創始階段、第二艱困階段、第三內聚力出現的工作階段、第四結束階段；Northen（1988）的觀點，其認為團體發展包括第一適應融入階段、第二不滿和權力衝突階段、第三共同工作階段、第四分離、結束和轉銜階段；Henry（1992）將團體發展分為六階段，包括發起、召集、形成、衝突／失衡、維持、結束；林孟平（1993）將團體發展分為四階段，包括創始、過渡、委身、終結；Hepworth, Rooney & Larsen（2002）將團體發展分為：階段一團體初期／趨避行為、階段二權力與控制／過渡期、階段三親密期／發展一個親密的參考架構、階段四區分期／發展團體認同與內在的參考架構、階段五分離期／漸行漸遠；林萬億（2007）將團體發展分為團體啟動期、團體聚集期、團體形成期、團體衝突期、團體維持期、團體結束期等六階段；Gitterman & Salmon（2009）將團體分為預備、開始、中間、結束及轉銜等五個階段；Benson（2010）將團體分為開始融入階段、中間控制階段、後段情感階段及結束分離階段；Toseland & Rivas（2012）將團體的發展階段分為團體計畫階段、開始階段、中間階

段、結束階段。

Hepworth等人認為團體發展階段會受到成員特質及性別、帶領者技巧、團體方案設計與活動的內容等因素的影響（Hepworth et al., 2002），筆者考量國內社會工作實務界，運作團體工作之情況，本書將團體發展階段分為開始、轉換、工作／生產、結束等四個階段。

當工作者欲運用團體工作來協助一群受助者，就得展開行動，稱之為「計畫」，而計畫包括兩項主要的任務，一項是計畫組織一個團體，及團體形成前的準備工作；另一項是團體領導者與成員為了進行團體，在各個階段所規劃的方案活動。工作者在計畫組織團體時，要注意個別成員的動機、期待與想要達成的團體目標；要考量整個團體的目的和促使團體產生互動的因素；也要考量影響團體功能發揮的機構組織、社區和社會等團體環境方面的因素。總而言之，針對本書處遇性（treatment）及任務性（task）兩類型團體之計畫組織工作，必須要循一套步驟，包括確定團體目的、評估潛在成員及贊助單位、確定經費、招募成員、組成團體、行前講習、訂定契約、準備團體所需的設施設備、檢閱相關文獻、選擇監督和評估工具、準備書面計畫書，以及必要時得計畫虛擬團體以電話或是網路相互接觸，以替代面對面互動的團體等十二項工作內容。這些工作在實際進行時，可以同時幾個步驟一起進行，不一定要循序漸進（許臨高等譯，2000；莫藜藜譯，2013；莫藜藜譯，2014；莫藜藜譯，2023；Toseland & Rivas, 2012; Toseland & Rivas, 2022）。

本單元係針對準備工作就緒，展開團體之後的階段進行介紹。以下分為四個小節，主要介紹的內容包括各階段的團體動力的現象，以及各階段的目標與工作重點。筆者參考多位學者的資料，整理如下（莫藜藜譯，2013；曾華源、李自強主編，2004；方紫薇、馬宗潔等譯，2001；許臨高和莫藜藜譯，2000；許臨高主編，1999；劉曉春和張意真譯，1997；黃惠惠，1994；林孟平，1993；Toseland & Rivas, 2012; Benson, 2010; Gitterman & Salmon, 2009; Hepworth, Rooney & Larsen, 2002; Northen, 1988）。

第一節　開始階段

　　在團體的整個發展歷程，不論是對資淺或是有經驗的工作人員而言，團體的開始階段，特別是第一次團體聚會對未來所發展出的團體氣氛和成員互動，具有關鍵且重要的影響，所以團體的開始階段，也可以說是團體定向探索的階段。處於此階段的成員會帶著不確定、焦慮、緊張，比較自我，尚未對團體有任何承諾的感覺進入團體；成員彼此之間，成員與工作者之間對於團體的目的和特定的目標，尚未形成共識；成員彼此之間的關係也未確定，比較會依賴團體工作者。以下筆者將回答下列兩個問題：處在開始階段的團體，會出現哪些動力現象？其次，團體工作者該如何有效地協助處在開始階段的團體聚會？

壹、階段特色─動力現象

一、陌生和焦慮

　　成員初次進入到團體，往往會有許多的不安、焦慮、害怕。像是關心團體中其他成員是誰？他們會想認識我嗎？他們跟我一樣具有相類似的問題嗎？當我發現在某些方面不如他們時，我會感到羞愧嗎？他們能為我保密嗎？我會不會暴露太多有關我個人的資料？團體的成員會同理和支持我，或是會面質和攻擊我？如果他們也有與我相同的問題，如何能幫助我呢？總而言之，對自己在團體中的人我之間和自己的角色定位有較多的疑慮。

二、客氣有禮

　　該如何陳述比較適宜，是直接或是委婉地說明？我會不小心採到地

雷，冒犯別人的禁忌嗎？這些擔心和疑慮等的種種情緒，會導致團體成員封閉和偽裝自己的情緒，在相處時很有禮貌、很客氣，氣氛看似很融洽且相互支持，其實是心存戒心，害怕說錯話、做錯事。

三、團體缺乏自發性和流暢性

由於不清楚其他成員的想法和期待，成員會處在觀望和等待中，企圖了解什麼是團體所可以接受的行為，意在保護自己，期待獲得他人的接納及喜歡。成員參與的狀況較不平均，彼此互動也較少，較為表面，較以團體工作者為中心。團體顯得較為沉默，進度也較緩慢，缺乏自發性，流暢度也顯不足。

四、抗拒或過度依賴領導者

此時期由於不清楚自己的角色定位，不知到什麼可以做，什麼不可以做，有些成員會相當依賴工作者，有的甚至會公開要求帶領者扮演積極介入的角色，包括由工作者決定團體的議題、結構及控管成員的行為；有些成員會探究團體的容忍度，也會試探團體帶領者對成員權益保護的能力與程度。而成員過去的生活經驗，以及曾經參與過團體的經驗，也會影響當事人在新團體中的行為表現，例如：一個被動的成員，總是期待和習慣別人直接告訴他事情該怎麼做，這樣的成員在新團體中將缺乏主動性和創意；一位成員在過往的團體經驗中缺乏成就感，那他可能在新的團體中不會投入太多的努力，以致呈現出對團體工作者期待上的抗拒。

五、趨避衝突

團體開始階段，明顯地會出現趨避行為（approach-avoidance）。團體初期由於成員對團體的目標不夠了解，也不太確定自己可以從團體中得

到什麼益處，故而會採取試探性的態度，有時會負起責任，有時又裹足不前；彼此之間會有互動，但會避免過於親近，以避免可能帶來的傷害。其實這種發生在團體開始階段的猶豫不決的互動，提供了團體發展關係的空間，成員在這種過程中試圖找到可以分享感受和想法，以及值得信任的人。

六、以公眾我進行分享

基於擔心和防衛，團體成員會以彼時彼地的話題展開對話，這些話題是比較表面但屬較安全的內容，但也是一般參與者較缺乏興趣的話題，例如：天氣、居住地等。為了減低自己的壓力或是在團體中冒險，處在開始階段的成員，會以公眾我代替此時此地真實的感受，這種溝通的內容和型態是相當刻板和侷限的。

七、尋找共同點

尋找成員間的共同點是很普遍的現象，其是處遇性團體較常出現在團體初期的特徵之一，過程中發現團體成員的問題是如何的相似，會讓成員抒解不少焦慮，同時也為團體凝聚力的建立，奠定初步的基礎。

八、給予和尋求忠告

處遇性團體的初期較常出現的另一個特徵是給予和尋求忠告，這些指導性的回應較不具實用價值，但可視為初步成員表現對彼此關心和興趣的話題。而這樣的內容和回應也可以作為剖析團體發展是處在剛起步，或是發展一段時間但有阻礙的老團體中。

總言之，在團體開始階段較以團體工作者為中心，而成員參與的狀況會因人而異，有的較多、有的遲疑觀望，且彼此互動狀況有的較深、有的

較少也較淺。

貳、工作重點與目標

擔任團體帶領的社會工作者，如果有情緒困擾、過於疲勞，或是身體狀況不佳，都會成為工作上的阻力，所以能否有效地帶領團體的進行，工作者的身心狀況十分重要；而在團體的開始階段，工作者的言行態度，若能對團體的成員表達出接納、溫暖、同理、尊重、信任、誠摯、支持、肯定等，將可以產生很好的示範作用，進而逐漸形成團體良好的互動與溝通模式（Rogers, 1987; Corey, 1987; Hansen, 1980）。

初次進入團體，成員對團體不了解，不知自己要做些什麼。所以在這個階段的目標和工作重點，主要在協助成員了解團體的目標和過程，訂定與確定契約，尋找並確定成員在團體中的定位和位置，開始提供服務。

處遇性的團體需要確立和完成下列的工作，包括協助成員彼此認識、創造安全信任的關係、協助成員感覺自己是團體的一分子、討論及釐清「保密」工作、澄清和確定團體的目標、建立工作的契約、建立團體規範、幫助團體成員產生動機和能力、處理成員的矛盾和抗拒、預測可能產生的阻力等。

由於任務性團體和處遇性團體性質不同，筆者認為在開始階段，任務性團體的帶領者主要工作聚焦在：協助成員彼此認識、確定團體的任務、目標和功能、建立團體規範和工作契約、幫助團體成員產生動機和激發能力、預測可能產生的阻力等，希望能促成成員之間彼此合作，並以創造性的態度一起工作，逐步達成任務。

以下筆者逐一介紹團體開始階段的目標和工作重點（莫藜藜譯，2013；林萬億，2007；方紫薇、馬宗潔等譯，2001；許臨高和莫藜藜譯，2000；許臨高主編，1999；黃惠惠，1994；林孟平，1993；Toseland & Rivas, 2012; Benson, 2010; Gitterman & Salmon, 2009; Northen, 1988）。

一、建立初步的認識

消除團體的陌生感，協助成員彼此之間，以及成員與工作者之間關係的初步建立，期能逐步展開共同工作。處遇性團體的帶領者可以運用認識的活動、輪流發言自我介紹或是交互介紹等方案，協助彼此熟識；也可以運用說哈囉、哼小調等方式創造團體熱絡的氣氛；任務性團體，一般而言僅需簡要由團體帶領者或是成員自我介紹所代表的機構、職稱、姓名即可。

二、澄清及確定團體目標

團體的形成最初可能是由團體的工作者、機構員工、潛在成員，或是社區人士等所促成的，而團體工作者於團體開始階段，帶領所有成員討論我們聚在這裡是要做什麼，團體的目的為何。為預防團體缺乏方向，避免讓成員產生挫折或是沒有成就的感覺，透過澄清大家的期望，確定共同的團體目標，以作為團體工作方向的依循。

三、討論和釐清保密的議題

處遇性團體的成員常會關心自己所分享的事情，是否會在團體之外被討論；任務性團體的成員通常比較不會在團體中分享較為私密的個人訊息，但因常不確定可以和同事分享哪些內容和計畫，故不論是處遇性團體或是任務性團體，工作者均須要帶領討論保密的範圍，強調保密的重要性，提醒成員注意哪些內容具保密的必要，以及如果違反此規範，對團體所可能帶來的影響。除此之外，工作人員有時必須回應執法人員的詢問，有時需要和督導或同事進行相關問題的討論，因此工作人員的倫理職責，對保密的限制，和誰以及在什麼情況下可以說什麼，都有必要向成員交待清楚。

四、建立團體規範

團體規範是保障團體成員權益和運作的重要依據，其是團體行為的準則，也是成員規範自己行為的標準，藉此讓團體成員的行為能有所依循，且對彼此的行為可加預測，也知該如何反應，增加團體的安全感和信任感。團體規範的討論可以提供成員洞察到團體的價值觀，例如：不可打斷別人的發言，不攻擊他人，尊重彼此的觀點和感受，要以積極、誠懇和信任的態度與他人互動合作、共同作決策等，這些規範代表該團體重視民主的參與，和強調尊重信任等價值。總而言之，團體規範，不宜完全由工作者作決定，應由團體共同討論後確定，如此成員比較會遵守與執行。至於規範內容，有些是基本的，例如：保密、準時、不強迫他人做不想做的事情等；有些則是依據服務對象而作不同的規範，例如：兒童團體，可以增列不可攜帶玩具到團體中。

五、訂定工作契約

為了達成目標或任務，與團體成員訂契約時，不論是處遇性團體或是任務性團體，應注意契約的內容愈具體愈佳。目標訂定宜具體簡要，包括誰做什麼事？在什麼情況做什麼？以及結果該如何評估。

六、創造安全與信任的關係，協助成員感覺自己是團體的一分子

團體的工作者協助成員找到可與他人分享的興趣、共通性、個人的優勢，幫助成員能在團體中感到安全與信任感，進而覺得自己是團體的一分子，尊重個別差異，逐漸形成團體凝聚力。

七、處理成員參與的問題

　　特別是處遇性的團體在開始階段，需要對團體成員參與的問題特別重視。因為初期成員的流動率，是否能準時出席、缺席等，都可能影響未來團體的穩定度和後續實務的運作。工作者如何能有效地維持及處理成員參與的問題，對出席情況不穩定的成員持不鼓勵的態度。筆者認為在團體形成前，若能適當地篩選成員，讓潛在成員清楚地了解團體組成的目的和期待，或可使成員正式加入團體後，減少流失。

　　總而言之，團體工作者對開始階段聚會整個結構的設計，應該要能達成下列任務：

1. 介紹成員彼此認識。
2. 工作者作一個簡短精要的開場白，說明機構提供團體服務的目的，以及關心的議題為何。
3. 從團體成員獲得回饋，以了解機構所提供的服務是否能配合及滿足成員的需求。
4. 澄清團體工作者的任務和會運用什麼工作方法，協助成員達成目標。
5. 直接面對和處理足以妨礙團體有效運作的問題，例如：對某成員的刻板印象、非自願參與團體的成員等。
6. 鼓勵團體成員之間的互動。
7. 為了讓成員彼此之間有安全感，逐步發展支持性的團體文化。
8. 協助團體成員為未來發展出一個假設性的議程。
9. 釐清機構和團體成員共同的期待，例如：成員對工作者的期待為何，工作者除了希望成員不缺席、能準時等，還有任何其他對成員期待，彼此的期待均可放到工作契約或是團體規範中。
10. 擬逐步完成的工作，並取得團體成員的同意，鼓勵成員誠實地回饋及評估每一次團體進行的成效。

第二節　轉換階段

　　轉換階段是團體進入中間階段之後可能出現的一個階段，這個階段又稱之為風暴期（storming stage）（Tuckman, 1963）或權力期與掌控期（power and control stage）（Hepworth et al., 2010）。在這個新的階段中，成員的互動關係會出現震盪，彼此的壓力與摩擦會增加，成員與領導者的衝突也會增加，團體開始缺乏一致性，成員也開始挑戰先前所建立的架構（Reid, 2002）。

　　為了要使團體能夠度過此一不穩定的階段，工作者要對此階段的特色、處理重點及工作者所扮演的角色等課題有清楚的認識。本節針對階段特色－動力現象、工作重點與目標等議題進行探討。

壹、階段特色－動力現象

　　這個階段的團體動力特性包括自主與反抗、測試挑戰工作者、團體衝突，及運作失衡等，以下分別說明（方紫薇，2001；Lindsay & Orton, 2011; Hepworth et al., 2010; Reid, 2002; Henry, 1992; Glassman & Kates, 1990; Northen, 1988）。

一、自主與反抗

　　經過開始階段之後，成員體認到參與團體是安全、自在、有收穫、值得投入情感的，對自己是重要的；也對自己有信心，想要在團體中找尋個人的角色與發揮空間（Lindsay & Orton, 2011）。

　　自主的意涵是希望能夠作團體的主人，團體能符合自己的期望，因此會嘗試去改變團體（Northen, 1988），企圖擁有對團體實質的掌控與影響力。成員隨著自主意識抬頭開始反抗工作者，團體先前所發展出來的結構或形式是當時大家覺得安全有必要的，工作者對團體的發展有高度的

掌控，包括形成團體、選擇團體成員、引導大家討論團體目標、規劃團體所要進行的活動，成員跟隨著工作者的引導前進。但成員處在轉換階段對工作者權力的專制表現有壓迫感，不想要服從工作者的帶領，想要管理團體、掌握團體的方向（Henry, 1992）。

抗拒與自主是一體兩面，成員因為自我意識出現而開始對團體、工作者及其他成員有意見，拒絕參與，也拒絕接受團體的影響，或抗拒自己應該要承擔的任務。

二、測試、挑戰工作者

成員會測試工作者，看看工作者會不會關懷、接納他們，會不會運用所擁有的權力來限制或掌控成員，會不會保護他們，有多少誠意。如果工作者所帶領的團體是自然團體，成員會想弄清楚工作者會不會竊奪正式領導者或自然領導者的權力。測試的方法包括用激將法或招惹工作者，促使工作者運用權力來對付自己；拿工作者與其他團體領導者作比較，針對工作者的種族、年紀、地位或生理特徵作評論；故意破壞規則，表現出不適切的行為，或傷害自己等（Northen, 1988）。

成員除了測試領導者之外，也會公然挑戰領導者，因為領導者不提供解決之道，要成員自行去探索，運用自己的資源，而使得成員的期待或渴望受挫。另外，成員可能會發現不論多麼努力，沒有人可以真正成為領導者的最愛，領導者對每個人的興趣或關照都不會多於其他人，而覺得好像被領導者背叛了（方紫薇等譯，2001）。

因為對工作者產生負向情緒，成員開始找各種理由進行挑戰，包括成員的需求未被滿足、共同目標無法照顧到個別目標、採行的做法不能滿足個別目標的達成、工作者與成員都沒有投下足夠的心力來參與團體等。成員會認為工作者作為團體的負責人，應該要為這些缺失負起責任，故把所有不實際的歸咎都推到領導者身上（Hanry, 1992）。在認定工作者無法發揮他們所期望的功能之後，就開始不理會工作者，不論工作者要做什麼，都當作沒那回事（Glassman & Kates, 1990）。

三、團體衝突

團體產生衝突的原因大抵有三個，第一個原因是成員因為自己的需求未獲得適切的滿足而認定工作者，團體及其他成員需要對自己的不滿意負責，因此公開怪罪，引發出團體中的衝突。第二個原因是成員想要主導團體的進行，由於每個成員所認為的「應該」各有不同，大家僵持不下，衝突就產生了。第三個原因是成員干擾團體的運作。個別成員習慣性地炫耀自己，挑剔或批判別人，教導別人，積極主動地談論自己有興趣卻與團體主題無關的話題，使得其他團體成員感到不耐煩或挫折，而引發人際衝突。

團體衝突出現之後，成員會主動形成聯盟或組成次團體來相互對抗，甚至要求工作者要選邊站，以拉抬自己的聲勢；也會要求工作者要掌握某個成員或整個團體（Glassman & Kates, 1990）。

這些成員積極把衝突浮上臺面的動作對團體成員產生各種不同的影響，有些成員感到害怕、退縮，有些成員用語言暴力、攻擊或拒絕等破壞性的方式回應；有些成員被孤立之後，因為沒有次團體的保護而開始缺席；有些成員發現團體外的吸引力較大而開始缺席；有些成員雖然選擇留在團體中，卻消極地保持冷漠、壓抑敵意（Henry, 1992; Reid, 2002; Hepworth et al., 2010）。這些人際衝突使得團體面臨保護與支持（protection and support）的重要課題（Northen, 1988）。

四、運作失衡

這個階段的團體運作是失序的，溝通表達的方式進入新的階段，成員自覺有權對其他人做出單方面的分析與評斷，而把社交習慣與禮貌丟在一邊，恣意地批判他人的行為或態度，或以戲謔的方式對別人提出忠告或建議，使得團體中負面能量愈來愈多（Yalom, 1995）。

團體的目標、方向與方法、程序都失去原先具有的功能（Glassman & Kates, 1990），大家七嘴八舌莫衷一是，不知如何是好，使得團體陷

入混亂之中。成員的認定與投入開始動搖，對團體的信任受到挑戰，滿腦子所想的是「我們是朝向大家所要的方向前進嗎？」「我們到底在幹什麼？」（Henry, 1992）。在這種情況下，成員開始拒絕接受團體的影響，抗拒執行自己應該要承擔的任務（Tuckman, 1965）。這些狀況都讓團體面臨規範性危機（normative crisis）（Northen, 1988）。

貳、工作重點與目標

工作者要協助團體以建設性的方式處理所面臨的課題，需要掌握的工作重點與工作目標如下（Northen, 1988; Garvin, 1997; Hepworth et al., 2010; Toseland & Rivas, 2012; Zastrow, 2012）。

一、穩定成員的參與及團體的運作

此階段成員與團體都處在不穩定的狀態中，團體運作上的更動（例如：更換領導者、改變聚會時間或場所、加入新成員等）可能讓成員感到困擾、失望，引發成員的防衛，進而影響其參與。對團體而言，準時出席與穩定參與是重要的，因此，工作者要盡可能減少改變，以增加團體的穩定性，並引導團體成員確認這些要素的重要性與影響這些課題上所做出決定。

增加團體運作的穩定度還有一個做法，工作者可以帶領大家回顧契約，看看原先所制訂的目標與做法，回想參與團體的初衷，以及這一路走來團體的情況，藉此引發團體的穩定與持續性。

穩定團體運作的穩定度的第三個做法是工作者對待成員的方式。不論成員如何看待工作者，工作者在溝通互動的過程中要盡可能流露出溫暖、堅定、接納、同理與尊重，透過冷靜、不防衛、不批判的態度來維繫團體的穩定。

成員能夠持續參與團體，且進行地穩定順暢，則團體有機會順利度過這個不穩定的擺盪階段。

二、持續了解團體與成員

在此階段工作者要持續了解團體與個別成員，以便依據這個了解進行必要的處遇，以下分別說明：

（一）了解團體

對團體的了解包括團體結構及團體歷程。團體結構包括團體溝通互動、規範、角色、地位、權力、凝聚力等溝通互動部分要看成員參與溝通互動的模式（發言頻率、使用的時間、互動的對象及其影響等）。規範部分包括有哪些規範在運作，這些規範所產生的影響如何。角色的部分如成員所扮演的角色及其所發揮的功能為何，有哪些次團體形成，這些次團體用什麼方式參與團體，有哪些人被孤立、被當成代罪羔羊。地位部分要了解成員在團體中所擁有的地位為何，其所擁有的地位對於其行為表現及對規範的遵守有何影響。權力的部分如了解個別成員所擁有的權力有哪些，運用權力的方式及所發揮的功能為何。

凝聚力部分要看成員間的人際關係有沒有呈現出接納與情感，什麼因素讓團體吸引成員，吸引的程度如何，成員對團體目標所表現出來的態度是冷漠、敵意還是熱烈支持。

團體歷程的重點包括團體用什麼方式作決策、處理問題、解決衝突，團體所採取的做法所發揮個功能如何，團體中某一個事件出現後所呈現出來的前因後果為何。

透過這些向度可以了解各個動力要素是否具有能量、有彈性可更動，還是固著、靜止的狀態，沒有能力因應改變；團體成員之間或成員與工作者之間在目標、價值與期待的一致性如何，以及個別成員的需求、問題及潛力的了解等。有了這些了解之後，工作者就可以做必要的處遇。

（二）了解個別成員

對個別成員的了解包括個人內在狀態及人際互動狀況兩部分。工作者需要了解個別成員面對團體的混亂與不穩定所產生的情緒、看法，及相關的觀念，引發的動機或期待是什麼；成員的人際互動狀況，包括了解人際

互動的目的：進行溝通的目的是要說服、獲取權力、維繫關係，還是建立聯盟；內容：與團體正在進行的主題或狀態是否有關聯；表達的方式：採用的觀點與態度是正向還是負向的，這樣的表達對團體產生什麼影響等。

三、澄清目的

相較於團體剛開始的時候，成員與工作者對於成員的能力與需求有不一樣的看法，因此這個時候很適合發展具體可行的目標。工作者鼓勵成員對於団體目的作提問與回應、確認個別成員的目標、釐清這些個別目標的共同性、討論如何將這些目標整合在團體中。當成員看到団體的目的跟他們共同的需求有關時，會有較強的動機想要參與及運作團體。

四、加強正向動機，降低抗拒

抗拒可以避開焦慮或免於受傷，成員會採用不同的方式來抗拒，例如：遲到早退或不出席。即使人進到団體中，也會透過重複討論，把對話重點放在證明別人的錯誤而不是處理問題、冗長的嬉笑等方法來逃避需要面對的課題。工作者者可以點出自己的觀察，引導成員面對自己的抗拒，化解這些抗拒所蘊藏的焦慮、不安等負向情緒，呈現出成員共同的處境，以強化成員的動機。

五、發展溝通、地位、角色與規範的彈性結構

為了讓団體盡速回歸正常運作，工作者要積極發展團體的溝通、地位、角色、規範等之彈性結構。

（一）催化建設性功能的溝通互動

工作者可以採取的具體做法包括下列幾項：

1. 介入成員的負向互動之中，帶領團體看到發展均衡回饋的重要性，除了做負向回應之外，也要做正向回應。

2. 教導成員建立人際關係技巧：包括同理地傾聽，表達需求，問題解決與決策能力等；與團體建立關係的技巧：包括輪流發言，在解決問題之前先探討問題，為自己發言，不為別人發言，直接對要傳送訊息的對象發言等；以及學會區辨有效回應與無效回應，並鼓勵他們在團體對話中運用。

3. 協助成員辨認、傾聽、接受正向回應。這些做法會提升成員之間溝通互動的品質與滿意度，而願意參與對話、主動回應，轉化不良的溝通品質。如果成員面對他人正向回饋時不知如何是好，則要協助辨識這個現象背後所蘊含的失功能認知模式，準備後續改用接納的方式面對。

4. 當先前曾經出現過干擾團體的行為減少，例如：說悄悄話，離題，用口語或肢體動作擾亂他人時，提出此項觀察，並引導成員對此現象作反思。

（二）發展地位、角色與規範的彈性結構

地位、角色與規範是社會整合的三個要素，有彈性的社會整合結構可以激發團體的運作能量，舒緩及化解現階段衝突緊張。工作者同時以個別成員及團體為對象，評估成員所扮演的角色對其個人及整個團體的意義與影響，用支持性的評論與行動鼓勵成員在角色地位上作突破，開發自己的能力去嘗試不同的角色，採用新的溝通方式與他人作有效的互動用不同的方式對團體產生貢獻。

工作者可以覺察出成員在不適切的行為模式與互動之下所擁有的地位或扮演的角色（例如：孤立者、代罪羔羊等），評估這些角色的意義為何，將所觀察的現象提出來，鼓勵、協助成員調整自己的行為模式，用有效的方式與其他成員溝通，並協助整個團體針對大家的行為表現進行檢核，以打破團體中僵化的角色與地位，激發角色結構的彈性，讓成員有機會用不同的方式參與團體，檢核自己的才能。

要協助團體發展建設性的規範，可採用具體行動示範，例如：同

理、企圖了解當下的眞實情況、對團體歷程有信心、支持某些行爲表現、不支持某些行爲表現、作具體建議等，藉由具體示範來呈現適切的做法。

此階段可能出現不良規範，例如：壟斷發言，藉由諷刺或批評表達敵意等，工作者可以透過兩個方式來處理，第一個方式是保護、支持不遵守負向功能規範的成員，同時挑戰該規範。第二種方式是直接處理不良功能的規範，描述所看到的具體行爲或正在發展的事情，邀請團體對此表示意見，催化團體進行討論與解決問題，引導團體承擔起處理的責任。在這個議題快要告一段落時，工作者要帶團體回顧剛剛的過程，釐清歷程對成員有什麼意義，成員在過程中出現哪些情緒。如果有強烈的負向反應出現，工作者要立即處理。

六、藉由處理權威衝突強化關係

工作者可以藉由權威衝突來強化成員與工作者的關係，以及成員彼此之間的關係，以下分別說明：

（一）處理成員對領導權威的挑戰

此議題的處理，可以分兩個層面進行，第一個層面是針對團體爭取領導權的現象進行討論對話，第二個層面是協助成員做好承擔團體責任的準備。

首先，工作者用不防衛的態度，主動在團體中將「成員挑戰領導權」的現象提出來，用平和、理性的態度將自己所體會到的挑戰者的情緒表達出來，藉以引導成員眞實呈現自己的情緒。接下來眞誠說出自己對此現象的看法與回應，以引導成員眞實地針對自主與反抗的議題進行討論。在討論告一段落時，詢問成員希望團體有什麼不同，期望工作者做哪些不一樣的事情。透過此探討，可以澄清工作者的角色與定位，用具體行動將領導權釋放給成員。這個過程中，工作者建立安全、眞誠的環境，鼓勵成員提出眞實的看法與感受，讓成員知道工作者了解他們的需求與意圖，並且做出正向的回應。使得成員體會到工作者的敏銳、接納與彈性，了解工

作者是可以信任的。這系列的步驟走下來，工作者做了幾件重要的事情：提供正向回饋，讓所有人參與，讓成員從自己的作為當中體驗到成功，對於敵對的化解、關係的強化產生建設性的影響。

（二）強化成員之間的關係

工作者除了對成員爭取領導權做出正向回應之外，還可以採取必要的措施，協助成員做好各項準備，以便在擔負團體領導權時能夠發揮功能。具體的做法包括下列幾項：

1. 鼓勵成員之間的溝通，減少成員與領導者的互動，以便未來在團體中進行決策或處理問題。
2. 鼓勵、支持成員採取試探性的做法去影響團體，讓成員有勇氣繼續提出自己對團體事務的看法與建議。
3. 鼓勵支持成員相互分享、彼此協助，以便共同承擔團體的責任。
4. 把團體議題交給團體處理，團體無法獨立處理時，給予必要的協助或意見，讓成員學習處理團體議題，同時累積經驗，增加處理團體事務的能力。

在上述四種做法中，工作者把自己的角色調整為團體溝通的調整者、催化者與助手，讓成員共同承擔團體的運作、發揮領導功能，使得團體逐漸有能力為自己作決定，發展出自己的方向。提升成員之間溝通互動的品質以及影響團體的能力，處理團體事務的能力，讓成員實際擔負起團體責任，團體被賦權，發展出成員的互助系統，使團體工作期的運作更為順暢（Brandler & Roman, 1999; Shulman, 2012）。

七、處理成員之間的衝突與緊張

在衝突出現的第一時間點進行處理是必要的，因為工作者的未即時處理等於用具體行動告訴大家，在團體中最好不要輕易冒險，因為沒有人會

支持你、保護你的（Smokowski et al., 2001）。適切處理成員之間的衝突與緊張可以帶出相互的了解，進而彼此接納，強化情感與關係。

處理衝突要把握的重點包括：(1)把人與衝突分開，就事論事；(2)聚焦於大家的利益或衝突的影響因素，而非成員的立場；(3)先蒐集各種可能的做法，再考量怎麼處理；(4)堅持依據客觀考量作決定，而不是以主觀感覺為依歸（Alle-Corliss & Alle-Corliss, 2009）

工作者進行處遇時要用篤定、果斷的態度，肢體的、口語的方法都用上，例如：用力鼓掌、站起來說話、講話聲量大過成員、擋在爭執的成員之間等。處預的焦點放在與團體相關的事務，而不是個人的態度或行為，因為幾乎沒有哪個破壞性行為不會影響到整個團體。而且，有些破壞性行為是團體「餵養」出來的，所以要以團體作為探討的脈絡，討論衝突行為受到團體成員哪些影響而產生，對團體有什麼影響。

這樣做一方面提升處遇的有效性，一方面避免特別針對某個人，或不自覺地就讓自己有選邊站、偏袒的嫌疑。工作者處理團體中人際衝突的具體做法包括（Northen, 1988; Corey et al., 2010）：

1. 邀請成員描述自己在團體中所看到的現象，協助成員停下來看看整個團體與自己的狀態。透過成員的描述具體呈現出衝突現象，讓成員看清楚自己所面臨的課題是什麼，從這個經驗中所獲得的訊息是什麼，也可以檢核所經歷的不舒服有多強烈。
2. 具體描述成員用來處理衝突的步驟，並對衝突的動力現象作注解，讓成員看清楚自己如何處理衝突。
3. 釐清衝突失衡階段的意義，以化解團體成員面對差異、分裂、歧見時所產生的不舒服。
4. 引導成員針對衝突現象提出建議做法，針對各項做法進行討論，做出決議以處理團體衝突。

上述的處理做法，是在團體經歷過一段深刻的經驗，引發出強烈感受之後，以團體中的衝突所激發出的「當下的經驗」作為素材，引導成員回顧、交流，從經驗中產生對現象的理解、對彼此的了解，共同面對、處理

問題，工作者兼顧到成員的經驗性（experiencing）及歷程闡述（process illumination）（方紫薇等譯，2001；Yalom, 1995）。

　　整個處理過程會影響後續團體運作的歷程及個別成員內在的心路歷程，成員親身體驗到工作者這些具體做法所造成的影響，有可能會學習工作者，運用這些方法來處理在團體外所面臨的衝突。

八、團體外的補強

　　當引發團體衝突緊張的因素與成員個人的問題或狀態有關時，處理的範圍需要拉大到團體外面，例如：成員的需求或問題，需要接觸團體外的重要他人來處理，或需要運用團體以外的時間與當事人進行討論、處理。經過接觸、會談之後，工作者可以判斷成員的需求或問題是否需要團體以外的服務來協助，還是直接在團體中處理。有時候需要協助團體採取直接行動，對團體外的組織、機構、社區或社會發聲，來為成員爭取所需要的服務，或處理需要解決的問題。

　　工作者這些行動都可以直接消彌成員的緊張與壓力，相對地也化解團體的困境。這些具體行動一方面化解團體中的問題，一方面也強化工作者與成員之間的關係。

 ## 第三節　工作／生產階段

　　歷經轉換階段的掙扎與衝突，以及對成員自主性議題的釐清，此時團體由轉換階段的權力與控制，逐漸進入到親密和內聚力的時期。學者們使用很多意義相似，但不同用詞來描述此一階段，例如：團體精神、團體意識、合作與相互支持、團體整合與互助、共同目標等字眼。在此階段團體士氣、彼此信任感及自我袒露會增強，出席率提高，也會對經常缺席或是流失的成員表達高度的關心（方紫薇等譯，2001）。

　　這個階段被認為是團體凝聚力發展的階段，彼此的信任感增加，防

衛減少，對團體的投入增多，認同加深，團體比較穩定，開始執行許多任務，朝向團體目標前進。相較於團體開始階段成員之間客客氣氣、陌生有禮，此階段進入真正的和諧感。成員透過真誠的分享，產生「我們」的一體感，這對於工作生產階段產生重要的影響（許臨高主編，1999；黃惠惠，1994；林孟平，1993）。

筆者針對此一階段的動力現象和階段目標及工作重點做說明，以回答兩個問題：處在工作階段的團體有哪些特質，會出現哪些動力現象。其次，團體工作者可以運用哪些技術和方法，以面對處在工作／生產階段團體成員的需要，並能有效地協助團體達成目標（莫藜藜譯，2014；林萬億，2007；許臨高和莫藜藜譯，2000；許臨高主編，1999；黃惠惠，1994；劉曉春和張意真譯，1997；林孟平，1993; Toseland & Rivas, 2012; Benson, 2010; Gitterman & Salmon, 2009; Northen, 1988）。

壹、階段特色—動力現象

一、真誠與接納

此階段的團體不是個人的集合體，而是以一個整體呈現。成員減少與領導者的互動，代之與團體所有人互動且更為真誠。成員也會因認知到個別差異和獨特性，而自然地與他人分享與表達情緒，並尋求他人的意見，共同解決問題。

二、和諧及一體感

處在此階段的團體成員較易受到內團體成員的影響，有能力去表達負面的感受，亦較樂意去服從團體規範，在團體中維持較多、較穩定的參與且對外在，以及負面的影響有較強的抵抗力。成員之間會彼此傾聽分享、提供支持，並彼此分享，發展出「我們」的感覺，出現較多的凝聚力和合作。

三、順從及一致的壓力

　　相較於之前的階段，成員更能接受團體的目標、決策和規範，但也可能在享受凝聚所帶來的和諧與親密，變得無法忍受不一致的意見，不喜歡與眾人觀點不同的成員，甚至可能會因團體文化不鼓勵生產，而導致團體成效不佳。高度的凝聚力可以帶給團體良好的互動與溝通，成員積極投入與參與；但也會因要求「一致」和「順從」而降低團體的生產力。

四、承諾與改變

　　在此階段，成員會努力留在團體中，對團體的過程比較投入，也比較會遵從團體規範，行為也有所調整與改變。團體的生產力增加，成員對團體的目標有較高的認同，並會為自己的改變負責，嘗試做更多的冒險。

五、對團體充滿信任和希望

　　此階段，成員在眾人面前會開放自己，能自由地表達，對工作者和成員都很信任，自在地參與活動。團體對成員而言充滿著吸引力和希望。儘管如此，每位成員對團體的感受會因人而有些差異。

六、真誠的自我表露，回饋更具參考價值

　　感覺在團體中是安全的，成員較可以表達更多的感情，更真誠的呈現內在的自我，透過工作階段的自我表露，不但可以洞察自己，也更能讓他人了解自己，以獲得回饋及更為有效地協助。相較之前的發展階段，團體中成員彼此之間的回饋更為真誠，也較為多元，對當事人而言更具參考價值。

七、真正的面質

根據黃惠惠（1994）的觀點，真正的面質主要的目的是在協助成員洞察自己成長的障礙，以及自我實現的盲點與矛盾，以開發個人的潛能，達成目標。其乃是基於協助的立場，出自於關心、秉持同理心，與提供真誠和建設性的挑戰，而非敵意攻擊和懲罰。運用面質，以促使當事人能採取最有效的行動自我實現，並在被面質過程學習未來如何自我面質，以達協助自我的目的。

八、此時此地

在此階段，由於彼此之間的信任和同理，成員能真實面對自己、接納自己與其他成員，並與他人真誠的分享當下的感受和情緒。因此，成員之間若有意見不同或是衝突，較能得到立即有效地處理。

九、認知重整

成員在充滿信任、關懷和接納的團體中，除了能釋放情緒外，更能緊扣現實過程中仍可能出現衝突。透過對問題的認識和檢討等認知方面的重建，而對行為改善和問題解決能產生實質的意義。

十、團體運作更為穩固

此階段的團體更能有效的成長，能充分展現團體的功能與成熟度。成員為達成團體目標所付出的精力和包容力，均有助於團體更穩固的運作，以達成社會情緒的維繫與工作任務的完成。

總而言之，相較於團體前二個階段，生產階段是一個實踐、更親

密、具高度凝聚力的時期。團體成員有更多相互探索和統整，生產力增加，成員更加認同團體的目標，衝突威脅較少。

貳、工作重點與目標

一、協助成員更深入探索個人的態度、感受、價值與行為

在一個凝聚力強、具和諧氣氛的團體階段，成員會對自我作更深入的探索，而此行動的採取將有助於成員個人的認知和行為的改變，亦是影響自我突破和個人成長的關鍵。所以工作者可藉此機會協助成員對個人作更深入的自我認識和自我洞察。

二、鼓勵成員相互尊重、關懷與互助

在此階段的成員彼此是以「真我」相待，相互尊重。工作者可以藉此機會鼓勵成員持續表達和分享內心深處的傷痛和困惑，透過成員互為鏡子、互為資源，彼此適時的關懷和支持及資訊的提供，以擴大成員的視野和處理問題的能力。

三、導引與支持

此時團體已具有自覺、自我修正、自我管理與自我引導的功能，而工作者也因適度地釋出領導權，扮演著團體催化的角色，而導引和支持成為十分重要的催化技巧。導引是指朝向團體決定的方向給予適當的忠告、建議及諮詢；而支持則是協助增強團體本身內在支持系統和外在的資源系統。

四、鼓勵表達差異性需求

　　工作者可以藉著鼓勵或是激勵成員表達，來呈現成員彼此創見及個別需求，以及催化成員之間的互動，例如：「你可以告訴我此時此地內心的想法嗎？」「請多說一點，我們大家對你剛才所提及事情，很期待知道你對其後續發展的看法。」「幾個人分享下來，不知你們大家是否有發現共通的問題似乎環繞在一個十分類似的點？」「小葉分享了許多自己親子關係中的衝突與矛盾，我看見不少人眼光泛紅，很有感觸，不知大家是否願意延續這個話題，繼續進行分享？」

五、協助成員認知重建，並將洞察及領悟化為行動

　　協助成員針對自己的認知系統進行檢視，調整自身非理性的信念，藉由自省，以及來自他人的回饋和面質，重新認識和調整自己與周遭環境的互動和關係，並將新的領悟化為具體的行動。透過協助和鼓勵重新檢視其個人所使用的語言和行為模式，以影響成員的自我覺察，例如：「自己經常會得罪人而不自知，不是別人故意找碴，而是自己不知如何與人相處。」之後，能調整自己與他人的互動模式。

六、工作者以身示範，並鼓勵成員嘗試新的行為，進行學習轉化

　　透過工作者的示範和引導，例如：如何同理、面質、具體回饋及進行深度的自我表露等，協助成員彼此互動更具建設性，且鼓勵成員嘗試新的行為，並不斷地予以增強，使其能運用在團體之外。而學習轉化是一個嚴謹的思考過程，包括定義問題、蒐集團體意見、檢視不同的意見並做成決定、計畫行動、採取行動應用到日常生活中，並評估成果，透過前述系列步驟的學習，個人的能力被激發、被增強，並在團體內或是團體外的活動

中，獲得成功的經驗。

Middleman & Wood（1990）認為在工作階段，團體工作者最常用的實務技巧，包括以下幾種（Gitterman & Salmon, 2009）：

（一）尋找一致性（reaching for consensus）

檢視是否多數的成員同意事情該如何進行。

（二）尋求差異性（reaching for difference）

幫助成員從多角度去看事情，以增廣視野的範圍和可能性。

（三）勇敢面對情況（confronting situations）

所有相關的成員以開放的態度交換訊息，可能可以影響每個成員覺察問題或特定議題的觀點。

（四）尋求分享感受（reaching for feeling）

邀請成員描述當下其所經驗到的情緒。

（五）闡述細緻訊息（amplifying subtle messages）

注意常會被忽略的溝通行為，例如：言語、聲音、表情等，是以一般團體的情況為例，而非特定的某位成員做說明。

（六）報告自我感受（reporting own feeling）

描述個人在當下所經歷到的情緒，透過這樣方式，將有助於團體其他成員的自我揭露。

（七）回饋（giving feedback）

重複某位成員曾說過語句中的重要意涵，並確認是否正確，是否是當事人所想要表達的意思。

（八）檢查推論（check out inferences）

詢問某個想法、直覺或解釋，對成員而言在某些特定情況下是有根據且令人信服的。

（九）給予資訊（giving information）

提供團體事實、意見或觀點，以增加成員對特定情況或是特殊事件的知識。

一般而言，在工作階段團體會達到最高的結合與凝聚，更具統整與高生產力。處在此階段的成員能對團體表達不同的意見，主動關心別人，挑戰自己，不是依賴他人，也不是各自獨立；能清楚地陳述其個人及團體的需求，嘗試解決問題及改變行為；彼此合作，共同分擔團體的運作，團體變得更為有效率和有目標，是整個團體功能發揮最好的時期。而工作者歷經前兩階段，也更加了解成員關心的議題，釋出領導權，給予非批判和尊重的回應，幫助團體繼續發揮功能，完成任務。

 ## 第四節　結束階段

團體結束階段是分離的階段，是處於漸行漸遠的時期。一般而言，進入到結束階段之前，成員彼此之間關係已十分深厚，團體的凝聚力也很強，但面對分離的議題，成員彼此之間，和與工作者的情感會逐漸鬆動，會思考運用其他的管道以滿足自己的需求，會經歷各種的情緒反應，而成員可能會再度出現焦慮、生氣、拒絕和依賴等情況。在結束階段，成員會經歷分離的不舒服，產生失落的感覺；然而，結束也可能帶來解除、自由和釋放。除此之外，結束階段更是進行包括回顧團體的整個發展、評估團體成效、鞏固學習成效，與分享未來何去何從等工作的重要時刻。

結束階段對團體生命而言是一個關鍵的時刻，其工作重點是需鞏固團體工作的成果。針對任務性團體所有的決策、建議和目標均建構完成，如

何進行後續的執行是團體結束後未來工作重點；而針對處遇性團體，如何在團體結束後能持續維持已建構的成效則是未來關注的焦點。

在本節中，筆者將回答兩個問題：處在結束階段的團體有哪些特質，會出現哪些動力現象？其次，工作者如何成功的結束團體？結束團體是否對成員有所助益，請讀者參考本書第六章。筆者參考莫藜藜譯（2014）、林萬億（2007，2002）、許臨高和莫藜藜譯（2000）、許臨高主編（1999）、黃惠惠（1994）、劉曉春和張意眞譯（1997）、林孟平（1993）、 Toseland & Rivas（2012）、Benson（2010）、Gitterman & Salmon（2009）、Northen（1988）等資料，整理如下。

壹、階段特色－動力現象

一、兩極情感（ambivalence）

團體的結束可能會帶給整個團體更好的感受，出現依依不捨的情緒，強化彼此合作及相互支持，但同時也可能會出現失落和被遺棄之感，陷入兩極矛盾的感受中；而個別成員面對分離的問題，常會出現強烈的情緒，或是否認，或是肯定，或是呈現既否定但又充滿自信的感受，即所謂的兩極情感；有時可能會因成員的憤怒和強烈面質，引發工作者的不耐、無奈和羞辱，或是成員本身否認其在團體中的成長與收穫，這是另一種兩極情感。

二、對外面世界的焦慮和擔心（anxiety and worry）

團體結束成員離開又將獨自面對原來的環境，原來的人、事、物，不免產生焦慮和擔心會再次適應不良。

三、否認與生氣（deny and anger）

團體成員可能會繼續以往常的態度，或是以缺席、較為冷淡的方式與其他人互動，會出現支支吾吾，或是經常忘東忘西的情況，甚至包括否認團體經驗中的成長。當成員的拒絕與否認無法達到目的時，成員可能會出現不斷地抱怨、憤怒和攻擊其他成員及工作者的情形。

四、撤退與退化（retreat and regression）

若以整體的概念來看團體，處在分離階段的團體會逐漸消失維持自身內在系統的能量，包括成員會從參與中撤退，從情緒的表達和分享中撤退；而個別成員出現此種情況似乎是代表，或是暗示工作者其仍舊無法獨力應付外在的環境，所以團體的會期應該繼續持續一段時間。

五、討價還價（bargaining）

當成員以否認、生氣等態度仍無法達成個人的期待時，成員也許會代之以「撤退與退化」、「門把現象」等來延長會期，以增加與其他團體成員和工作者互動的時間，或是透過對工作者協助的肯定，誘使工作者同意延長會期。

六、失落與悲傷（loss and mourning）

此乃分離階段暫時會出現的狀況之一，特別是當討價還價無效時，成員可能會缺乏參與最後活動的動力。成員會因有此感覺而出現敵意，例如：不斷地抱怨與批評，或是過分依賴，過度期待工作者的肯定與支持。

七、個別性（individuation）

　　此階段成員認為自己有信心去面對未來的情況，當進入到一個嶄新的情境中，不會再受到個人過去經驗的影響。離開團體的成員行為已經改變，具備解決問題的能力，達成既定的目標。

　　總而言之，團體的凝聚力不如生產階段處於的巔峰狀態，也深受團體結束的影響，會因此產生滿足放鬆的現象；高共識的決策行為也隨著團體人際關係即將結束而逐漸消失；團體成員感受到分離的氣氛，成員角色逐漸被自我導向行為所取代，此時團體充斥著退化、失落和哀傷；而工作者在此種團體氛圍中，也難完全免疫，情緒也會受到影響，工作者不刻意製造分離氣氛，但能了解結束對整個團體的意義和感受。

貳、工作重點與目標

一、鼓勵成員對團體的結束進行感受的表達，為分離作準備

　　處於結束階段的團體，特別是治療性、支持性和成長性的團體較易充滿著失落、分離和被遺棄等的複雜情緒和氣氛。工作者可以邀請團體成員逐一分享和表達個人的感受，且必須在眾人同意下，確定每位成員分享的時間，避免少數成員長篇大論影響他人的表達，使得每位成員都有機會向其他所有成員作正式的告別。

　　除此之外，工作者應及早提醒團體及將結束的日期，亦可以在即將結束之前一、二個會期，將預先設想好的分享重點告之成員，請所有成員來到團體之前做些整理，並於當下盡量促使成員能自在地進行分享。而面臨團體的結束，工作者亦不可避免會因為是自己策劃的團體、經歷團體的帶領，以及團體過程的發展和成長等因素，出現難捨的離別情緒，所以於適當時機，真誠地分享自己的感受，對自己的意義和價值，實屬必要。

二、回顧個體和團體的進展

透過成員輪流分享及回顧其在團體學習和成長的經驗，彼此相互回饋，並表達感謝。同時，工作者也給予具體和正向的回饋，並提醒成員可將各自所具有的優勢和特質持續運用在未來的生活情境中，也鼓勵成員提出團體可以改善之處，並考慮未來安排聚會的可能性，以繼續相互支持，及維持成員後續持續的正向發展。

三、鼓勵對團體的結束進行成果的評估

每次團體結束後，工作者應進行當次團體的評估：檢視目標是否達成、團體過程的處理、團體動力狀況如何、成員行為的觀察、領導過程的評量等，以作為後續團體帶領的參考。而於整個團體結束時需進行成效評估，例如：成員滿意度評量、工作者帶領的自評、團體氣氛問卷、成員自我前後評量、對團體領導者的評量等。

針對不同性質的團體，團體的帶領者應設計不同的評量表，例如：治療取向團體，主要針對成員治療目標及復原程度進行評量；成長取向團體將評量重點放在人際關係、自我了解、洞察力和敏感度等問題前後的改變；任務取向的團體則將重點放在團體的成就表現，工作完成的效果和效率等。

四、維持、普及和增強已擁有的改變和技巧

根據多位學者的研究，治療性成果往往在一段時間後，成效會降低，例如：針對成員的成癮問題，包括戒菸、酒精濫用、飲食問題、麻醉藥品和毒品的使用等；或是針對心理失調及犯罪等團體成員，會呈現較高的復發比例。而多數人期待透過團體實行介入和處遇，能至少有效地改善其某些特定的行為，或是期待能普遍地改變其生活情況。

在此情況下，工作者很重要的任務是協助成員確保改變的成效，並能持續和普及至成員生活情境各個面向。所以工作者可以針對各種不同的情境設計方案，協助成員學習新的行為；協助成員在類似的情況下繼續嘗試，以發展對自己能力成長的信心；透過後續的追蹤聚會延伸處遇效果；協助成員建構問題解決的原則，使成員能獨立面對未來的各種問題。

五、減低團體的吸引力

處於結束的階段，工作者可以透過督導的協助以檢視其在團體結束時的感受，並需特別注意自己是否有助長成員對團體的依賴，是否有過度保護成員造成其對團體或是工作者情緒上的依附。為降低成員對團體的依賴，工作者幫助成員對自己解決問題的技巧、能力和資源有信心，並能尋求外在的支持，以減低團體對其的吸引力。

六、鼓勵處理未完成的任務

在團體結束的階段會發現有些工作是預計要做，但因某些因素影響尚未完成，有些則是想做尚未做，故需要在結束前做些處理。由於時間有限，所以所謂的處理並非是實際解決，而是提供成員處理的原則或相關的資訊。

七、提供轉介服務

當成員於團體結束後，有意願接受其他的服務或是進一步資源的介入時，工作者才著手轉介工作的提供。為能順利地進行有效的轉介，工作者事前的評估，與成員討論轉介的原因，了解成員對轉介資源的觀點和過往的經驗，都可能影響成員是否能順利地使用轉介服務。

總之，結束階段主要的任務是協助成員整理學習成果、轉移所學以適應外在環境，及處理未完成的工作。Jacobs et al.（1988）和林孟平（1993）為了協助團體工作者有效地處理分離階段的各種議題，提出結束階段的六個目標：

1. 整理團體過程中所完成的工作。
2. 增強成員在團體過程中所作的允諾。
3. 檢視未完成的工作或任務。
4. 協助成員對團體過程進行評估。
5. 催化所有成員表達對團體即將結束的感受。
6. 協助團體所有成員討論如何處理已建立的關係。

誠如前述，對處遇性團體的成員，教育性和社會化團體相較於支持性、治療性、成長性團體，結束階段較不會產生較複雜的情緒反應；而任務性團體因為團體中成員自我揭露較低，成員只要能達成任務，例如：一件產品、一份報告、一個達成目標計畫之執行，讓成員能擁有實踐的成就感，或是完成任務的解脫感，即可順利結束團體。故對任務性團體而言，結束階段的工作重點不是如何結束團體，而是關注在此階段團體聚會技巧之運用。

參考書目

中文部分

林孟平（1993）。小組輔導與心理治療。臺北：商務印書館。

林萬億（2007）。團體工作：理論與技術。臺北：五南圖書出版公司。

莫藜藜譯（2014）。團體工作實務（第三版）。臺北：雙葉書廊有限公司。

許臨高、莫藜藜譯（2000）。團體工作實務。臺北：雙葉書廊有限公司。

許臨高主編（1999）。社會工作直接服務～理論與技巧。臺北：洪葉文化事業有限公司。

曾華源、李自強主編（2004）。社會工作直接服務：理論與技巧（第六版）。臺北：洪葉文化事業有限公司。

黃惠惠（1994）。團體輔導工作概論。臺北：張老師文化出版社。

劉曉春、張意真譯（1997）。社會團體工作。臺北：揚智文化事業服務有限公司。

方紫薇、馬宗潔等譯（2001）。團體心理治療的理論與實務。臺北：桂冠圖書股份有限公司。

英文部分

Alle-Corliss, L., & Alle-Corliss, R. (2009). *Group Work: A Practical Guide to Developing Groups in Agency Settings*. New Jersey: John Wiley & Sons.

Benson, Jarlath F. (2010). *Working More Creatively with Groups* (3rd Ed.). New York: Routledge.

Brandler, S., & Roman, C. P. (1999). *Group work: skills and strategies for effective intervention*. N.Y. : The Haworth Press.

Corey, G. (1985). *Theory and Practice of Group Counseling* (2nd Ed.). California: Brooks/ Cole.

Corey, M. S., Corey, G., & C., C. (2010). *Groups: Process and practice*. Pacific Grove, CA: Brooks/Cole.

Garvin C.D. (1997). *Contemporary Group Work*. Boston: Allyn & Bacon.

Gitterman, Alex & Salmon, Robert. (2009). *Encyclopedia of Social Work with Groups*. New York: Routledge.

Glassman & Kates. (1990). *Group Work~A Humanistic Approach*. CA: SAGE Publications, Inc.

Glassman, U.,& Kates, L. (1990). *Group Work: A Humanistic Approach. Newbury Park,* CA: Sage Publications.

Hansen, J. C., Warner, R. W. & Smith, E. J. (1980). *Group Counseling: Theory and Process* (2nd ed.). Boston: Hougton Mifflin.

Hartford, Margaret E. (1971). *Group in Social Work: Application of Small Group Theory and Research to Social Work Practive*. N.Y.: Columbia University Press.

Henry, Sue. (1992). *Group Skills in Social Work: A Four Dimension Approach.* CA: Brooks/Cole Publishing Co.

Hepworth, Dean H., Rooney, Ronald H., & Larsen, Jo Ann. (2002). *Direct Social Work*

Practice: *Theory and Skills.* (6th Ed.). Wadsworth, a Division of Thomson Learning, Inc.

Lindsay, T., & Orton, S. (2011). *Groupwork Practice in Social Work.* Exeter, Devon: Learning Matters Ltd.

Middleman, R., & Wood, G. (1990). Reviewing the Past and Present of Group Work and Challenge of the Future. *Social Work with Groups*, 13(3), 3-20.

Northen, Helen. (1988). *Social Work with Groups* (2nd Ed.). N.Y.: Columbia University Press.

Reid, K.E. (2002). *Social Work Practice with Groups: A Clinical Perspective* (2nd Ed.), Boston: Birkhauser.

Rogers, C.R. (1987). The Underlying Theory: Drawn from Experiences with Individuals and Groups. *Counseling and Values*, 32:38-45.

Shulman, L. (2012). T*he Skills of Helping Individuals, Families, Groups and Communities.* Belmont, Ca: Brooks/Cole.

Smokowski, P. R., Rose, S. D., & Bacallao, M. L. (2001). Damaging therapeutic groups: Howvulnerable consumers become group casualties. *Small group research, 32*(2), 223-251.

Trecker, Harleigh. (1972). *Social Group Work: Principles and Practices.* Chicago: Association Press.

Toseland, R. W., & Rivas, R. F. (1998). *An Introduction to Group Work Practice* (3rd Ed.). MA: Allyn and Bacon.

Toseland, R. W., & Rivas, R. F. (2012). *An Introduction to Group Work Practice* (7th Ed.). Boston : Allyn & Bacon.

Toseland, R. W., & Rivas, R. F. (2023). *An Introduction to Group Work Practice* (9th Ed.). Boston : Allyn & Bacon.

Tuckman, B.S. (1965). Developmental sequence in small groups. *Psychological Bulletin*, 6396, 384-399.

Yalom, I. D. (1995). *The Theory & Practice of Group Psychotherapy* (4th Ed.). New York: Basic Books.

Zastrow,C.H. (2012). *Social Work with Groups: A Comprehensive worktext.* Belmont, Ca: Brooks/Cole.

第八章
兒童團體工作

莫藜藜、曾麗娟

在臺灣社會工作領域中兒童團體是廣泛進行的一項服務，例如：縣市政府社會局（處）每年寒暑期針對高關懷兒童舉辦的營隊，婚暴婦女服務機構對目睹兒的情緒成長團體，民間兒童福利服務機構對一般兒童或高關懷兒童的諮商團體等。帶領兒童團體除了需要具備團體工作的基本知識與方法之外，還需對兒童有基本的認識，了解所服務兒童之特性或問題，並擁有一套與兒童共同工作的方法，這些都需要在實務場域中透過實作，累積經驗來執行。

下列幾個問題是帶領兒童團體需要思考的：(1)對兒童發展、需求或問題需要了解的有哪些？(2)各種不同類型兒童團體的特性為何？如何從眾多的團體類型中選擇適合的？(3)帶領兒童團體需要考量、掌握哪些要素？因此，本章共分三節，第一節為兒童的特質與需求，第二節為團體工作運用的類型，第三節為實務操作要領。

 第一節　兒童的特質與需求

帶領兒童團體需要對兒童的特質與需求有所了解，本節探討兒童正常性發展、兒童常面臨的問題，以及團體對兒童的重要性。

壹、兒童的正常性發展

正常性的兒童發展包含道德發展、情緒發展、社會發展、性發展與認知發展等，基本上可以分成三個階段，兩歲半到六歲是一個階段，六歲到九歲是第二個階段，九歲到十二歲是第三個階段（Geldard & Geldard, 2001）。

六歲以前幼兒的思考以自己為核心，覺得在他們的世界中所發生的事情都因他而起，他做了什麼或沒有做什麼，所以事情發生了。他們有情緒的時候多半直接用行動表現，而不是用語言表達，自我反思的能力及從他人觀點看事情的能力有限（Knight, 2009）。這個階段兒童的主要發展

課題是主動與罪惡感，這個階段順利發展會使得兒童主動好奇、行動有方向，並開始有責任感，反之，則會退縮畏懼、缺少自我價值感（郭靜晃、黃明發，2013）。

六歲至十二歲的學齡階段的兒童需要學習許多重要的技巧，包括參與活動所需的生理技巧，與同儕相處所需的社會技巧，學習成長所需的閱讀、書寫、計算等學習技巧，同時要建立對自己作為一個成長的有機體的健康態度、日常生活所需要的觀念（Gelard & Geldard, 2001）。順利發展會使得兒童具備各項基本能力，否則兒童充滿失敗感（郭靜晃、黃明發，2013）。

這個階段也是兒童發展自我反思，用他人角度觀看事情與適切扮演角色等能力的時候，他們透過立即性的體驗來認識及了解自己所處的世界，逐漸能夠預知自己行為的後果，並且能夠從他人的觀點來看事情。同時開始發展體認內在思想與情緒歷程的能力，累積較多的相對性詞彙來描述，逐漸跳脫二分法（Knight, 2009），這些能力的發展關係到兒童能否自我反省、客觀理解他人、適切與他人應對。

整體而言，兒童自我意識高、社會化程度低，自我反思與從他人觀點看事情的能力都處於發展階段，且注意力集中程度有限，再加上他們依照自己的需求組成次團體。這種種特性使得他們聚在一起時所呈現的樣貌多是混亂、吵雜、多變，以及某種程度的失控感。

學齡兒童處於發展快速的階段，不同年紀的兒童在認知、體能、心理與情緒的掌控上都有顯著的差異。因此，需要細分不同的發展階段來了解兒童，最簡單的做法是以兒童就學年級為基礎劃分為低年級、中年級與高年級三個階段。

低年級的兒童正處於「後果期」道德發展階段，他們判斷事情的對錯並非依據客觀的標準，而是以事情的結果對自己是否有利來決定，所以在團體中會為了維護自己的利益而拉攏其他成員，很容易形成各種次團體（梁培勇，2006）。他們雖然逐漸有同儕經驗，但仍在適應團體生活，較自我中心，使得工作者需要在團體中不斷進行人際協調與建立規範。

中年級的兒童已不能滿足只有一、二位朋友，他喜歡和「大夥兒」一起玩，他已經有許多大小團體的經驗，開始喜歡團體性的活動，並希望成

為團體中受歡迎的成員，也懂得運用小團體動力，在團體中結盟，此時可稱為「幫團（gang）時期」。

高年級的兒童身心逐漸成熟，有些可能出現第二性徵，身體變化造成自我形象的迷惑，出現較複雜的人際關係，包括男女之間萌芽的曖昧情愫，對異性好奇、在意，又難以啟齒，因此混亂無所適從。對他們而言，自我與同儕是兩大課題，很在意自我在團體中出現的樣貌，經常以小團體結盟作為自我保護的方式（馬宗潔、江建仁，2012）。

貳、兒童所面臨的問題

由於各年齡階段所應學習的技巧和行為模式，對個人的適應及社會的適應都十分重要。兒童時期所面臨的問題可以區分為兩類。

一、成長歷程所面臨的課題

兒童自出生後所接觸的世界逐漸擴大，從家庭、學校到社會團體，不斷面臨一些社會對他的新期望與新要求。幼小時被忍受與了解的孩子氣行為，逐漸不再被允許。然後他的行為不斷被要求應該符合他的年紀，符合成人或社會的期望。在不斷與他人的互動中，讓他體會到應該怎樣和同儕相處，而產生新的自我期望與抱負，這是所有兒童都會遇到的成長性的課題，而每一個事件的因應會影響到兒童後續的發展。

兒童的一些過錯行為可能是由於他對成人期待的標準無知，或誤解了種種規則。另外，也可能大部分是因他想考驗成人的權威，或想證明他的獨立，或想贏得社會尊重而有的努力。這些孩子喜歡明知故犯，可能他們認為這樣表示自己高明，藉此獲得同儕的敬仰。那麼這種觀念只要存在一天，他的不良行為就愈演愈烈。

二、外在環境所引發的挑戰

　　外在環境所引發的挑戰可以區分爲兩類，第一類是兒童生活層面的困擾或挑戰，例如：被霸凌（Knight, 2009）；第二類是外在環境所造成的巨大衝擊或傷害，例如：受虐或被忽略而引發情緒問題或社交問題（Zanarini et al., 2002），目睹家暴兒產生創傷症候群或造成心理、觀念與行爲上的偏差（楊雅華、郁佳霖，2012），喪親而產生哀傷、生活適應等問題（陳凱婷、陳慶福，2009）。

　　兒童團體廣泛回應兒童所面臨到的問題，其中又以第二類問題爲主要工作重點。接受心理衛生中心、預防性諮商方案、寄養機構、學校方案與居住型處遇機構服務的兒童，有相當比例是受到虐待或忽略的，這些負向經驗常常讓兒童有不同程度的心理傷害，而面臨自我調適、社交問題或情緒問題。孩子受到不當對待的年紀愈小，產生情緒或行爲問題的機會就愈高，甚至成年後影響仍舊存在（Zanarini et al., 2002）。

　　以目睹家暴兒爲例，兒童因爲家中有暴力而覺得羞愧與難堪，對自身的安全產生焦慮感，也可能有憂鬱情況，或因爲需面對暴力所引發的死亡或分離而有失落感，這些複雜的情緒都超過兒童所能承擔的範圍。他們無法辨識情緒、表達情緒，也無法辨識引發焦慮的原因，只知道自己處在高張的情緒與壓力之下。他們可能因爲低落的社會性技能、衝動掌握能力及問題解決能力而產生適應的問題（Geldard & Geldard, 2001）。

參、團體對兒童的重要性

　　團體工作的服務主要目的在於回應兒童的困難與需求，因此兒童團體所涵蓋的主要議題可以歸納成下列四類（Geldard & Geldard, 2001）：

1. 心理及情緒課題：自尊、憤怒、憂鬱、焦慮等情緒之管理。
2. 社會性課題：社會性功能相關的人際互動技巧、問題解決技巧等。

3. 家庭相關課題：父母濫用藥物、暴力、性侵或離婚所造成的衝擊與影響。

4. 健康性課題：注意力不足過動症、發展遲緩等。

　　不論團體的目的、進行方式等要素有什麼差異，實務研究都顯示團體確實讓兒童參與過程中獲得許多利益。以遭逢重大挑戰而受傷的兒童而言，團體可以翻轉功能不良家庭對兒童所造成的負向影響，轉化兒童生命能量，協助兒童扮演新的角色。有了這些新的生命元素與生命經驗，兒童參與團體的經驗就可以成為兒童在混亂的外在系統中的一個轉變媒介（Temple, 2009）。這樣的能量之所以會產生，最主要原因是團體的專業性，工作者在兒童團體中協助團體發展規範，讓成員做決策時有所遵循，鼓勵成員在團體決策歷程中做廣泛的參與，發展出公平遊戲的氛圍，尊重少數人的意見，了解差異性（Siddiqui, 2008），團體也提供刺激讓成員根據同儕的反應評估自己的行為、調整回應方式，發展自律、自我負責的行為。

　　兒童在這樣意圖性的規劃與運作場域中參與團體，一方面可以增強他們的自尊、發展能力感、滿足歸屬感、擁有滿意的同儕關係、提升問題解決能力、增進社交技巧、促進自我了解與對他人的了解、增進同理的能力，另一方面有機會處理手足間競爭問題及權威問題、學習接納成功與挫折、因應在團體中不可避免的競爭、克服社交畏懼等（馬宗潔，2000；Knight, 2009）。

　　如果學生遭受霸凌事件後，需進行心理建設，重獲社會支持。因此方旦媛（2022）建議敘事治療團體作為一種以人本主義為核心，利用團體支持，能幫助受霸凌學生擺脫外界帶來的限制，以「再建構」的形式，發掘自身力量，建立自信心重寫故事。

第二節　團體工作運用的類型

兒童團體工作中的團體類型可以從團體性質、問題性質、團體結構與媒材運用等層面來探討。

壹、從團體性質區分團體的類型

兒童團體可分為下列六種類型，各種類型有其獨特目的與功能（Geldard & Geldard, 2001）。

一、治療團體

主要對象為有心理健康方面問題（例如：情緒障礙、創傷性壓力症狀、精神分裂症、焦慮、憂鬱等），團體目的在於舒緩身心症狀或所呈現出來的問題，主要焦點放在影響兒童功能與發展的情緒問題或心理問題，例如：以目睹家暴兒為對象的治療性團體，針對目睹家暴所衍生的創傷性反應做處理（楊雅華、郁佳霖，2012）。

二、諮商團體

運用團體對兒童進行諮商，已是國小學童的輔導工作趨勢之一，主要目的在於協助提升兒童因應壓力的能力，這些壓力與兒童發展過程中所面臨的階段性轉化有關，例如：伴隨發展自我認同與自尊而產生的壓力，伴隨生理快速成長而引發的焦慮、不安。團體藉由探索、化解這些困擾性的議題引發成長，獲得支持、鼓勵與回應，對自己有不一樣的看見與了解，發現自己有許多選擇來改變自己的行為與態度。

三、心理教育團體

團體目的為協助兒童學習健康的態度、觀念或方法，改變行為與情緒反應，做好準備以因應未來可能出現的困難或挑戰，避免不必要的問題出現或讓問題持續存在，例如：以正向情緒輔導方案提升兒童的情緒智力、生活適應與幸福感（林維芬、徐秋碧，2009）。

四、成長團體

此類團體目的為提升兒童心理與社會功能，促使兒童確認、肯定、提升他們的能力與技巧，例如：以弱勢兒童為對象所設計的同儕人際關係團體，增進人際互動的覺察力，學習了解自己與他人的感受、看法與情緒反應，學習有效人際對話方法，學習尊重接納他人、發展社交技巧等（林怡君、沈慶盈，2013）。又例如：針對一般國小六年級學童的自我探索成長團體，從協助孩子認識自己的生心理特質開始，進一步釐清自己的價值觀，同時去發現自己未覺察到的能力與優勢，循序漸進地認識自己、接納自己、認同自己，然後管理自己。

五、支持團體

團體目的在建立成員之間相互的支持，藉由支持與陪伴降低壓力，分享因應做法與資訊等。鼓勵兒童相互依靠，協助他們探索感覺、想法與行為，並對自己的難為處境有新的了解，繼而發展出較有功能的自我管理。主要對象為面對相同生活挑戰的兒童，例如：癌症、糖尿病等慢性疾病兒童支持團體、喜憨兒支持團體等（陳季員，2000）。

六、發展性技巧團體（developmental skills groups）

團體主要對象為發展遲緩或有發展障礙的兒童，這一類的兒童常常因為發展遲緩而產生自尊的問題或行為方面的問題。團體主要目的在於協助他們發展社會能力與生活能力，藉此改善其行為能力、提升自尊。

以上六種團體的共同性為催化兒童的改變與學習，團體目標雖有差異，但實務上可採用綜融的方式，結合兩種以上的目的，融合兩種以上的取向，例如：對目睹暴力兒童，可以綜融治療、諮商心理教育性團體，以便深入處理、照顧情緒，同時涵蓋對暴力的認識與適切行為之教導。心理分析取向的轉移與反轉移概念、存在主義取向的當下，以及後現代取向的焦點解決等方技巧都可以運用（Geldard & Geldard, 2001）。

貳、從問題性質區分團體的類型

社會團體工作所服務的多為有社會性問題或可能有此傾向的兒童，這些問題常起源於兒童的社會環境（例如：父母離異、罹患重病）、本身能力的問題（例如：人際溝通互動、表達能力不足），連帶影響兒童的學習成就。兒童的社會性能力對於其適應有相當大的影響，這是社會工作團體努力的重點之一，本段列舉幾項實務領域中所處理的兒童問題作說明。

一、人際問題

希望藉由團體方案能協助兒童了解人際相處所需要具備的知識與能力，讓兒童提升同儕互動的主動性，具備重修就好的知能（林怡君、沈慶盈，2013）。如果因低成就使得兒童自尊心低落而引發人際問題，在同儕間自我孤立或產生人際衝突，他們同時渴望被了解、關懷與鼓勵（陳國泰，1996）。團體可以協助兒童探索自己的學習態度、檢視學習行為，

以及練習有效的學習方法。

二、因父母罹癌或喪親所引發的情緒

鄭凱芸（2012）指出，癌症希望基金會兒童夏令營「魔幻森林」之團體方案，主要目的為：由「我」出發，協助成員認識自己和自己的情緒，進而察覺家人生病對他的影響，和促成與家人良好溝通、相互支持的基礎；透過同質性經驗的分享，減少成員的孤立感，增加被支持與被了解的感受，以及思索因應父母疾病的不同策略；以「表達性藝術治療」和「遊戲治療」的理念與方式，提供成員一個可以談論父母生病過程中各種感受與經驗的機會，以發展出較良好的適應能力。

兒童悲傷團體也愈來愈普遍，用不同形式提供服務，包括開放式或封閉式團體、機構中或社區中的方案，甚至是網上開闢聊天室，提供兒童機會用正常的眼光與態度去面對自己的經驗與反應，探索與喪親悲傷相關的主題，例如：造成死亡的因素、死亡之後發生什麼事、悲傷是什麼、怎麼處理悲傷所引發的感覺、如何繼續生活下去（Knight, 2005）。

三、家庭暴力所引發的衝擊

許多孩子目睹了家庭暴力，包括在不同家庭成員之間的暴力，特別是目睹父母親之間的婚姻暴力，這樣的孩子一般通稱「目睹兒」。從嬰幼兒到青少年的目睹兒都會有不同程度的創傷反映，因此楊雅華和郁佳霖（2012）表示，善牧基金會於2001年成立「小羊之家」目睹暴力兒童服務中心，由專責之兒童社會工作者提供目睹暴力兒童之個案服務工作、心理諮商輔導、團體輔導工作、兒童證人法庭服務和教育訓練宣導工作。

探索與家庭暴力相關的主題，包括情緒控制、自我認同、家庭生活經驗、人際關係、解決問題等，協助兒童保護自己，建立降低衝擊的防火牆，引導兒童體會情緒、學習表達情緒、對家暴現象的合理解讀、找尋面

對家庭暴力的因應做法與自我照顧方法（羅秋怡，2002）。

四、父母離婚所引發的挑戰

　　希望藉由團體方案能協助兒童脫離想像，真實了解父母離異原因並健康面對現實，學習表達痛苦情感與因應情緒的方法、改變態度，減少在校的不良行為、增進社交技巧，因應壓力事件與同儕關係，練習表達和展現珍貴的自己等（林舒婷，2012；Rose, 1998）。

五、醫療相關的需求

　　與兒童醫療經驗相關的團體兩種，一種是兒童住院治療期間採用團體的方式協助兒童處理因住院醫療而產生的焦慮或抗拒，協助兒童於治療或手術後的自我照顧（鄭如安、林碧茹、陳妙華，2010）；另一種是針對慢性疾病兒童所舉辦的支持性團體，讓病童相互陪伴、支持，與疾病共存（陳季員，2000）。

參、從團體結構區分團體的類型

　　實務領域中兒童團體的類型非常多元，從結構層面來看，結構式與非結構式、開放式與閉鎖式、主題焦點與系統焦點，及媒材使用等層面都可以了解兒童團體工作的實務現況。

一、結構式團體與非結構式團體

　　結構式團體用不同的主題把團體建構起來，再選用各種與主題相關的活動，這種團體有心理教育焦點，在技巧的學習與社會支持的提供上發

揮相當大的功能，例如：弱勢兒童人際關係團體主題包括人際互動覺察能力、尊重接納他人、與他人達成共識、管理自身情緒、了解自己與他人的感受與看法、有效溝通互動等，依據這些主題設計結構式活動（林怡君、沈慶盈，2013）。

非結構式團體採用非指導取向（non-directive approach）的帶領，進行的方式有兩種：第一種是工作者不決定要討論的主題，隨著成員的安全感與情感流動而分享不同的主題，例如：以有嚴重創傷的學齡前幼童為對象的非結構式團體，工作者準備許多玩具、活動與遊戲讓兒童隨自己的狀態自主地遊玩，工作者在旁邊隨順成員互動情況做引導、分享，不做過多的介入或指導（Knight, 2009）。

第二種做法是與兒童一起自發性地透過創意，從無到有發展出大家共同進行的活動，例如：兒童經歷家庭變故之後，在團體中相互陪伴走過動盪，他們決定要向外分享，於是共同創作一個小冊子，名稱是：「生活在動盪家庭中——孩子的通關祕訣」。在內頁中用童語寫下通關祕訣，包括別憋在心裡面，要不然你會很悲傷；要去思考這個問題，要不然它會一舉把你打倒；不要覺得那是你的錯等（Malekoff, 2004）。

有些工作者會採取結構式與非結構式並行的帶領方式，以目睹家暴兒童遊戲團體為例，第一階段採結構式進行，用繪本講故事，分享討論兒童與主題相關的經驗或感覺；第二階段自由玩耍，兒童主導遊戲的進行，工作者負責營造友善的環境、協調爭執、示範溝通技巧、處理不當行為；第三階段回顧團體，工作者引導成員回憶有趣的事件，說出一起玩耍夥伴的名字（羅秋怡，2002）。

有些兒童團體在團體發展階段採用不同的結構取向進行，在團體剛開始的時候用非指導取向的方式讓兒童在沒有壓力、無負擔的情況下自然融入團體，接著工作者增加帶領的指導性，引進團體所要討論的主題、帶領某些活動，讓兒童針對特定的議題做探討或體驗（Knight, 2009）。

二、開放式與封閉式團體

開放式團體是兒童福利領域中的經常性樣貌（Galinsky & Schopler, 1989），因為安置機構隨時會有人員進出，兒童個人目標達成或要離開機構時就離開團體，有需要的成員可以隨時加入團體，不必等待（羅秋怡，2002）。

封閉式團體的優點為團體歷程對所有成員而言是最舒適的，因為大家共同從頭開始參與，而逐漸形成凝聚力。當團體可以確保成員參與的穩定性時，採用封閉式團體有其功能存在，例如：兒童人際團體利用暑假舉辦八週的團體。

三、主題焦點與體系焦點

以主題為焦點（topic-focused）的團體，或稱之為主題導向（topic-oriented）的團體，鎖定有相同特質或經驗的兒童，針對他們的共同需求提供服務，例如：有社交技巧方面問題的兒童具有共同的特質，父母分居或離婚的兒童有共同的經驗（Geldard & Geldard, 2001）。組成這種團體時，通常會招募具有相近發展程度的兒童。

以體系為焦點（system-focused）的團體是以體系內的兒童為對象（例如：同一個病房的兒童、居住在同一個機構的兒童），所招募的兒童可能有不同的發展程度、特質或經驗，工作者對於成員的期待要依照成員的成熟度而定（Geldard & Geldard, 2001）。不同體系的團體主題會以體系的特性或目標為核心，例如：社區系統中的團體工作的重點為家庭與心理健康課題，社區心理衛生機構中的治療性團體重點為人格的改變；學校系統中的團體工作重點為教育性的，包括課業成就與社會功能（Rose, 1998）。

四、從媒材運用區分團體的類型

兒童團體所使用的媒材多元豐富，有些團體單純使用一種媒材，有些團體則綜合運用各種媒材。單純使用一種媒材的團體，例如：用桌上遊戲提升溝通表達、解決問題與自我決定的能力，建立合作關係，培養帶領技巧與服務能力（王芯婷，2012）；用繪本協助失親兒童抒解哀傷、提升生活適應（陳凱婷、陳慶福，2009）；用戲劇治療或遊戲治療協助家暴目睹兒走過創傷（洪素珍、李麗君，2009；羅秋怡，2002）；以繪畫創作為主軸提升兒童的自我概念與人際關係（楊淑貞，2009）；以人際發展介入系列活動為主軸所進行的兒童同儕互動與社交技巧訓練團體（林怡君、沈慶盈，2013）。

有些團體綜合運用各種媒材，例如：父母罹癌子女團體，融合肢體雕塑（認識自己與情緒，發展肢體與感受的表達）、大地遊戲、闖關活動（建立對癌症的正確知識）、繪畫創作（將父母罹癌所引發的情緒具體化）、戲劇（呈現自己與癌症的關係）等媒材（鄭凱芸，2012）。以綜合性藝術媒材（繪畫、音樂、薑餅屋製作等）協助兒童提升人際互動的敏感度與能力（侯禎塘、吳欣穎、李俊賢，2010；侯禎塘，2009）。

 ## 第三節　實務操作要領

兒童團體實務操作所面臨的課題包括帶領兒童團體的理念、團體帶領的課題、團體組成因素的考量、團體內容的課題、與兒童重要系統的協調、倫理與法律上的課題等六項，本節針對這些實務操作相關課題做探討。

壹、帶領兒童團體的理念

帶領兒童團體的核心理念是什麼？從兒童的觀點而言，他們需要以完

整的個人來參與團體，而不是以被分類、標籤過的身分來參與。他們想要面對的可能不僅僅是被大人認定的麻煩，也要處理他們覺得是挑戰或是有興趣的課題。此外，兒童可能也想要享有樂趣，這些都是工作者需要釐清的（Malekoff, 2004）。

在這個前提之下，工作者要謹記，團體之所以會形成，是因為看到兒童的需求而選擇用團體來滿足他們，而不能是診斷他們有問題所以選擇用團體的方式來處理問題。有了這個基礎之後，團體的建構要能邀請成員以全人（total person）的狀態來參與，而不是以有問題、受傷或破碎的部分在參與（Malekoff, 2001），例如：有情緒困擾及人際問題的兒童團體外出旅行，第一天的晚上大家一起做飯糰，一位平日情緒起伏大、經常鬧彆扭的女童，捏飯糰捏出興致，工作者一邊欣賞她的作品，一邊詢問她是否願意為工作者捏一個飯糰。女孩興奮地答應，工作者藉此引導她為在座其他工作人員服務，這使得女孩以一個人的姿態參與團體，享受與人交流互動的樂趣，而不是以有情緒困擾的兒童在參與團體。

貳、團體帶領的課題

帶領兒童團體有關的課題包括彈性調整領導方式、協同領導的必要性、情感轉移與情感反轉移課題、基本認識與心理準備、實作小錦囊，及兒童團體工作者的特質與能力等六項。茲分述如下。

一、彈性調整領導方式

團體帶領方式可包括指導型、放任型、催化型與彈性型四種，需要隨著團體發展階段、活動性質或團體氣氛所需做調整，讓團體豐富，有各種可能（Geldard & Geldard, 2001）。

以團體發展階段而言，當團體處在形成期時較需要依賴工作者以有效運作，因此指導型的帶領方式可以讓團體感到安全。團體進入風暴期階

段之後，會測試自己組織的能力，為完成任務做準備，採取指導性低的領導，在支持團體的同時參與兒童的運作可以催化團體的成長，例如：指派領導角色給成員擔任，並逐步交付兒童責任去執行活動，讓他們承擔責任（Rose, 1998）。進入工作期階段之後，團體已經發展出一起工作的能力，過多的指導會對團體歷程造成干擾（Wheelan, 1994），可以採用放任型領導，給兒童較多的自由空間，在這段兒童自主的時段裡，觀察兒童的互動、行為表現與社交技巧，並在後續適當的時段討論或處理這些觀察（Geldard & Geldard, 2001）。總之，不論採用哪一種型態的領導，工作者要準備在團體需要時採取不同的行動，以確保兒童身心的安全，讓團體發揮最大的能量去達成目標。

二、協同領導的必要性

為了要豐富團體的內容，給予所有成員足夠的支持，兒童團體傾向於採用協同領導（co-leader）的方式進行。尤其是兒童成員活動量大、攻擊性強，或年齡在十歲以下，特別需要協同領導。單一領導者難以同時照顧整個團體及個別兒童的需求，當兒童出現個別狀況或需求時（例如：出現強烈情緒、不適切行為、需要上洗手間等），協同領導就可以適時發揮功能，由一位工作者繼續帶領團體，另一位工作者照顧特定成員的需求（馬宗潔、江建仁，2012；Rose, 1998）。

協同領導的搭配在相關工作經驗上的考量，最理想的情況是有一位工作者曾有經驗，帶過相同情況的兒童團體；當這樣的條件不存在時，兩個工作者當中至少要有一位曾經帶過同年紀的兒童團體（Geldard & Geldard, 2001）。

三、情感轉移與情感反轉移課題

工作者需要覺察影響工作者與兒童關係的情感轉移與情感反轉移課

題，兒童容易認爲工作者與父母或老師是一樣的，而將對父母或老師的感覺轉移到工作者身上，產生情感轉移（Galdard & Galdard, 2001; Rose, 1998）。

如果兒童對工作者產生正向轉移，可能會依賴工作者，當這種情況出現時，工作者可能承擔起父母或教師的角色，而掉入拯救、保護或滋養兒童的陷阱中。另外，工作者本身的需求（例如：掌握、設立界限的需求）容易勾起工作者的情感反轉移，而引發兒童的對應行爲（Dwivedi, 1993），因此，工作者要能夠覺察這些情況，以免影響帶領團體的運作。

四、基本認識與心理準備

通常，帶領兒童團體需要有的基本認識與必要的心理準備，包括下列四項：

（一）接受團體的混亂與噪音

兒童自主性高、社會化程度低，經常不按牌理出牌，常使得團體形成混亂、吵雜，甚至失控的狀態（馬宗潔、江建仁，2012；Middleman & Goldberg, 1992）。不要期待兒童們在團體中有禮貌、有秩序，如果眞是這樣，在表面之下可能仍會有爭權、暗盤等（Malekoff, 2009），他們很快會學到方法來迎合大人，這麼一來，就不容易看到兒童的眞實樣貌，可能也無法落實團體的功能。

（二）肯定、珍惜自己所做的事情

兒童團體的眞實樣貌使得工作者面臨外在的與自我的質疑，家長、老師或其他同事對團體充滿困惑、誤解與質疑，例如：他們會覺得活動是不錯，但活動沒有知識性或深度，不夠專業。因此，會質問工作者什麼時候要眞的開始帶團體。工作者除了面對外在的懷疑之外，也會自我懷疑，覺得自己沒把團體帶好，而檢討自己，甚至因羞愧而道歉

（Malekoff, 2009）。這與一個團體迷思有關：有價值的團體成員會有禮貌、有分寸地參與團體，並且從參與團體的過程中有所領悟。事實上，這樣的情況可能出現在成人團體中，但與兒童團體的真實情況有很大的落差（Malekoff, 2004），工作者需要認識帶領兒童團體的本質，肯定其真實樣貌與意義。

（三）清楚確認活動是工具而不是目的

工作者要有意圖地、有彈性地運用團體活動，引發出成員的生命經驗和生活經驗，讓他們透過這些活動來表達自己、處理自己所面對的課題（Knight, 2009），例如：用一張嬰兒出生在家庭中的圖片就可以帶出受虐兒自己的傷痛經驗，而彼此傾聽與陪伴（Fatout, 1988）。另外，如果活動無法發揮預期的效果，要有備案能夠替代。

（四）擔任社會教育者

大多數人對兒童團體的誤解及錯誤的期待讓工作者面臨相當大的壓力，最好的因應方式是主動溝通，只要有機會就讓相關人士了解兒童團體的意義、特性、運作方法及團體所發生的事情，揭開兒童團體工作的神祕面紗，化解不實際的期待與誤解（Malekoff, 2009）。

五、實作小錦囊

如今我們已知，兒童團體的特性與成人團體不同，下列五項小錦囊可以作為工作者帶領兒童團體時的參考：

（一）保持對團體成員均等的回應

留意整個團體及每一位兒童的情況並做出回應，避免將焦點放在較好動或較有需求的兒童身上，以免讓他們誤會，以為較少說話和活動力較低的兒童是不被接納的。如果兒童有這樣的想法，會強化其負面的自我看法，因此要留意保持對兒童均等的回應（馬宗潔，2000）。

（二）放輕鬆隨順團體而動

作為兒童團體工作者，要像個業餘者，不要期待一定要達到什麼目標，否則容易讓團體有形式而缺實質，或者讓工作者陷入與兒童拉扯的困境中。要安穩處在混亂中，相信自己的直覺，隨時找機會去做一點事情，例如：男童在團體中扭打成一團，當工作者詢問為何打架時，他們的回應是在玩。工作者順著男童們的回應，陪孩子們玩打架，引導大家討論打架規則後，團體有規則地打了幾次架，終於安靜下來，然後進行對家庭議題的討論（馬宗潔、江建仁，2012）。

（三）帶領的方式隨兒童年紀而調整

年紀稍大的兒童可以用語言表達他們所關切的事情，因此要在遊戲之後做分享討論（Knight, 2009），例如：在悲傷團體中，兒童們製作悲傷面具，十一歲的兒童畫一個笑臉，並在工作者的引導之下，說出他必須高興，因為如果他露出悲傷的臉，媽媽悲傷的臉就跟著出現，甚至哭泣。其他兒童靜靜地聽、含淚點頭，工作者順勢引導大家分享這樣的處境和情緒（Knight, 2005）。

（四）適切運用點心時間

食物可以滿足兒童立即性的生理需求，讓兒童從食物的象徵性意義獲得心理上的滿足，建立工作者與兒童的關係，也可以讓兒童有放鬆的感覺（馬宗潔、江建仁，2012）。點心時間可以是一個有模擬意味的家庭用餐情境，會挑起兒童曾經驗的溫馨時刻或衝突情感，讓工作者有絕佳的機會做處理（Temple, 2009）。因此，工作者要在團體中善用點心時間。

（五）團體需有規則

工作者有責任保護每一位兒童心理與生理的安全，讓兒童安心地參與團體，因此要清楚明白地陳述所參與團體已討論或同意的規則（例如：可以生氣，不可以打人；讓別人有發言的機會），並且隨時提醒，切實執行。

六、兒童團體工作者的特質與能力

兒童團體工作者要能夠營造安全、歡迎的環境，有能力進入兒童的世界，因此除了具備一般團體工作所需要的知識與技術之外，最好有下列特質與能力（馬宗潔、江建仁，2012；Alle-Corliss & Alle-Corliss, 2009; Geldard & Geldard, 2001）。

1. 視兒童是特別的，需要被尊重的。
2. 真心喜歡兒童，又不耽溺於要被兒童喜歡的需求。
3. 能跨越年齡與心理的鴻溝真誠地同理兒童。
4. 能夠讓兒童覺得自己是團體重要的的成員。
5. 有足夠的能量與能力處理言語攻擊。
6. 對挫折與抗拒有高度挫折忍受力。
7. 對自己本身的課題有領悟，尤其是與掌控、權力、依賴與獨立等議題。

參、團體組成因素的考量

社會工作者帶領的團體多屬組成性團體，本書第五章已有論及計畫與組成團體的技術。本單元針對兒童團體，提出組成時要注意的有：包含與排除的考量、同質性與異質性、年齡、性別、團體大小、成員進出團體的自由度、團體期程、團體聚會場所及團體結構程度等因素的考量。以下分別說明。

一、包含與排除的考量

兒童團體基本的篩選成員標準為適當的自我能力及社交渴求（social hunger）。自我能力指的是建設性參與團體的需要具備的能力，每一種團

體所需要的能力不同，例如：社區心理衛生中心所舉辦的高年級學童成長團體，鎖定的指標是能夠作口語表達，具有參與角色扮演能力的學童。社交渴求指的是兒童有被同儕接納的需求，並渴望在團體中獲得、保有地位（梁培勇，2006；馬宗潔，2000）。

兒童團體的排除考量有下列幾項：第一，兒童的狀況會干擾團體的進行，例如：有嚴重情緒問題、過動、發展遲緩、攻擊行為（馬宗潔，2000；Rose, 1998）；第二，兒童的親子關係不穩定而有分離焦慮，離開照顧者就緊張、焦慮、哭鬧；第三，兒童沒有社交渴求，不在乎別人對他的看法，無法利用同儕的壓力讓他產生改變的動機（梁培勇，2006）。

二、同質性與異質性的考量

成員在團體中進行不同生活經驗與歷程的分享，是團體中彼此支持與協助的重要來源。參與兒童團體也需考慮同質性或異質性因素，支持性團體或教育性團體，異質性高可以帶給團體豐富的資源、增加討論的素材。針對特殊境遇兒童（例如：性侵害、離婚單親、出養、罹患癌症等）的治療性團體，成員的同質性高可以增加認同、分享感覺與想法。

從互動的立場來看，同質性議題的團體互動偏重於感覺的分享，較不能提供解決問題方面的資訊，異質性議題的團體互動較少出現感覺的分享，較能出現多樣的訊息（梁培勇，2006）。因此可以在問題同質性的前提之下，挑選特質或基本條件異質的成員，以便使成員能夠分享感覺，同時因為特質或其他條件的差異而有多元的觀點或經驗。

挑選成員時，每一位成員都需要有與他相同條件或背景的伴，以免讓兒童有落單的感覺。兒童性格上的互補是重要的考量，例如：團體中有較活潑的兒童，也有較文靜內向的兒童（馬宗潔，2000；Temple, 2009）。

有些團體以人際成長為目標，不適合將最有人際問題的孩子全放在同一個團體，這些兒童的觀念、行為或態度的負向同質性高，團體容易停留在負向能量的漩渦中，很難突破發展出正向的力量。因此，組成團體時要慎重考量。

三、年齡的考量

年紀愈小的兒童團體年齡差距要愈小，學齡前的兒童年齡差距最好不要超過六個月，學齡兒童團體最好依照低年級、中年級與高年級來區分（馬宗潔、江建仁，2012；梁培勇，2006）。

兒童團體有時會採取混齡組成方式，關鍵的考量是混齡的範圍，大抵落在兩歲至三歲之間（馬宗潔、江建仁，2012；Yanca & Johnson，2009）。如果團體中年齡落差太大，年紀小的孩子在其中可能會因為無法參與特定體能活動或認知活動而感到挫折，年紀大的孩子有時候會嫌棄年紀小的不上道而拒絕跟他們玩在一起，團體將會因為成員的成熟度與興趣差異太大而出現帶領的困擾。

四、性別的考量

十歲以下的孩子們男生與女生基本上是不分的，他們可以很自然地玩在一起，因此不需要依照性別把兒童分成兩個團體（馬宗潔，2000）。十歲以上的孩子開始對異性好奇，同時會有排斥的現象，很快會劃分出男生、女生的次團體，也會覺得自己所關心的議題不方便在混性別團體中討論。而且，體能與興趣可能有差異，男生傾向玩活動量大的體能遊戲，女生喜歡講話、聊天、做勞作，不容易玩在一起。因此，有時會需要考慮將男生與女生分開帶領（馬宗潔、江建仁，2012；Yanca & Johnson，2009）。

如果採取男女混合的團體，討論的重點宜再做規劃，例如：把對異性的好奇與排斥，不方便在異性前討論某些課題的考量等問題列入團體討論，使其成為有價值的學習經驗（孫安玲等譯，1995）。

五、團體大小的考量

　　為了維持團體互動的質與量，基本原則是兒童團體的人數與兒童年齡成正比，兒童年齡愈小，團體就愈小（馬宗潔，2000）。學齡前互動以平行遊戲為主，喜歡爭取成人的注意，以帶領者為主要互動對象，團體人數不能多；中高年級因為同儕的重要性提高，與成人互動減少，人數可以增加（馬宗潔、江建仁，2012）。具體而言，學齡前的兒童人數在三至五人之間，低年級兒童團體人數可以考慮八到十人，中高年級的團體人數可以更多一些（梁培勇，2006；Knight, 2009; Rose, 1998）。

六、成員進出團體自由度的考量

　　開放式團體是兒童福利領域中的經常樣貌，例如：在安置機構隨時會有人入住或離院，所以中途之家、團體之家所舉辦的團體會採用開放式團體（Shulman, 2012; Galinsky & Schopler, 1989）。而成長性團體、訓練團體或社會化團體，例如：社會技巧訓練、壓力管理訓練團體等，多採用封閉式團體。

七、團體期程的考量

　　兒童團體時間的考量包括團體聚會頻率、團體聚會時間與團體期程等面向，分別探討如下：

（一）團體聚會頻率

　　兒童團體有兩種進行方式，一種是每週聚會，持續一段時間的團體，另一種是密集式的團體。以下分別探討這兩種團體的情況：

1. 每週聚會的團體

聚會頻率隨著兒童的年齡及團體目的而有所不同。以兒童年齡

而言，幼兒團體最好是一週兩次，高年級學童團體則可以一週一次（Malekoff, 2004; Rose, 1998）。以團體目的而言，如果視團體為增強的主要來源，開始階段就要多聚會幾次（例如：每週聚會兩、三次），使兒童能盡快建立期望行為；在後面的階段可以減少聚會次數（例如：每週聚會一次、兩週聚會一次，最後是一個月聚會一次），每次間隔的時間拉長，以期在團體結束後，兒童仍能維持所學得到的行為（孫安玲等譯，1995）。

2. 密集性兒童團體

有許多種樣貌，包括在一個月內每週聚會二至五次（馬宗潔，2000），整個週末或寒暑假以營隊的方式進行一整天的團體，以及寒暑假每天聚會一次等（Geldard & Geldard, 2001）。密集性的團體聚會，一星期內聚會二至五次可能是非常有效的，以目睹家庭暴力、暫時居住在家庭式庇護所之兒童而言，密集性的兒童中心遊戲治療介入有正向效果（馬宗潔，2000）。一整天的團體或是每天聚會的團體都可以針對團體主題做綿密、持續性的探討，通常會以工作坊的形式進行，這種團體要特別注意團體內容對兒童的吸引力（Geldard & Geldard, 2001）。

（二）團體聚會時間

團體聚會時間與成員的年齡成正比，愈年幼的兒童團體聚會時間愈短，年紀較長的兒童團體聚會時間可以增長，例如：學齡前與國小低年級的兒童，團體可以從二十分鐘至四十分鐘，國中生可以超過一個小時（馬宗潔，2000）。

團體進行時間的長短受到團體進行方式與運作場域的影響，以討論為主的團體，年紀較小的兒童只有四十五分鐘左右的專注力，年紀稍長的兒童可以維持六十至九十分鐘（Schnitzer, 1985）；如果團體有運用活動，大部分的兒童可以維持一個半小時至兩個小時。在學校體系中，團體進行的時間會配合上下課，通常以一節為限。

（三）團體期程

封閉式兒童團體的期程與團體目的有密切關聯，一般而言，預防性團

體以八次聚會為基本考量，治療性團體需要較長的次數，如果欲達成的目標很明確，次數可以減少（孫安玲等譯，1995）。基本的設計是每週聚會一至兩個小時，持續八至十週。這樣的設計可以配合學校的學期運作，有足夠的時間可以作團體前的介紹、招募與準備，並作結束，也有足夠的時間讓團體走出發展歷程（Geldard & Geldard, 2001）。至於，開放式團體屬於常態性進行，基本上沒有團體期限的限制，團體可以於固定時間聚會，持續存在於機構中。

如果團體成員有特殊需求（例如：發展障礙兒童需要長時間的醞釀與成長）或團體採用特定取向（例如：心理分析性團體），需要長期間的運作，團體期程可能從幾個月到一年不等（Geldard & Geldard, 2001）。

八、團體聚會場所的考量

兒童團體聚會場所的考量包括聚會場所的空間與設備、聚會場所的位置等兩個層面。

團體環境要簡單、耐用、安全、隔音，並且要讓所有參與的兒童有足夠的活動空間與必要的設備（Temple, 2009）。

在社福機構或教育體系中實施兒童團體，聚會場所位置的考量有其必要性，最好遠離機構主要活動區域，這具有象徵性的意涵，讓兒童確認在團體中有一套不同的規範，例如：工作者不是老師，在團體中發言不必站起來，不必舉手，不想講的時候可以不用講等（Knight, 2005）。在學校系統中工作者在選擇場地時特別要注意隱私的問題與避免汙名化（Geldard & Geldard, 2001），例如：在訓導處旁邊的教室進行團體，容易讓老師、行政人員或其他學生認為團體成員是被就近看管的一群。在教師休息室旁的教室進行團體，容易讓兒童產生拘束感，或讓教師聽得到片段聲響卻不了解團體實際狀況而產生標籤化的印象。

至於社福機構在社區中所舉辦的團體，聚會的場所要考量家長或照顧者接送兒童的交通需求，提供安全的等待區（Geldard & Geldard, 2001）。

九、團體結構程度的考量

結構式兒童團體能否掌握兒童興趣與注意力的關鍵在於設計，以教育性方案為例，只要是團體目標能夠回應兒童的需求，團體方案內容能夠與兒童的生活經驗連結，具體、實用又具有層次性，也可以使幼童有豐富的收穫，甚至一年級到三年級的學童，都因參與團體而有顯著的收穫與成長（Bidgood et al., 2010）。

決定要用何種方式進行團體，要考慮成員的年紀、團體性質、時間長短以及帶領者的特質。學齡前團體較適合用非結構式，因為孩子的注意力時間短，活動不易推展。有特殊目的的團體結構活動是必要的，例如：目睹暴力兒童團體要討論暴力的成因、安全計畫等議題（馬宗潔、江建仁，2012）。

非結構式團體只要運作得當，也可以發揮強大的功能。對工作者而言，帶領結構式團體比較輕鬆容易，因為可以預期成員在結構式活動中可能出現的反應，事先準備好因應的方法。相較之下，非結構式團體因為很難事先做準備，工作者會覺得較困難（梁培勇，2006）。但團體結構程度的考量主要是成員的需求與團體的目的，工作者要有能力因應團體所需，帶領不同結構程度的團體。

肆、團體內容的課題

兒童團體的內容所考量的課題，包括多元活動的必要性及內容符合兒童的發展程度兩項。

一、多元活動的必要性

對兒童而言，遊戲與工作是一體兩面，無法分割的。相較於語言，遊戲是較不具威脅性的溝通互動與表達方式（Malekoff, 2004）。適當

安排活動可以營造團體輕鬆的氣氛，讓成員們了解所要討論的主題，用沒有威脅性的方法分享自己的想法與感覺，並體驗和享受生命（Knight, 2005）。因而在團體中的活動要可以提升兒童勝任感與歸屬感，促進自我能力的覺醒，提升解決問題的能力，找到樂趣與創新的方法，探索自我，甚至可以讓兒童走出團體，進入真實生活中去發展新的歸屬連結（Malekoff, 2004）。

活動多元會讓兒童享受團體，覺得參與團體是有趣的（Yanca & Johnson, 2009），可採用的活動包括繪畫、漫畫、繪本、卡通、講故事、遊戲、影片欣賞、辦家家酒、角色扮演、音樂活動、體育活動、手工藝、組合玩具等（Knight, 2009, 2005; Rose, 1998）。

二、內容符合兒童的發展程度

兒童的發展階段中每一年都有很大的差異，為了要回應兒童的需求，團體方案要能夠符合兒童的發展程度（Yanca & Johnson, 2009），例如：高年級的學童對於約會、將來上國中學習等議題有興趣，也能夠體會、表達、參與討論。因此，團體可以採用口語討論的方式，讓學童針對這些議題作分享、討論（Rose, 1998），或採用活動的方式進行，然後在活動結束之後針對活動歷程的經驗作討論回顧與分享。

即使擁有相同經驗的兒童，有可能會因為發展程度的差異而有不同的需求（Geldard & Geldard, 2001）。以家暴目睹兒童來說，七歲到九歲的兒童與九歲到十二歲兒童的需求有明顯的差異，九歲以前兒童的需求包括重新建構對於兩性關係的信念，學習在衝突情境中回應他人的方式，以及了解家中的規則與結果不能類推到外面的社會中。而九歲以上兒童的需求包括處理來自暴力家庭的汙名，發展與異性同儕相處的社會技巧，以及發展健康的自我概念。因此，帶領這兩個年齡層的家暴目睹兒團體內容就要有所差別（Geldard & Geldard, 2001）。

伍、與兒童重要系統的協調

帶領兒童團體需要注意兒童的重要他人，其中最關鍵的是父母，要帶好兒童團體，就要能夠與焦急、挫折或憤怒的父母協同合作，而不是採取防衛、拒絕的態度，視他們為障礙或敵人（馬宗潔、江建仁，2012；Malekoff, 2001），以便維持良好的溝通，獲得必要的支持。

具體做法可依情況彈性進行，例如：告知父母團體的目標，讓他們了解團體大概的進行方式與內容，以獲得他們的同意讓兒童參加團體（馬宗潔，2000）。社區團體的工作者每個月給孩子的父母親一份有關團體的連繫函，讓他們了解團體中討論過的主題。學校團體工作者可以邀請老師參與一、兩次團體，為兒童與老師之間搭起一座橋梁，讓老師對成員有不同角度的了解（Malekoff, 2004）。

在學校系統中兒童的重要他人包括老師、行政人員、同學等；在社區系統中，兒童的重要他人包括鄰居、朋友等。這些人對於團體成員所面對的問題有不同的解讀與看法，如果他們對於團體工作的重要性有共同的認識，將會使得團體工作的進行順遂許多。當這些人有不同的觀點時，工作者要思考是否與他們協調、溝通，讓他們對於團體有清楚的了解，以降低對團體進行可能產生的干擾。

陸、倫理與法律上的課題

兒童團體會牽涉到的法律考量包括保密與通報的議題。保密是團體工作的重要原則，工作者要在此前提之下，保留實務需求的空間，以免當需要將兒童在團體中所談的內容報告給機構或學校行政人員時，陷入兩難的困境。最好先了解學校或局處的規定或工作流程，弄清楚可以承諾的隱私權範圍。

國小團體輔導進行的時間，關係著團體中一些未竟事務之倫理議題。葉盈麗（2015）指出，為了以不影響學生的受教權，小團體活動進行大都選在上第一節課之前的五十分鐘或是中午午睡的時間。在這兩個時

段，會出現團體進行時間不夠使用的現象，所以輔導的效果會大打折扣；如果是選擇在午睡時間，因為中午時段剛吃完午餐，人的頭腦是較適合休息的，有些成員卻因為本身不喜歡午睡，而參加團體輔導的動機是為了可以不參與學校的作息。如果在小團體活動結束之時，還有沒完成的團體事務，往往帶著未竟事務離開團體，團體凝聚力更是難以出現。所以團體輔導工作想要在國小階段能發揮作用，在時間的安排上需要做進一步的思考與安排，才不會失去原有的美意。

工作者要敏感察覺對未成年虐待或疑似虐待的法定通報責任，從兒童參與團體的過程中所透露的訊息懷疑兒童有受虐或被忽略的情況，工作者在法律上有責任依兒童保護或家暴防治等相關法令進行通報（王沂釗等譯，2014），實務上是否依法通報，往往需要與機構相關人員會同決議，並依一定規範和程序進行。

參考書目

中文部分

方旦媛（2022）。校園霸凌新啟思：以敘事治療團體突破教育工作難題。臺灣教育評論月刊，2022，11(5)，216-221。

王沂釗、蕭珺予、傅婉瑩譯（2014）。團體諮商歷程與實務。臺北：心理出版社。

王芯婷（2012）。桌上遊戲運用於兒童培力團體之初探。社區發展季刊，140：95-106。

林怡君、沈慶盈（2013）。人際發展介入團體對弱勢兒童同儕關係影響之研究—以南投縣課後照顧服務為例。臺灣社會工作學刊，12：1-35。

林舒婷（2012）。繪本閱讀在團體諮商之應用研究：以一個父母離異兒童團體為例。暨南大學輔導與諮商研究所碩士論文。

林維芬、徐秋碧（2009）。正向情緒輔導介入方案對國小學童情緒智力、生活適應與幸福感之研究。中華輔導與諮商學報，25：131-178。

侯禎塘、吳欣穎、李俊賢（2010）。團體藝術治療活動對國小兒童之同儕關係影響。臺灣藝術治療學刊，2(1)：87-105。

侯禎塘（2009）。藝術治療的理念及實務。臺中教育大學特殊教育中心。

洪素珍、李麗君（2009）。從目睹婚姻暴力青少年兒童觀點看戲劇治療的經驗。應用心理研究，44：53-84。

孫安玲、王文瑛、張耐、邱方晞、翁毓秀等譯（1995）。兒童與青少年團體工作。臺北：心理出版社。

馬宗潔、江建仁（2012）。兒童團體工作實務概述。社區發展季刊，140：79-93。

馬宗潔（2000）。團體遊戲治療。臺北：學富文化事業有限公司。

梁培勇（2006）。遊戲治療：理論與實務。臺北：心理出版社。

郭靜晃、黃明發（2013）。發展心理學。臺北：揚智文化事業服務有限公司。

陳季員（2000）。慢性病兒童支持性團體的考量。護理雜誌，47(2)：71-76。

陳國泰（1996）。國小低學業成就學生的學校經驗之意義形成。國立屏東師範學院出等教育研究所碩士論文。

陳凱婷、陳慶福（2009）。繪本團體運用於國小喪親兒童之研究。家庭教育與諮商學刊，6：1-34。

楊淑貞（2009）。表達性藝術治療兒童自我成長團體實施歷程探討。臺灣藝術治療學刊，1(2)：31-45。

楊雅華、郁佳霖（2012）。初探目睹暴力兒童團體工作。社區發展季刊，140，107-120。

葉盈麗（2015）。國小團體輔導工作之倫理困境。諮商與輔導，23(350)：23-26。

鄭如安、林碧茹、陳妙華（2010）。治療性遊戲團體方案對降低脣顎裂兒童牙床植骨手術住院焦慮效果之初探研究。臺灣社會工作學刊，8：89-127。

鄭凱芸（2012）。還是要飛翔——父母罹癌子女參與營隊式團體之成效評估。社區發展季刊，140：160-175。

羅秋怡（2002）。對目睹暴力兒童的遊戲治療團體工作經驗論述。中華團體心理治療，8(2)：22-29。

英文部分

Alle-Corliss, L., & Alle-Corliss, R. (2009). *Group Work*: *A Practical Guide to Developing Groups in Agency Settings*. New Jersey: John Wiley & Sons.

Bidgood, B. A., Wilkie, H.& Katchaluba, A. (2010). Releasing the Steam: An evaluation of the supporting tempers, emotions, and anger management (STEAM) program for elementary and adolescent-age children, *Social Work With Groups*, 33(2-

3), 160-174

Dwivedi, K. N. (1993). Conceptual Frameworks, In K. N. Dwivedi (Ed.), *Group work with Children and Adolescents*. London: Jessica Kingsley.

Fatout, M. F. (1988). Group work with severely abused and neglected latency age children. *Social Work With Groups,* 10(4): 5-19.

Galinsky, M. S.,& Schopler, J. H. (1989). Developmental patterns in open-ended groups. *Social Work with Groups,* 12(2): 99-114.

Geldard, K., & Geldard, D. (2001). *Working with Children in Groups*: *A handbook for Counsellors, educators and community workers*. N. Y. : Palgrave macmillan.

Knight, C. (2005). Healing hearts: A Bereavement Group for Children. In A. Gitterman & L. Schulman(Eds.), *Mutual Aid Groups, Vulnerable and Resilient Populations, and the Life Cycle*. N.Y.: Columbia University Press.

Knight, C. (2009). Group work over the life course: Children. In A. s. Gitterman, Robert.(Ed.), *Encyclopedia of Social Work with Groups*. N.Y.: Routledge.

Malekoff, A. (2004). *Group Work with Adolescents*: *Principles and Practice*. N.Y.: the Guilford Press.

Malekoff, A. (2009). Why we get no respect : existential dilemmas for group workers who work with kids' groups. In C. S. Cohen, M. H. Phillips & M. Hanson(Eds.), *Strength and Diversity in Social Work with Groups*. N. Y. : Routledte Taylor & Francis Groups.

Middleman, R., & Goldberg, G. (1992). Group work and the Heimlich maneuver: Unchoking social work education. In D. F. Fike & B. Rittner(Eds.), *Working from Strengths*: *the Essence of Group Work*. Miami, FL: Center for Group Work Studies.

Rose, S. R. (1998). *Group Work with Children and Adolescents*: *Prevention and Intervention in School and Community Systems*. London: Sage publications.

Schnitzer de Neuhaus, M. (1985). Stage I : Preparation. In A. M. Siepker & C. S. Kandaras(Eds.), *Group therapy with Children and Adolescents: A Treatment Manual*. N. Y.: Human Sciences Press.

Shulman, L. (2012). *The Skills of Helping Individuals, Families, Groups and Communities*. Belmont, Ca: Brooks/Cole.

Siddiqui, H. Y. (2008). *Group Work Theories and Practices*. New Delhi: Rawat Publications.

Temple, L. R. (2009). Activity Therapy for Children. In A. s. Gitterman, Robert. (Ed.), *Encyclopedia of Social work with Groups* (pp. 64-67). N.Y. : Routledge.

Yanca, S. J., & Johnson, L. C. (2009). *Generalist Social Work Practice with Groups*. N.Y.: Pearson Education, Inc.

Zanarini, M., Yony, L., Frankenburg, F., Hennen, J., Reich, B., Marino, M., & Vujanovic, A. (2002). Severity of reported childhood sexual abuse and its relationship to severity of borderline psychopathology and psychosocial impairment among borderline inpatients. *Journal of Nervous and Mental Disease*, 190(6), 381-387.

第九章
青少年團體工作

許臨高

每一個社會的發展都有其特色，所以各個不同的群體對服務的提供也不盡相同，而青少年所面對的問題及需求，非常的廣泛、複雜與多元。為使青少年能健全的成長，成為國家未來的接棒人，各種配合青少年需求的服務工作之提供日趨重要且愈受重視。在這多元震撼，以及快速發展的網際網路等的年代，對青少年所提供的服務也必須因應這個多變的時代做出合宜的回應。

　　誠如前述，協助解決青少年生理、心理及社會需求的方法和策略非常多元，有別於一對一的協助方法，成員如何可以在短時間內進入團體之中，藉由團體成員的分享以及團體動力的呈現，表達內心真正的情緒和想法，透過團體的元素引導成員探索自己，滿足需要。

　　筆者參閱及整理學者及實務工作的資料，從處遇性團體及任務性團體之實務，回答如何運用團體工作協助青少年滿足需求，與解決其所面對的重大挑戰（許臨高，1994；許臨高，1995；許臨高，2011；新竹向陽學園，2012；蘇麗卿和洪美蘭，2012；侯蓉蘭，2012；張素菁，2013；Gitterman, Alex & Salmon, Robert, 2009; Kuechler, Carol F., 2011）。以下筆者將分三個小節介紹青少年團體工作。第一節將簡述青少年的特質與問題需求，第二節介紹青少年團體工作的功能、目標、類型、理論運用，以及工作者的任務，第三節則以三個社會工作者實務界團體方案為例，介紹青少年團體工作活動方案、運作考量，與成效評估方式，說明青少年團體實務操作要領。

 # 第一節　服務對象特質與問題需求

　　兒童期進入成人期之間的青少年時期是人生發展過程中一個非常重要的里程碑，與生命中其他的時期相較，青少年時期是在身體及心理上改變相當大的階段。除了生理急速的成長，青少年還得面臨自我及認同的發展，與父母家庭的關係在質與量上的改變，以及社會支持系統的改變和計畫未來種種等方面的發展，整體而言，此一時期在認知、社交、情感、生

理四大領域的發展上,可見到明顯的改變。

　　而現代的青少年受到外界影響愈來愈多,不再是傳統中的說一是一,他們較聰明、早熟、具多樣性。當我們看著成長過程中的青少年,他們就如同當年的我們一樣想獨立,想反抗,抱怨父母,批評師長和社會,對種種事物不滿,不斷求新求變,也許在表達的方式和程度上有所差異,但那段青澀的歲月,的確是你我曾經歷遇的。綜觀現今臺灣社會種種現象及轉變,其對青少年產生了很多深遠的影響,個人從事臨床輔導工作多年,茲將所觀察到青少年種種呈現、報章雜誌報導、學者專家的看法整理出現今青少年的傾向,略述如下(許臨高,1994;許臨高,1995;許臨高,2011)。

壹、青少年態度與行為的趨向

一、知的偏差

　　資訊時代中大眾傳播的發達,使得青少年迅速地吸收了很多未經思考、未經篩選、未經消化的訊息。此外教育界在各方面狀況無法配合的同時,無奈地偏重在知識與技能的灌輸,對學生紀律的要求一直是強調「外爍」,很少注意到「內發」的啓迪;另大眾傳播則偏重娛樂功能,使得青少年在德育、群育、生活教育方面顯得較無知或不足。

二、拜金傾向

　　綜合許多調查,青少年常夢想發財,「沒錢不好辦事」是同儕之間的共識。這一代青少年零用錢多半花在吃喝玩樂、購物等方面,買書或儲蓄較少。觀察各速食店,收費不低但生意興隆,消費者多為青少年。青少年不是社會的生產者,可卻是消費市場的主力,五光十色的廣告,不斷告訴青少年「這就是年輕,這就是流行」,再加上同儕之間的慫恿,誘導著新

一代青少年的物欲和消費傾向。無價的親情也用金錢來換取，以填補對孩子愧疚。若零用錢不足，或想花錢更順心，速食店、MTV、KTV、擺地攤、舞廳包場、炒股票、炒房地產，都不乏青少年參與其中。

三、遊戲享樂的工作傾向

年輕人期待一份錢多、事少、離家近的工作。青少年在此心態下，生活與工作遊戲化就成為必然的趨勢。眼高手低、一步登天、一夕致富的行業最搶手，要不就是愈輕鬆愉快的工作環境愈受歡迎。

四、為消費而工作的傾向

年輕一代的用錢觀改變不少，以前的青少年打工賺錢是為了學費，現在大多數青少年打工是為了消費，不再是守成不變，他們是一群懂得賺錢，但也懂得花錢的一代。不論是打工或工作，賺錢是為了使自己贏得同儕的羨慕；當然也有人是拚命存錢，做好未來的生涯規劃。

五、短視

年輕一代比較傾向尋求成功的捷徑，少了長期奮鬥的毅力，以為只要有錢什麼都可以買得到，使得青少年的目光變得短視。由於，現今青少年在許多事情安排上有更多的選擇，也可能因此更難感到滿足，更難安於一個崗位，也更容易迷失。

六、叛逆價值傾向

傳統語詞中，叛逆代表對傳統權威、規範的一種反抗，以示與眾不

同。但在現今青少年眼中，所謂「叛逆」，堅持己見的味道大於反抗。叛逆一詞，從一個負面評價轉趨中性的現象，正意謂社會逐漸容許更多「異質」，父母師長比以往更為容忍青少年有話要說的情緒。現代社會對叛逆有很大的接納度，或形容其乃「見山是山，見山不是山，見山又是山」價值澄清的過程，在現今社會價值觀混淆時期，媒體塑造青少年叛逆的形象，對尚未有判斷力十三、十四歲的青少年，恐較有負面影響。

七、敗家子的性格傾向

所謂「敗家子」的性格是：對人不感激，對物不珍惜，對己不克制，對事不盡力，這種性格有趨於普遍的趨勢。或因財富來得太快，但對人的了解與自我控制，卻太匱乏，使得年輕的一代偏向追求即時物質及官能的滿足，有自我中心的傾向，但卻不會自我反省，對己認識不深。

八、紀律鬆散

整個社會環境變化太大，年輕人變得愛慕虛榮、好面子，意見多卻不一定成熟，對抗的心理層面，不易瓦解或移轉，易有挫折感、苦悶感、心理壓抑大。另一些校園規範，包括打破舞禁和髮禁，以致造成校園的行為規範與違法犯紀一起被打破，例如：將留長髮與可以抽菸混在一起；將交異性朋友與可以發展親密關係混為一談。

九、外強內虛焦慮不安

這一代青少年外表打扮得滿有自信，不少青少年外顯無憂無慮，追求歡樂，但內在卻隱藏自卑，隱藏著對個人前途、人際關係、學業、工作壓力、社會變動過速等所帶來的焦慮與不安。雖然這一代青少年沒有經歷戰亂，但卻必須面對另一種戰爭，那就是更複雜的社會、更複雜的人際關

係、家庭及學校關係等，有較多的不安全感，對未來茫然，對前途充滿不確定。

十、自我形象改變

從流行的歌曲及話語，或可窺視穿透青少年心靈深處，可以察覺出青少年心路歷程的變化，從苦悶無處吐苦水轉變為靠自己奮鬥即有所可為，再到直上青天的銳不可當的氣勢，現今青少年的確比以往青少年擁有了更多說話及作夢的權力。

十一、人際疏離

電影、電視劇及流行歌曲都喜歡以「情」為主題，但不少青少年察覺自己很難得享有真情；有同學卻缺少真正朋友，有鄰居卻缺少鄰人，有同事卻缺少知己。

十二、矛盾的傾向

年輕人喜歡享樂，又希望有所成就的享樂；要與他人有所不同，又希望被認同；要獨立，又希望被關心；討厭日子一成不變，又希望掌握變數；期望悠哉過日子，又希望有目標的過生活。

貳、青少年所要面臨的種種問題

青少年從發展心理學的觀點，是指由兒童時期進入成年時期的一個準備階段。青少年在此階段中必須取得將來成為成人的條件及去除兒童時期的某些現象，在此成長過程中，實包括了生理及心理兩方面的變化。以

下簡要說明在此一成長過程中的青少年所要面臨的各種問題（許臨高，1994；許臨高，1995；許臨高，2011）。

一、生理改變所帶來的困擾

例如：聲音改變、月經、手淫……等問題。面對個人的生理成長，情緒上的變化，青少年常會有「我正常嗎？」的想法。

二、依賴與獨立的問題

一般來說，就讀國中或高中階段的青少年，將可能面臨輟學無業，離開家獨力工作或求學，或繼續升學，至少三種不同的發展。對於那些就業的青少年而言，雖然擺脫學校的約束，但又會受限於工作環境的約束。而青少年的獨立性受限於法律和金錢，法律會規定何時服兵役、何時擁有投票權、何時可以享有合法的性交權利；已就業的青少年也要依法繳稅、健保費等。事實上青少年大都無法擁有足夠的金錢，仍須依賴親人之支助。總而言之，受限於合法性和財力的考慮，青少年的行動和選擇，在許多重要的生活領域中仍受到相當限制。

三、自我價值感的問題

除了學業或活動的競爭，青少年的困難在於少有機會可呈現其「價值」。對大多數青少年而言，這二項表現仍屬不易。另年輕人期望一分工作、一分收入，但對於沒有足夠學歷、經驗的青少年而言，有時並不容易。

四、性的問題

基於保護青少年觀點，法律規定何時青少年才能有合法性交權利。但生理成熟提早，青少年如何在大眾媒體影響中，解決生理上的需要及滿足好奇心，實在不是一件容易的事。

五、同儕期待的問題

吸菸、喝酒、吸膠、服食或注射藥物等的行為，在青少年次文化團體中具備了某種意義。有些孩子為獲得同儕接納與認同，而養成前述至少一種以上的行為，這些行為足以影響健康及成為飛行少年。

六、住的問題

對於那些不願意居住在家中，或因家庭暴力問題缺乏安全感，或因無法在住家附近找到工作而必須搬遷等的青少年，會面臨住的問題。

七、社會的看法與態度

一般社會人士對青少年的看法是比較負向，認為青少年會惹麻煩，他們不服從成人社會的標準、法律與道德規範，而只依從其次團體的看法。無論在家中、學校中或由大眾媒體中，青少年總是不斷地接收到這樣的訊息，因而造成烙印的結果。

綜合前述資料，誠如侯蓉蘭（2012）認為青少年一直不是發言的主體，社會大眾對青少年的認識與了解多是透過傳媒的報導，形成所謂的刻版印象，且多半是以「問題」的形式出現，例如：「學業表現差」、「拒學」、「與家人關係緊張」、「人際互動不良」、「情緒障礙」、「叛

逆」、「不服管教」、「媽寶」、「網路沉迷」、「藥物成癮」、「自我形象差」、「自我價值感低」等。而目前社福機構所提供青少年團體成員的問題多屬前述的這些問題，故如何透過團體工作協助這群青少年進行自我探索，增加對自我的了解，提升自我價值；協助其改善學業適應和表現；調整與家人關係，建立良好的親子關係和人際互動；透過認知網路沉迷及藥物濫用的後果，願意改善行為等，以達成團體設定的目標，滿足團體成員的需求，成為團體工作者重要的任務。

 ## 第二節　青少年社會工作團體理論運用與工作者的任務

　　團體工作者幫助成員在自己生活中克服障礙，催化團體的動力，支持成員的努力，並避免對於這些行為的形成，僅以單一或個人歸因，將其「簡約化」、「病理化」，而忽略了其行為背後的需求。事實上，除了病理化的診斷與治癒，真正需要的是「聽眾」，可以聽「他們在說什麼，想說什麼」，並真正接納他們，團體成為不吝於給於他們鼓勵與尊重他們獨特存在的「安心處所」（侯蓉蘭，2012）。

壹、理論運用

　　面對青少年族群，一般情況，主要是以生態系統的觀點蒐集服務對象資料，並配合較常用的理論，像是認知行為、任務中心及社會支持網絡等，從微視面到鉅視面找出相關的處遇策略、方法和團體活動方案等。在提供服務的過程中，有些團體的成效頗佳；但有些團體的成員依然故我、不斷闖禍、自我放棄，毫無改變的動力和意願等，導致提供服務的工作者深感無力和無奈。

　　除此之外，成年社會為少年帶來自我實踐權的約束與限制，也使少年在其生活空間行使參與、作決策或採取行動等出現阻礙。故筆者認為在團

體過程，若能加入充權及優勢觀點，以著眼於發掘成員自身的優勢，增進個人的自主感，並透過相關資訊和資源的取得，改善阻礙其發展的生活和環境，或可提升其權能與自我控制力，以及行使自我抉擇和展開行動的意願（許臨高，2011）。

團體工作的過程有三個重要的處遇要素：思考、感覺與做法。而思考指的是認知，感覺是指經驗，做法指的是行為。不同的理論有不同的概念與使用的技巧。筆者參閱Corey（2000）將團體分為四個階段，以下簡要說明各個階段理論運用的情形（莊靜雯等譯，2003）。

一、應用在初期的理論

在此階段要讓團體成員有足夠的空間可以進行探索和適應，讓成員可以在團體中找到適合自己的位置。如何在團體初期，協助成員彼此互相信任，且在整個團體過程中能持續秉持此種態度，是非常重要的議題，而影響的關鍵點是團體領導者的態度和行為。

經由不同的理論所架構出來的團體，可以提供不同改變基礎的團體過程。運用在初期階段的理論，像是運用行為學派預估團體的需要，評估成員的準備和適應等，以設計一個符合成員需求的團體；至於團體初期契約的訂定亦十分重要，可以協助成員與團體工作者之間更確定彼此對團體所擔負的責任，而行為修正、理情療法、現實療法等都很重視契約。透過團體的帶領者行為的示範，成員學習到彼此尊重和接納，可以自在的表達感覺和想法，並透過認知理論，提出及陳述其對團體成員和工作者的期望。

二、應用在轉換期的理論

轉換期是團體工作所有階段中最具挑戰、最感挫折的時期。成員在此階段需要學習去面對焦慮、防衛、排斥、衝突，對權力的控制及掙扎，對領導者的挑戰及其他種種問題行為。在此階段可以考慮運用心理分析，

Adler學派等對防衛、抗拒等的詮釋，讓成員能抒發心中的感受，協助成員接納不同的意見。鼓勵成員探索和覺察自我抗拒和防衛，透過溝通分析、理情行為治療（REBT）、認知治療等，協助成員進行內在價值觀的釐清，且運用現實療法來補足理情行為療法，幫助成員實踐計畫來改變自己。

三、應用在工作期的理論

在此階段，成員已經具有共同的信念，去面對團體發展出的問題，故不需要太多的治療或行動架構，而是讓成員自在地與他人互動合作，發展出計畫並加以執行。可以運用認知、角色扮演、遊戲治療、藝術治療等檢視成員的思考、感覺和行為，例如：「在這個演練的過程中，你學到些什麼？」「回家後，你想練習哪些行為，或打算完成哪些作業？」運用這些方法強化團體中的學習，持續思考和行為呈現。

四、應用在結束期的理論

在此時期工作者幫助成員再次回顧思考、感覺和行為等不同層次上的改變，釐清團體中學習到的經驗，並將所學轉換至每天的生活中。在結束階段，團體工作者可運用較多結構式的活動、經驗學習模式、認知行為理論等深入探討成員的學習概念，並具體應用在未來日常生活上。

貳、青少年團體的目標與工作者的任務

一、處遇性團體

目的是在滿足成員社會情緒的需求，而目標則是透過社會技巧、教育

和治療極強化成員社會情緒的福祉。治療性團體發展至中間階段的主要工作，包括準備團體的聚會、團體活動的結構化、使成員參與並增強能力、協助成員達成目標、處理非自願和抗拒的行為、監督和評估團體的進行。

二、任務性團體

目的是在達成目標，而不是與團體成員的需求作較直接的回應，而目標則是指完成一個計畫或發展出一個產品。任務性團體發展至中間階段團體工作者需完成以下九種任務：準備團體會議，分享工作中的資訊、思考和感受，增強團員對團體和機構的承諾，幫助發現工作中的問題，處理衝突，做出有效的決策，了解團體中的權力結構，監督和評估工作的成果，解決問題。

 # 第三節　青少年團體工作的類型

壹、從成員類型區分

一、一般青少年

正值青春期的青少年，一方面嘗試從父母和家庭的約束中釋放出來，另一方面則必須培養自我依賴和自我決定的成長目標，因而形成情緒上的衝突與混亂。在承先啟後的過渡階段，外逢急劇變遷的衝擊，內值身心劇烈的變化，以致青少年出現各種問題。

由於人體的生理、社交及心理的變化，為我們創造了一個無法停止且無法回轉的進展速率，然而青少年所面臨的改變是他尚未有很好的準備或者不想改變，但是又必須遵循既定路線，是以每一個青少年都必須具備統整各種技能、知識和經驗的能力，以滿足轉換至成人獨立性的需要。

二、特殊需求的青少年

　　近年來由於社會變遷急劇，價值觀亦趨多元，父母或因各種不同的因素無法妥切照顧子女，或因管教不當造成親子疏離，愈來愈多失功能的家庭，例如：單親家庭、貧窮家庭、暴力家庭、惡習家庭等；挫敗的學校經驗，例如：低學業成就、學習適應不良、人際關係不佳等；惡質的社會環境，例如：不良的媒體節目、黑金特權等，造成臺灣目前逃學、逃家或中輟學生人數快速成長，這些青少年無意或無法返回主流體系，多流連街頭，成為可能淪入性交易、濫用藥物、不良適應行為以及犯罪行為的高危險群少年。

　　而「好奇」、「心理壓力因素」、「心情煩悶，朋友誘惑」使青少年學子染上了毒癮，且成為持續再用的重要原因。部分青少年經歷家庭的特殊變故，也較容易經歷受虐、受疏忽、不當管教及其他創傷或嚴重扭曲的家庭關係，導致個案青少年飽受拒絕、充滿自責，在身心適應及社會人際關係的建立，普遍存在很大障礙，而在心理、健康、教育成就及經濟條件等各方面，可能較其他正常成長於家中之兒童及少年相對弱勢（彭淑華，2006；陳欣涵，2013）。

貳、從團體功能區分（許臨高等譯，2000；莫藜藜譯，2014）

　　從團體功能觀之，共可區分成以下七類。

一、治療性

　　治療性團體協助成員改變他們的行為，因應及改善個人的問題，或在生理、心理或社會創傷後的復健。雖然也時常強調支持，但其與支持性團體的區分在於治療性團體著重在治療與復健，例如：臺中榮民總醫院嘉義

分院辦理青少年毒品使用者預防心癮復發團體，敦安基金會為患有憂鬱症的青少年辦理看見太陽青少年團體，某些心理衛生中心為過度肥胖青少年減重團體，青少年戒菸團體等。治療性團體領導者時常被視為專家、權威的人物和改變的媒介者，透過工作者的幫助以診斷成員的問題，發展出治療目標。

二、支持性

與其他團體比較，支持性團體將支持干預策略視為最主要的目標，以協助成員因應生活中各種危機事件，恢復與增強成員的因應能力，使成員可以有效地適應和因應未來生活中的危機事件，例如：少年／女分享與討論身為單親家庭子女的經驗和感想。團體工作者幫助成員分享他們的經驗，相互間作同理地反應。透過簡要述說發生的事，公開暢談感受，仔細思考該如何面對問題，以促進自我了解及協助成員克服寂寞、孤獨與失望。團體工作者也協助成員運用確認、肯定及正常化他們的經驗，以克服疏離、汙蔑與孤獨的感受。

三、教育性

教育性團體最主要的目的是幫助成員學習新的資訊與技巧，例如：少年福利服務中心贊助或發起的青少年性教育團體，矯治機構教導觸法少年如何遠離不良場所及暴力行為等。一般而言，教育性的團體是朝向增加成員的資訊與技巧，而資訊的學習遠較成員需求的自我揭露為重要。大多數的團體依慣例是由專家或是團體帶領者介紹資訊與知識，也會透過團體討論的機會以促進成員的學習。

四、成長性

　　成長團體提供了讓成員了解、擴大，與改變他們對自己及他人思想、感覺與行為的機會。「團體」成為協助成員發展其最佳能力的工具。成長性團體著重在促進社會情緒上的健康，而非治療社會情緒方面的疾病，例如：青少年價值澄清團體。

五、休閒娛樂性

　　團體工作可以源自娛樂性團體，像是童子軍、露營、運動和俱樂部團體。休閒娛樂可以是目的，也是達成目的的工具。作為目的，娛樂可以是在休閒時間進行有益身心的活動；作為工具，娛樂可以幫助特定人口群，為治療的目的而參與某種活動，例如：增加社會技巧。

　　對青少年而言，娛樂性團體運用特別重要，例如：新竹向陽學園為學園少年辦理體驗教育活動，新竹市學校社會工作者辦理突破自我體驗營。娛樂性團體通常可以幫助抗拒型的案主，像是幫派成員、虞犯少年等，可以幫助這類成員學習社區價值及可接受的行為規範，發展人際之間的技巧，感受到歸屬感。除此之外，娛樂性團體亦能幫助成員發展對自己的能力的信心，成為團體的一部分。娛樂性團體需要精通團體工作技巧及相關休閒模式或方案活動的領導者。

六、社會化團體

　　社會化團體幫助成員學習社會技巧及社會可以接受的行為模式，使他們能夠在社區中有效地發揮其功能。社會化團體經常使用方案活動，例如：遊戲、角色扮演或演練，以協助成員達成個人目標。例如：基督教青年活動辦理團體，校園青年聯誼團體等。藉由角色扮演、心理劇及其他的活動，運用語言及非語言溝通，以增加成員的技巧及促進社會化。在活動

進行過程，成員行為的表現，也可以幫助工作者評估成員的問題，擬定出有效的干預。

七、任務性團體

任務性團體在多數的機構與組織是很普遍的，常被用來發現解決組織問題或服務對象需求的方法，產生新的想法與作決策，例如：CCSA辦理「Upower自立少年團體」。

 第四節　團體實務操作要領

筆者以本系已經畢業的在職碩班學生，於101年5月至102年1月在原服務機構實習期間所完成的一個任務性團體方案為例，說明任務性團體的實務運作操作情況；以財團法人某公益基金會「戶外探索體驗教育輔導營－建構自我效能」休閒娛樂團體，以及參閱某大學所舉辦的「社會工作與青少年服務研討會」某基金會協助憂鬱症少年患者等的治療性團體為例，作為本章節團體實務操作要領之介紹。

範例 I：Upower自立少年團體

以下筆者徵得實習學生張XX的同意，本段先以CCSA「Upower自立少年團體」為例，針對團體計畫階段、組織階段、執行階段，和結束與評估階段做說明（張素菁，2013）：

一、計畫階段：團體形成前的準備

（一）團體籌備與形成

1. 需求的評估

少年多以「受助者」、「問題者」、「失能者」的角色，接受社會工作者「專業評估」來界定其需求，而社會工作者也在這樣的過程中，進行其認為應該要提供的服務。因為少年處於「無權」的狀態，多不知如何表達自己感受和需要，造成提供服務者與被服務者雙方在需求評估上無法對焦，不但影響服務成效，且造成挫折累積與關係的破壞。故增進少年的權利意識與權力感，提升公民意識，培養社會責任是建構Upower自立少年團體方案的終極目標。

2. 團體籌備

團體籌備期間為3月至6月，進行成員的篩選、招募方式、團體整體進行架構所需使用之表單、行政作業流程等，進行跨部門、跨區域之討論與協調，過程中邀請有豐富倡議經驗擔任方案督導，進行經驗分享與專業指導。

該方案為首次執行，對於帶領倡議團體的技巧、知識、態度，皆須對工作人員進行教育。因此，預計於5月時由本方案之外部督導先提供教育訓練，6月再針對各區所設計之團體內容進行討論與確認；透過學習倡議相關的概念、方式、態度，以及彼此的腦力激盪、交流，使設計更貼近團體目的。

（二）團體目標與目的

1. 目的

透過充權，提升自立少年公民意識，扭轉「無權」狀態，跳脫「邊緣者」、「問題者」角色，以及提升社會大眾了解與接納意願，進而成為影響鉅視層面，督促政府發展相對應政策之主體。

2. 目標

(1) 透過充權，少年針對自立生活相關議題，學習表達與發聲。

(2) 於團體結束時，成員能決定一個主題，進行倡議策略之擬定與行動。

　　Upower團體透過任務執行的過程與領導者的催化，使成員能由決定關注的議題進行分享、歸納彼此共同需求與經驗，進而以此經驗擴展至社會議題，最後實際進行倡議策略的規劃與行動，以完成小組任務。

（三）成員的招募

　　該團體所招募之自立少年為機構內正開案服務，或尚在安置機構中預期需獨立生活，願意進入團體之少年，且需要符合下述條件者方可報名進行遴選：

1. 年齡為滿十八歲至二十三歲，願意穩定參與團體者。
2. 經機構評估可獨立外出參與活動者。
3. 對於「發聲」、「倡議」等公民權利有興趣之少年。
4. 雖未達十八歲但經機構評估可特別推薦者。

　　且為保持團體的穩定度與降低風險性，對成員的招募除了機構推薦與報名外，尚需進行電話訪視或面談。團體工作者對有意願參與之成員說明團體目的、進行的方式、參與方式，以及過程會進行錄影、文字紀錄。在成員本身與安置機構完全同意及自願參與的狀況下成為團體成員，期待能因此提升成員組成穩定性，使團體得以順利進行。

（四）預期效益

1. 預計六成的少年能全程參與Upower團體。
2. 預計七成的少年能經由團體過程學習倡議和為己發聲。
3. 總目標達成率預計達80%。

二、組織階段

（一）團體性質

　　Upower團體定位為「任務性團體」，運用「工作小組」（teams）的形式，由與自己最貼切的自立議題學習分享、表達，最終能自決出希望關注的生活議題、社會事件等，完成團體所賦予的「擬定倡議策略與方式，並付之行動」的任務，達到團體目的。

　　該團體以「充權觀點」為主軸貫穿設計，由成員生命經驗凝聚共識、擬定策略、進行行動的過程，從中習得倡議基礎，並獲得生命中一次正向經驗。

（二）團體帶領者

　　團體領導者由社會工作者擔任，其所扮演的角色主要在於催化者和協調者，激發成員的凝聚力，協調每位成員不同的想法或意見，以發揮團體的效能。團體搭配一位協同領導者，除協助團體運作外，透過不同角度進行觀察，使觀察到的資料更加豐富，有助於討論每次團體需要調整的部分，更能穩定發展團體，使其在自主發展下，不偏離原有的目的。

（三）團體大小

　　團體成員共計十位，但於第一次聚會時，有四位缺席。後續團體出席人數約維持在六一七位。

（四）團體會期次數

　　7-11月為團體執行期，以定期聚會方式進行，預計每三週進行一次，每次約三小時，共進行八次。在11月最後一次聚會時，以全日團體（六小時）的方式，讓成員完成所擬定的倡議策略與行動。

三、執行階段

（一）團體帶領

　　每次由領導者回顧前次討論進度，再引導至成員為主體，回到「倡議」任務，討論、分享相關議題與進行彙整；過程中適時給予回饋，並建立互相回饋的氛圍，使成員看見自我能力以及持續累積正向經驗。

（二）單元活動目標和內容

1. 活動目標

　　第一次：成員互相認識，團體目標與任務的釐清。

　　第二次：提升團體凝聚力，透過自立生活經驗討論與分享，讓成員練習發聲。

　　第三次：從認知、態度、行為三個方面認識「發聲倡議」；成員分享相關經驗與感受，並決定發聲的議題。

　　第四次：正式進入工作階段，由成員分享發聲議題相關的資訊，討論行動時程規劃。

　　第五次：由成員主導繼續進行任務，擬定實際行動策略。

　　第六次：完成第一次影片拍攝，確認下一次劇本。

　　第七次：完成第二次影片拍攝，確認第一次影片剪接狀況。

　　第八次：進入結束階段，由成員主導完成倡議發表準備；並進行團體回饋與分享，結束團體。

2. 活動內容

　　第一次：開場、暖身遊戲——哥斯拉、認識你我他、出發、總要有個方向、歃血為盟、美好的旅程。

　　第二次：開場、我就是專家、我有話要說、美好的旅程。

　　第三次：開場、知識A+、權益糾察隊、我們是正義的一方！美好的旅程。

　　第四次：開場、資訊交流站、超完美行動策略（一）、美好的旅程。

第五次：開場、超完美行動策略（二）、超完美行動策略（三）、美好的旅程。

第六次：開場、超完美舞臺（一）、超完美舞臺（二）、美好的旅程。

第七次：開場、超完美舞臺（三）、超完美舞臺（四）、美好的旅程。

第八次：開場、超完美行動策略（四）、超完美行動策略（五）、完美句點、美好的旅程。

（三）單元活動的評估

每次團體結束前都必須填寫回饋單，這份回饋單不只是對團體結構式的回應，而是讓成員對同儕、自我的回饋，並且用自己的眼光記錄下團體的進行過程；領導者每次收集這些資訊，在團體結束後整理給成員。透過不斷的重複行為，讓回饋不只是文字，且成為團體文化，內化到成員心中。

團體進行前需與方案管理者、外聘督導、其他區團體帶領者進行一一三小時準備與確認會議；而結束後領導者需撰寫觀察紀錄，並且共同進行三小時督導會議，針對每次團體的現象進行討論或檢討，維持各區能在統一主軸下，維持團體的自主性。

四、評估與結束階段

（一）結束階段

在11月最後一次聚會時，以全日團體（六小時）的方式，讓成員完成所擬定的倡議策略與行動；這也是團體結束階段，領導者透過發給成員互相的回饋的珍貴資料，引導回顧，並且再次給予回饋，增強團體的經驗與感受。

（二）評估階段

在執行的評估上，從團體招募開始就可以進行。包含團體成員的基本資料、參與意願等，可以作為了解團體成員能力、適用的團體類型，有助於後續發展持續行或新團體規劃的參酌。

團體過程評估以撰寫過程式紀錄為主，用以分析成員在團體中的狀態及團體發展的進度；而因團體發展以提升少年自主能力為目的，團體成員亦可自主撰寫每次任務進度，若有撰寫亦可作為分析素材。

而團體的成效評估仍回到本次完成倡議的目標上，因此依循進度達成議題共識、行動規劃到完成行動，便達到團體所規劃的目標。此外在團體結束時，亦進行量化及質化滿意度測量，收集少年對團體規劃、運作、各項行政的滿意度以及回饋，作為後續相關方案參酌。

範例 II：戶外探索體驗教育輔導營－建構自我效能」休閒娛樂團體

其次，筆者徵得XX學園的同意，以財團法人某公益基金會「戶外探索體驗教育輔導營－建構自我效能」休閒娛樂團體為例，針對團體計畫階段、組織階段、執行階段，和結束與評估階段做說明（林淑卿，2012a；林淑卿，2012b）。

一、計畫階段：團體形成前的準備

（一）團體籌備與形成

1. 需求的評估

XX學園為一合作式中途班，提供XX市中輟高關懷之國二至國三生教育安置，輔導對象皆有中輟經驗及與中輟相關的外顯不適應行為及內在低自我概念，並可能成為未來社會不適應及犯罪的高危險群。中輟生比較是一群以自我為中心且缺乏的獨立自主能力、溝通能力、挫折忍受、自我負

責、同理心、自信心等特質，這群少年們較難用正向的態度面對人生，更難以社會對一般少年們的期望過生活，惡性循環的結果往往讓少年們逐漸步入犯罪，使社會付出極大的成本與代價。

該學園期待藉由六天五夜增能型戶外冒險式營隊，運用體驗教育之基本理念，結合戶外冒險式輔導相關理論與技巧，豐富傳統的個別及團體輔導介入措施，以多元及適性地提升學園學生的自我效能，期能形塑正向的自我概念，進而增進學生的社會適應力。

2. 工作人員的配置

包括學園工作人員八人，外聘工作人員六人。

表9-1　工作人員與分工

工作執掌	人數	職稱	工作內容	專業資格
行前訓練主講師	1名	xx戶外探索學校執行長	行前訓練、預備課程	中華民國山岳協會—B級運動攀登教練 美國LNT認證訓練員 美國WMA野外急救證
行前訓講師助理	1名	xx戶外探索學校指導員	行前訓練技術指導	美國LNT認證訓練員 中華民國紅十字會合格救生員
戶外冒險活動教練	2名	xx戶外探索學校執行長	冒險體驗活動技術指導與設計	中華民國山岳協會—B級運動攀登教練 美國LNT認證訓練員 美國WMA野外急救證
		xx戶外探索學校指導員	活動技術指導	美國LNT認證訓練員 中華民國紅十字會合格救生員
戶外活動引導員	4名	xx戶外探索學校指導員	活動技術指導協助	專業人員訓練合格且具專業工作經驗一年以上
團體領導員	2名	xx學園輔導老師	活動策劃、活動執行、活動帶領、催化小隊完成任務、活動觀察、團體輔導、個別輔導	

工作執掌	人數	職稱	工作內容	專業資格
		xx學園社會工作者組長	活動執行、活動帶領、催化小隊完成任務、活動觀察、團體輔導、個別輔導、營隊後三個月之追蹤輔導	
活動輔導員	2名	xx學園訓育老師	活動執行、活動帶領、催化小隊完成任務、活動觀察	
		xx學園替代役男	活動執行、活動帶領、催化小隊完成任務、活動觀察	
活動總指揮	1名	xx學園主任	活動總指揮、活動觀察、催化小隊完成任務、處理行政事項	
行政工作人員	1名	xx學園祕書	處理行政事項	
活動協助人員	2名	xx替代役男	駕駛後勤車、協助處理活動各項機動事項	

（二）團體目標與目的

1. 目的

藉由推行戶外冒險式活動，多元及適性地提升學園學生的自我效能，正面影響學生的自我概念，進而增進學生的社會適應力。

2. 目標

提升青少年自我效能中的人際溝通、問題解決、成就動機、自信心及自我控制，利用正向積極的介入方式來影響參與者的自我概念。

（三）成員的招募

為學園學生，而學生來源皆為新竹市各公立國中輔導室轉介，學生包

含執行保護管束、假日輔導與中輟或中輟之虞行為等高關懷青少年，約計十五人。

（四）預期效益

計畫的核心在於提供參與者表現成就及替代經驗，並結合五個冒險治療的關鍵元素：(1)以活動為本；(2)團隊導向；(3)知覺風險；(4)脫離舒適圈；(5)流暢經驗；及考量團體發展歷程五大階段：(1)形成期；(2)動盪期；(3)規範期；(4)行動期；(5)休止期，來進行活動設計。預期效益為：

1. 活動後70%參與者的L.E.Q.-I.量表的分數增加。
2. 活動期間個別參與成員觀察紀錄及工作人員觀察筆記的綜合分析結果呈現正向。

二、組織階段

（一）團體性質

休閒娛樂團體。

（二）團體工作的實施方式：行前訓練課程

團體計畫的實施分為行前訓練及戶外營隊二階段實施。活動期間，學園工作人員與活動教練，將參與學生團體，共同進行並體驗戶外冒險活動。在組織階段，先進行行前訓練，行前課程主要目的為學習戶外營隊所需知識及技能。行前規劃課程，見下表9-2：

表9-2　行前訓練課程

節數	時間	課程內容	使用器材
第一節	9:15-10:00	單車構造認識與基本調教	單車、打氣筒、修車工具、內胎，各五組
第二節	10:15-11:00	單車故障排除、煞車、換胎練習	

節數	時間	課程內容	使用器材
第三節	11:15-12:00	炊事技巧、採買要點說明	電腦、單槍
午餐	12:00-13:00	炊事練習	四組炊具&食材
第四節	13:00-13:45	單車旅行打包技巧與示範	安全帽、馬鞍袋
第五節	14:00-14:45	行程規劃與路線討論	地圖、高度圖
第六節	15:00-15:45	LNT原則與內容	電腦、單槍

（三）團體辦理地點

1. 行前訓練地點：xx學園。
2. 戶外營隊地點：花蓮海岸山脈兩側、石梯坪露營區、東豐營地、和仁礫灘、清水斷崖、佐倉等地。

（四）團體會期次數

六天五夜增能型戶外冒險式營隊。

（五）團體規範

1. 建立安全行為及活動準則。
2. 遵守Leave no trace的理念。
3. 活動以小組為單位，不得脫隊。
4. 活動中要聽從各日領隊指示。
5. 活動一切靠自己、靠團隊，不靠老師。

三、執行階段

（一）團體工作的實施方式戶外營隊活動內容

表9-3　戶外營隊活動規劃

	第一天	第二天	第三天	第四天	第五天	第六天
上午	新竹 ↓ 花蓮佐倉	06:00-07:00 起床、早餐	06:00-07:00 起床、早餐	06:00-07:00 起床、早餐	07:00-08:00 起床、早餐	07:00-08:00 起床、早餐
		07:00-07:30 暖身與安全提示	07:00-07:30 暖身與路線討論	07:00-07:30 暖身與路線討論	08:00-09:00 裝備準備與打包	08:00-10:00 和仁攀岩
		07:30-12:00 佐倉—水璉 35K	07:30-12:00 石梯坪—寧埔 31K	07:30-12:00 樂合—光復 43K	09:00-10:00 前往和仁	10:00-11:00 裝備打包整理
中午	午餐	12:00-14:00 水璉國中午餐	12:00-14:00 白桑安社區午餐	12:00-14:00 光復糖廠午餐	10:00-12:00 和仁抱石	11:00-12:00 回到佐倉
下午	1300-13:30 團隊建立與認識營地	14:00-16:30 水璉—豐濱 25K	14:00-17:00 寧埔—玉里 20K	14:00-18:00 光復—佐倉 45K	12:00-13:30 和仁午餐	12:00-13:00 佐倉午餐 （便當）
	13:30-16:30 單車調教、狀況演練	16:30-17:30 豐濱超市採買	17:00-18:00 玉里超市採買		13:30-14:30 獨木舟準備	13:00-14:00 裝備打包整理
	16:30-17:30 採買食材	17:30-19:00 豐濱—石梯坪	18:00-18:30 玉里—東豐營地5K		14:30-17:00 清水斷崖獨木舟航行	14:00-16:00 前往火車站
晚間	17:30-19:30 晚餐炊事	19:00-21:00 晚餐炊事	18:30-20:30 晚餐炊事	18:00-20:00 晚餐炊事	17:00-19:00 晚餐炊事	14:30 （太魯閣號） 賦歸
	19:30-21:00 裝備打包、路線討論	21:00-22:00 團體輔導	20:30-21:30 團體輔導	20:00-22:00 單車裝備整理	19:00-20:00 夜間獨處	
	21:00-22:00 團體輔導	22:00-22:30 工作人員開會	21:30-22:00 工作人員開會	22:00-22:30 工作人員開會	20:00-22:00 團體輔導	
	22:00-22:30 工作人員開會				22:00-22:30 工作人員開會	
住宿	佐倉基地	石梯坪露營區	東豐營地	佐倉基地	和仁沙灘	

（二）單元活動目標和內容

1. 單車旅行、抱石攀岩以及海洋划舟等戶外冒險活動

由於活動地點在不熟悉的場地，也無其他金錢可以使用，學園學生脫離原本習慣的生活，透過逐漸增加的單車里程數、活動的困難度，及疲勞的累積，突破參與者的生活舒適圈，與體能舒適圈，重組新的經驗。此外，冒險活動除了是對體能的考驗外，也是團體導向活動，活動以小組進行，當有小組成員落後、受傷或遇到突發狀況，將考驗小組如何溝通與解決問題，並於每個階段設立合理及有挑戰的目標，創造參與者正向成功經驗。活動提供許多挑戰及知覺焦慮，可逐步培養成就動機，及從嘗試及解決歷程獲得寶貴經驗。

2. 自行炊事、紮營、維修活動

使參與學生學習生活自理能力，並透過做中學，獲得對個人生活自理能力的自信心、自律及自我控制。

3. 每日一百元購買三餐活動

透過一人百元自理三餐，團體必須共享金額，創造個人及團體需求的挑戰，學習溝通及合作。

4. 一日領隊活動

在扮演一日領隊的過程中，由領隊來主導行程規劃、工作分配，使參與者體驗不同的團體角色，解決人際問題，完成當日期程目標。

5. 獨處活動

參與學生將在活動最後一個晚上（第五夜）露宿於仁和沙灘時進行獨處活動，請參與學生使用第三人稱描述五天來活動的經驗與感受，伴隨著仁和沙灘上大自然的聲音，讓學生學習與自己相處，學習在人生中沉澱內心的感受。

6. 團體輔導

每日進行小團體輔導，內容包含：

(1) 提出當天印象深刻的事，及想要討論的事，引導反思對個人及團體和任務有何影響，從事件中有何學習或領悟，並如何實踐在現實生活中。

(2) 將每日活動的簡短心情寫入手冊中。

(3) 選擇隔天的一日領隊。

(4) 單車旅行結束當日（第四夜），將請團體成員互相寫下回饋卡，回饋給一起在單車旅行中互相幫助的隊友，引導如何給予他人鼓勵與感謝。

四、評估與結束階段

（一）結束階段

在最後一次團體中（第六日）舉辦成年禮儀式，隱喻參與者通過挑戰，將過程中展現的智慧、勇氣、努力、力量等，運用在解決未來的困難與挑戰。

（二）評估方式

戶外探索體驗教育輔導營計畫採取四種方式評估成效，包括量化與質性評估

1. L.E.Q.-I.（James Neill授權謝智謀版本）

進行此自我量表的前後測，評量參與者自我效能中的人際溝通、問題解決、成就動機、自信心、控制觀察活動前後的改變。

2. 學員自我觀察紀錄。

3. 社會工作者觀察筆記

輔導員於活動中觀察參與者表現，記錄參與者改變歷程及相關資訊。

4. 學員滿意度調查。

（三）成效評估

方案的效益及評估，團體的帶領者藉由剖析：

1. 計畫目的是否達成？

2. 執行歷程是否符合計畫？

3. 是否印證理論？
4. 預估成效是否達成？
5. 機構外聘專業督導之回饋，以利提出後續方案之發展與建議。

　　該計畫預計藉由戶外單車體驗活動，結合自我效能、冒險治療、團體發展歷程、短期焦點治療理論，來提升參與者自我效能中的人際溝通、問題解決、成就動機、自信心、控制觀，並結合持續的追蹤輔導，深化及遷移活動歷程中產生的經驗，期能正面影響參與者的自我概念。

　　本方案成果發現：

1. 預期活動後70%參與者的自我評量表的分數增加。本活動透過「自我評量表」施測結果顯示有95%的學生自我效能有所成長，預估成效確實達成。
2. 活動期間參與者的個別成員「自我觀察紀錄」及「團體觀察筆記」的綜合分析結果呈現正向。

範例 III：協助憂鬱症少年患者的治療性團體

　　多年來國內心理衛生工作在以「醫療模式」為主導下，常把「憂鬱」情緒視為一種症狀，遵循在生物、精神醫學的觀點，重視症狀的診斷、藥物的治療。最後，筆者參閱xx大學所舉辦的「社會工作與青少年服務研討會」，xx社會福利基金會協助憂鬱症少年患者的治療性團體為例，針對團體計畫階段、組織階段、執行階段，和結束與評估階段做以下的說明（侯蓉蘭，2012）。

一、計畫階段：團體形成前的準備

（一）團體籌備與形成

1. 需求的評估

xx社會福利基金會自2002年始關心青少年心理健康的發展，重視日益顯現青少年憂鬱情緒的現象，並以「生態系統」的觀點，重視問題現象有關的個人、家庭與社會脈絡，讓社會大眾對心理健康及憂鬱症有正確的認識，減少汙名化的產生。

2. 成立太陽青少年團體的工作理念

(1) 在醫療模式的憂鬱症防治工作另找出路。

(2) 透過多元的視野，重新詮釋憂鬱的意義。

(3) 讓團體成為成員「說話的地方」。

(4) 人生如戲，讓團體成員說出自己的故事，不要用刻板印象來解釋，或是輕視團體成員的經驗。

3. 團體籌備與源起

該機構運用「看見太陽青少年團體工作」，關懷被診斷為憂鬱症或正處在憂鬱情緒的少年，希望連結他們的系統一起工作，增加他們在醫療處遇之外的另一個選擇與協助。運用「戲劇治療」於團體工作，透過敘說、戲劇創作的過程，將青少年過去經驗和現在處境，或對未來盼望的時間軸貫穿起來，少年演他們自己的故事、說他們自己的故事，「故事」是揭露人們標記世界的方式，引領我們進入他們的世界，認識他們。讓團體成為他們「說話的地方」，成為每個成員故事呈現的舞臺。

（二）團體目標與目的

1. 目的

(1) 讓憂鬱情緒或處於壓力狀態的青少年，藉由戲劇及青少年團體工作的方式，覺察探索內在的情緒壓力，並學習壓力的因應方式發現自我力量與價值，以得到支持與成長的力量。

(2) 透過戲劇少年重新檢視自己的生命經驗，增進對自身憂鬱情緒與

處境的覺察，重新說自己的故事，進而獲得生命新的意義與可能性。

2.目標

(1) 透過戲劇治療，協助青少年增加對自我了解與情緒覺察。

(2) 透過戲劇治療，強化青少年正面能量，創造成功經驗提升自我價值。

(3) 增加人際互動之機會，並從合作中感受同儕的支持陪伴。

(4) 減少影響憂鬱症少年汙名化的程度，讓心理輔導被適當適時的運用。

(5) 透過團體與青少年建立關係，蒐集青少年及其網絡的訊息，並視需要由社會工作者擬定個別處遇計畫，與個案服務結合並行。

（三）成員的招募

團體成員的主要來源為：

1. 經公私立醫院診斷患有輕度憂鬱症或憂鬱情緒，經評估後可參與之青少年。

2. 經學校輔導人員或機構社會工作者評估，長期處在壓力下而需協助之青少年。

3. 經學校輔導人員或機構社會工作者評估，目前正面臨壓力而需協助之青少年。

4. 對自我探索有興趣者。

二、組織階段

（一）團體性質

馬拉松式的治療性團體。

（二）團體工作的實施方式

除了運用團體工作，從團體中與青少年建立關係，蒐集青少年個人的

資料，掌握團體對青少年的影響，也必須與家庭、學校等一起工作，提供團體後的個案會談、校訪、家訪、家長支持團體等工作，才能達到有效的預防與協助。

（三）團體會期

「看見太陽青少年團體」，每年辦理兩梯次，在上下學期各一梯次，一梯次共四次團體，每次為兩天一夜過夜宿營型的團體生活（每梯次最後一次團體為三天兩夜）。每梯次團體時間至少為六十個小時。

（四）團體成員的人數及特質

參與團體成員為十五至十八歲青少年共九位，女生三位、男生六位。九位成員中，一位家長求助，七位成員經由輔導老師、醫師或心理諮商相關專業人員評估後，成員情緒困擾程度為憂鬱情緒階段，並未達到憂鬱症之診斷，歸納引發青少年的困擾有：

1. 課業困擾
學習動機低，對於未來生涯規劃無目標，導致休學、拒學等。

2. 人際關係
學校生活適應不良，和同儕易有爭吵或衝突，互動技巧不佳等。

3. 家庭關係
家庭暴力，親子衝突，家庭關係不佳，情緒反應不被家人理解等。

（五）工作人員角色與團隊分工

團體皆以兩天一夜住宿式團體課程方式辦理，並以團隊合作方式進行，由本會三位社會工作者及外聘一位戲劇心理師帶領，十六位大專志工陪伴參與，志工以一對一陪伴方式陪同青少年成員參與團體。

表9-4　工作人員角色

職稱	準備工作	活動進行	活動結束
社會工作者	1. **資源連結者** 　與心理師、學校老師及家長間的協調連繫、會談訪視。 2. **規劃者** 　規劃團體課程目標、與戲劇治療師討論內容與方式。 3. **資料收集者**。 4. **行政執行者** 　實際執行與領導團體行政工作運作。 5. **教育者** 　辦理志工訓練課程，使服務志工具備服務專業倫理、知能與技巧。	1. **執行者** 　帶領團體討論，協助團體順利運行。 2. **協調者** 　視團體運行狀況，適時與領導者和志工溝通協調。 3. **調解者** 　團體運作過程中的問題處理。 4. **支持者** 　提供青少年、志工情緒的支持。 5. **評估者** 　評估成員參與團體的狀況，評估團體動力歷程隊成員改變的影響。 6. **行政者** 　運用溝通、協調技巧，使各團隊與合作單位之間的工作順暢進行。	1. **資料彙整者** 　批閱、彙整團體紀錄與成員觀察紀錄，定期提供老師和家長關於青少年參與團體的狀況。 2. **個案管理者** 　連結成員、家庭、學校及重要他人，擬定服務重點與目標，進行個案工作。 3. **整合者** 　辦理工作討論會，整合團隊意見，作為下一次團體參考方向。 4. **教育者** 　提供志工工作督導，了解志工服務狀況，適時提供支持與價值澄清；並定期辦理訓練課程，提升服務品質。
戲劇治療心理師	戲劇治療課程設計	帶領團體課程進行	參與工作討論會
心理衛生志工	1. **參與者** 　參與團體籌備工作、行前會議與訓練課程。 2. **協助活動帶領者** 　準備團體暖身活動教案。	1. **參與者、示範者** 　參與團體並擔任示範者角色。 2. **觀察者** 　觀察青少年參與團體狀況。	1. **資料撰寫者** 　撰寫團體成員觀察紀錄表。 2. **參與者** 　參與工作討論會與訓練課程。

職稱	準備工作	活動進行	活動結束
		3. 陪伴者 陪伴、催化青少年參與團體課程與回饋分享討論。	
專業督導	召開行前會議，讓志工了解在活動中擔任的角色及工作。	召開工作人員會議，及時處理志工面對的各種團體與成員狀況。	召開工作討論會議，了解志工對團體的建議，及學習成長。

三、執行階段

（一）團體帶領

　　從團體開始與少年建立關係，收集與少年相關的資訊。團體工作者除了與青少年之外，也在團體開始前、團體進行中、團體結束後與父母、老師、主要照顧者或重要他人一起工作。而少年與家人、學校教師也透過團體逐漸信任工作人員，了解「看見太陽青少年團體」工作的目的與工作方式，並配合團體過程及後續的個案工作的進行。

　　工作人員運用戲劇治療方式介入，而演戲就像照鏡子，鏡子可以發現自己的過去，整理現在的自己，創造自己未來，可看出透過戲劇治療的方式，能讓青少年藉由別人的故事投射到自身，進而產生共鳴更了解自我，使青少年學習以新的視框面對自我的生命經驗，透過戲劇方式可以感受到戲劇療育的力量。

（二）團體方案活動內容

表9-5　團體活動內容

次數	日期	課程主題	課程內容
1	100年10月29-30日 （兩天一夜）	那一夜我們說故事	1. 自我介紹：五指畫。 2. 創意與肢體開發—肢體組合系列。 3. 情緒覺察：我的心情創作與討論。 4.「我的心情故事」小組戲劇呈現。 5. 小組情緒未來景創作呈現。

次數	日期	課程主題	課程內容
2	11月26-27日 （兩天一夜）	換個角度看世界	1. 暖身活動：動作接龍。 2. 「幸運地」、「不幸地」六大句型故事接龍。 3. 繪製近一個月生活情緒起伏圖。 4. 剪貼新聞中的內容，製作我的「幸運之神」。 5. 「讚頌失敗」協助成員轉換因挫敗經驗所引發的自我責難情緒，學習自我肯定。
3	12月17-18日 （兩天一夜）	站上自己的舞臺	1. 故事接龍：小組取得一張無文字圖片，以期為靈感進行故事接龍，並創作四個畫面呈現。 2. 六部分故事法創作：以「英雄之旅」為架構，協助成員敘說生活中重大的轉捩點與核心議題。 3. 壓力因應模式評估與練習，共同創造壓力因應「英雄訓練館」。 4. 小組挑選一人的「英雄之旅」故事，排練戲劇呈現，交換壓力因應角色特質卡。
4	101年1月07-08日 （兩天一夜）	為自己出征	1. 雙人鏡照遊戲。 2. 即興創作「小王、少王、中王、老王的一天」。 3. 小組抽選一首歌曲（代表童年、青年、家庭、老人篇）按歌詞創作個人版MV，利用簡單的劇本結構，幫助學員們將選定的物件發展成一個完整的故事。 4. 志工自傳劇呈現。 5. 成員自傳劇呈現—三把椅子：三部分自我，第一把椅子為表面的我，第二把椅子為內在的我，第三把椅為我還沒發掘充滿潛能的我。 6. 團體歷程回顧與統整。

（三）每次活動的目標與內容

第一次：

透過暖身活動、身體打招呼的自我介紹等透過創意肢體組合系列的方式，催化成員表達自己的情緒，及肢體雕塑呈現心情故事。

第二次：

透過「社會劇」的方式，了解學員生活中的壓力因子，藉由自我情緒覺察，培養轉化負面情緒的能力。經由分享「幸運地」、「不幸地」生活事件並以六大句型故事接龍，「主角－我是」、「追尋－我想要」、「困境－但是」、「經過－因此」、「轉變－後來」、「結果－幸運地」增進對自己情緒（生活）困擾來源的覺察。

以「社會劇」的方式，透過戲劇中主角所發生的事件，看主角如何從「不幸地」走向「幸運地」的選擇。使用間接的方式，將焦點從他人的故事中，逐漸的轉換到自身，協助成員培養肯定自我與同理他人的能力。

第三次：

以「探索自我壓力因應的資源」，利用「六部分故事法創作」協助成員練習敘說生活中的重要議題，並學習如何轉換壓力因應模式。而「六部分故事法創作」，係指BASICPH壓力因應模式，B－信念、A－情感、S－社會資源（支援）、I－想像、C－認知、PH－身體體態，讓學員從不同的模式中，了解面臨壓力時自己的因應方式。

同時，讓成員創造屬於自己的壓力因應練習——「英雄訓練館」。透過說故事的方式，企圖提供一個從「間接虛幻」到「直接真實」的不同心理距離，讓人得以重新檢視、詮釋自我的生命經驗，達到新的啟發與洞察。正是透過戲劇中故事真實的呈現，提供學員探索、表達生命經驗的機會。

第四次：

透過「自傳劇」，「三把椅子」了解三部分的自我，重新詮釋自己的問題，發覺充滿潛力的自己。提醒成員故事可以重演，但事情不能重來，但卻可以創造不同的未來。主動去重新理解劇中的角色掙扎，認識、看見加諸其背後的環境與傳統壓力。

四、評估與結束階段

（一）結束階段

　　最後，透過志工「自傳劇」的呈現，也讓學員得以重新檢視、詮釋自我的生命經驗，達到新的啓發與洞察。藉由戲劇呈現，發現演戲就像照鏡子，從鏡子可以看到自己的過去，創造自己不一樣的未來，再次詮釋自我的生命經驗。

（二）成效評估

　　團體進行的過程，團體前工作人員透過問卷，了解青少年的需求與困擾、參與團體期待；團體進行期間，每月至少有一次少年會談，適時調整未來工作重點。也會邀請家長參加基金會辦理之家長支持團體；於團體結束後，爲延續團體服務的效果，工作人員會提供後續服務評估依據，並繼續提供爲期半年的個案服務。

 ## 第五節　青少年團體運用注意事項

　　筆者期待在帶領特殊需求的青少年團體能有更好的成效，故針青少年團體提出以下幾點意見。

壹、團體形成期

一、務必要做到成員的篩選與會談

（一）說明團體目標，並獲得青少年同意參與，如此行之，將可能正向影響日後團體的出席率。
（二）處遇性團體應確定團體成員同質性：年齡分布，是否有相同的問題

和需求。

二、針對弱勢、特殊需求的國中生所辦理的團體，團體成員多為非志願性、學習意願缺乏、能力不佳，配合活動進行的態度和難以掌控出席率。有些少年雖然出席，但或睡，或聊天，或在團體活動場域遊走，或忽略領導者的帶領，或不經告知就自行帶同儕出席活動等，這是多數帶領國中生團體工作者的痛苦經驗。故針對非志願性個案，如何讓其產生參與意願，及願意對團體產生負責任的行為和態度，將是工作者努力的關鍵點。

貳、團體過程與團體動力

筆者同意經常在團體後期，少年成員對團體才出現期待，也可能顯示與特殊需求的少年建立關係的時間必須比一般人花更長的時間。根據筆者的經驗，此類型團體，在有效的團體工作者的帶領下，差不多要到第六次才會出現不一樣的團體動力，此時才比較可能進入團體的工作階段，屆時再切入與團體目標有關的核心主題更佳。

在團體帶領的過程，若能運用優勢觀點和充權觀點，較可以增加成員參與時的成就感，讓成員有繼續參與的動力。且於團體結束後需要有配套措施，延續團體效果，並提供後續服務評估依據，並繼續提供相關的服務。

參、團體方案設計

一、針對非志願性少年對團體目標缺乏認同，可考慮從少年比較可以接受、比較有興趣的討論議題著手，像是自我概念、兩性關係、同儕關係為宜。而比較屬於衛教型或與家庭有關的方案，若在團體前幾次就出現，筆者認為少年參與者意願似乎較低。

二、以動態活動取代靜態的活動。

三、調整課程內容設計，以暖身活動促進成員參與動力；建議將課程教材轉化為海報或影片等以引導式圖像來協助成員了解課程內容；可採取抽籤方式（抽抽樂）、有獎徵答、戳戳樂等，以富有趣味性或玩樂性質，來促進成員的參與度。

肆、團體方案的執行與評估

一、若是針對九年級生，辦活動時間是否可以考慮上學期為宜。
二、領導者可考慮親自參與活動。
三、評估問卷的填寫意願、態度和能力，特別是「團體療效因子問卷」（Yalom, 1985）針對非志願性且學習能力不佳，對文字接收度較差的個案，作為總結性評估的確不適用。
四、填寫評估問卷時，可以考慮提供小點心給成員享用，而少年可能會比較有耐心填寫。

參考書目

中文部分

侯蓉蘭（2012）。「那一夜，我們說故事」戲劇治療在憂鬱情緒青少年團體之運用—以敦安基金會看見太陽青少年團體為例。社會工作與青少年服務研討會。實踐大學與中華民國社區發展協會主辦。

張素菁（2013）。*Upower*自力少年團體。私立輔仁大學社會工作學系碩士班期中實習報告。

莊靜雯等譯（2003）。團體諮商的理論與實務（第五版）。臺北：學富文化事業有限公司。

莫藜藜譯（2014）。團體工作實務（第三版）。臺北：雙葉書廊有限公司。

許臨高（1994）。青少年輔導工作之我見。學生輔導第35期。

許臨高（1995）。九十年代後期臺灣青少年工作之課題。研考會雙月刊（19）第3

期。

許臨高（2011）。正面角度和激發權能的思維：以優勢觀點和充權取向談青少年輔
　　導實務。2011兩岸四地學生輔導研討會。澳門：澳門街坊會聯合總會、澳門理
　　工學院主辦。

許臨高、莫藜藜譯（2000）。團體工作實務。臺北：雙葉書廊有限公司。

陳欣涵（2013）。安置少年自立生活協助服務的理念與實踐—以家扶基金會附設新
　　北市私立大同育幼院為例。發表於2013年「全球議題與本土解決策略—當代社
　　會工作發展新方向」研討會。

彭淑華（2006）。保護為名，控制為實？—少年安置機構工作人員的觀點分析。東
　　吳社會工作學報，第15期，1-36。

林淑卿（2012a）。財團法人向陽公益基金會新竹市向陽學園「戶外探索體驗教育輔
　　導營-建構自我效能」計畫書。新竹市向陽學園。

林淑卿（2012b）。財團法人向陽公益基金會新竹市向陽學園「101年度增能型戶外
　　冒險式團體輔導營隊成果」活動成果報告，財團法人向陽公益基金會101年度服
　　務成果。

蘇麗卿和洪美蘭（2012）。「藥」不要！？—青少年毒品使用者參加預防心癮復發
　　團體初探。社會工作與青少年服務研討會。實踐大學與中華民國社區發展協會
　　主辦。

英文部分

Gitterman, Alex & Salmon, Robert. (2009). *Encyclopedia of Social Work with Groups*.
　　(pp.252-255). New York: Routledge.

Kuechler, Carol F. (2011). Group Work: Building Bridges of Hope. *Proceeding of the
　　XXVII International Symposium on Social Work with Groups*. Minneapolis, Sep-
　　tember 29-October 2, 2005. (pp.142-160). London: Whiting & Birch Ltd.

第十章
老人團體工作

張宏哲

第一節　老人特質與需求

　　和其他年齡族群相較之下，老人的特質比較複雜，這些特質的說明或描述比較具有挑戰性，最主要的原因在於：老年階段所涵蓋的年數很長，過去有關生命週期或階段的區分都以六十五歲爲老年期的起始點，由於壽命的延長，老年期可能含括二十到三十年以上的歲月；加上社會、文化、族群、階級，或性別等因素造成的差異，使得老人的特質呈現多元化的樣態，疏於察覺，很容易以偏蓋全，產生對老人的刻板印象。由於該階段涵蓋的時間頗長，學者通常會再將老年階段區分成：青老年（六十五─七十四歲）、中老年（七十五─八十四歲）和老老年（八十五歲以上），三個階段，這三個階段長者的特質也有些差異，也是團體工作需要納入考量的要素。

　　本節從生理、心理、社會等層面說明老人的特質與需求，這些特質可以歸納在「多重的失落」的概念之下，亦即老化過程雖然充滿許多的收穫，不論是人生閱歷的豐富、智慧的成長，或處世的圓融等，同時也可能經歷生理、心理或社會等多重層面的衰退和失落的時期，這些多重的失落是團體方案進行之前需要考量的特質，也是團體目標訂定的參考依據。

壹、生理發展的特質

　　本段說明老人生理發展的特質，從這些特質進一步討論老人的需求，這些需求也是團體活動方案設計過程需要考量的焦點。

一、生理層面的衰退

　　在生理層面方面，老化帶來各種系統的衰退或衰老（senescence）（Ashford, LeCroy, & Rankin, 2017; Hooyman & Kiyak, 2011），包括皮膚和相關組織、神經系統、動作和傳導、感覺器官、心臟血管、呼吸系

統、消化系統、泌尿系統、肌肉骨骼系統、內分泌、免疫系統、性功能等，這是不可避免的現象（見表10-1），只是衰退的程度因個人的遺傳、環境、生活習慣等因素而有差異；老化衰退使得個體罹患慢性病、跌倒或其他風險都增加，例如：日常生活活動功能（Activities of Daily Living, ADL；餵食、盥洗、穿脫衣服、沐浴、上下床、室內走動等）或工具性日常生活活動功能（Instrumental Activities of Daily Living, IADL；理財、購物、備食、家務、交通等）有缺陷或者虧損，需要協助；不過，值得注意的是，大多數長者的生活功能並沒有受到老化衰退的影響，大多數能夠維持獨立自主的生活，除非疾病或不正常的老化的侵擾。

二、健康問題的特殊性

從2019年中老年身心社會生活狀況長期追蹤調查成果報告可以看出老人的健康問題與疾病狀況和其他年齡族群有很大的差異，老年期的急性疾病以敗血症、肺炎、心肌梗塞、急性腦中風、外傷骨折等比較常見，這些疾病因為不同的老年世代而有不同；根據該調查報告，六十五歲以上中老年人曾罹患各項疾病之百分比，由高至低前十名依序為高血壓（53.6%）、白內障（40.7%）、糖尿病（25.0%）、心臟病（22.5%）、高血脂（21.6%）、關節炎或風濕症（18.4%）、肝膽疾病（10.5%）、中風或小中風（7.7%）、腎臟疾病（7.4%）、痛風（7.2%）。老人比其他年齡群更容易出現共病（多重或多種疾病型態）的問題，多種疾病同時發生，再加上老化和衰退，使得健康問題的診斷和照護比較具有挑戰性。不過，在主觀的健康方面，大多數自覺自己是健康的，男性的自覺健康狀況比女性正向。

表10-1　老化的生理系統變化

肌肉骨骼	肌肉密度和纖維減少，體脂增加，彈性力道下降，肌力和耐力衰退，運動有助延緩。骨質流失，密度減少，椎間盤退化，關節活動受限，相關問題還包括骨刺、骨折、麻痛痠關節炎、拇囊腫、足跟骨刺、錘趾。
腦和神經	神經元雖然逐漸減少，功能變化卻微乎其微，但是如果血液供給阻塞、腦部流量減少、神經傳導物變化、膽固醇累積，可能減緩反應速度，干擾感官知覺和認知功能。
感官知覺	肌肉、骨骼、神經協調功能退化，影響步態和平衡感，增加意外和跌倒機會；皮膚變乾變薄，汗腺功能降低，觸覺和痛苦敏感度降低；嗅覺和味覺退化；老花，瞳孔變小，感光細胞減少，視力下降，聽覺、感官知覺器官退化最嚴重。
心臟血管	血管硬化彈性減弱或阻塞；心肌纖維退化（收縮差），左心室輕微增大，二尖瓣和房室瓣增厚，結締組織增多，動脈的膠原增加和主動脈彈性纖維鈣化，瓣膜變厚狹窄閉鎖、心律不整；靜脈乏彈性、變厚和擴張，血液送回效能不足。
呼吸	肺活量降低，肺泡與血液流量少，肺部彈性漸失，氣管與肺動作減緩，換氣能力降低，運動後恢復恆定狀態慢，胸部變小，胸膈膜變弱；結締組織變化造成鼻子隔膜回縮，增加嘴巴呼吸和打鼾的頻率。
皮膚	皮膚變乾、變薄、不規則顏色增生，結締組織減少，小血管脆弱，容易瘀血、受傷、長斑點，皮膚膠原變少，逐漸失去彈性，造成皺紋、失光澤、纖維硬化失彈性、汗腺功能低；頭髮變稀，顏色漸失；體外可見的體毛逐漸變疏。
泌尿	腎臟濾過率較低，需時較長，膀胱容積變小，排尿警訊較遲，女性肌肉鬆弛，容易尿失禁，男性攝護腺肥大風險高，造成排尿困難。

資料來源：彙整自Ashford & LeCroy（2017）、Hooyman & Kiyak（2010）。

三、就醫和用藥行為

中老年身心社會生活狀況長期追蹤調查（國民健康署，2019）報告發現，除了疾病問題的獨特性之外，老人的就醫行為也有和其他年齡群不同的特徵，例如：他們的就醫行為比較頻繁，就醫就像是在「逛街」

（doctor-shopping），爲了同一種問題，看好幾位醫師，並且同時使用不同醫師開立的不同處方。因此，有重複使用多種藥物的情形，比較容易引起多重藥物交互作用的問題。在健康照護方面，老人是醫療照護的主要使用者，醫療照護的支出高過其他所有的年齡群，不過，如前所述，他們的疾病照護還是以慢性病爲主，治療的目標不再是積極的治癒，而是控制，照顧的主軸圍繞在日常生活活動功能的恢復、維持或協助，也就是長期照顧的領域。

四、三段五級預防的架構

醫療體系的「三段五級」預防的概念除了可以作爲老人健康照護需求的參考架構之外（吳風玲、陳慶餘、許志成、謝博生，2013），也可以作爲團體方案設計的需求考量的主軸。

（一）「初段預防」的重點是「健康促進」

這一段的預防包括兩級工作事項，第一級是透過衛生教育、健康觀念與正確行爲的宣導，和定期或特定項目的健康檢查，這些做法都有助於「促進健康」。第二級屬於「特殊保護」，也就是事故、職災、環境等危險或傷害的防範工作。

（二）「次段預防」的重點是「疾病的篩檢」

也就是第三級的早期篩檢、早期發現或「早期診斷」，希望藉此能夠進行「早期治療」。

（三）三段預防的重點則是「慢性病照護」

也就是已經發現或診斷爲慢性病之後，需要進行第四級的「限制殘障」，目的是透過相關的醫療措施，避免疾病的惡化；除了限制殘障之外，必要時還要進一步進行第五級的生理、心理、社會層面的復健或復能，也是高階的生活照顧。

貳、心理發展的特質

本段說明老人心理層面的發展特質（見表10-2），包括認知和資訊處理功能、溝通、態度和情緒、社會認知和規範、精神違常等面向。

表10-2　老年的心理層面

認知發展和資訊處理	感官知覺衰退可能影響資訊接收和處理能力，處理速度比較緩慢。貫時性研究結果顯示八十歲以前智力的衰退比較漸進和緩慢，不同的智力層面有不同的衰退速率，八十歲之後衰退比較快速，各層面也比較一致。
溝通	感官知覺的衰退、認知的缺陷、健康問題、社會孤立都可能衝擊到溝通的能力；與任何長者溝通（特別是失智長者）需要關注他們的內在需求與感受，避免嬰兒化，以免傷害他們的自尊心和尊嚴。
態度和情緒	老人的情緒比年輕人複雜多樣，失落是重要主題，也是正常的經驗，失落可能引起哀傷，導致憂鬱或其他情緒問題；老人常見但常被忽略的情緒是孤單、焦慮。
社會認知和規範	老人抗拒把自己想成是老人，老年的認同感建立在過去的社會與職場角色；懷舊是維持自我認同的方式之一，懷舊團體提供長期照顧住民回憶和分享正向經驗的機會，有助於強化社會互動和改善士氣。
精神違常	阿滋海默氏症引起的情緒和調適議題，以及家屬的支持（失落、憂鬱和健康）憂鬱症狀和健康問題，當然也有正向的心理獲益。多重的失落，尤其是孤立和疾病等，老人常見的違常是失智、憂鬱、妄想、自殺和物質濫用等。
人格	人格屬於穩定的特質，老年的人格是早期階段人格特質的延伸，卻容易被歸因為老年或老化所造成，老人因為經歷多重角色，人格或生命的改變反而更具彈性，內化或內省是老化的另一項特質。
社會心理發展	愛瑞克森的社會心理發展的八大階段，老年階段課題是「統整和絕望」，透過生命回顧能夠接納自己，肯定自己的貢獻，能夠重新檢視和重拾過去七個階段的任務，則面對失能和死亡比較沒有焦慮。

資料來源：彙整自Ashford & LeCroy（2017）、Hooyman & Kiyak（2010）。

一、認知和資訊處理

在認知和資訊處理的功能方面，Ashford和LeCroy（2017）回顧過去的文獻發現：在長者的認知發展方面，有兩種不同的觀點出現，一種觀點是建立在橫斷研究結果的基礎上，認為老年的認知發展在「結晶智力」（crystal intelligence，語言文字等智能）方面衰退的幅度比較小，衰退的速度比較緩慢，「流動智力」（fluid intelligence，抽象思考）則衰退幅度比較大，速度也比較快。相較之下，以Schaie（2005）的貫時性研究結果為基礎的論述比較可信，這些結果則顯示：八十歲以前，整體認知功能衰退的情形是緩慢或漸進的，而且不同的智力的衰退步調也不一致，八十歲以後的衰退比較快速，而且步調也比較一致；整體而言，大多數長者的認知功能都能夠因應日常生活的需求，如果衰退造成不便和困擾，運用補救的措施還是可以維持正常生活，例如：便利貼或字條的提醒。值得注意的是長者可能過度關注自己的認知功能的表現，常常充滿不必要的焦慮，需要透過衛教和宣導，協助他們調適與因應。團體工作的規劃必須考量長者認知發展的特質，包括活動與聚會時間的提醒，活動講求慢活的步調，和建立銀髮認知發展的正確概念。

二、溝通和情緒

感官知覺的衰退（尤其是聽覺）、認知功能的虧損、社會孤立等因素可以影響長者和周遭的人的溝通，再加上失能或者失智，周遭的人可能容易忽略長者的意見和感受，甚至認為老人就是小孩，將他們「嬰兒化」，導致他們的尊嚴受損。

如前所述，老化是一種多重的衰退、多重的變化，或多重失落的歷程，包括生理、心理和社會層面，這些變化和失落可能影響長者的幾個心理的層面，例如：多重且負向的情緒和感受，不論是焦慮、恐懼、哀傷、孤單、缺乏控制感，或失去自主性；因此，老人需要周遭的人的傾聽協助他們抒發情緒，他們也需要社會的支持，協助他們面對多重的失落和因應

各種壓力（McDonald, 2010）。

提供長者辨識和抒發老化過程的情緒或感受是團體工作與活動的重要任務目標之一，讓參與團體的長者能夠互相表達同理，學習掌握上述主要的情緒反應是面對多重失落的不可或缺的因應技巧。

三、社會認知和自我認定

多重失落也可能負向衝擊到長者的自尊和自我概念。在自尊方面，老人可能因為失去原有的外觀、健康、認知能力、角色、功能、權力和收入等，加上在社會互動過程中能夠互惠與回饋的能力不如以前，這些都有可能衝擊到他們的自我價值觀；這些失落也有可能衝擊到個體的自我認定感，尤其是原先最能夠定位自己的角色和地位的職場的職位因為退休而終止，以及讓自我具有獨立感、自主性、控制感，和勝任感的ADL和IADL的自理能力，因為失能而虧損，使得健康的「我」受到衝擊，換成「失能的我」或「依賴的我」，失能長者需要支持、協助和尊重，才能夠因應認定感和控制感的失落（Hooyman & Kyiak, 2010; Knight, 2004）。

規劃因應老化的社會心理成長或支持團體的主軸在於協助銀髮成員扶穩自尊，重構自我概念，能夠在失能之下找尋可以發揮的潛能。

四、社會心理發展需求

愛瑞克森（Erikson, Erikson, & Kivnick, 2004）認為老年階段的發展主題是統整和絕望，也就是回顧過去能夠肯定自己的貢獻，接納自己覺得遺憾之處，重溫過去的七個人生發展階段，能夠在失落和孤立中重新信任，能夠在老化失能過程中不失去獨立和自主，能夠維持或重新找回自我的認定感，能夠重溫或重拾親密關係，能夠持續關懷關照他人，老年階段難免有些失望或絕望，如果能夠透過緬懷過去，接納和肯定自我的過去，則比較能夠面對老化、失能，和死亡的焦慮與恐懼。上述這些發展的課題

為老人的成長團體提供很清楚明確的架構，每個課題可能都需要規劃多次團體聚會，才能夠深入探索社會心理發展的議題，並協助團體成員發展妥適的因應模式和技巧。

五、人格和精神違常

人格的發展具有穩定的特色，老人的人格特質是生命週期早期階段的延伸，有些特質在負向的生命事件或多重的失落的影響之下，如果沒有妥當的調適或因應，也沒有適當的社會支持，可能導致負向的情緒，甚至精神違常。由於主要的精神違常（例如：精神分裂、躁鬱、焦慮違常等）比較好發在生命週期的早期（例如：青少年、青年期），老年期第一次發生這些主要違常的機會相對較少。老人的精神違常以憂鬱（depression）為最主要，其次，就是失智（dementia）、妄想（delusion）、瞻妄（delirium）等（McDonald, 2010; Hooyman & Kyiak, 2010），值得關注的就是老年的多重失落的衝擊，尤其是喪偶、獨居、精神違常和久病未癒，可能是導致老人的自殺率高居各年齡群之冠的主因（江弘基等人，2006）。老年階段另外兩項比較容易被忽略的違常是酗酒或藥物濫用。

由於失智症的盛行率不斷上升，針對失智長者辦理的活動也愈來愈受到重視，這些長者的特質和需求簡述如下：失智引起的症狀、問題行為，或疾病進程因人而異，有人速度比較快，有人比較慢，在症狀方面，剛開始的時候，身體功能可能還很健全，但短期記憶、判斷力、理解力、學習能力，和時間空間的定向感開始有所虧損，進入中重度時期，可能會有精神症狀和情緒與問題行為出現，最後階段可能喪失語言能力和行動能力，以及大小便失禁的問題（臺灣失智症協會，2008；王正平，2011）。失智症長者需要穩定、可信賴、同理與尊重等「個別化」的照顧投入，加上傾聽與覺察長者的外在行為和內在感受之間關係，以及和他們溝通的能力。

參、社會發展的特質

本段有關老年的社會層面發展的討論焦點集中在家庭和照顧、社會網絡和支持系統、居住安排和相關的風險（見表10-3）。

一、家庭方面

老人的家庭結構呈現多元的樣態，從單身（包括未婚或鰥寡）、配偶同住、核心家庭、三代同堂、離婚再婚的繼親家庭等，多元的樣態也顯現出多元的需求，例如：老化可能衝擊到夫妻之間的關係，關係需要更新；喪偶之後，鰥夫或寡婦與家庭成員的哀傷和情緒調適，守寡或成為鰥夫的配偶面臨居住安排與決定，或者決定是否經營新的關係。團體的規劃必須考量成員的家庭樣態的多元性，可以依據團體的目的和屬性納入家庭樣態的考量，例如：喪偶的女性長者遠多於男性，加上老年男性的社會參與率遠低於女性，喪偶團體的規劃需要考量性別失衡的議題，將男性納入團體成員招募的對象，招募可能會落空，或者只有一、兩位男性成員出席，可能出現的團體動力。

另外，家庭對成員罹患慢性病，家庭關係必須有所調整，尤其是互動與溝通方式的調整充滿了挑戰，疾病罹患者的角色調整，和家庭成員如何因應，如何找到妥適的應對方式，都考驗家庭的能耐；如果慢性病進一步導致失能，或者長者罹患失智症，家庭必須啟動更複雜的因應機制，尤其是提供照顧，家庭是失能老人照顧的主要提供者，面對照顧，家庭必須能夠進行照顧的抉擇，著手照顧的安排，進行照顧責任的分工，取得照顧的技巧和知能，因應照顧可能引起的壓力；再者，老化和照顧的安排也牽涉到成員之間角色轉換的議題（McDonald, 2010），父母可能必須從過去長期扮演的照顧者角色，轉換成為被照顧的角色，子女則從被照顧者轉為擔負起照顧角色的責任。老人雖然可能因為失能需要被照顧，有些家庭可能在老年階段需要擔負隔代教養的任務，親職的角色和知能必須重新學習，隔代間的互動關係可能必須重新摸索和定位，隔代教養的家庭可能還

要擔憂身後的孫子女養育和照顧的問題。上述這些議題都構成團體的重要主題，例如：慢性疾病與因應、銀髮角色的轉換與調適、家庭照顧的壓力與因應、家庭照顧的女性權益議題、老老照顧和老殘照顧議題、失智的家庭動力，和銀髮親職教育的因應原則與技巧等。

表10-3　老年期的社會層面

團體和家庭	老人的主要支持來自家庭，包括失能的照顧，尤其是配偶和女兒，大多數老人和子女有接觸和互動，愈來愈多老人可能擔負隔代照顧和教養的角色，不論是照顧或教養，老人都需要支持。
網絡和人際互動	社會網絡或朋友是老年階段的重要支柱，老人也樂於提供正式或非正式的照顧給朋友、家人和鄰居；退休需要調適，提早經營嗜好，投入志願服務，或其他活動都是可行之計畫，貧窮是老人的社會問題之一，少數族群、兼職、低收入的婦女受到的衝擊最為重大。老年的居住安排、失能後的長期照顧方式選擇、入住過程的適應、家屬的照顧負擔和因應等都是老年的重要議題。
相關風險	婦女和少數族群比較容易處在貧窮狀態，婦女擔負照顧的角色和負荷等議題，收入比較優厚，貧窮、孤立、照顧負荷、老人虐待，老人歧視。

資料來源：Ashford & LeCroy（2017）、Hooyman & Kyiak（2010）、Schaie（2005）。

二、支持網絡和人際互動

老人的社會網絡可能因為老化、失能，或有人的過往而縮小（McDonald, 2010），不過，不少老人還是能夠維持社會互動的網絡，包括加入新的社團，或者參與志願服務，除了能夠維持和擴充人際網絡之外，研究也顯示老人不重視形式，比較重視少數幾位可以談心、交流，或經驗類似的特定朋友，從他們得到的情緒支持勝過其他親友（Hooyman & Kyiak, 2010）。對老人而言，社會網絡還是具有「護衛」的重要功能，對於部分比較孤立的長者而言，強化他們的社會參與，擴充人際的網絡，和增進社會互動，有助於他們因應老化相關的壓力（呂寶靜，2009）。

三、居住和安養居住安排

　　留在同一個地方是老人居住安排的最主要選擇方式，除非喪偶，或者身體功能衰退，甚至失能，無法留在原處，否則在地老化是常見的現象；有些長者則因為失能，必須入住機構（養護中心、長照中心或護理之家），因為和原先的社會網絡脫節，需要重新建立社會關係，再加上機構化的情境，必須重新適應，可能會有遷居症候群，產生許多負向的情緒，需要入住適應的協助。另外，隨著核心家庭盛行，獨立自主不受干擾的選擇，或者家庭關係的疏離，以及子女外出求職，使得老人接受或選擇獨居的居住安排，其實，獨居本身並不是問題，由於獨居長者過往的慘狀被大肆報導，使得所有獨居的長者被界定為福利服務的對象，具有被問安、訪視、送餐，或取得緊急救援等福利服務的資格，不可否認，有些長者有孤單和孤立的感受，需要被關注。上述這些居住安排變動的議題成為團體活動辦理最重要的訴求，例如：獨居長者生活適應，獨居與自我照顧能力的發展，獨居長者角色的轉換，都是銀髮團體的重要主題。

四、老人虐待的問題

　　虐待是老人最主要的社會層面的風險之一，文獻有關虐待的類型的區分至今仍然缺乏一致性，臺灣常見的虐待主要是身體、心理（精神）、疏忽和遺棄等，老人基於家醜不可外揚，不想讓施虐子女有前科紀錄，和必須依賴加害的子女照顧等因素，申請保護令或接受緊急安置的個案並不多，大多數選擇留在虐待的情境（張宏哲，2010）。受虐的老人需要許多方面的支持，包括心理方面的協助，加害或者相對人也需要教育，甚至治療。

第二節　老人團體實施現況與類型

本節討論老人團體的實施現況，並進一步說明老人團體活動的兩種主要類型，包括團體輔療活動和治療團體方案。

壹、老人團體實施現況

本段說明老人團體實施的現況，重點在於目前發展的趨勢，以及團體的意涵和屬性。

一、活動的盛行

老人退休之後，時間比較充裕，參與活動和休閒的機會比較多，不過，活動的參與受到參與者的功能的影響，而有不同的考量和選擇。老人因為疾病或慢性病，以及身體與認知功能的虧損（失能和失智），影響老人的居住和照顧的安排，老人居住和照顧的場域也比較多元，包括機構、社區和居家的情境，健康長者住在社區和家庭中，有許多老人相關的社團，機構方面則分成護理之家、長期照顧中心、養護中心、安養中心、老人公寓或老人住宅等，社區的場域以日間照顧中心或托老中心、醫事Ｃ據點、社區關懷據點、失智據點等；不論哪一種場域，最近幾年來老人活動的安排和辦理逐漸受到重視，由於各類場域都有辦理相關的活動，使得老人活動的類型極其多元。

這些多元的活動又因為辦理的場域的不同，長者特質差異，活動方案負責人的不同，可能產生許多不同的樣態，同一種類型的活動在不同的情境可能有不同的應用、變化或創意，即使活動方案的名稱雷同，可能因為活動安排的方式、進行過程，或活動的內容等的變化，使得原先類似的活動產生不少差異。值得注意的是大多數的老人的活動安排都是以團體的方式進行，如果「老人團體工作」泛指任何以團體形式進行的方案，則大多

數的老人活動方案屬於老人團體工作的一部分。

二、多樣的名稱和類型

由於老人的團體活動種類和項目很多元，用詞也不一致，使得團體活動或方案的屬性的定位並不容易。在用詞方面，最常見就是以「活動」泛稱為老人安排的任何活動，包括團體形式的活動方案，例如：「休閒活動」或者「文康休閒活動」；有些作者則以「團體活動」指稱為老人安排的各種活動（游麗理、張美淑，2013）。在實務上似乎愈來愈多活動安排者將老人的許多活動（大多數也是以團體方式進行）稱為「輔療」活動（健順養護中心，2008），這種稱呼似乎是為了和「治療」屬性的團體活動有所區隔，值得注意的是：有些被歸類為輔療性的活動，其實是治療性的團體活動，例如：懷舊團體，或者為失智症長者安排的現實導向與多功能感官刺激的團體活動。相反地，也有專家學者使用社會工作常用的「團體工作」泛稱所有老人相關的團體活動（林美珠，2008；莊秀美，2003）。由於銀髮團體的多樣性，「老人團體」一詞可以廣泛的包括治療性團體、輔療性團體、服務性團體、照顧者團體、支持團體和社交康樂教育團體。

除了名稱上的多元之外，老人團體也和其他團體一樣，團體的類型、功能或屬性也很多元，其分類和區分方式雜多，莫衷一是，例如：林美珠（2008）將老人團體分成娛樂社交、社會服務性、教育性、支持性和治療性團體等五種，這些類型顯示「團體」含括的類型頗為廣泛，相較之下，Toseland和Rivas（2017）將任何的小團體區分成「任務」和「治療」團體，「團體」含括的範圍比較狹窄，「治療性團體」指的是：領導者篩檢一群面對共同問題的老人，組成一個小組，透過釐清、催化、經驗串連、同理，或團體動力的運作等技巧，讓成員能夠凝聚、分享和互相支持，達到團體共同的目標，這類團體和聯誼、休閒，或娛樂性的團體輔療活動有所區隔。

本文彙整上述作者的區分，將老人團體分成治療性和輔療性團體，前

者符合上述的治療性團體的特質,後者泛指以社交、聯誼、休閒,或娛樂為目的和主軸的團體活動。

三、團體屬性的光譜

　　從團體的屬性可以看出:老人的團體介於聯誼和休閒性質的集體性活動(輔療性團體)和以治療為目的的小團體的兩極的光譜之間,有些比較接近聯誼性質,有些比較接近治療性團體,如果依據前述的區分,則輔療性團體活動之外的團體都屬於治療性團體。在結構方面,老人團體介於鬆散或開放和結構嚴謹或封閉的類型之間;整體而言,大多數的輔療性團體屬於前者,大多數的治療性團體則屬於後者(見表10-4)。

表10-4　團體屬性光譜

團體	諮商團體	懷舊團體	家屬支持團體	輔療團體活動
次數	一一二次／每週 六一十二次以上	每週一次 六一八次	一次／週或兩週或一個月 一次、四次、六次不等	一次或以上不等／每週或月
人數	五一十二人	五一十二人	三一五十人人	三一一百人
結構	結構 封閉	結構為主／半結構 封閉為多／有時開放	半結構為多/結構較少 有封閉有開放	開放
內容	主題固定(認知和心理分析)	彈性但有脈絡可尋(因帶領者而異)		很多元／不固定
參與	高度參與討論和自我揭露	中度參與和自我揭露	中度到低度參與討論和揭露	低度參與討論 低度自我揭露

貳、輔療性團體

由於老人照顧的主軸是長期照顧，長期照顧的焦點並不是醫療照護，而是日常生活活動和社會心理照顧，活動的設計就成為照顧不可或缺的部分（張宏哲等人，2013），因此，老人的機構式（安養、養護、長期照顧或護理之家）和社區式照顧（日間照顧）的評鑑指標都含括「活動辦理」的面向，團體活動的辦理也很自然地被列入機構的作業規範之中，絕大多數的團體活動屬於輔療性活動。本段彙整這些輔療性團體活動的活動的類型、實施情境、目標和功能、團體的結構和活動的帶領等。

一、活動的類型

輔療性團體活動的類型極其多元，這些類型的歸類或區分方式也很雜多，例如：Lanza（1997）將長期照顧機構的團體性活動區分成宗教靈性、藝術欣賞、節慶、娛樂或戶外活動。莊秀美（2003）則分成認識性、動力性、益智性、體能性、作業性。臺灣長期照護專業協會（2002）將護理之家的活動區分成十大類：宗教性活動、體能保健活動、日常休閒活動、機構外面庭院走動、外自強活動、藝術欣賞、慶生和節慶、文藝、小團體活動方案（支持、減壓、懷舊）、大型社區聯歡活動，除了小團體活動之外，其餘都是輔療性活動。失智長者的活動略有差異：現實導向、感官刺激、懷舊團體、肢體運動和復健運動、趣味活動、休閒活動、社交活動、藝文活動、音樂活動，前四種屬於治療性團體之外，其餘都是輔療性團體活動。另外，最近愈來愈受到矚目的活動包括園藝、芳香和寵物輔療等，必須注意的是許多的輔療活動可以成為治療性團體的輔助活動，園藝、芳香和寵物輔療也不例外。

二、實施的情境

　　輔療性團體活動的實施範圍很廣闊，在對象方面，幾乎包括所有長者，不論是健康、失能或失智，只要具有意識，對團體帶領者的指令能夠正確覺知和反應的長者都可參與，實施的場域遍布長青學苑、松年大學、老人中心、老人會、社區關懷據點、日間照顧中心和各類長期照顧機構。過去這十年來，隨著社區關懷據點的開展，以及長期照顧機構對於活動安排的重視，活動手冊和相關書籍也如雨後春筍般的推出。

三、目標和功能

　　任何一種活動都具有很多樣的功能，由於輔療性的團體活動的種類很多樣，活動的目標、目的，或功能因而很多元，含括身體、心理和社會，或靈性層面（張宏哲等人，2013；健順養護中心，2008）。在生理方面，團體輔療活動比較常宣示的活動作用包括強化體適能、強化肌耐力和關節協調、預防疾病和失能、減緩ADL和IADL功能衰退、強化功能自主性、減緩感官知覺退化、強化睡眠和食慾。在心理方面，輔療性團體活動可能可以強化認知功能和延緩功能衰退、減少失智問題的行為、強化成員的自尊或自信心、促進生活的滿意度、增進生活的品質、生活內涵。在社會層面方面，團體活動具有強化成員之間人際互動，和社區或家庭再連結，與環境的接觸，或代間的共融，可能有益於身心健康之外，還因此取得社會支持，有助於緩衝壓力源的衝擊，強化生活的適應能力；另外，提供長者宗教相關的活動，除了滿足他們的靈性的需求之外，對身心健康或多或少有所幫助。

　　值得注意的是：團體輔療活動是否真的能夠發揮上述的功能，這項問題屬於實證的問題，需要進行成效評估才能夠確定，許多的輔療性團體活動並沒有進行成效的評估，無法確認團體活動是否真的具有活動方案所宣示的效能。

四、團體的結構

在團體的大小方面，輔療性團體活動參與的人數差異頗大，從三一五人到二十一三十人不等，甚至一百人以上都有可能，端賴活動的目標和屬性、活動的內容和特質、機構成員或會員的多寡，以及參與的踴躍程度等而定。在團體屬性方面，大多數的輔療性團體活動屬於開放的性質，大多數的活動是以廣泛邀請的方式，希望資源的投入能夠發揮最大效能（參與人數或人次為指標），因此，不會採封閉式的成員參與策略，不會限定活動的參與者，活動進行中容許新成員隨時加入。在活動的頻率方面，機構的差異也是頗大，機構評鑑指標規定至少一個月辦理一次活動，並沒有規範要辦哪些活動，重視活動的機構會有專責的人員或者成立小組，活動的辦理極其頻繁，成為機構成員生活不可或缺的一部分。

在計畫的結構方面，輔療性活動方案或多或少會有計畫書，方案內容通常不強調連續性，主要是以多元化為原則，方案的設計可能依循某些某些理念（例如：活躍老化、活動理論），規劃以當月、每季，或半年為期程，搭配多樣活動和節慶相關的考量，不過，前後兩次的主題通常不一定連貫，每此活動辦理可能有預先規劃主題和流程，但是也容許很大的變動彈性。

五、活動的帶領

大多數機構通常是由一位專人負責活動的規劃和帶領，例如：機構式的長期照顧場域，在這些情境裡，社會工作者常被賦予主責的角色和功能，這種由單一專業安排的團體輔療活動，可能會因為其他專業的配合度不足而遭遇到活動推展方面的困難，因此，有些重視活動的機構通常會組成一個跨專業的小組，由社會工作者、護理人員，和照顧服務員以團隊的方式規劃和帶領活動（張宏哲等人，2013），部分機構會連結學校或宗教團體，甚至專業的活動帶領人（例如：職能治療）協助規劃和帶領團體輔療活動。

參、治療性團體

本段討論治療性團體類型和對象、團體的結構與領導等主題。

一、團體類型和對象

老人治療團體的類型雖然沒有像輔療活動一樣的多元，其類型似乎也不少，想要針對這些團體進行分類並不是一件容易的事，在文獻裡，這方面的資訊也不多，比較實際的做法似乎是以服務場域或服務對象的身心健康或居住安排進行區分，服務場域包括社區中的老人社團、老人服務中心、專業協會或日間照顧中心，以及機構式長期照顧服務（護理之家、養護中心、安養中心、老人公寓等）。

表10-5　老人治療團體的類型和對象

團體		健康	獨居	失能	失智	精障	照顧者
退休準備團體		5					
＊志願服務團體		5					
＊老人成長團體		5	5				
＊哀傷或失落團體		5	5	1、2、4			5
＊懷舊／生命回顧團體		5	5	1、2、3、4	1、2、4、5		
自傳導引團體		5	5	1、2、4			
面對身心障礙團體				1、2、4	1、2、4、5	1、5	
＊藝術治療團體		5	5	1、2、4	4、5	V	
＊音樂治療團體		5	5	1、2、4	4、5	V	
諮商	心理動力	5	5			V	
	認知行為	5	5			V	

團體	健康	獨居	失能		失智	精障	照顧者
失智團體 *認知 *現實 *多功能感官知覺 動機強化 驗證團體					1、2、4、5		
			1、2、4、5				
			1、2、4、5				
			1、2、4、5				
			1、2、4、5				
*照顧者支持團體							5
心理教育團體							5

註1：1＝護理之家、2＝養護中心、3＝安養中心／仁愛之家、4＝日照中心、5＝老服中心、
　　老人社團、專業服務協會等。
　2：「＊」代表臺灣比較常見的治療團體方案。

　　後者則包括健康（亦即ADL和IADL自主的長者）、失能、失智、獨居和精神違常的長者，以及他們的家屬或者家庭照顧者，這種區分方式還需要注意到有些活動不只適用單一對象，可能同時適用於不同身心狀況的老人。

　　本段依據過去文獻提到的老人治療團體的方案，尤其是Haight和Gibson（2005）的老人團體工作手冊，以及實務過程接觸到的團體方案，標示出這些方案實際或可能適用的對象，並且附上這些團體方案可能應用的場域（見表10-5），礙於篇幅限制和社會工作者賦予這些團體的意涵、目的和功能也不一致，不再進一步定義這些團體的內涵。

　　從表10-5可以看出，不同的對象有其對應的團體方案，例如：功能自主的健康長者可能是社區老人中心或老人會的成員，成長或會心團體，以及志願服務團體主要是針對他們所提供的方案，另外，失智長者因為特質和需求比較特殊，因應他們的需求或問題所提供的團體和其他方案差異頗大，其中的認知、現實導向，和感官刺激團體在臺灣頗為常見，比較獨特的組合是針對輕度失智的長者辦理的「瑞智學堂」（臺灣失智症協會，2008），該學堂提供多元化的團體方案，包括頭腦體操班（類似認知團體）、懷舊團體和藝術創作班等，至於音樂或藝術治療團體似乎適合各種不同的對象和情境。

二、團體的結構與領導

治療團體的方案規劃和團體結構與內容的決定因為領導者、實施情境，和資源的多寡的不同而有些差異，這些差異當然反應團體針對的對象、界定的目標和屬性的差異。本段討論團體的大小、團體會談的頻率和長短、開放新成員的加入與否和需要成員參與的程度，以及團體的過程、主題和內容的結構化程度。

（一）團體的大小

多數的老人治療團體是透過團體互動和動力促成成員的改變，團體成員如果太多會削弱團體的動力和互動，因此，比較理想的人數是介於五一十二人左右（Toseland & Rivas, 2017），心理諮商團體和成長團體在人數上的限定可能比較嚴謹，另外，失智長者因為需要穩定和熟悉的成員和領導者，團體成員太多可能衝擊到行為的穩定性和團體效能，因此，人數上通常不能太多，尤其是容易躁動的成員組成的團體（例如：感官刺激團體）；人數要求比較彈性和寬廣的就是心理衛生教育團體和志願服務團體，或者單次的失智症家屬支持團體。另外，對於成員互動和分享的要求與團體動力營造需求的差異，可能影響人數的決定，例如：同樣是針對健康或失能長者辦理的懷舊團體，如果成員的互動和動力不是很重要，團體的人數可以彈性擴充（劉黃玉娟等人，2010）。

（二）頻率和長短

不同的團體有不同的會談頻率和每次會談時間長短的考量，會談頻率受到團體資源、需要成員投入和互動的程度，和團體成員問題屬性的等因素的影響，資源比較豐富的時候，團體次數可以延長，不需要透過成員互動和動力的營造則頻率的可降低，例如：辦理單次的失智症家屬支持團體、哀傷團體，相較之下，心理諮商團體必須透過成員的互動與分享，覺察內在的心理動力需要時間的醞釀，頻率和次數就需要增加（Haight, 2005）。失智症相關的團體也有類似的情形，感官刺激的團體比較不需

要成員的分享和投入，頻率或許不需要像懷舊團體高，更何況這類團體頗適用於行為比較容易躁動的長者，時間不宜過長；至於每次團體會談時間的決定主要是受到成員的專注力的影響，對長者而言，任何團體超過兩小時都過於冗長，實務經驗顯示五十到六十分鐘實屬足夠，失智症長者的時間可能必須縮的更短，可是不同的群體的情形也不一樣，例如：瑞智學堂的團體時間，從熱身到結束超過兩小時以上似乎並不是問題（臺灣失智症協會，2008）。

（三）開放與封閉

　　心理諮商和失智症相關的團體通常會採取封閉的方式，一旦團體開始就不會再允許成員進入，以免干擾團體原先的互動，避免影響成員的穩定情緒與行為，和避開新加入的成員無法融入的問題；相較之下，針對家屬所辦理的心理衛生教育或支持團體，尤其是單次或次數比較少的會談的活動，通常會開放讓成員自由加入，這樣的彈性開放也是因為主題不具連貫性，每次的主題是獨立的單元，新成員的加入沒有無法連結或進入狀況的問題（中華民國家庭照顧者總會，2003）。有些封閉的團體因為成員的流失，必須補進新的成員，以免因為人數太少影響團體的動力，這種情形和開放性的團體有所區隔，因為成員的補充並不是自由加入，而是經過篩檢決定。

（四）成員的參與

　　不同的老人治療團體對於成員參與的要求也不一樣，諮商團體最強調成員的參與，團體成員除了必須具有病識感之外，還必須能夠開放自己，參與分享、討論和互動；如前所述，失智症相關的團體，懷舊治療團體需要成員的分享、參與，和投入的程度高過感官知覺刺激的團體，後者只要成員說出自己對於各種感官用物的認識（健順老人養護中心，2008）。老人的治療團體會隨著團體成員的人數增加，成員參與的程度就愈容易被稀釋，例如：單次的開放式家庭照顧者支持團體，透過媒體的方式公開招募成員，成員可能達到二十一三十位，過程之中的互動和分享就容易集中在幾位成員身上，相較之下，比較密集的家庭照顧者支持團體，成員大約

五一十二位，成員需要參與的程度就比較高（中華民國家庭照顧者總會，2011）。

（五）團體的結構

團體工作的結構指的是領導者對於團體過程、人數、主題、內容，和整體方案的規劃與執行的嚴謹和堅持的程度，當然，沒有任何領導者可以掌控所有的主題討論、過程和內容，因為團體是屬於成員的，成員的自主性可能會左右團體的過程，事先規劃的方案很容易在團體過程被顛覆，因此，團體的結構通常介於光譜的兩極之間，結構的嚴謹和鬆散和團體的屬性、領導者的風格、訓練，和實施的情境都有密切的關係，例如：同樣是懷舊團體，計畫和執行上就有差異，從比較嚴謹到比較彈性依序為瑞智學堂或健順老人養護中心屬於比較嚴謹者（臺灣失智症協會，2008；健順老人養護中心，2008），巴里仁愛之家的懷舊團體因為機構的情境和住民的特質，就容許比較彈性的團體過程（林美珠，2008），由教育志願工作人員協助社區長者建構「生命百寶盒」的個人生命故事的創作，屬於懷舊團體的一種模式，則又更具彈性和開放（劉黃麗娟等人，2010）。

第三節　活動方案要領、動力剖析與介入方式

本節討論老人團體活動方案建構與執行的做法，提出團體動力操作和介入的原則，先從團體輔療性活動開始，再進入老人治療團體的討論。

壹、輔療性團體活動

老人輔療性團體活動雖然蓬勃發展，幾項發展的方向和特徵值得提出說明，包括跨團隊的整合、多元化活動趨勢、跨世代的共融、走入社區情境、活動輔具DIY、活動成果評值。

一、跨團隊的整合

老人或長期照顧機構如果重視活動，將活動當成生活與照顧的主軸之一，就必須經常辦理團體輔療活動，將活動融入日常生活之中，落實這種理念的要件就是整個團隊都投入團體活動的安排，因為單一專業（通常是社會工作者）負責活動方案的做法結果就是其他專業不一定能夠配合（張宏哲等，2013）。跨專業團隊的整合還包括引進不同的專業共同規劃與安排活動，比較常見的就是社會工作和職能治療專業的合作。

二、多元化活動趨勢

由於長期照顧情境（例如：日間照顧、養護和護理之家）的生活安排以群體為主，活動的安排又以團體的方式進行，這種安排方式的挑戰在於滿足個別住民的需求，這些需求很多元，因為住民的背景、喜好，和功能的差異可能不小，團體式的活動比較無法兼顧到個體的需求，活動選擇的多元化就很重要，角落活動就是同時在多個角落進行活動，提供住民比較多元的選擇。

三、跨世代的共融

跨世代的交流提供了長者和隔代互動的機會，也提供隔代認識長者的場合，除了有助於減少疏離感和消除刻板印象之外，更強化下一代對於長者的認識；交流互動的場域通常會選擇長者被照顧的情境，例如：護理之家或養護中心，如果環境許可，也可以邀請長者到幼兒園訪問，增加長者外出，離開比較封閉的機構環境，進入和融入社區的機會。

四、走入社區情境

　　長期照顧機構的住民可能會因為行動不便和機構照顧的安排，通常和社區有點疏離，即使是鄰近的社區，因此，走入社區或者將原本在機構內部進行的活動帶到社區進行，例如：鄰近公園或者活動中心，因為換了情境，有助於增進活動的新鮮感和創意。

五、活動輔具DIY

　　活動過程需要藉助於許多的輔具，全部以採購的方式取得可能會增添機構的財務負擔，一些機構以照顧團隊（護理、社會工作者、照顧服務員）分組的方式運用環保回收器材，進行活動輔具的DIY，除了省錢之外，輔具的製作也比較貼近生活，又具有凝聚團隊對於活動的認同感和投入的動機（張宏哲等，2013）。

六、活動成果評值

　　活動成果的評值是「專業責信」（accountability）的重要部分，當長期照護機構進行了許多的團體活動，卻無法確認活動可以帶來哪些成果或效益，可能使得專業與活動的可信度受到質疑，有成效的活動也比較不容易複製；近年來，隨著活動的發展，評估活動成效的研究也愈來愈多，只是焦點還是比較集中在治療性活動，尤其是針對失智症長者辦理的相關活動（陳伶珠等，2013），輔療性活動的評值研究似乎比較不足。

貳、治療性團體活動

　　本段整理治療性團體活動方案的要領與介入的原則，依據小團體所

處的階段逐一說明，由於老人團體會談的次數通常不多，頻率並不高，因此，僅作簡要的區分，包括準備階段、初期階段、工作階段和結束階段。

一、團體準備階段

團體準備階段的工作要項，包括團體結構的考量、領導者對老人的印象、會談前的訪談和成員的篩選。

（一）團體結構的考量

團體的專家（Winston & Neese, 2005）建議在老人團體進行之前，一定要確認團體的目標、進行的理由、進行的程序，包括何時會談、會談的頻率和每次時間長短，這些建議似乎很尋常，適用任何年齡群，但是針對長者成立團體之前考量這些事項可能格外重要，因為老人畢竟有其特殊性，特別是老人可能比較不習慣在團體情境之下分享透露自己的隱私，加上老人的社會文化與族群的背景呈現出豐富與多元的樣態，價值觀的差異頗大，因此，事前沒有仔細思考和規劃，團體的運作可能無法順暢。

1. 團體人數

老人團體人數的考量和其他族群的考量一樣，太多或太少都可能衝擊到團體動力，因此，仍然以五一十二人最為理想；但是團體的對象如果是失智長者，人數可能必須縮減，失智長者因為認知功能的衰退，團體過程中，需要照顧和陪伴的功夫比較多，溝通和與互動的挑戰也比較大，團體人數需要減少，端賴領導者對於成員的熟悉程度與團體開始之前的互動頻率而定，通常五一七人已經算是不少，有些團體則依性質或者機構情境而人數會擴大到十二人，甚至超過，主要是受到經費提供單位的條件的影響，例如：瑞智學堂。有時候，長者的健康狀況或功能也可能影響出席人數，使得原先規劃的人數不易達到，例如：比較健康、行動比較方便、認知功能比較好的長者出席與否的自主性比較高，出席率就可能受到負向衝擊。

2. 頻率次數

團體會談的頻率或次數因為機構的人力、資源、團體的模式、目

的，或者方案委託單位的要求等因素而有不同；精簡之下，有些團體甚至只進行單次的會談或聚會，四—六次或者六—八次的治療團體方案似乎很常見，例如：公益彩券通常會贊助四次的家庭照顧者支持團體。

3. 場地考量

團體會談場所的考量主要是以安靜、不受干擾和固定的場地為原則，這對失智長者而言，格外的重要，失智長者會談室的門，最好維持關閉的狀態，但是不用上鎖，允許成員可以自由離開（Gibson & Burnside, 2005），有些團體則安排陪伴人員或者共同領導者協助安撫失智團體成員的情緒，比較不會造成團體成員自主離開的情形。

4. 時間長短

大多數的團體工作者可能都會建議老人的團體最好不要超過五十分鐘，有些甚至建議縮短到三十分鐘左右，主要是考慮到老人專注時間的限度，尤其是失智症的長者；另外，許多團體最多每週一次，兩次就過多；時段的安排也需要考量，長期照顧機構的團體必須避免干擾到照顧的工作，通常在早午餐之間進行團體是比較常見的做法。不過，有些團體不只超過上述的時間限度，甚至可能長達兩小時以上，例如：「瑞智學堂」；可能的原因是：團體成員已經習慣比較長時數的聚會，另外，「瑞智學堂」的團體活動還包括一些體能和其他的附加活動，實際靜態的團體會談的時間並不是很長，或許因為贊助的單位希望團體人數達到某個數目以上，以便極大化資源的投入，時間拉長似乎比較能夠讓人數比較多的長者得到關注。時間：三十一五十分，每週一次，兩次太多，早午餐之間。

（二）領導者對老人的印象

在會談前的考量項目之中，對團體潛在的案主群的價值觀和文化背景的認識極為重要，除了可以避免受到社會文化普遍地對老人有負向的看法的影響，而產生負面的刻板印象之外，也可以減少溝通上的障礙（Winston & Neese, 2005），例如：長者可能喜歡送小禮物給團體領導者，或者帶食物和成員分享，領導者可能需要尊重，以免引起長者不悅，影響關係和團體的進展；由於老人的文化、價值觀和經驗極其多元，也很豐富，對社會工作者而言可能因為年齡差距和成長情境的差異而有很大的

距離，因此，也頗具挑戰性（Knight, 2004）。由於工作人員對於老人案主群的刻板印象很嚴重，團體領導者有必要在帶領團體之前，檢視自己的態度。

（二）會談前訪談

團體會談之前是否需要事先進行個別的訪談的看法因人而異，重點在於訪談目的的考量，會談前的訪談的目的可能包括探索成員對於團體的看法和期待，個別成員的目標和團體目標的釐清與確認，或者想更深入評估成員個人的特質等。老人團體成員如果不是領導者原先服務的對象，或者對老人比較不熟悉，團體會談之前的訪談將會有所助益。

（三）成員的篩選

團體成員的篩選需要考量的因素頗多，性別、年齡、族群、階層、問題或需求，或身體狀況、失能程度和認知功能等，由於可以考量的因素頗多，難以拿捏，常見的是同質異質考量或者排除條件考量。

1. 同質異質考量

同質性高的成員比較容易產生認同，互動和溝通也比較容易，陳明珍（2001）因此重視同質性的考量，例如：新進住民、背景類似、健康狀況、失能或認知能力現況等。但是異質性也有其優勢，主要是互相激盪和多彩與多元的經驗交流。有些失智症相關的團體領導者強調成員的認知功能最好相當，以免引起功能比較佳的成員的負向反映，功能比較佳者，可能會嘲笑狀況比較差者；但是有些學者主張團體之中「母雞帶小雞」的原則，團體過程中，功能較佳者可以扮演助人的角色，強化自我效能，功能較差者也有互動和刺激的機會。

2. 排除條件考量

Yalom和Leszcz（2020）則認為同質性的面向太過於繁多，不容易面面俱到，且顧此失彼，不如提出排除條款，例如：老人團體的成員如果是失智症長者，則必須做明確的篩檢（screening），排除有問題行為的長者，例如：過度焦慮、坐立難安、不斷干擾的人，否則等到團體開始之後才發現問題，才要排除這些成員，可能已經太遲了（Gibson & Burnside, 2005）。

二、團體初期階段

老人團體工作開始的階段重要的任務是面對焦慮、設定規範、角色和互動等。

（一）面對焦慮

破冰活動有助於減少團體成員在開始階段互相不熟悉的焦慮，即使先前已經認識的成員，破冰活動也有助於減少初次參加團體的不確定感，許多老人過去並沒有，也不習慣分享內在的經驗與感受，破冰可以讓大家更熟識，也有助於減少焦慮。另外，引導物（例如：照片、圖片水果、古物、填充玩具、音樂、運動等）可以幫助成員將焦點轉移到物品上面，觸摸和緊握物品，或者藉著物品隨意傳遞，都有助於減少依座位次序發言引起的焦慮，用物可以激發長者的懷舊，對於失智長者的助益更大。

（二）設定規範

老人團體的規範不必太多或者複雜，主要是強調參與、互助、隱私和尊重，由於長者不輕易分享內在感受，對於隱私格外重視，因此，尊重隱私的規範的強調格外重要（Winston & Neese, 2005）。另外，一些文化框架的規範也必須重視，例如：領導者對長者的稱呼需要適切，長者可能習慣送小禮物或購買食物共享，不太喜歡率直的表白（例如：談自己的性關係）等，這些都是領導者需要注意和適時因應的事項。

（三）角色和互動

團體剛開始，成員傾向於以領導者為核心進行互動和溝通，發言的時候很自然地會轉向領導者，而不是成員，即使團體會談之前已經彼此熟悉的成員也可能不例外，領導者有需要提醒，並且可以串連成員的經驗，催促成員互動和溝通，針對成員的開放和勇於發言予以稱許，有助於增強開放、溝通和分享的行為。

三、團體工作階段

老人團體工作階段相關的問題或因應原則頗多，本段僅針對溝通互動、衝突或爭執、訪客的增加、座位安排、安全的議題和領導的權威等主題進行說明。

（一）溝通互動

團體中有關溝通互動的議題頗多，老人團體溝通互動的主軸如下：

1. 占據發言臺

占據發言臺並非老人團體特有的現象，可能有些長者因為人格特質使然，或者是領導者基於對長者的尊重，不予干預或干預的效能不彰都可能引起其他成員不滿；領導者仍然可以運用摘要的技巧，摘要該成員的發言，並順勢轉移到其他成員，如果發言過於負向，或者大談不相關的議題（例如：政治），則可以提示團體之後可以一起討論。

2. 聽障或失智者

完全排除重聽者有助於團體溝通，可是也因此剝奪他們互動的機會，領導者說話速度必須放慢、發音清楚、不掩住嘴巴，重複說話必須避免生氣或不耐煩，重複但不要用同樣的字詞，女性領導者的口紅鮮紅有助於讀脣語的長者。針對失智長者，則必須分析和掌握非口語溝通，確認背後的意涵（Gibson & Burnside, 2005）。

（二）衝突或爭執

保護成員不受傷害是領導者重要的任務之一，有些長者言談容易傷人，例如：使用傷害或貶抑女性的字詞，卻不接受勸告而停止，通常會有女性成員主動提出異議，如果無效，領導者必須重申不傷害與尊重的原則，這對身為晚輩的領導者而言並不容易，但是為了整體考量，勸止仍應持續。

（三）訪客的參加

在家庭照顧者或其他老人團體進行過程，有些長者可能會邀請朋友參與，尤其是團體的會談地點就在老人活動中心裡，老人結伴參與，領導者必須徵求成員的同意（團體長者通常很厚道不會反對），提醒成員，希望下次能夠事前預告，對於新加入的成員，領導者有需要簡述團體目前的主題、進度和規範，協助進入狀況（Winston & Neese, 2005）。

（四）座位的安排

如果團體必須混合意識清楚和認知缺陷的成員，最好有明確理由，如果已經決定納入，必須注意座位安排，讓意識清楚和比較肯助人的團體成員坐在失能或焦慮的成員身邊；領導者也可以選擇坐在兩位失能比較嚴重或認知虧損最嚴重的兩位成員之間（Gibson & Burnside, 2005）。

（五）安全的議題

老人團體比其他團體更需要注意成員的慢性疾病的問題，了解藥物交互作用的影響和衝擊，考慮到疲憊、血糖低的問題，確認來到團體的方式和交通，防止跌倒和意外（Haight & Burnside, 2005）。

（六）領導的權威

老人團體的領導者面對的主要障礙在於很難進入老人的文化、經驗、語言，或賦予事件的意義框架，因此，團體過程不容易進入老人的內在世界深處，老化的多重失落、臨終，或生命的結束等議題，和年輕的領導者似乎隔著不可跨越的鴻溝，即使領導者能夠在知識理性層面認識長者，可能也不敢面對老人的生命和經驗牽引出來的焦慮、恐懼、自責、羞愧、憤怒、哀傷、孤單等情緒，即使有勇氣面對，可能也無能為力去梳理自己內心的情感，因而也無能力和長者進行內心深處情感的交流，或者協助長者接觸和面對這些內在的感受（Knight, 2004）。所以成為老人團體工作的領導者除了必須具備進入他們的意義框架的能力之外，還需要有人生的閱歷或者經過許多生命的歷練之後，已經學習可以面對自己內在許多的情緒和思緒的議題，能夠梳理好自己的內在的衝突、恐懼、焦慮、

羞愧、哀傷等心緒的領導者，才有能力協助老人梳理他們的內心深處的心情。

四、團體結束階段

老人團體工作結束階段的主要任務有以下幾項：

（一）鞏固團體學習的知能

團體結束的任務之一就是協助團體成員回顧團體的過程，希望能夠協助他們鞏固在團體過程之中的所學，以便能夠應用在日常生活，領導者可以透過情境模擬的演練，預期可能遇到的障礙，學習因應這些障礙的原則。

（二）面對團體結束的失落感

如果團體成員並不是同一個機構的個案或住民，團體結束的階段仍然需要協助成員面對失落感或哀傷，這樣的過程有可能引出過去多重失落的情緒，正好提供解決過去失落和哀傷的機會。

（三）進行團體結果的評估

團體結束階段的重要任務之一就是評估，除了透過成員分享團體的經驗，提供針對團體方案的寶貴意見之外，還需要進行團體成果的評估，以便確認團體是否有成效，有哪些成效，這些評估的活動從團體方案開始規劃之初，就必須確認，包括成效指標的研議、測量工具、研究設計、分析方法等（張宏哲等，2013）。

參、團體活動設計範例

本段提供老人成長團體的規劃實例，團體的情境和成員來自老人中心，以下簡述團體的結構和團體每次會談的內容。

一、團體的主題

團體的名稱為「銀髮族心靈成長團體—美麗心世界」，以艾瑞克森的社會心理階段的發展任務和課題為指引（Erikson et al., 2004），協助團體成員面對老化的多重失落，學習和自己的情緒有所接觸，能夠覺察和抒發情緒，更重要的就是透過生命的回顧，學習統整生命的歷程。

二、團體的結構

（一）團體大小

團體招募的目標為十二人，考量招滿的難度，擴大招募十五人，最後實際招募到十一人，由於事先篩選，由個案的主責工作者依據招募條件轉介，結果是團體成員的出席率極高。

（二）頻率次數

除了考量資源、人力和場地，以及工作人員可以協同主持，臨場學習團體帶領技巧之外，更重要的是團體的主題和目標，最後定調八次的會談。

（三）時間長短

由於團體的成員都是健康的長者，考量可能會有十分鐘等待成員到齊，因此設定團體每次的會談都是兩小時，後來實際運作也確認時間的考量合理或適宜。

三、團體的成員

（一）納入條件

獨居喪偶、願意探索和面對老化的課題、意識清楚具表達能力、離會談地點約二十一三十分鐘之內、健康行動自如。這些條件之外，重點在於

轉介的社會工作者對認識和了解個案，個案也信任工作者。

（二）排除條件

重聽、意識不清、表達能力有限、憂鬱、人際互動不佳。

四、主題和活動

本段呈現八次的主題規劃、每個單元的目標、活動內容、活動器材等（見表10-6），從活動的規劃可以看出本團體著重活動過程的用物，透過感官知覺可以實際碰觸的物件或物品，導引團體的流程或過程，除了減少制式的輪流發言，讓成員以自行傳遞物件給下一位成員的自然方式，強化參與意願之外，也增加團體活動的樂趣；過程之中，團體成員也可以發揮創意和持續練習粗動作和精細動作。透過用物，領導者也比較能夠營造氣氛和團體動力，比較不用費力。實際操作之後，可以看出用物確實能夠發揮的預期的功效。

表10-6　銀髮成長團體主題和單元目標與活動內容

單元	名稱	單元目標	活動內容	活動規劃和器材
一	大家來鬥陣—相見歡	1. 破冰和建立關係 2. 認識成員的背景 3. 討論名字的意義 4. 說明團體的規範 5. 對團體期待回饋	1. 猜猜看：長者背後貼水果標籤，站起來問其他成員（對方只能回答是和否），猜出水果，再配對互相認識介紹對方。 2. 賓果遊戲：認識成員的特質，包括年齡、工作、住處遠近。	1. 十三個名牌／吊繩製作（確認名字正確）。 2. 水果圖片和雙面膠（小小水果圖片）。 3. 4×4賓果大字列印。 4. 團體規範海報列印。 5. 七個主題大家選擇。

單元	名稱	單元目標	活動內容	活動規劃和器材
二	作伙講老年—老的真相	1. 說出老年正負向特質 2. 老年面對疫情的心境 3. 修正負向想法接受正向思考	1. 毛線球丟球分享老就是……。 2. 列出正向與負向結果。 3. 成員將正向與負向紙板放入桶子。 4. 進行討論。	1. 毛線球兩球。 2. 正負面厚紙板製作。 3. 圓筒可以放入紙板。 4. 厚紙板黏上手持棒。
三	一樣米百樣人—好與壞隨你看	1. 分享自己的特質 2. 從特質看出好壞兩面 3. 學習欣賞正向的自我特質和學習自我肯定	1. 製作紙器摩天輪。 2. 摩天輪貼上自己的特質。 3. 分享自己的特質，由領導者或成員貼上正向的特質。	1. 裁剪好的摩天輪材料。 2. 鉚釘每人一個。 3. 雙面膠和剪刀。
四	人生甘苦談—水果點點滴滴	1. 人生階段和生命重要事件的分享 2. 抒發心情和分享對事情的看法 3. 生命統整：接受過去遺憾，肯定自己	1. 水果放在竹籃子，由領導者開始分享。 2. 成員選自己最喜歡的水果。說出自己喜歡的顏色、酸甜苦辣代表人生階段。 3. 說出對現在階段的看法和感覺。	1. 多樣的水果，每種幾顆或幾串裝水果的竹籃。 2. 做水果沙拉器材與餐具。
五	心情的閒話—知己和知彼	1. 探索生活或生命事件的心情與感受 2. 學習與自己心情接觸 3. 學習抒發感受和同理	1. 連結上次分享的生命事件說出感受。 2. 配對自己的內在感受和表情圖片。 3. 認識感受沒有對錯，只有有和無。 4. 練習同理心的表達。	1. 文具行表情圖厚紙板。 2. 表情圖手持柄製作。

單元	名稱	單元目標	活動內容	活動規劃和器材
六	花語和南瓜—熟成的季節	1. 分享萬聖節的由來 2. 分享多重失落事件抒發心情 3. 透過儀式完成哀悼	1. 多重失落的落葉，分享失落事件。 2. 每個人拿起一朵花說出失落事件。 3. 說出自己的心情，邀請夥伴回應。	1. 萬聖節應景圖片或布置。 2. 玻璃缸與雛菊或蘭花盛水漂浮。 3. 南瓜燈製作器材。
七	話說家鄉味—拿手菜的回憶	1. 透過家鄉味或拿手菜的分享連結記憶 2. 連結親人關係與記憶 3. 重溫回憶美好時光，抒發感受或和解寬容	1. 分享印象最深刻的口味或一道菜或土產。 2. 品嘗菜餚與土產或是透過圖片分享。 3. 說出故鄉、風土、親人。	1. 成員各自帶一樣家鄉味。 2. 事先彙整成員家鄉味。 3. 家鄉味相關的圖片蒐集。
八	星砂的回響—時空記憶膠囊	1. 回顧團體美好時光 2. 整理鞏固團體收穫 3. 抒發團體結束心情 4. 互道再見與叮嚀	1. 填入時空膠囊。 2. 分享自己膠囊內容。 3. 分享最想放入記憶。 4. 分享最不想放入的記憶。 5. 探討對團體的感受。	1. 小玻璃瓶與星沙。 2. 綁玻璃瓶的彩帶。 3. 大海報紙蘋果樹造型。 4. 水果造成貼紙。

五、團體的紀錄

本段呈現銀髮成長團體的紀錄單（見10-7）。

表10-7　銀髮成長團體紀錄單

名稱：**銀髮族心靈成長團體─美麗心世界**		日期：　星期五	次數：　次
主題：		時間：10:00-12:00	地點：中心第　教室
領導者：	協同領導者：		觀察記錄者：
團體成員：			
預計出席人數：　人　實際出席人數：　人　中途離席：　人（○○請假）			
團體流程與時間安排			

流程	時間
安排成員入座	09:45-09:55
領導者開場（回顧）	10:00-10:10
主題探討	10:10-11:20
下次活動提醒	11:20-11:30
（結束及發送便當）	11:30-12:00

團體目標：
1. 主題回顧
2. 主題探討

座位圖（一）：
互動圖

活動紀錄：	記錄者的觀察：

團體動力評估：

一、團體氣氛：

二、互動關係：

三、角色扮演

四、小團體連結：

五、團體規範：

六、成員觀點：

七、特殊行為：

<table>
<tr><td colspan="2" align="center">團體回饋、評價、建議</td></tr>
<tr><td colspan="2">一、準備與帶領的檢視：</td></tr>
<tr><td colspan="2">二、團體成員回饋建議：</td></tr>
<tr><td colspan="2">三、團體目標達成情形：</td></tr>
</table>

參考書目

中文部分

王正平（2011）。失智症的精神行為症狀。出自天主教失智老人基金會主編「失智症整合照護」（第三章）。臺北：華騰文化股份有限公司。

中華民國家庭照顧者總會（2008）。家庭照顧者支持團體領導者手冊。臺北：中華民國家庭照顧者總會出版。

行政院衛生福利部國民健康署（2009），民國一百零八年中老年身心社會生活狀況長期追蹤調查成果報告。衛生福利部國民健康署臺灣老人研究叢刊系列十四。

江弘基、戴傳文、李明濱、王銘光、張文穎、蔡佩樺（2006）。老人自殺問題，臺灣醫學，10（3）：352-360。

李世代（2012）。長期照護之界定與操作推動。領導護理，13（1）：2-13。

李月英主編（2004）。老年癡呆症活動策劃手冊，第四版。編印：醫院管理局職業治療統籌委員會、香港復康會社區復康網絡、香港老年癡呆症協會、香港職業治療協會。

呂寶靜（2009）。老人照顧：老人、家庭、正式服務。臺北：五南圖書出版公司。

林美珠（2008）。老人團體工作。老人福利推動聯盟編印，老人安養、長期照護機構社會工作者操作手冊（145-150頁）。臺北：中華民國老人福利推動聯盟。

吳風玲、陳慶餘、許志成、謝博生（2013）。以衰弱症為導向的老人三段五級預防。臺灣醫界，56（9）：17-22。

陳明珍（2001）。老人生命回顧及懷舊團體工作手冊。內政部彰化老人養護中心。

陳伶珠、溫世合、歐盈君、蔡麗珍、劉娟如（2013）。結構性團體活動對失智老人照顧效益之研究。臺灣社會工作學刊，7（12）：65-100。

莊秀美（2003）。老人團體工作實務。臺北：學富文化事業有限公司。

張宏哲、李莉、林昱宏、劉懿慧主編（2013）。長期照護活動設計手冊。臺北：五南圖書出版公司。

張宏哲（2010）。老人保護服務之研究。衛生福利部保護司委託研究案。

游麗理、張美淑（2013）。老人團體活動設計。臺北：五南圖書出版公司。

楊培珊、梅陳玉嬋（2011）。老人社會工作：理論與實務。臺北：雙葉書廊有限公司。

臺灣失智症協會（2008）。失智症早期介入服務—瑞智學堂指引手冊。社團法人臺灣失智症協會。

劉黃麗娟、錢桂玉、劉怡廷、葉國芳、余良玲（2010）。活躍老化：懷舊與回憶活動帶領手冊。桃園：桃園縣教育志工聯盟。

健順養護中心（2008）。長期照顧機構輔療活動實務手冊。新北市：財團法人私立健順養護中心。

英文部分

Ashford, J., LeCroy, C., & Rankin, L. (2017). *Human Behavior in the Social Environment*: *A Multidimensional Perspective 6*th. Boston: Cengage Learning.

McInnes-Dittrich. (2009). *Social Work with Older Adults*: *A Biopsychosocial Approach to Assessment and Intervention*. Boston, MA: Allyn & Bacon.

Erikson, E.H., Erikson, J.M., &Kivnick, H. O. (2004). *Vital Involvement in Old Age*. New York: W.W. Norten Company Gibson, F. & Burnside, I. (2005). *Group Work with People with Dementia*. In B. Haight & F. Gibson Ed., Burnside's Working with Older Adults: Group Process and Techniques, 4th ed. Sudbury, MA: Jones & Bartlett Publisher.

Haight, B. & Gibson, F. (2005). *Burnside's Working with Older Adults*: *Group Process and Techniques,* 4th ed. Sudbury, MA: Jones & Bartlett Publisher.

Hooyman, N. &Kiyak, H.A. (2011). *Social Gerontology*: *A Multidisciplinary Perspective* (9thed.). Upper Saddle River, N. J.: Prentice Hall.

Knight, B. (2004). *Psychotherapy with Older Adults 3rd Ed.* Washington DC: SAGE Publications, Inc.

McDonald, A. (2010). *Social Work with Older People*. Cambridge: Polity Press Ltd.

Schaie, K. W. (2005). *Developmental influences on adult intellectual development*: *The Seattle Longitudinal Study.* New York: Oxford University Press.

Toseland, R. W., & Rivas, R. F. (2017). *An Introduction to Group Work Practice*. Boston: Allyn & Bacon Pub.

Winston, C. & Neese, J. (2005). *Support and Self-Help Groups*. In B. Haight & F. Gibson ed., Burnside's Working with Older Adults: Group Process and Techniques, 4th ed. Sudbury, MA: Jones & Bartlett Publisher.

Yalom, I. & Leszcz, M. (2020). *The Theory and Practice of Group Psychotherapy 6*th *Basic Books.*

第十一章
不幸婦女的
團體工作

莫藜藜

雖然臺灣地區已有愈來愈多的機構進行社會團體工作服務，但由社會工作者正式或公開發表之實務工作報告或研究不多，以婦女為成員的團體工作文獻也不多。但是，由於婦女服務機構愈來愈多，有關的團體工作服務也逐漸增加，如筆者曾在臺北市一葉蘭喪偶家庭成長協會帶領的喪偶者團體，成員中只有一位男性。筆者也曾在臺北市一社區安親班，帶領一個為期八週，每週聚會一次的家長成長團體，成員皆為女性。又如林晉賢等人（2023）以經濟弱勢的隔代教養家庭進行服務方案結果評估研究，團體成員有七位，六十一～七十歲的女性（祖母／外祖母）。

　　在此，本章將針對三類不幸婦女的團體工作實務提出討論，包括遭受婚姻暴力的婦女、單親婦女及新移民婦女。首先將簡述這些婦女的特質與問題需求，然後分別介紹這三類婦女之團體工作現況、活動方案與介入方式。

 ## 第一節　服務對象特質與問題需求

　　近年來，由於性別意識提升，針對婦女提供福利服務的機構愈來愈多，婦女問題中較令人關切的有：社會福利、人身安全、勞動參與、工作平等和社會參與等方面。我們知道，婦女的問題往往與家庭有關，所以當遇到兒童照顧問題、親職教育問題，或照顧家中慢性病患的問題，往往可徵詢專家的意見，也是最需要團體工作服務的部分。

壹、常見的婦女福利服務

　　當婦女本身察覺自己有些困難或需求，希望有人幫助她，讓她的情況會好轉，她可以尋求輔導與協助，例如：有婦女在成為單親家庭之初或喪偶之初，希望有人可以協助她不論在家庭中、在工作上，或人際關係中能度過難關或適應的好時，可以尋求提供輔導的機構之協助。另外，如在工作場所受到性侵害、夫妻衝突、丈夫外遇、受到暴力侵害等情況，因而產

生心理暨情緒的困擾，影響自己的日常作息，也需要尋求諮商服務。目前臺灣常見的婦女服務項目有：

一、家庭支持性服務

針對外遇、離婚、喪偶、單親婦女本身生活適應及支持性服務、子女托育、老人照顧，以及社會救助等。

二、保護性服務

（一）針對婚姻暴力受暴婦女，或性侵害受害者，提供危機處理、個案管理、保護安置，及其他相關資源等服務。
（二）針對未成年從娼，提供救援、個案管理、保護安置，及其他相關資源等服務。
（三）針對未婚懷孕少女，提供生活輔導、醫療協助、安置或出養等服務。

三、其他服務

（一）法律服務，如一般法律諮詢、勞工法律諮詢、調解服務等。
（二）就業服務，如職業訓練／就業輔導、爭取工作權益等。
（三）醫療服務，如疾病與醫療保健相關諮詢、家庭計畫、精神醫療等。
（四）宣傳教導與促進兩性平權。

我們都知道，女性比較重視人際關係的連結，在生活和生命中更需要與他人建立關係的連結，尤其在面臨與重要他人分離時，會比男性有更強烈地焦慮與失落感。因此，提供團體服務方案給需要的婦女應是較佳選擇。

貳、婚姻暴力中的受暴婦女

婚姻暴力是家庭暴力的一種主要型態,婚姻暴力是指配偶或伴侶之一方遭受到另一方,用言語、肢體、性等方式的虐待。根據衛生福利部(2023)統計資料顯示,通報婚姻／離婚／同居關係暴力事件,在2007年有43,788件,在2013年共有60,916件,而在2023年則有79,530件是異性伴侶施暴,有1,869件是同性伴侶施暴。從各年數據可以看到家庭暴力事件中婚姻／離婚／同居關係暴力通報事件數是逐年增加,而在整個所有年齡層的家庭暴力行為中,大多數的受害者是女性,2023年占63%。

許多實務機構將婚姻暴力的類型區分為:(1)身體暴力;(2)言語暴力;(3)性暴力;(4)精神虐待。身體暴力是婦女受到由配偶或伴侶所施加嚴重的、重複的(超過三次以上)暴力,致受到瘀傷以上的傷害者,是最容易確認之暴力形式。

從實務案例中,看到婚姻暴力中的受害者常表現低自尊及順從的行為,罹患與壓力相關疾病,生活上常是對配偶或伴侶高度依賴,或是與社會隔離。另外,在心理上和精神上會出現焦慮與憂鬱、將責難內化、矛盾的忠誠、扭曲的歸因與邏輯、酒精與藥物的濫用等現象。

柯麗萍等人(2005)指出,許多社會邊緣婦女當遭遇婚姻暴力時,她們的問題和困境更為嚴重,因為她們屬於婦女中更為弱勢的一群,例如:新移民婦女、原住民婦女、女同性戀者、身心障礙婦女等。新移民婦女較其他婦女更難離開虐待關係,有以下幾個原因:缺乏正式或非正式的支持系統、法令上的限制、文化上的隔閡、語言及文字上的限制、經濟上的限制等。

婚姻暴力中的受暴婦女在第一時間需要立即保護、緊急診療、聲請保護令、社會工作者陪同報案等危機處遇模式的保護性服務。在之後的中長期復健服務中的保護服務需求可能包括情緒上的支持、提升做決定與問題解決能力、較安全和較經濟的中長期住所、心理復建輔導、就業輔導等。

莫藜藜(2004)於協助勵馨基金會編製《婦女保護服務─實務經驗彙編》時提出以女性主義社會工作模式來協助婚姻暴力中的受暴婦女,強

調四方面的服務：

一、如何立即制止暴力？

提供救援與庇護服務，庇護所中提供的綜合服務可包括安全居住、孩子照顧和諮詢、親子團體、婦女諮商、支持團體、法律諮詢等，其成效包括降低被控制感、減緩憂鬱和提升自尊，同時了解暴力發生的原因，教導預防和閃躲暴力的策略。

二、處理婚姻衝突

從實務工作發現，許多夫妻的溝通有問題，應教導夫妻有效溝通的方法。從少數的案例發現，夫妻的衝突應不致走上離婚之途，如果及早學習有效的溝通與互動方法，可能改善婚姻關係，而停止激烈衝突與暴力事件。可惜一些婦女認為向婦女機構求助就是準備提出離婚告訴，而錯失婚姻改善的機會，直到婚姻關係惡化到不可收拾才來求助。

三、認知和行為的改變

婦女權益的自我覺醒是女性主義社會工作的核心概念，因此宜：(1)教導婦女認清基本人身安全和身體自主的權利；(2)教導自我肯定的概念，作為一個「人」的女性，不是次等，不是弱者，不是天生的卑賤；(3)教導婦女作為一個「人」，應得到平等對待，要求尊重與體諒；(4)提醒與協助經濟上的獨立，是獲取「對等的」資源與權力的基礎。

四、提供資訊與倡導服務

包括使受暴婦女了解相關的正式和非正式資源，以在必要時獲得支持和協助，並使受暴婦女了解其受暴的相關因素，和促進服務的使用。實證研究並未發現此類服務的直接成效，但是此服務可能與提升自尊、增強權能和社會支持有關。

由以上服務可發現，這段過程中特別需要加強婦女的社會支持系統，以期受暴婦女未來能自立、自強。因為支持團體可以讓婦女在參與當中表達自己的心聲、建立社會網絡，以及相互學習因應策略。因此，團體工作的服務如何在提供社會支持方面的功能，就特別值得考量了。

另外，外籍配偶也有招致婚暴的情形，其原因通常係婚姻感情薄弱、婆家親友環境不友善、家務無法達到要求或丈夫情緒不穩定等。隨著外籍配偶婚暴案件的增加，其身分的特殊性、處境的邊緣化，以及家庭支持系統缺乏，都凸顯了外籍配偶婚暴問題的多元性及迫切性。因此，在家庭暴力防治與保護性服務方面，也開始了對外籍配偶的各項服務方案。

參、單親婦女

臺灣地區由於社會結構、相關制度與價值觀的快速變遷，而造成傳統家庭結構的改變。許多調查顯示三代同堂家庭已漸減少，核心家庭不斷增加，由於離婚率的逐年攀升與天災人禍的增加，而形成的單親家庭更是急速增多。單親家庭不論是在家庭經濟、子女教養、自身的身心調適與社會關係的調適均面臨很大的困擾與壓力。單親家長由於身兼經濟的提供者、子女養育教育者、家事管理者等多職，而造成分身乏術、身心俱疲的困頓；在多重的壓力下，除了造成個人生理、心理問題外，也更會造成親子關係的緊張，與職場發展的困難。

內政部統計處於2010年曾做過一次調查，資料顯示臺灣地區單親家庭有32萬4,846戶，占有未滿十八歲子女總家庭的12.71%，其中男女單親家庭的比率分別為43.3%與56.7%，以離婚單親者比例最高（占

82.5%）。此項調查，所稱單親家庭係指由單一父或母及至少有一位未滿十八歲之未婚子女所組成之家庭，但不得另有同住之已婚子女，唯可包含其他家庭成員。此外，在家庭狀況方面，女性家長居住型態以核心家庭者最多（占55.8%），男性家長則以三代同堂居多（占44.2%）。由此可知，女性單親需獨力扶養孩子，可能較無幫手。後來在2021年行政院主計總處的家庭收支調查，單親家庭戶數已增為92萬8,564戶，占總家戶類別約10.4%，每戶約2.37人。

從實務接觸中看到，單親家庭的貧窮率一直都比其他種類的家戶型態來的高，且女性單親戶陷於貧困的機率比男性單親戶來得較高。依薛承泰（2008）的研究發現，女性戶長家戶貧窮率明顯偏高，使得兒童及少年生活在「女戶長家戶」比生活在「男戶長家戶」多了60-70%的機率會落入貧窮。馬淑蓉等人（2013）的研究發現：(1)單親婦女面臨子女照顧和全職工作難兼顧；(2)《社會救助法》資格審核嚴苛和親屬支持有限，民間社會福利機構成為協助單親婦女的重要機制；(3)婚姻不幸和經濟壓力易致身心症；(4)單親婦女面臨居無定所和積欠健保費的生活難題。

所幸近年來政府已逐漸重視對單親家庭的服務，並推出多項法案或措施，在經濟扶助方面有《社會救助法》、《特殊境遇家庭扶助條例》、馬上關懷急難救助辦法、弱勢家庭兒童及少年緊急生活扶助。在就業服務方面，除《社會救助法》相關規定，還有單親培力計畫、微型創業鳳凰計畫、就業服務中心和職業訓練中心。在子女托育及就學支持方面，除《社會救助法》與《特殊境遇家庭扶助條例》相關規定，還有就業者家庭部分托育費用補助、父母未就業家庭育兒津貼、非就業者弱勢家庭臨時托育費用補助、國小學童課後照顧方案。在居住支持方面，除《社會救助法》相關規定，還有崔媽媽基金會的協助。

繼而政府開始辦理專責單親服務的社會福利機構，例如：各縣市設置單親家庭服務中心、婦女支持培力中心等，並聘用社會工作者。各中心提供的服務大約有：個案管理與輔導、福利諮詢、心理輔導、方案活動、友善育兒、法律諮詢等。其中的方案活動常是以團體工作形式舉辦，例如：親職教養、技能培力、個人成長、家庭支持或節慶活動等，以此增進單親婦女與社會的連結，並促進其與社區的交流。

此外，民間團體也成立有對單親服務的組織，例如：「國際單親兒童文教基金會」是以單親兒童為主；「臺北市一葉蘭喪偶家庭成長協會」是以喪偶單親為主；「中華單親家庭互助協會」則是由一群單親們自發性的組成的互助組織。通常對這種由一些處境相似的人自發性的組成之互助組織，我們稱為「自助團體」（self-help groups），她們聚在一起互相幫助，也幫助他人。

肆、新住民婦女

臺灣一直是個多元文化的社會，1950年之前有廣東、福建沿海和日本的移民，1950年之後則有大陸各省分隨國民政府撤退來臺之移民；而1990年代，在全球化和國際化的助長之下，臺灣地區在區域人口生態上又有極大的轉變，不只是外籍勞工逐年增加，與外籍人士通婚的家庭更是深入民間。

依據內政部移民署2024年截至4月底為止的統計資料，自1987年開始至今，外籍與大陸（含港澳）女性配偶人數總計已有536,949人，而2023年度內政部戶政司登記結婚人數為250,384人，其中外籍與大陸（含港澳）女性配偶人數共有15,128人，占當年全國結婚總人數的6%。其實，目前新移民女性配偶的成長幅度已逐漸下降中，最高峰時期在2003年左右，每3.1對新人中就有一對新娘是外籍配偶。由此看來，近三十年來臺灣社會早已形成了一個新一波的移民社會現象。

初期有為數不少之外籍配偶是經由仲介業者得以來臺，許多臺灣郎的家庭視外籍配偶為金錢交易所得，導致對來臺的新移民不但經濟地位無法提升，更是家中成員中地位最低者，她們只有忍氣吞聲默默工作，稍不順夫家之意即受到言語刺激或拳腳相向。因語言文化的障礙，使資訊蔽塞，不知如何尋求援助，雙方若不懂如何經營其婚姻，彼此的關係恐常招致衝突，而導致婚姻暴力時有所聞。

外籍配偶來到臺灣，由於她們有著不同的語言、生活習慣、風俗文化及環境適應問題，她們面臨跨文化適應的衝擊，諸如飲食習慣、親屬關係

適應、生活適應、情緒困擾、人際互動及家人溝通等適應問題。工作與經濟又是另一個問題，外籍配偶要領取到居留證，並找到合法雇主願意提出聘僱申請，便可合法在臺工作；但當雇主不願協助則無法工作，造成對外籍配偶家庭的負擔。另外，外籍配偶對於臺灣法規並不熟悉，也容易觸犯法律而引起問題。

從實務接觸中可看到外籍配偶家庭的一般需求，有語言學習、文化適應、育兒知識、申請居留和公民身分、工作與就業需求、認識移居國法律與制度等。至於特殊需求則有家庭經濟不穩定、語言溝通障礙、生活習慣不一樣、家庭暴力與人身安全保護、婆媳姑娌關係是婚姻暴力的導火線、宗教信仰不同等造成衝突、社會支持與資源網絡嚴重缺乏等。

新住民來到移入國，需要多方面的在生活上學習適應；而所有的適應都不只是其個人的問題，應該是她/他所加入的家庭整體的問題，當然也是臺灣這個「接待社會」的問題。在有關外籍配偶[1]的研究或相關議題中，多是以資本國際化下的跨國婚姻，或個人生活適應與問題因應為主要討論議題，較少處理其家庭的問題。而多元文化主義的在地國際化研究，提供了逐漸成為接待社會的臺灣一些前瞻性的思考，特別是接受外籍配偶、外籍勞工、外籍幫傭的議題（莫藜藜、張菁芬，2006a）。

臺灣外籍配偶總人數，截至2024年4月底計有596,162人，政府自1999年起對外籍配偶提供相關照顧措施，由內政部訂頒「外籍配偶生活適應輔導實施計畫」，結合政府與民間力量，以經費補助及委託民間團體共同推動，協助外籍配偶了解自身權益，並更能適應臺灣的生活環境。2004年起，更全面啟動外籍配偶的整體照顧輔導機制，將照顧輔導生活，擴及醫療保健、就業保障、教育文化、子女教養、人身安全、法令制度及落實宣導等面向。2005年，由各縣市陸續設置外籍配偶家庭服務中心，提供關懷訪視、個案管理、支持性服務及社區關懷等服務。陳琇惠、

---

[1]　「外籍配偶」一詞原先是由「外籍新娘」而來，但是因外籍新娘也是移民的一種，如果一直稱呼這些已定居臺灣十幾年的婚姻移民者為「新娘」，似乎仍未將其視為「自家人」，仍把她們當作剛進門的新娘，而非定居生活於臺灣的自己人。因此，近年來始改稱為「外籍配偶」，其不只是指嫁來臺灣的外籍女子，且包括娶本地女子的外籍男士。話雖如此，目前在臺灣所謂的「外籍配偶」則多半仍指來自東南亞地區，與臺灣籍男士結婚的女子（莫藜藜、賴佩玲，2004）。

林子婷（2012）針對臺中市外籍配偶家庭服務中心提出之成效評估研究中，建議要建立外籍配偶同儕支持網絡。因為外籍配偶缺乏原生家庭的支持，「回娘家」成了他們難以達成的盼望。如果可以協助外籍配偶建立擴大其社會網絡，尤其是建立以「同鄉」或「同儕」為主的社會支持系統，除了可以相互打氣與安慰外，也可以凝聚他們的力量，達到相互幫忙的目標。

另外，蘇景輝（2012）也建議各關懷服務站可協助當地新住民朋友成立自助團體（self-help group）或協會，讓新住民朋友彼此之間發揮自助互助功能。因此筆者認為，各中心或關懷服務站的社會工作者在提供社會支持方面，如何運用團體工作的服務功能就特別值得考量了。

小結

要帶領婦女團體時，團體領導者一定先要了解團體會如何影響婦女成長與改變；然後是團體領導者如何準備工作計畫，包括了解婦女的需求、評量婦女的狀態以決定團體目標、發展團體的歷程、設計適合婦女的團體活動等；之後是團體領導者要能夠經營一個有效的團體情境和過程，使成員產生改變的效果。另外，婦女為成年人，常常情緒敏感且細膩，因此在團體中領導者需具備的帶領技巧有觀察非語言的行為、傾聽、適時的回應、詢問適當的問題、摘要的能力、總結的能力、處理沉默、面質等。總之，不同的婦女團體，其帶領原則和原理有相通的部分，但仍有各自特殊之處，故以下面三節分別敘述之。

 第二節　受暴婦女的團體工作

據知，臺灣的婦女福利服務機構多會提供團體工作服務方案，特別是受暴婦女的各類服務機構，甚至緊急庇護中心都會有各式座談等小團體服務方案，但是針對受暴婦女而進行的團體工作服務之正式文獻不多，只有

李玉華（2012）〈從self-in-relation到self-in-self——淺談如何帶領受暴婦女團體〉一文。以下先討論受暴婦女團體工作的理念，再介紹團體活動方案設計要領與介入方式。

壹、受暴婦女團體工作的理念

一、關係建立與維持的重要

　　女性生命發展的特徵是與他人連結的內在感，對多數女性而言，與他人關係的維持是最重要的。而女性的自我感與價值感也是奠基在建立與維持關係的能力。Collins（1993）認為婦女的自我概念與價值，常是從與他人的互動中建構而成，故可稱之為「關係中的自我」（self-in-relation）。可見婦女會特別需要團體工作的服務，提供團體的環境，透過分享，營造合作與相互尊重的學習氣氛，讓成員能以團隊學習的形式彼此支持與回饋，對於婦女的學習和成長應能發揮效果。

　　對受到婚姻暴力的婦女而言，因其在婚姻中可能常處於孤立無援的狀態，又基於家醜不外揚，或深恐被責難的心態，更使其處於自怨、自憐、無處可傾訴的處境。而參與團體將有助於釐清觀念上的迷思，了解還有其他人也處在相似處境，自己甚至可以發揮協助的力量，透過團體的澄清與支持，建立起姊妹情誼，讓受暴婦女可以彼此使用同理的方式，互相了解，發展人際技巧，使她們產生自覺與力量。所以，團體工作方案在受暴婦女權能提升方面，社群集體的進行合作與支持常能扮演重要的角色。

二、性別意識提升的重要

　　胡寶玉（2002）認為現代婦女教育的目的，是由父權結構的複製改為喚醒女性意識，促進女性自主獨立，擺脫父權體制下知識及權力的宰制，以促成結構化的社會變遷，建立兩性平等的和諧社會。因此，社會應

開始重視由女性聲音及經驗建構出的知識。

　　運用女性主義的觀點，透過團體方案活動來提升「性別平等」意識，並學習採取行動以對抗父權制度的不平等結構。團體工作的目標，可以包括促進婦女自我肯定和自尊心、給予情緒支持、促使婦女獲得能力、治療婦女在父權社會受到的傷害、發掘婦女的優勢、建構正式或非正式社會支持網絡、增強婦女參與自我的改變等。於是，增權（empowerment）成為婦女團體工作的主要屬性，使受暴婦女在自我意識上有所覺醒，在經濟、精神及行動上能夠獨立自主，並且了解個人生命價值，應是受暴婦女脫離暴力最有效的途徑。

三、鼓勵成員勇於發聲，表達自己的意見

　　不論是社會文化因素或女性本身的特質所致，女性常不習慣於公開場合表達自己的意見，常被視為無聲或隱形人，但這並不表示女性是沒有思想或自己的意見。女性主義重視發聲，強調解放與重新建構，因此透過在團體中的對話與發聲，傾聽每個人內在的聲音，是女性認知與學習的特質。在團體中，受暴婦女透過生命故事的敘說，一方面可抒解情緒，一方面可讓其他成員了解其經過的歷程，而提供適時的協助及具體的意見。再者，經由傾聽他人的故事，也可以連結到自身曾有過的經驗與信念，而反思自己的認知，有助於受暴婦女找尋與界定自我位置，進而採取行動去解決自己所面對的問題。

　　總之，女性主義團體工作重視婦女發聲的機會，願意傾聽婦女遭遇家庭暴力的情形，信賴婦女個人對事實的敘說，聚焦於婦女的選擇和選擇權，強調增權個人和尊重個人尊嚴等。

貳、團體活動方案設計要領與介入方式

一、團體活動方案設計要領

　　筆者曾於臺北市某婦女中心帶領多個婚暴婦女支持團體及親職教育團體，皆是先撰寫「團體工作計畫書」，申請市政府團體輔導相關經費後，才公告招募團體成員，並由該機構之社會工作者擔任團體的協同領導者。現以某年舉辦之婚暴婦女支持團體為例，簡述如下：

　　「團體工作計畫書」由筆者擬定之後，有與該機構社會工作者一起討論才確定。因為希望參加之成員能共同探討親密關係與自我成長，了解即使曾經挫敗的婚姻，女性仍可以有很多選擇，因為己立才能立人，己達才能達人。故團體之具體目標如下：(1)藉由相似經驗的分享，帶來相互支持的作用；(2)藉由自我概念探索，建立良好的自尊感與自我價值觀；(3)重新學習適當的人際互動技巧與自我照顧的能力。實施期間為某年9月9日至10月28日，每週六下午2:00-5:00，共計八次。計畫時公告預計招收曾遭遇婚姻暴力之婦女成員八－十二人，結果通過報名者有十一人[2]，經常出席者有六人。

　　團體正式開始前，由機構社會工作者（協同領導者）將個別接案資料提供給團體領導者，在了解參加成員的簡單背景後，領導者將活動內容再予以修改。每次團體聚會前一日，皆請協同領導者打電話提醒成員，了解是否出席，或無法出席的原因。同時，告知成員可以帶孩子來，我們有安排臨時托育的服務。由於團體室的設備，也提醒成員可以穿短褲或長褲來，比較好坐。

　　至於，團體活動方案（見表11-1）是半結構式團體活動，婚暴婦女的特殊需求在自我表達，尋求被了解，期待不孤單，因此結構式團體活動不見得符合她們的需要。所以採用半結構式團體活動，屬於社會團體工作中

---

[2] 筆者認為此類團體以八人為宜，但因顧及成員可能出席率不穩，以及經費補助單位希望人數多些，故而開放人數稍多。

的「交互反應模型」。團體的主題、活動目標和活動內容，會因團體發展過程中的需要而稍做改變，但自始至終都以團體原來的目標為準。每次團體結束後，領導者和協同領導者，立即討論與分析該次團體的動力現象與問題，以及下次團體活動方式。協同領導者也擔任觀察員角色，對團體階段的了解與觀察愈來愈細膩，也能適時支援領導者。每兩次團體結束時，會請成員填寫「團體回饋單」（見表11-2）。

所以女性主義團體工作在操作時，團體歷程和活動強調具有彈性。婦女透過在團體中的參與，在團體中進行有關自尊和自信的提升。如團體可以進行自我價值引發活動，設計自我專長展現，了解自我被消權的過程，以及自我夢想實踐計畫研擬等主題。還有團體也可以設計讓婦女互相協助完成的活動，讓婦女體驗彼此幫助完成活動的成就感，強化自我肯定的認知和減少無助感等。

表11-1 「受暴婦女支持團體」方案活動

次數	主題	活動目標	活動內容
第一次 9/9	認識你真好	1. 團體成員彼此認識。 2. 了解團體成員對團體之期待。 3. 團體規範訂定。	1. 暖身：守望相助、疊羅漢。 2. 我的故事。 3. 團體規範。
第二次 9/16	生命歷程	1. 繼續使成員彼此認識、建立關係，引導成員參與團體。 2. 由活動中讓成員談談受暴的經驗，及成員之因應方式，與未來可行動的方向。	1. 暖身：解方程式。 2. 澄清支持團體的意義。 3. 生命歷程活動 (1) 自我盾牌（I）書寫。 (2) 自我盾牌活動分享。
第三次 9/23	自我盾牌	1. 繼續使成員彼此認識、建立關係，引導成員參與團體。 2. 由活動中讓成員談談受暴	1. 暖身：打招呼。 2. 生命歷程活動 (1) 自我盾牌（II）書寫。 (2) 自我盾牌活動分享。

次數	主題	活動目標	活動內容
		的經驗，及成員之因應方式，與未來可行動的方向。	
第四次 9/30	婚姻靠經營	從回顧原生家庭父母之相處方式，了解自我在目前對婚姻期待進行的調整及改善。	1. 暖身：傳電遊戲。 2. 成員分享、相互交流，相互支持。
第五次 10/7	剪不斷，理還亂	1. 讓成員在活動中，探索自己對各項關係的行為處理模式。 2. 協助成員思考未來如何經營美好生活的規劃。	1. 暖身：誰偷了餅乾？ 2. 自己救自己：嘗試再次了解「婚姻生活的意外」，及自處之道。
第六次 10/14	天氣報告	1. 讓成員檢視目前生活狀況。 2. 使團體成員可以成為彼此的支持，及與子女相處方式的參考。	1. 暖身：依比丫丫。 2. 分享親子關係與自我照顧的看法與經驗。
第七次 10/21	認識內在力量──談自我照顧	1. 協助成員整理與子女的關係。 2. 讓成員思考如何面對自己未來的發展。	1. 暖身：連結的人、比武試驗。 2. 對婚姻的回顧，討論未來與子女的關係。
第八次 10/28	水晶球：走過傷痕	1. 建構團體告一段落的形式。 2. 提升面對未來的行動力，加深成員抱持的動機與期待。	1. 預知未來：水晶球活動。 2. 團體結束的儀式與活動。

表11-2 婦女支持團體成員回饋單

日期：_____ 　　　　　　　　　　次數：_____

項目	非常滿意	滿意	普通	不滿意	非常不滿意
活動內容	☐	☐	☐	☐	☐
（請提供您的意見）					
講師	☐	☐	☐	☐	☐
（請提供您的意見）					
場地的舒適度	☐	☐	☐	☐	☐
（請提供您的意見）					
對您有哪些幫助？	（請說明）				
其他想說的話……					

　　每次團體開始前，領導者皆會早些進入團體室，當成員陸續到來，使領導者有機會與之個別交談，可以更了解個別成員，也使成員感受到個別的關注。幾乎每次都有成員帶其子女來，幼小的孩子有時會進來團體室找媽媽，還好有請臨時托育人員的協助，團體對此暫時的干擾也多能容忍。

　　團體方案預備了許多暖身活動，讓成員學習稱讚他人，或發現他人的

長處。成員在受稱讚的過程中，體會自己是值得被珍惜的，這樣的感覺讓成員對明天充滿了希望。但是，受暴婦女最需要的是「說出」發生的事，且有人聽得懂。因此她們似乎較喜歡靜態的討論，而非動態的活動。後來，是在結束時才推出類似暖身時的肢體活動，筆者發現對緩和成員的緊繃情緒有幫助。

團體中偶爾出現「熱椅子」現象，當某一成員提出的議題，雖以她為主，卻花了很多時間討論，因為對全體成員而言，仍是大家都願專注的議題，例如：某次遇到成員D的特殊狀況，該次團體後半段的時間皆在盡力安撫她，並給她意見。大家似乎相信如果這時成員D沒有參加團體，將不易遇到正好可以提供支持與安撫的人或團體；而且成員D趕來參加團體，顯見她對團體的需要和信賴，而團體也發揮了撫慰、支持和開導的功能。

團體確實時常出現相互支持的情況，例如：多次在團體中後階段，由於提到「男性」時，對某成員丈夫的投射現象，團體中普遍有憤怒的情緒。整體而言，每當這時團體有較多熱烈的討論，且談到其丈夫及司法證據的調查中，有許多的氣憤情緒，可見司法訴訟對受暴婦女是非常難忘的經驗。還有一次，當成員E提到結婚初期，先生要求搬出去不與公婆同住的事，感覺自己「被利用」。多位成員表示有相似經驗，領導者此時回饋成員，因家風的不同，就使得很多價值觀不同，並請成員討論是否對「被利用」有防範的策略。結果成員雖有思考領導者引導的主題，但未能進一步討論到如何防範，不過成員有了回想自己「被利用」的經驗。當有經驗的成員分享自己過去所所經歷的，對其他成員現在正經歷之事，提供了可以行動的方向，讓成員彼此之間除了有支持外，也有更多不同於自己以往模式的行動方式。

到了團體的後期，成員經歷了更多的自我覺察和增權，由於參加成員有相似的遭遇（婚姻的不幸），常有惺惺相惜之感。「普遍性」的因素，使成員願意聽，也願意給意見，那時的領導者多半只負責做引導、連結及摘要，例如：某次成員H在團體聚會當天早上才收到判決勝訴，因此對於過去終於有了告別的機會。在回顧時，有許多往事，而團體讓成員H盡情表達。而就其他成員而言，因已熟悉團體，也較能自在的分享自我。又例如：成員E對是否處理她的婚姻問題還猶豫不決，想得過且過；而從果斷

的成員J身上，讓其了解了決心及方向，這應是團體可以發揮的重要功能之一。

最後團體焦點仍放在子女的問題上，作為母親的成員自己雖然婚姻不幸，處理自己問題之餘，念念不忘的仍是自己的孩子，不論孩子目前是不是在身邊，那份牽掛的心，似乎永難停歇。透過團體成員中，有經驗的成員分享自己遭遇相同問題時的解決辦法，提供給需要的成員商量及參考，使成員較有動力去改變自我。

二、介入方式：增權原則

整體來說，受暴婦女團體是以女性主義的理念和增權原則，來幫助參與之成員，其要項如下：

（一）以成員的經驗、觀點與期待為中心

受暴婦女團體的成員，各有其不同的成長生活經驗，所處社會、經濟環境等脈絡亦有異，影響其權能提升的面向及做法。因此，對於每一個團體從開始的需求預估，到結束的評估都要以團體成員之特殊性為主要考量。

（二）提供信任與支持的安全環境

了解受暴婦女在生活中所受的身體或心理的壓迫，並給予支持，尤其應從女性主義的觀點，不再強加社會既有的價值觀或評價女性的經驗。受暴婦女在長期受到身體、精神虐待或經濟控制的情況下，對於人及環境都充滿著不安、敏感與疑惑。所以在團體中宜提供接納、了解受暴婦女的感受，給予令她們覺得有安全感，被支持且足以信任的學習環境，對於受暴婦女思考及表達能力的提升有相當大的助益。

（三）賦予成員體驗自身的能力、價值，並增強成功經驗的機會

受暴婦女可能因長期處於權力不平衡的狀態，常會認為自己是被丈夫

支配，而感到無力、消極，認為無論做什麼都沒有辦法改變現況，也不會對外尋求協助的「習得的無助感」現象。所以在團體中即使是小小的讚美或鼓勵，對於這些婦女而言，都可能激發其改變動機、肯定自身能力及價值的重要因素，進而可能回復或提升其自信心與自尊心。這是以抗拒父權體制，從不平等的覺察中發展出追求平等的行動。

臺灣近年來，許多機構針對婚姻暴力之受暴婦女舉辦了「書寫治療團體」，其中呂旭亞、詹美涓（2009）提出其研究報告指出，書寫團體有機會發展成三個階段：自我療癒期、自我重建期，與自我創造─向社會發聲期，這些呼應了婚暴婦女心理復原的完整歷程。該研究並發現表達性書寫可為婦女們創傷療癒所帶來的治療功能有四項：(1)情緒的宣洩；(2)自我價值感的重建與提升；(3)姊妹情誼與支持系統的建立；(4)自我增強權能。

另外，團體結束時，除了給成員填寫「團體回饋量表」，亦可依團體目標和主題，採用一些評量工具，例如：衝突策略量表（CTS）、配偶虐待指標（ISA）、婚姻互動譯碼系統（MICS）、溝通技巧測驗（CST）、正面感受問卷（PFQ）、家庭生活事件與改變量表（FILE）等。

總之，以女性主義觀點進行的團體工作，領導者應解構角色權威和傳統知識，鼓勵成員表達自己意見，透過對話讓他人了解自己的想法，與其他成員共同激盪出新的認知。對於選擇沉默的人，除了表示尊重其自主權外，仍能賦予價值與意義，並形成彼此支持的夥伴關係。如此，除了使成員得以建立獨立思考、增進溝通表達的能力外，並能感受到自己是有選擇權的，也是被尊重的，以建立權能提升的基礎。

 ## 第三節 單親婦女的團體工作

單親家庭相較於其他家庭的樣態，具相對弱勢處境及較高的服務需求。本節討論單親婦女的團體工作，期以女性主義觀點出發，承認婦女的經驗，並且把這些經驗和主題內容連結起來，聚焦於婦女與生俱來的力量，並且積極的發展這些力量。

壹、實施現況

　　由於臺灣單親家庭戶數的不斷增加，政府早在三十年前即已規劃各項針對需求而推出單親家庭服務方案，各縣市政府因區域特質和資源差異而稍有不同，以臺北市為例，除建構臺北市各區單親家庭服務中心，建置服務據點之外，還提供諸如：居住協助、保障經濟安全、就業協助、托育服務等服務措施。服務網絡之建置分別以機構委託、方案委託、補助計畫等方式，建構由點連結為面的服務網絡，提供單親家庭個案或團體之情緒支持、親職、法律諮詢、成長講座、聯誼，及喘息活動等服務。

　　固然，單親服務逐漸受到重視，但政府所提供的服務多以經濟補助、個別諮商、法律諮詢等以個案管理方式進行，或是舉辦成長團體、教育講座及少量的旅遊喘息服務等方式，這些服務的共通特性是短期的，強調專業工作者的主導與掌控。然而以筆者的實務接觸了解，單親家庭的需求除了經濟問題的解決外，其次最需要的就是社會支持網絡的建立，尤其是非正式的支持網絡，以提供所需持續性的情感支持、生活上突發的庶務性的協助、偶爾的子女照顧與友伴、定期的喘息與生活拓展服務，以及生活中疑難雜症的處理與提供資訊等，都是單親家庭經常需要的協助。

　　因此，為補足這些需求的服務，民間組織陸續出現，例如：晴天社會福利協會、湧泉社會服務協會、臺灣婦女展業協會等都有單親關懷據點，他們提供許多互助及自我成長的團體服務或親職教育活動。團體不同於一般的課程講座聽講的形式，許多是由八至十二人組成，團體領導者透過活動、分享與討論，讓每位成員探索自己的經驗、感受或想法。在團體領導者的引導下，以及成員之間的互動，探討共同的主題，協助成員從團體過程中體會與學習，並得到情緒上的支持。

　　另外，由長期在單親領域服務的臺灣婦女展業協會、中華民國紅心字會承辦的臺北市單親家庭服務中心、國際單親兒童文教基會、臺北市政府社會局慧心家園等共同經營一個「單親媽咪快樂生活網」，希望可以籍由統整的討論區，讓單親家庭的網路資源可以更加豐富，也期待單親家庭的支持網絡可以慢慢形成。值得一提的是許多服務中已開始包括對單親爸爸的服務。

因為團體工作服務強調社會支持的功能，以及其長期的成效。所以運用團體工作服務提供社會支持網絡的形成，將帶給單親家庭另一種形式的心理支持與鼓勵，透過討論、互動、分享，許多單親家庭得以獲得更多的力量。

貳、團體活動方案設計要領與介入方式

筆者曾於臺北市某協會，帶領「單親家長角色轉型期調適工作坊」，這是一個封閉式團體，主要目標是「使單親不再擔心」，具體目標包括：

1. 使單親家長有互訴心語，分享經驗的機會。
2. 使能勝任單親家長的角色。
3. 使單親家長有機會擴展交友圈子。成員共九女一男，每週六下午聚會三小時，共八次。各次主題為：
   (1) 第一印象；認識你和我；填寫「親職需求」問卷。
   (2) 你愛孩子嗎？
   (3) 當孩子_____時，我感到失望、生氣、欣慰、快樂。
   (4) 連結的人。
   (5) 傾聽的妙用。
   (6) 察覺自己與子女交朋友的標準。
   (7) 肯定自我的陳述。
   (8) 交換禮物（優點轟炸）；填寫「親職團體滿意度」問卷。

由於成員中有多人已彼此認識，因此團體中的親和與信任很快建立；但並未發覺次團體或配對的關係。團體的氣氛經常是平和、溫暖、感傷的和互相打氣的不停流動。團體溝通的型態多是一個主題由團體帶領者催化，再由多人發表意見；成員彼此間直接溝通與互動的情形亦經常出現。

團體中雖然只有一位男性成員，也較少主動發言分享，但由於他的自在參與，團體中並未因他而拘謹緊張，因為談的是親職角色。只有一次他突然提到與其妻過世前的一些事，而形成另一主題，但其他成員給予充分的安慰和支持。另有一成員因孩子不在身邊，每週只能到學校看孩子一次，初期每談及此事都難過落淚，後期則平穩熱切地參與，這可以說是一種培養個人可以走出來的力量，也希望是生命影響生命的過程。

由成員參加團體，在團體中的表現，可以看出成員的疑惑得到解答，情緒獲得了解與支持，也因彼此進一步的認識而成為好友，幾乎每位成員都展現了關懷他人的特質，並更積極參與協會的活動，發揮了社會支持的功能。

觀察臺灣的實務工作中，各縣市都有對單親的團體服務方案，筆者彙整臺北市相關機構過去資料資料，並舉數例說明（見表11-3）。實施對象為臺北市單親家長，但多數是母親參加，甚至團體全數成員皆為女性。多年來，各機構對單親家庭的服務皆已累積許多實務經驗，這些摘取的例子皆是封閉式團體，其實各中心也辦了許多讓單親家庭喘息與休閒的開放式團體，例如：單親（弱勢）親子一日遊、單親家庭戶外活動等；另外，也有針對就業需求辦理的就業競爭力探索團體、就業培力工作坊等，就不再贅述。

表11-3　臺北市婦女及家庭服務中心舉辦之單親家長團體工作（摘錄）

北投婦女支持培力服務中心			
方案名稱	說明	辦理期程	實施對象
「壞情緒，滾蛋」人際成長團體	認識負面情緒、認識個人溝通模式，並進一步調整個人人際互動模式，以促進正向人際關係的建立。	週六，每次三小時，共四次。	單親及弱勢家庭家長十一～十二人。
「以愛之名」——父母音樂成長團體	協助家庭藉由音樂獲得身心放鬆以緩解扮演父母親職的壓力，並協助家長成員間相互支持。	週六，共四次，每次三小時。	單親家長十一～十二人。

方案名稱	說明	辦理期程	實施對象
東區單親家庭服務中心			
單親家庭系統排列團體	採家族系統排列，引導成員學習蒐集家庭互動關係的相關訊息，促使成員可找到與其家庭成員良性且正向溝通互動方式。	二梯次，每梯次二天，每天六小時。	單親家長，滿八人開課，至多二十人。
單親父母放鬆紓壓支持團體	讓成員了解如何挑選精油，自己適合什麼樣的精油，芳療如何運用在惱人的病痛及負面情緒上，了解自己的心性，在放鬆的氛圍中認識自己。	四天，每天六小時：每週六9:30-17:30	單親家長，滿八人開課，至多二十人。
文山婦女支持培力服務中心			
「缺角的幸福」單親家長支持團體	透過團體以使單親家長得以獲得情緒的抒解與支持，且成員間亦可相互溝通與交流，建立人際互助網絡，分享親職經驗與技巧。	每週六下午，共六次。	未婚單親家長優先參加。
「重返童年」遊戲成長團體	透過各式遊戲活動，協助單親家長情緒抒發、壓力釋放，以增加情感上正向連結之能力，並藉此檢視家庭親子互動關係，進而增進親子親密程度。	103年5-6月分週六下午，共計六次。	單親家長或弱勢家庭優先。
大安婦女支持培力服務中心			
媽媽充電再出發——女性單親家長支持團體	先著重身體的調養與照顧，後則以心理層面為主。期待促進女性單親家長對於自我需求的察覺、增進自我照顧能力、建立女性單親家長社會支持網絡。	每週六上午，每次二小時，共六次。	本中心所服務之女性單親家長。
未婚單親婦女成長團體：首部曲——我的名字叫女人	透過體驗教育的方式建立未婚單親婦女之團隊凝聚力，並進行個人探索以看見自己的内在潛能，讓成年未婚單親婦女分享親密關係中的故事，重新理解自己在關係中的真實面貌。	每月一次，週六，每次六小時，共六次。	臺北市各婦女中心未婚單親婦女，預計十人。

方案名稱	說明	辦理期程	實施對象
松山南港婦女支持培力服務中心			
爸媽悶很大——單親家長親職成長團體	運用團體工作模式，協助單親家長減輕面對青春期子女之親職壓力，建立支持網絡系統。	每週六下午三小時，共八次。	單親家長八—十二人。
讓心成長——單親家長成長團體	運用團體工作模式，協助家長透過自我剖析內在困境，學習接納自我，增加自我認同。	每週六下午三小時，共八次。	單親家長八—十二人。

總之，帶領婦女團體時，團體領導者首先需要了解團體如何影響婦女成員的成長與改變；其次，準備一個周全的團體工作計畫書，包括了解婦女成員的需求，以確定團體的目標，以及設計適合婦女成員的團體活動；然後，領導者要能夠經營一個有效的團體歷程，使婦女成員達成其個人目標，也使團體達成目標。

 ## 第四節　新住民婦女的團體工作

外籍配偶嫁到臺灣之後所面臨的跨文化適應困擾，包括飲食習慣困擾、生活習慣不同困擾，導致後續的影響人際關係困擾；然後，往往都會造成其情緒上之困擾，包括認為婆家不疼惜她、先生冷漠、想家、想哭、睡不著、寂寞、生氣、焦慮、後悔等；接著，可能讓孩子受其影響而有負面行為。看來這些都是環環相扣的問題，因此在提供新移民婦女的團體服務時，如何增進個人對所處社會的種族、性別、階級的認同的了解，協助其與社會結構產生連結，隨著所處位置之不同，而轉變其認同。而主要服務的理念也是運用女性主義的觀點，重視性別與其壓迫系統的交互作用，強調自我覺察和增強權能。

壹、實施現況

　　內政部2004年訂定「外籍與大陸配偶照顧輔導措施」，其中第一大項之生活適應輔導中的第五項，結合民間團體之資源，強化移民輔導網絡與溝通平臺，發展地區性外籍與大陸配偶服務措施，提供外籍與大陸配偶社區化之服務據點及轉介服務，強化社區服務功能。後於2006年由移民署設立「外籍與大陸配偶照顧輔導基金」，補助縣市政府與當地民間單位合作辦理「外籍配偶家庭服務中心」及社區服務據點，內政部據此規範出四項基本服務，包括「關懷訪視」、「個案管理服務」、「整合、連結社區服務據點」及「建構支持服務網絡」，提供外籍與大陸配偶照顧輔導服務，包括的跨局處合作業務，有民政局、衛生局、教育局、勞工局、社會局、警察局等。目前各縣市政府已在轄內分區設置「新住民家庭服務中心」，所提供的服務內容十分多元，包括居留權與居住權的保障、社會福利的提供及生存權與社會權的伸張、衛生保健醫療與教育的提供、生活適應的各項協助等。但是對新住民家庭服務中心和服務據點的成效評估中，陳琇惠、林子婷（2012）和蘇景輝（2012）都分別提到配置的社會工作者人力不足，著實讓人擔憂其基本的專業服務提供也薄弱。

　　對外籍配偶的各項福利措施亦常採用團體服務方案，例如：為了語言學習的「新移民識字班」，為了生活適應的「生活適應班」，為了夫妻溝通問題的「成長與互助團體」，為了增強育兒知識的「母職與親職教育團體」，以及衛生與醫療單位以團體座談方式的保健課程。

　　張菁芬、莫藜藜（2006b）在臺北市實施一項跨國婚姻家庭的服務方案時，先歸納了一份「跨國婚姻家庭需求表」，在初次與跨國婚姻家庭接觸時，在團體中請他們先勾選需求項目，由他們主動表達需求的項目，然後協助其尋找並結合資源，其選項包括證件辦理流程、考駕照、文化習慣（食衣住行）、找工作、教育資訊（識字、學歷取得、子女教育）、醫療保健資訊（健保、懷孕與避孕）、經濟協助、法律諮詢管道、社會安全問題（家庭暴力、人身安全）、社會相關補助申請（低收入戶、醫療補助）、臨時托育、家庭溝通（夫妻、婆媳）、各項有關外籍配偶的活動訊

息，以及其他等。服務方案的初衷在於尊重和增權，並寄望於社會中相關服務措施的逐漸具備。

筆者在此服務方案中，曾舉辦夫妻之開放式團體，藉由與團體中其他成員的互動，可以對自己與夫妻關係有更多關照反省。因為有時關係中的困難是由於潛意識的衝動、恐懼與焦慮，因此鼓勵雙方從潛意識中解脫，探討自己在家庭中的角色，建立伴侶雙方真誠的對話，並嘗試幫助父母學習如何處理孩子的問題。

賴美言（2008）認為，新移民女性往往因此無法客觀認知自身處境的機會與空間，導致集體焦慮感不斷升高，於是對抗或逃避（fight-flight）漸漸成為這一族群的因應姿態，影響了其適應。因此，她藉由心理劇治療中的角色交換、替身與鏡觀等技巧，引導新移民女性從不信任的「我一汝」（I-Thou）關係中得到自由，修通缺乏主體性的移民者經驗，重拾「他族一我族」或是「人一我」、「人一境」間的信任關係，使兩對立的極端[3]、僵化角色或關係運作等獲致宣洩而趨於整合，達到較佳的適應。

貳、團體活動方案設計要領與介入方式

不論團體名稱是「生活適應班」、「成長與互助團體」或「母職與親職教育團體」，多是採一般之開放式團體方案設計，以下先簡介此類團體的一種形式，心理劇運用於新住民婦女團體。

Konopik和Cheung（2013）指出，心理劇是協助遭遇生命中難題的案主，增強其相關概念或角色，連結其目前和過去的生活事件，在團體中經驗到希望和未來。她們是用五階段的模式，包括暖身（warm-up）、準備演出（enactment preparation）、演出（enactment action）、團體分享（group sharing），以及個別治療過程（individual therapeutic processing）。

---

[3] 意指強勢文化族群（臺灣主流文化族群）與弱勢文化族群之間的衝突與不信任。

賴美言（2008）指出，心理劇的獨特性除了強調自發性與創造力及強調互動的關係外，其治療取向所使用的技巧亦相當多元且具獨特性，包括「鏡觀」、「角色交換」、「替身」、「角色扮演」、「設景」、「神奇商店」、「過去景」、「死亡景」與「再生景」等技巧。其中，「替身」與「鏡觀」技巧可嘗試運用，因為在日常生活中，某些新移民女性可能因為所處的家庭或社會地位不利，對於遭受到的不平等待遇，大都採取隱忍的因應方式，且將此內攝為自我的信念，形成安全但卻與自己內在真實狀態解離的人際反應模式。在這樣的情況下，一旦新移民女性進入心理劇歷程中，一開始往往仍會將此「隱忍」、「壓抑」的因應模式帶至心理劇的舞臺上，試圖重演這一戲碼，例如：導演跟隨著主角（新移民女性）的演出行動，覺察到主角對婆婆有很深的憤怒，故邀請主角將其對婆婆的憤怒「大聲罵出來」時，主角往往不敢或認為不應該。所以會使用「已經沒感覺了」、「都已經過去啦」等語言來隱藏自己的情緒。這時候，導演可以利用「多重替身」來代替主角說出自己的憤怒、擔心、厭惡或罪惡感等，引導主角將其隱抑的負向情緒宣洩出來；或是透過「鏡觀技巧」，引導主角由第三視域來看到底是什麼阻擋了自己，讓自己不敢將其負向的情緒宣洩出來。希望透過這樣的歷程，可以讓主角有機會接觸到真實的自我，藉以讓主角有力量去救援受創（例如：被矮化、弱勢化或是汙名化）的自己。

　　「心理劇」在「新移民女性團體」輔導工作上的「適用性」，小至夫妻衝突、母職衝突或是婆媳衝突等困境；大至汙染價值觀的宰制、父系霸權的壓迫，與刻板印象的汙名化等社會現象，皆可以讓主角在一個不會因擔心犯錯而受到懲罰的安全情境中，重新操演那晦暗、失落、殘缺的生命議題，藉以「除魅」（disenchantment）。

　　其次，魏麗敏（2011）以團體諮商方式在自由、愉快的學習氣氛中帶領新移民女性一起成長，在分享活動中相互支持，進行有效溝通，以期建立新移民女性自我價值感、克服語言障礙、生活適應上的困難及對子女有產生良好的教養方式，增進親子溝通與提升養育下一代的品質。其研究是以臺中市某地區新移民女性為研究對象，共有七名新移民女性參與並接受一週二次，每次九十分鐘，共計八次的團體諮商，並以「生活適應量

表」包含自我價值分量表、生活適應分量表以及對子女教養方式分量表，進行前、後測分析。其團體諮商方案內容包括串起你、我、他（適應環境的過程），自畫像（自我價值了解），我的世界與價值（現今家庭與原生家庭分析），機會能力價值之抉擇（自我肯定與價值澄清），我的家庭真可愛（自我接納與家庭分享），愛的教育（子女教育策略與問題解決），勉勵與祝福（結束與分享回饋）等，期以了解團體諮商對增進新移民女性的生活適應、對子女的教養方式與自我價值感的輔導成效。該研究結果發現，團體諮商對於新移民女性的「自我價值感」有立即性的輔導效果，亦對提升新移民女性之生活適應、子女的教養方式與自我價值感有幫助。經過團體諮商後，原本以權威式教養方式的新移民女性，有採取民主式教養方式的動機，對子女的教養方式會多加思考。

參考書目

中文部分

李玉華（2012），從self-in-relation到self-in-self—淺談如何帶領受暴婦女團體。社區發展季刊，140，132-140。

林晉賢、葉素晴、陳姿蓓、陳瑩瑄、王品雅（2023）。以經濟弱勢的隔代教養家庭進行服務方案結果評估研究，社會工作實務與研究學刊，13，1-38。

胡寶玉（2002）。婦女定位及教育政策的思考—以女性主義的觀點。社會教育學刊，31，207-234。

柯麗萍、王珮玲、張錦麗（2005）。家庭暴力：理論政策與實務。臺北：巨流圖書股份有限公司。

馬淑蓉、吳惠如、郭俊巖、賴秦瑩、巫承宗（2013）。單親婦女的生活困境與福利需求：以非營利機構受助者為例。社會發展研究學刊，13，72-108。

莫藜藜、張菁芬（2006a）。多元文化下的家庭福利政策——以跨國婚姻家庭為例。香港中文大學社會工作學系主辦「全球化下兩岸三地的社會政策—理論與實務」研討會論文集。

張菁芬、莫藜藜編著（2006b）多元取向的社會工作服務模式：臺北市社子地區的推

動與實踐。臺北：松慧文化有限公司。

莫藜藜、賴珮玲（2004）。臺灣社會「少子化」與外籍配偶子女的問題初探，社區發展季刊，105，55-65。

賴美言（2008）。心理劇在新移民女性輔導工作之應用。諮商與輔導，273，21-26。

薛承泰（2008）。臺灣地區兒少貧窮：1991-2005年的趨勢研究。臺灣社會學刊，40，89-130。

魏麗敏（2011）。新移民女性自我價值感、生活適應及對子女教養方式之團體諮商應用分析。諮商與輔導，307，49-53。

勵馨基金會（2004）。婦女保護服務─實務經驗彙編。內政部家庭暴力及性侵害防治委員會補助編印。

陳琇惠、林子婷（2012）。臺中市外籍配偶福利服務措施之成效評估研究─第四代政策評估觀點。臺灣社區工作與社區研究學刊，2(2)，41-80。

蘇景輝（2012）。新北市三個新住民關懷服務站之經營管理探討。輔仁社會研究，2，33-54。

英文部分

Collins, B. G. (1993). Reconstructuring codependency using self-in-relation theory: A feminist perspective. *Social Work*, 38(4), 470-476.

Konopka, D. A. & Cheung, M. (2013). Psychodrama as a Social Work Modality. *Social Work*, 58(1), 9-20.

第十二章
醫療機構的
社會團體工作

莫藜藜

社會團體工作之治療模式在國內許多醫院中逐漸開展，團體的創造性不但滿足了患者及專業人員雙方之需求與期待，更充實了專業領域。據筆者當年在彰化基督教醫院服務時自行留存的資料顯示，國內最早的醫院團體工作是1971年，在彰化基督教醫院由朱秀芬舉辦的「內科病房家屬座談會」；之後，筆者於1972-1973年間在該院精神科門診與病房分別舉辦小團體討論會。門診為出院精神分裂病患之封閉式團體，筆者擔任團體工作者，協同工作者為心理技師羅淑惠。病房團體曾有宗教問題討論會，手淫問題座談會等，皆為開放式小團體，由精神科團隊中醫師、護士、社會工作者及牧師分別視團體組成目的而為團體主持人或協同主持人（莫藜藜，1998）。

　　秦燕（1991）、莫藜藜（1992a）、黃蒂（2000）、吳芳茜（2000）、邱秋員（2004）、陳君儀、陳若喬（2017）、陳姿廷（2013）、莫藜藜（2020）、謝詩華、劉麗茹、吳書昀（2022）和王金永、盧惠芬、黃韻如（2024）的報告均顯示，社會團體工作之臨床模式在國內許多醫院中逐漸受到重視。但是，由於團體工作的評估不易，一般醫院雖有進行團體工作服務，往往只是提出案例報告，多未正式發表（即使投稿也常達不到學術上要求的水準）。因此，本章所採用資料僅是少數發表的文獻，和手邊搜尋醫院社會工作者的報告資料。

 ## 第一節　成員的需求與團體的功能

　　社會團體工作自20世紀中期以後，開始廣泛的被運用在醫療機構，醫務社會工作者將病患置於適宜的團體環境中，透過成員的彼此互動，加上社會工作者的鼓勵、支持與指導，使病患對疾病的適應與治療有深切的了解，很快就恢復了對生活的信心；同時因在團體環境中的治療氣氛，使病患自然打破以前的消沉、孤獨、苦悶，重新建立良好的人際關係與積極的人生觀。

壹、醫院中的社會工作團體成員的問題與需求

醫院中所謂的團體成員，多是指罹患慢性疾病的病人和家屬，相關文獻如張淑英（1993）、黃蒂（1993）、蔡麗雲、顧乃平（1996）、鄭凱芸（2001）、莫藜藜（2020）等指出，慢性疾病患者和家屬所面對的問題多在疾病、個人、家庭和社會等四個層面。

一、疾病方面

（一）疾病的症狀與治療對身體完整性及舒適的威脅

例如：治療過程的不舒服、對醫療服務的不了解或不滿。尤其慢性病患終其一生都要與疾病共存，需在飲食習慣、生活作息、休閒活動、社交範疇、生活重心等優先次序重做調整，以適應罹病後的生活。

（二）對生命的威脅或死亡的恐懼

例如：目前癌症雖已是慢性疾病，但自診斷確定後，病人心中可能閃過的第一個念頭仍是「死亡」，隨著病情可能的變化，「我什麼時候會死？」的念頭仍是困擾著病患。

（三）親密關係的困擾

例如：乳癌病人受到身心劇變的衝擊，心理壓力瞬間增大，朝夕相處的配偶直接受到影響，原本的親密關係隨之產生改變。酒癮患者可能因酒精作用使性能力減退，再加上配偶對其不滿，夫妻之間難有和諧的性生活。又例如：攝護腺腫大患者，漸出現性能力減退的現象，亦會影響夫妻性生活。

二、個人方面

（一）自我概念、身體心像的改變

　　例如：乳房切除、燙傷或截肢的病人經由視覺或觸覺，對自己身體與外表的認知瓦解，會引起意識上的憂鬱或潛意識的不安。而身體心像的改變讓回歸正常社會生活的病人，對自己的外觀與角色功能有諸多懷疑，尤其與「健康人」比較後，自我價值感下降。

（二）情緒失調或適應困難

　　例如：對於因自己或家人生病導致個人生命發展任務停滯或改變；因身體心像的改變，或擔心疾病的再復發，對個人情緒平衡的威脅。

（三）對生活目標和價值感的迷惑

　　例如：疾病常會改變個人的信仰和生活態度，因為身體和心理的失落，病人對未來的不確定，通常不願意去計畫未來。

三、家庭方面

（一）家庭角色功能的改變

　　例如：中風患者及家屬雙方都對自己負擔的角色是否可以達成而有壓力，或家庭角色需要從新調適等。又例如：家有糖尿病、心臟病等慢性病兒童，家人如何分工照顧病童的治療、課業與生活的問題。

（二）照顧負擔的問題

　　例如：長期臥床的慢性病患的家屬照顧者感受到精疲力盡；愛滋病患家屬對疾病的排斥，不願接受病患，也不願照顧病患等。又例如：家庭原本經濟狀況就不好，一旦有家人罹患慢性疾病，需長期有人照顧，可能需有人離職，勢必加重家庭的經濟負擔。

（三）家人關係問題

例如：酒癮患者最後常伴隨著肢體與精神暴力，使家人飽受虐待。或者，因慢性疾病，家人需長期提供照顧，造成的煎熬（burn out），致使家人關係也惡化。

四、社會方面

（一）社會隔離和孤立感

例如：某些疾病受到社會烙印的影響，病人或家屬可能自認為疾病是羞恥的，或經驗到被歧視、被排斥，因此企圖使用各種方法來隱藏疾病的事實，並隔絕與親戚、朋友的來往，也不會尋求專業協助，面對專業人員是防衛的，所以形成社會支持網絡的缺乏。

（二）重新面對社會生活或再就業的膽怯

例如：脊隨損傷、紅斑性狼瘡或精神疾病之患者，經過一段時間的治療後，由於無法回到疾病前的角色而怯於面對復歸社區的生活。

因著上述多項問題與需求，醫院的社會工作者針對病人和家屬的需要而提供適合的團體工作服務，例如：陳秀美、張宏哲（2004）基於實務工作經驗發現子宮頸癌患者在治療期結束後回歸社會是她們最大壓力時期，所以在服務輸送體系中規劃支持性團體方案，以協助子宮頸癌婦女治療期結束後回歸社會有更好的生活適應。又例如：周玲玲、張麗玉（2000）從臨床個案歸納，發現愛滋病的壓力有家人接納度、性伴侶之疑慮、擔心媒體曝光、自我價值感低落、有罪惡感、擔心失業、朋友的疏離、死亡的恐懼、缺乏生活照顧等。由於愛滋病患對生活事件的認知判斷會形成不同之社會心理壓力與調適課題，非常需要加強其社會支持系統。因此，張麗玉、黃源協、陳快樂（2009）運用社會支持團體方案，採前後測實驗設計，以探討支持團體對愛滋病患社會心理調適的影響內涵。

而邱台生、林靜薇、康平靜、林春梅（2006）之腦中風病人主要照顧者支持團體，則是以「改善主要照顧者生活品質之需求問卷」，以及對於活動需求程度進行需求預估，計算填答「需要」及「非常需要」之人數加以計算結果得知，以中風的居家照顧最需要；其次是認識中風及預防保健，以及中風常見營養問題、辨識壓力與情緒、認識中風藥物、中風後復健、中風的相關資源介紹等七個主題。

貳、醫院中的社會工作團體可發揮的功能

　　自20世紀，第二次世界大戰結束以來，社會團體工作的方法開始廣泛的被運用在包括綜合醫院與精神療養院的醫療機構。Forsyth（1990）曾指出，運用團體工作服務是因為團體具有的重要價值，包括(1)生存的需求（survival needs）；(2)心理的需求（psychological needs）；(3)資訊的需求（information needs）；(4)人際的需求（interpersonal needs）；(5)共同的需求和團體的目標（collective needs & group goals）。在此，我們亦需要了解醫院中採用團體工作服務可考慮的理論基礎和可展現之功能。

一、理論基礎

（一）預防康復派（The Rehabilitation & Prevention Approach）

　　團體是一個治療環境，也是治療的工具。社會工作希望透過團體經驗來治療個人心理、社會與文化的適應問題。醫院中的社會團體工作應該是採用團體工作模型中的「預防康復派」，此派在實施時有六個前題（Glasser & Garvin, 1976）必須注意，才能達到團體的效果，即：(1)個人是改變的重心；(2)必須有特定的目標；(3)要訂契約；(4)團體是達到改變的途徑；(5)在現實生活中的調適，而非實驗室中的治療假象；(6)實用主義的原則──在團體中學到的東西，可以一生用到。

因此，運用團體為媒介達到改變，重視個人對疾病的看法和應付疾病的治療是改變的重心；而個人遇到疾病的侵擾已是事實，故在團體中學到的東西必須是實際生活中可以做到的事。依這理論的團體多半以結構式（structured）團體活動方案進行，例如：劉淑言等人（2002）推出的精神分裂症病患主要照顧者支持團體，可稱其為「教育心理團體」的封閉式小團體形式，每次設有活動主題及詳細團體方案設計，每次團體前三十分鐘課程講授為教育階段，以較具結構性的衛教形式進行；中間八十分鐘討論與經驗分享，為心理支持及技巧訓練階段，引導成員分享情緒及壓力。團體最後十分鐘為整合階段，引導成員對於團體中所學與所得做回顧與回饋。

陳君儀、陳若喬（2017）認為悲傷歷程可能造成罹癌喪親者多面向的傷害與危機，因此以意義再建構理論為基礎推出癌症喪親者的團體方案，來協助喪親者重新建立對於悲傷與生活的意義，使其能夠找到與悲傷共存的生活方式，改善悲傷事件後的身心調適。

（二）交互反應派（Reciprocal Model）

此派認為團體是社會工作者與案主所組成的一個體系，雙方交互影響而達到改變。社會工作者不是控制團體的先知，他們不特別設計方案活動，團體的形成由成員互動的結果而決定，團體成員分享對團體的責任。此模型強調的特色是：(1)現象哲學的理論，例如：注重此時此地（here and now）的情感和經驗交流；(2)認清團體中的各種衝突，此乃人生普遍和不可避免的現象，因此要發掘成員應付衝突的能力，刺激成員的合作，促使其產生正面功能；(3)社會工作者應事先對成員背景有充分了解，具備引導成員互動的技術，以及審慎地做好團體的結束。

因此，運用此理論的團體，也是封閉式小團體形式，且多是非結構式或半結構式活動方案，例如：賴美合（1999）在安寧照顧中對遺族的團體輔導，第一期是以結構式活動，第二期則採用非結構式，認為可以如張玉仕（1999）所說，尊重病患（成員）個別化的需求，依每個成員自己的悲傷時刻表、表達方式和需求來決定處理方式。

謝詩華、劉麗茹、吳書昀（2022）從創傷知情的角度檢視精神障礙

者自立團體之實施，因為在對家屬的服務中，看見自覺自助在期間所創造的可能，因此協助精神障礙者成立自立團體，期待其能透過自助互助的發展，而有不同的改變。之後在同儕的支持中，學習自我決定生活的方式，擁有生活的自主權與主體性。

以交互反應派來說，強調工作者對案主的個別需求和問題解決原已十分嫻熟，無須一一設計結構式活動，只要是此時此地表現出來的需要能立即反應，然而這種鼓勵坦誠反應的方式，可能容易失控而發生衝突，工作者要有應付的經驗，也要有處變不驚的能力。

二、目標與功能

每一個團體工作的進行都有組成團體的動機（或稱緣起），從當初看到成員的需要，擬出團體目標和計畫，執行團體而達成團體功能。因此，以具體的目標希望滿足成員的需要是必要的條件。

筆者參考各醫院在運用團體工作方法時，對於團體常訂之目標，整理出基本的幾項（莫藜藜，1992b）：

1. 讓團體成員了解疾病及其治療過程。
2. 分享經驗及情緒支持。
3. 協助成員生活的適應。
4. 幫助成員解決因疾病而產生之情緒困擾。
5. 增加成員彼此溝通之機會，滿足其社會關係。
6. 促進成員與醫護人員有良好的溝通。

由此可知，醫院的社會團體工作應能發揮三大功能，一是疾病知識的了解，提供必要的醫療知識，以適應疾病和改變生活狀況；二是社會支持的功能，提供同儕的相互支持，使病患和家屬在面對疾病侵擾時，更有應付的資源與能力；三是其他功能，包括協助病患和家屬處理所面臨的危機，以及協助病患和家屬提升其社會暨心理功能，使改善社會生活品質。

第二節　團體工作運用的類型

　　將團體工作方法視為社會工作專業方法之一，主要在強調社會工作者將案主組成小型團體，運用相關技巧達成團體組成的目的，且以滿足案主的需要為主。而這種專業方法多是在封閉式小團體展現，其次才是在開放式小團體；也必要如此，團體工作的評估才得以證實團體工作的成效。因此，以上述的體認來看團體工作的類型，有以下幾種區分方式。

一、從疾病種類區分

（一）因慢性疾病帶來身心危機

　　通常慢性疾病的病情適應與控制，需要病人遵從醫囑，以及病人和家屬的充分合作。因此透過疾病衛生教育與病友的相互學習支持，讓病人更能坦然面對疾病，而使生活更趨正常而舉辦的團體，例如：林口長庚「直腸癌病人團體討論會」；臺北馬偕「知心團體（乳癌病患及家屬）」；馬偕「巨結腸症病童遊戲治療團體」；彰基「腎友團體」、「罕見疾病病友聯誼會」、「類風溼性關節炎病友團體」；臺大「小兒血液腫瘤病童支持團體」；新光「糖尿病病友團體」；高醫「兒癌病童團體」；慈濟「脊椎損傷病友團體」等。

（二）因急性疾病而產生家庭危機

　　對於突然遭受意外受傷，突然被告知疾病診斷或病情突然嚴重等，病人在與疾病搏鬥之時，家屬特別需要社會支持的力量。因此而組成的團體，例如：慈濟「燒燙傷病友團體」；臺南新樓「兒科加護病房家屬關懷團體」；臺中榮總「神外加護中心患者家屬座談會」；臺北馬偕「住院中燙傷病患家屬座談會」等。

二、從成員身分區分

　　從成員身分的不同，各有其特殊的需求與問題。醫療機構的團體可分成病人團體、家屬團體、病人與家屬團體三種。

（一）病人團體

　　例如：林口長庚「癲癇病患團體討論會」；臺北榮總「兒童癲癇團體」；臺北市立和平「腎友團體」；慈濟「冠心病友團體」；臺北榮總「酒癮病患團體」；臺北榮總「精神科青少年門診團體」；臺北馬偕「長期慢性病青少年成長團體」；多家醫院精神科病房的「心理劇團體」等。

（二）家屬團體

　　例如：臺北榮總「大德病房病患家屬支持團體」；臺大「早產兒父母支持團體」；臺北榮總「運動神經元疾病病人家屬團體」；臺北馬偕「黏多醣症病童家屬座談會」；臺南新樓「加護病房家屬關懷小組座談會」；彰基「遺族輔導團體」等。

（三）病人與家屬團體

　　例如：臺北馬偕「燙傷病患及家屬團體」；彰基「啓智父母營（智能不足者之父母）」；臺中榮總「生長遲緩親子座談會」；臺中榮總「燒傷病患及家屬座談會」；臺中榮總「癌症病友及家屬座談會」；臺北榮總「巴金森病患及家屬團體」等。

三、從成員出入控制區分

　　醫療機構中的團體，亦可從封閉式（closed）和開放式（open-ended）團體來了解。

（一）封閉式團體

團體的人數有一定限制，聚會期間也確定；而固定的人數在團體初期就確立，其中只可能有人退出，而不接受臨時加入的成員。有興趣加入者可在下一梯次再報名。這類團體很難從網頁或文宣調查資料得知，必須一一詳問才知其類型，例如：林口長庚「子宮頸癌團體討論會」；馬偕「小兒血液腫瘤親子討論會」；榮總傷殘中心職訓班「社會心理團體」；彰基「攝護腺腫病人團體」等。

（二）開放式團體

這類團體聚會期間無限定，成員可在任何時候加入，當團體名稱是「座談會」或「討論會」時，多半是開放式團體，例如：林口長庚「腎臟移植病友座談會」；彰基「長期住院患者家屬討論會」；嘉基「早產兒家屬座談會」；聖馬爾定「甲狀腺病患座談會」；臺中仁愛「精神科家屬座談會」等。

四、從團體性質區分

「性質」往往不易確定，可由團體的目標、團體的功能和團體活動的形式來看，醫療機構團體有支持性團體、教育性團體和成長、治療性團體。而一個團體有可能同時具備上述三種性質。

（一）支持性團體

因某特定疾病之門診或病房的病人與家屬有社會支持的需求而舉辦，多是封閉性質的小型團體。工作者藉著團體的互動與分享，讓成員獲得各種社會支持（資訊的、情緒的、實質的），達成良好的疾病適應，例如：臺北榮總「巴金森病患及家屬團體」；慈濟「冠心病友團體」；臺北馬偕「子宮頸癌婦女支持性團體」等。

（二）教育性團體

　　也是因某特定疾病之門診或病房的病人與家屬可能有疾病治療知識方面的需求而舉辦。團體成員以門診為主時，多是開放性團體，人數稍多，例如：林口長庚「腎臟移植病友座談會」；臺中仁愛「精神科家屬座談會」。團體成員以病房為主時，則多是封閉性團體，人數較少，例如：馬偕「小兒血液腫瘤親子討論會」；臺北市立忠孝院區「中風患者暨家屬支持團體」等。

（三）成長、治療性團體

　　也是由某特定疾病之門診或病房的病人與家屬，因疾病產生較明顯或嚴重的心理、情緒問題，或醫病溝通問題，而進行封閉式小團體活動，以完成一定的成長或治療目標，例如：馬偕「巨結腸症病童遊戲治療團體」；多家醫院精神科病房經常舉辦的「心理劇團體」等。

五、自助團體（self-help group）

　　這是很難歸類的一種團體，卻是近四十年來許多醫院社會工作者樂於嘗試運用的團體。顧名思義這是一種由病人或家屬共同參與和組織起來的團體，他們自行負責掌理團體的運作。自助團體主要是因有相同問題和需求而聚集在一起，透過團體的活動，成員彼此相互心理支持與資訊交換，而更能適應問題情境或處理困難。莫藜藜（2020）指出，目前在國內外皆很盛行的自助團體形成之前，多是由醫院的社會工作者在其主持的封閉式或開放式團體中，鼓勵成員產生共識，一起計畫成立自助團體，參與並執行其團體一切的發展事宜。附屬於醫院的自助團體，例如：新光的「肌無力俱樂部」；長庚的「換腎俱樂部」；馬偕的「開懷俱樂部（乳癌患者）」；榮總的「心臟病症患者協會」、「思樂醫之友協會（紅斑性狼瘡患者）」、「復聲者協會」、「氣喘之友協會」、「肌無力症病友聯誼會」；及1984年在臺北市立療養院社會工作者室聯合臺大、榮總、三總、長庚和馬偕的社會工作者、醫師、家屬及康復病友，加上民意代表的

力量，成立了「臺北市康復之友協會」。

由上述團體名稱亦可知，慢性疾病患者更需以團體方式得到幫助。李開敏（1988）指出，病人自助團體的目的有：(1)將病人的無助與無力感轉化爲自助助人的力量；(2)將病人的「被疾病迫害」心理轉化爲主動參與治療及迎戰疾病的力量；(3)減少孤獨感、孤立感；(4)更能客觀與多角度的認識自己的問題；(5)情感的抒解與發洩；(6)彼此強化正向的學習與適應力。Folgheraiter和Pasini（2009）在義大利的一項調查發現，案主參與自助團體後，其個人社會資本[1]產生的變化包括參與在地社區、較爲活躍、親友鄰里的連結、對差異的寬容、重視生命的價值，以及恢復就業等；而且參與愈久的成員，其社會資本得分愈高。

目前臺灣的病友團體仍是由病人和家屬或至親好友所組成，因爲對疾病治療與發展的切身感受而投入團體進而成爲組織。林蕙芳（2001）指出，病友當初的聚合，有爲了結合更多社會資源來幫忙患有相同疾病者解決問題，有爲了找到罕見卻可以用的新藥，有爲了找到更好的照顧方式，或爲了倡議一個更適切的治療環境或是醫療人權而組織起來。

 ## 第三節　團體工作實務方案要領

近年來，「醫務社會工作協會」針對醫院社會工作者和社區照顧機構，或與醫療服務有關之基金會社會工作者，每年至少舉辦三場有關社會團體工作之在職訓練，包括團體工作基本概念、原則和帶領團體技巧。除了基礎臨床工作坊，醫療次領域如愛滋防治團體工作、老人照顧機構之團體工作等也陸續舉辦在職訓練課程。可知，團體工作實施的重點和方法上，需要配合服務機構的宗旨和成員的需求，本節按圖5-1，逐步探討醫療機構的社會團體工作實務要領。

---

[1] 根據維基百科定義：社會資本（social capital）是資本的一種形式，指個人爲實現工具性或情感性的目的，透過社會網絡來動員的資源或能力的總和。

壹、計畫階段

一、擬定計畫書

在醫療機構的社會工作者想要提供社會團體工作的服務，就要先擬就「社會團體工作計畫書」（見表5-1），並與社會工作者部門主任或督導商討下列問題：

1. 本單位實施社會團體工作的緣由與目的為何？
2. 哪一類病患或家屬較需要以團體方案的協助？
3. 對病患或家屬共同需求的預估。
4. 該團體的具體目標為何？
5. 哪些地方需要醫療護理人員的協助？有關的醫護人員對成立該團體的了解如何？
6. 該團體所需經費及場地安排如何？

擬定「團體工作計畫書」，除了與單位主管商討籌組事宜，還要獲得醫院行政長官或醫療團隊中其他同仁的支持。計畫書中需規劃初步的團體方案活動，其他方面包括如何招募成員、招募成員的條件、團體大小的考量，以及醫院提供的確實支持有哪些等都需事先考慮。以洪昭安、林靜蘭和蕭淑貞（2000）的支持團體為例，團體籌劃時有徵得臺北某教學醫院精神科行政體系同意後，請精神科門診資深護理同仁協助篩選擔任志工的慢性精神分裂患者組成團體成員。邱秋員（2004）在和信治癌中心醫院乳癌病友支持團體的經驗分享，亦是擬出計畫書在院方同意後進行，病人初被診斷為癌症，住院準備接受手術時，由衛教室護理師衛教或社會工作者主動帶領病友志工探訪，主動提供病友支持團體介紹單及回條。病人若願意參加，就將回條交回社會服務室。然後社會服務室將回條資料整理造冊，在舉辦團體的前一個月開始安排面談，篩選合適的病友參加團體。

二、確定醫院的支持資源

　　社會工作者向醫院提出團體工作計畫書，主要是場地使用的核准和經費預算的補助。場地的部分是有關團體聚會的地點和設備，以及團體聚會期間可獲得的人力、物力支援，必須在團體形成之前確定，以便宣傳、告知和招募成員，例如：事先登記借到固定合適的團體聚會場地，讓參加的成員熟悉聚會環境，以增加出席率。聚會場地的設備，室內的布置、桌椅和座位的安排，要讓成員覺得舒適自在。場地的物理條件，例如：溫度、雜音、空氣流通及光線，還有進出門口以不干擾他人，也不被他人打擾為原則。團體活動時間，有時需提供紙筆、文具、茶點，或禮物、獎品等需要經費的補助。

　　聚會的時間因素會影響成員參加團體的意願，國內醫院之病友和／或家屬團體，如是封閉式的團體，通常聚會以每週一次，一期自四一五次至八一十二次。如是開放式團體，一年中有每一季或每兩個月聚會一次，或每個月聚一次，並無次數限制。

三、團體紀錄和評價方式的考量

　　在計畫團體工作時，就需考量服務成效評價的方式和所需的工具，因此如何將相關資料記錄下來，十分重要。和個案工作紀錄一樣，團體的紀錄也應加以保存和保密。紀錄可用來做評估服務成效的工具，和負責任的表現。紀錄有二種類型：過程式紀錄是一項有效，但費時又費錢的教學工具；摘要式紀錄（見表5-2）較省時省力，為一般人所推介，且可提供社會工作者隨時的檢討。社會工作者也可藉錄音帶和錄影帶來評估團體的活動，是另一種形式的紀錄，協助成員觀察他們如何發展社會技巧和團體技術，以及處理情境的方法。

貳、組織階段

一、確定團體的目標

　　社會團體工作是為了協助個人發展他們的能力，提供人們鬆弛身心的經驗與創造、分享、表達自我之能力的機會。團體目標是整個團體的中心，必須具體清楚，包括(1)醫院的；(2)團體的；(3)成員的；和(4)社會工作者的目標。醫院有其功能和限制，足以影響團體目標的達成，因此必須考慮醫院的目標。團體目標則必須合併其他三個項目，要同時顧及醫院的、成員的和社會工作者共同的目標。至於成員的目標，可解釋為每位成員個別的希求和渴望。當成員和社會工作者能分享共同的目標，使成員解決個人的困難，或促進個人的進步時，團體便獲得相當的增強。

　　只有在團體中清楚說明原訂目標，在團體中了解、討論及接受彼此的確定目標，團體的作用才能發揮出來。亦即，除非社會工作者對團體和成員的目標十分清楚，否則無法確信團體的運作會順利成功。團體的目標乃由團體的目的，即團體為何組成而來。茲以一個由筆者全程督導的團體，彰化基督教醫院社會工作者林輝美的「白血病人及家長聯誼會」為例（莫藜藜，1992b），根據準成員們顯現對疾病之不了解、不合作、情緒困擾、經濟問題等，而擬定之家長團體預期目標，有：(1)協助父母了解疾病發展和治療的過程；(2)透過團體活動分享經驗，疏通情緒；(3)協助父母面對現實生活，使孩子正常發展。另外，在家長團體的同一時間也進行病童的團體，其預期目標則為：(1)協助病童了解生病的生理、心理、情緒反應；(2)協助病童表現其心理感受及困擾；(3)協助病童接受及適應治療過程；(4)學習與他人正常交往。

　　另一個彰化基督教醫院的「安寧照顧遺族輔導團體」是由賴美合（1999）發表，除了基於成員可能的需求外，也因為新的病人陸續進來，每位遺族都要追蹤與輔導，安寧照顧社會工作者的時間分配有限。因此，想到運用團體的聚會方式，遺族間互動所產生的團體動力彼此扶持，應可達到情緒支持、成長及社會心理層面問題的解決，其效果應比個案工

作服務爲佳。至於其團體目標列出了十二項，則稍嫌過多，筆者認爲可將之歸納爲五項：(1)發覺、認清和調整自己的情緒困擾；(2)增加對哀傷症狀和過程的認識；(3)接受死亡之不可逆性；(4)發現自己的長處和短處；(5)重建社會支持系統。

二、團體成員的選擇

選擇團體成員主要在社會工作者根據自己的經驗、相關理論、團體的目標，以及即使在醫療機構也要考量同質性及異質性的因素，因爲疾病診斷的不同或發病階段不同都會減低團體形成凝聚力，所以同質性要多於異質性的因素，例如：

「洗腎病人團體討論會」（臺北長庚醫院，1982年，社會工作者馬銘杰）成員選擇條件：接受洗腎時間不限、年齡在二十五歲以上、性別不拘、居住地於臺北地區交通方便者。

「直腸癌病患討論團體」（臺北長庚醫院，1982年，社會工作者陳茂全）成員之選擇主要考慮條件：直腸癌病患、已接受外科手術、造人工肛門者、正接受放射治療、成年男性。

「乳癌患者知心小團體」（臺北馬偕醫院，1986年，社會工作者閻家慧），由其研究報告中，筆者整理其樣本特質爲：動過乳房切除手術、可回到醫院參加保健講座、三十—四十歲之間、中等教育程度，並願回覆追蹤問卷者。

接著，從賴美合（1999）的遺族輔導團體案例來看，成員組成的背景不一定皆要同質性，但應注意不要讓任何一位成員落單，亦即至少兩個有類似哀傷背景者，例如：與逝世者關係相同者——子女、夫婦，或去世時間相近者。因爲有相同境遇者（同質性）彼此較能扶持，在團體中才不會落單。又例如：邱台生等人（2006）對腦中風病人主要照顧者的支持團體，是採用類實驗控制前後測設計法（Quasi-Experimental Design），以臺北市某醫學中心三個神經內科病房收住之腦中風病人主要照顧者爲研究對象。病人取樣條件爲在住院期間，由醫師以量表評估四級以上的初次

腦中風病人。主要照顧者之收案條件為：(1)年齡在20歲（含）以上；(2)與中風病人同住，於病人住院期間及出院後六個月間持續提供病人直接照護工作，每天照顧病人超過八小時以上；(3)沒有罹患精神疾病者；(4)願意參與支持團體者。

由此可見，醫療機構的案主團體在選擇成員時，基本上還是期待同質性因素多於異質性因素，但實際尚需視情況作多元因素考量，因此Wasow（1986）以「老年失智症病患照顧者的支持團體」討論同質性、異質性因素時表示，在團體組成上有三個問題：是否讓配偶、兄弟姊妹、兒女混合在一團體中，或各類人分別的團體？是否將初發病、發病中期或末期的家屬混在一起，或把他們分開？是否將新、舊成員混合，或分開？這三個問題的討論，可為我們醫院社會工作者組織團體時參考：

（一）Wasow認為應將他們分開，因失去父母與失去配偶或兄弟姊妹的情況是非常不一樣的；況且有些照顧者（caregiver）——尤其是配偶，往往是全時間陪伴病人，兄弟姊妹和兒女通常不負主要照顧工作。後者所言，即是強調「照顧者的團體」，往往要區別主要照顧者或部分照顧者的。

（二）我們知道在病患初發病時，家屬往往在得知老年失智症以後要面臨的問題時會驚懼萬分。而在疾病末期的病患家屬可能在聽到初期病患家屬的陳述時，感到羨慕、厭煩或輕視。因此，如把他們混在一起則要掌握共同面對問題時的心理分享與情緒支持。

（三）新成員也許在兩星期前才確定疾病診斷，而舊成員可能已與這個疾病奮鬥了五年。他們的相似性自然會比較少。在相同疾病之下，如果要將他們放在同一團體中，為了避免舊成員的煩躁，可請他們當協助者，教導新成員，提出他們可供借鏡的經驗和看法。

三、團體大小的考慮

我們已知，團體大小的決定因素在團體的目標、成員需要互動的程度、問題性質，以及成員社會發展的需求程度。小團體容易了解正在進行

些什麼事，因此對成人的治療性團體而言，八一十二人是理想的數目；對情緒困擾或社會適應不良的兒童團體，人數不宜過多，五一十人是適宜的數目。

使團體維持一個相當的大小，來達成社會工作者與成員間的關係是很重要的。醫院中的社會工作團體多以支持、治療及教育為目的之封閉式小型團體，但少於三人時，人際互動較無變化；而大於十二人則易使少數成員被忽視，例如：厲寶蘭、黃松林、許秀月（2010）的失智長者懷舊團體，每週進行兩次，團體共計十一人；林慈玥（2008）的乳癌病友心理劇團體，每週一次，每次八人；吳麗芬等人（2006）的懷舊治療團體，參與人數六至十人；以及湯麗玉等人（2000）的失智症家屬支持團體，每次最多十五人，最少六人。

至於醫院中純粹教育性的衛教團體，這多半是依醫療機構服務之目的，人數會比較多，通常是開放式團體，有時是二十人、三十人，或多至一百人以上，例如：馬偕醫院邱秋員（1987）的不孕症夫婦座談會，第一次有一五七人參加。另外，馬偕醫院蔡莉莉（1987）的小兒血液腫瘤病童及其雙親聯誼座談會，一次亦有三十六位家長參加。人數較多的團體在醫院中實行，多以衛生教育為目的，以團體的形式發展教育性的功能是醫療機構的需要，也不容忽視。

總之，筆者建議社會工作者宜以小團體為主，其次才舉辦大型團體活動。因為幾乎所有專業社會工作的文獻中皆指出，無論任務性或處遇性團體，談的都是小團體。然而為顧念醫療機構所擔負的教育性功能，社會工作者所舉辦的大型團體活動亦不排除在團體工作之外（事實上，該類團體亦可納入醫院社會工作者的社區工作服務了）。

四、團體成員的徵募

在確定選擇成員的標準後，社會工作者即展開對已接案病患之門診會談、病房訪視；或搜集門診及入院病患名單，從中篩選並寄發邀請函。之後，整理回函資料，建立成員病情及基本資料。

團體正式聚會前需做個別會談（即接案）、評估及整理成員的背景，確定會參加的成員。社會工作者與準成員做個別會談的目的，在於簡單了解病情資料、成員的需求、加入團體的動機與其需要解決問題的性質，並再次確定其是否適合參加團體的方案活動，然後告知準成員醫院推出團體工作服務的用意，及團體的初步計畫。

參、執行階段

社會工作者集合所有準成員開始第一次聚會，向成員說明團體期待的性質及發展方向，並與成員共同確定團體的目標、活動方式、聚會時間、地點、團體預定的期限，以及每次參加聚會必須拿健保卡刷一次等。此時開始，社會工作者應用團體工作的技巧來協助醫院中團體目標的達成，接著還有其他任務如：(1)因社會工作者常同時做個案工作，故需隨時了解病患醫藥治療狀況及反應；(2)對每一次的團體活動或個別成員的進度作清晰扼要的紀錄；(3)隨時以口頭或記錄方式，讓醫療團隊同仁了解各病患在團體中的狀況，以有助於醫藥治療效果；(4)必要時請有關醫護人員或專家列席；(5)在每一次團體進行後，作一評價，必要時，修正計畫。

醫務社會工作者組織病患或家屬之團體，基本上是視其需求而定，有一般的支持團體或特殊需求（如被診斷為憂鬱、焦慮或缺乏社會技巧等）之支持團體，亦常有心理暨教育團體，例如：Dickey和Loewy（2010）提出的「變性者」（transgender clients）之團體工作，是每週一次，共八次的團體聚會，以閱讀、觀看影片和議題討論的方式進行，主要議題有：最初冀求變性之欲望、與伴侶之性關係、悲傷和失落、外科手術與其他治療、就業問題、性別表現問題等。

而Hill（2011）、Gibbons和Plath（2012）認為，即使只有一次聚會的團體也有其價值，有些情況例如：家屬面對突發的疾病癥狀、臨危與死亡、家庭暴力、兒童虐待或性侵害等，此時社會工作者的任務包括處理病患及家屬立即的需要、解釋醫院相關規定、提出社會工作者專業診斷、設定團體可實踐的目標、為病患爭取權益、提供所需協助，然後提供未來需

求助時的管道等。

McCallion和Toseland（1995）認為，支持性團體多半是封閉式，有特定的目標，屬於短期性團體，設計較具結構式的活動，每次團體都有特定的討論議題，可以期待成員有高層次的自我表露以發展親密感。Gilbert和Beidler（2001）以物質濫用的母親團體經驗，建議執行團體活動除了互動式的討論或述說自己的故事之外，還可以準備道具引導成員模擬故事情境的敘事，嘗試多用有變化的方式，讓成員不致在過程中感覺無聊。

邱台生等人（2006）之腦中風家屬支持團體，依據需求問卷結果作為課程之主題，以設計活動內容、人員及安排介入措施。確定團體目標為「提升照顧者對中風相關知識的認知與應用（例如：疾病、預防保健、藥物、營養、復健、居家照顧），藉由家屬表達感受、分享照顧經驗，提升照顧者生活品質、社會支持及資源應用」。小組成員包括醫師、護理師、社會工作者、營養師、復健師、家屬、志工等。依課程內容延請專業人員擔任主講者，每次活動皆有一位主治醫師、護理長及家屬志工負責帶領活動。支持團體由社會工作者居中連繫，由主要照顧者中選出聯絡者維繫團體持續性運作。這個支持團體以衛生教育的形式進行，每週舉行一次，連續七週，共進行七次。每次六十分鐘，前半小時為專題課程講授，後半小時為討論與澄清。

Goelitz（2001）以過程敘述的方式，提供了一個「腫瘤病患的支持性團體」案例，分析團體紀錄的內容，將腫瘤病患的團體經驗歸納整理出來，用描述性事實資料說明團體的執行過程，以及團體的效果。這篇報告對實務工作經驗的分享具有高度價值，實在令我們羨慕，因為這樣的文章以臺灣期刊標準而言，可能因不具「學術」與「研究」水準而被審查委員拒絕，不予刊登。

肆、評估與結束階段

評估是團體聚會中重要和持續的一部分。評估始於團體組成，各階段持續進行，終於團體結束。每一次團體聚會結束後要檢討評估，至中間階

段時也要檢討評估，而在結束階段的重要工作事項如下：(1)舉辦團體結束的活動或儀式；(2)團體總評價，並由成員填寫評價表；(3)針對有個別需要或特殊問題的成員，予以追蹤輔導。

　　賴美合（1999）在安寧照顧遺族輔導團體結束時，成員在滿意度問卷上的回饋有「很受益，心情開朗」、「感覺心理舒坦，傷口好了許多」、「走得很快了，……」等。劉淑言等人（2002）是以簡短「精神症狀評估量表」、「精神疾病知識問卷」、「個人資源（社會支持）問卷」和「團體滿意度量表」等，對實驗組和控制組共七十名成員測量，從統計分析數據了解實驗組在團體後相較於團體前疾病知識和社會支持之改變量均優於控制組；一個月後追蹤發現，實驗組疾病知識改善情形維持平穩，而社會支持雖呈現下降的趨勢，但仍比團體前佳。而邱台生等人（2006）的腦中風家屬支持團體，則是採用「生活品質量表」（Quality of Life Index, QLI）做前測、後測。此量表是劉雪娥（1993）翻譯自 Ferrans（1985）所發展的生活品質指標，內容包括兩大部分，第一部分是測定個人對生活中各向度的滿意度；第二部分是測定個人對生活中各向度的重要感受，此兩部分分別包含心理暨社會因素、健康因素、環境因素、親密因素、家庭因素等五個健康構面，共三十七題，以Likert六點尺度評量法，生活層面滿意度及重要性由非常不滿意（非常不重要）到非常滿意（非常重要）；生活品質分數最低零分，最高三十分，分數愈高表示生活品質愈好。

結語

　　團體工作方法對醫院社會工作的發展有貢獻，但在臺灣其方法卻常常未能運用得很好，原因可能在照會給社會工作者的個案量一直增加，至分身乏術；其次可能是社會工作者缺乏適當的方案計畫，且在建立團體的關係和過程上能力有所不足。醫療機構是最講究各專業人員間的團隊合作，強調分工與協調，社會團體工作往往更需要醫療團隊的配合，以促進醫療服務的功能。

因此，筆者提出下列幾點供醫務社會工作者參考：(1)要從同事的立場和彼此共同利益出發；(2)尊重彼此在價值觀、教育訓練和解決問題模式上的差異；(3)願意分享個人的知識、價值觀和技術；(4)願意並有能力解決衝突，而非逃避；(5)坦誠溝通，並敏於人際關係的狀態。

　　理想上，醫院社會工作者協助病患及家屬處理因疾病帶來的家庭、情緒、經濟、職業、傷殘復健、出院計畫，及其他各種適應問題，使醫療過程順利，並積極增強患者自力更生，重新適應社會的能力。這樣重大的使命，早已為社會工作者所認同，並盡力和案主同步去擔負並完成。醫院中運用社會團體工作方法的事實，說明了傳統個案工作之外，團體工作的有效性逐漸為社會工作者所體驗，也將為社會工作走向專業化的過程中展現具體成效（莫藜藜，1995）。

參考書目

中文部分

王金永、盧惠芬、黃韻如（2024）。精神科社會工作者臨床團體工作實務現況與能力研究。中華心理衛生學刊，37(1)，19-51。

吳芳茜（2000）。安寧療護團體工作遺族悲傷輔導實務營經驗分享－小太陽親子營。安寧療護雜誌，5(2)，37-40。

吳麗芬、周清波、陸秀芬、曾惠楨（2006）。團體懷舊治療實務指引之研發。實證護理，2(3)：173-179。

林慈玥（2008）。心理劇運用於乳癌病友。中華團體心理治療，14(2)，1-8。

林蕙芳（2001）。病友團體的發展與挑戰。醫望，33，35-37。

李開敏（1988）。榮民總醫院病人自助團體簡介，榮總人，4(12)，24-25。

邱台生、林靜薇、康平靜、林春梅（2006）。家屬支持團體介入對腦中風病人主要照顧者生活品質的影響。榮總護理，23(2)，109-117。

邱秋員（1987）。臨床社會工作者在試管嬰兒與禮物嬰兒醫療團隊中的角色。醫務社會工作者協會民國76年年刊，頁101-105。

邱秋員（2004）。和信治癌中心醫院乳癌病友支持團體的經驗分享。臺灣社會工作

學刊，1，181-198。

周玲玲、張麗玉（2000）。愛滋病患與配偶或伴侶之壓力、社會支持與因應策略之研究。89年行政院衛生署疾病管制局委託計畫研究報告，計畫編號：DOH89-DC-1010。

洪昭安、林靜蘭、蕭淑貞（2000）。支持性團體於社區慢性精神分裂者的應用。榮總護理，17(1)，33-39。

馬銘杰（1982）。洗腎病人團體討論會，第二屆中華民國醫務社會工作研討會會議資料。

莫藜藜（1992a）。社會團體工作在醫院中之運用，東吳社會學報，1，95-128。

莫藜藜（1992b）。社會團體工作者組織團體的技術——以綜合醫院爲例。中華醫務社會工作學刊，2，1-16。

莫藜藜（1995）。醫務社會工作，摘自李增祿主編，社會工作概論，第15章，406-435，臺北：巨流圖書股份有限公司。

莫藜藜（1998）。醫務社會工作。臺北：桂冠圖書股份有限公司。

莫藜藜（2020）。醫務社會工作。臺北：松慧文化有限公司。

湯麗玉、葉炳強、陳良娟、謝碧容（2000）。失智症家屬支持團體成效初探。應用心理研究，7，171-190。

陳君儀、陳若喬（2017）。意義再建構團體對於癌症喪親者的悲傷介入之成效評估研究。民生論叢，13，35-71。

陳姿廷（2013）。運用優勢觀點於家屬團體之經驗分享～以北部某醫院精神科日間病房爲例。中華團體心理治療，19(4)，27-44。

陳茂全（1982）。直腸癌病患討論團體，第二屆中華民國醫務社會工作研討會會議資料。

陳秀美、張宏哲（2004）。支持性治療團體對子宮頸癌婦女處遇成效之研究。臺灣社會工作學刊，1，109-146。

秦燕（1991）。醫療院所社會服務部門工作現況評估研究。臺中榮總社會工作者組社會工作者室。

張淑英（1993）。家庭照顧與老年長期照護。福利社會，38:8-16。

張麗玉、黃源協、陳快樂（2009）。團體處遇對愛滋患者的憂鬱與社會支持影響之研究。臺灣健康照顧研究學刊，6，56-77。

張玉仕（1999）。悲傷輔導理論及技術。安寧療護社會工作者專業在職課程學員手冊。臺北：安寧照顧研修中心印行。

黃蒂（1993）骨科病患壓力與需求之研究。中華醫務社會工作學刊，3，39-46。

黃蒂（2000）。臺灣地區社會工作部門工作現況之研究。臺中：臺中榮總社會工作者室。

蔡麗雲、顧乃平（1996）。癌症病患的疼痛因應策略及其相關因素之探討。護理研究，5(2)，137-147。

蔡莉莉（1987）。小兒血液腫瘤病童及其雙親聯誼座談會，醫務社會工作者協會民國76年年刊，頁106。

屬寶蘭、黃松林、許秀月（2010）。重現失智長者記憶中的城堡—懷舊團體工作研究。臺灣健康照顧研究學刊，8，1-19。

賴美合（1999）。安寧照顧團體工作——遺族輔導團體實務分享。安寧療護雜誌，12，32-36。

鄭凱芸（2001）。癌症病人的社會心理議題。德桃癌症關懷季刊，16，51-52。

閻家慧（1986）。乳癌患者自助團體之工作評估。醫務社會工作者協會民國75年年刊，頁57-67。

劉淑言、吳聖良、蘇東平、周桂如（2002）。精神分裂症病患主要照顧者支持團體成效評值。護理雜誌，49(4)，31-41。

謝詩華、劉麗茹、吳書昀（2022）。從創傷知情的角度檢視精神障礙者自立團體之實施—以新北市為例。社區發展季刊，177，145-159。

英文部分

Dickey, L. & Loewy, M. I. (2010). Group Work With Transgender Clients. *The Journal for Specialists in Group Work*, 35(3), 236-245.

Folgheraiter, F. & Pasini, A. (2009). Self-help groups and social capital: New directions in welfare policies? *Social Work Education*, 28(3), 253-267.

Forsyth, D.R. (1999). *Group Dynamics*. (3rd Ed.). N.Y.: Brooks/Cole.

Gibbons, J. & Plath, D. (2012). Single session social work in hospitals. *The Australian and New Zewland Journal of Family Therapy*, 33(1), 39-53.

Gilbert, M.C. & Beidler, A.E. (2001). Using the Narrative Approach in Groups for Chemically Dependent Mothers. *Social Work with Groups*, 24(3/4), 101-115.

Glasser, P.H. & Garvin, C.D. (1976). An organization model, *Theories of Social Work with Groups*, eds. by R.W. Roberts & H Northen. pp.75-115. N.Y.: Columbia University Press

Goelitz, A. (2001). Dreaming their way in to life: A group experience with oncology patients. *Social Work with Groups*, 24(1), 53-67.

Hill, N.L. (2011). Single session narrative group interventions in a partial hospital setting. *Clinical Social Work Journal*, 39, 279-287.

McCallion, P. & Toseland, R.W. (1995). Supportive group interventions with caregivers of frail older adult. *Social Work with Groups*, 18(1), 11-25.

Wasow, M. (1986). Support groups for family caregivers of patients with Alzheimers' Disease. *Social Work*, March-April, 93-97.

第十三章
自助性團體

張宏哲

本章分成三節，依序討論自助團體參與者的特質與需求、實施現況與類型和團體方案要領或重點。

 ## 第一節　參與者的特質與需求

本節說明自助團體參與者的特質和需求。自助團體的類型很多元，跨越年齡或特殊的問題，從團體的屬性看來，它是由面對共同問題的成員所組成，例如：酗酒、毒癮、賭癮或性癮等，原本是個案本身組成的團體，逐漸擴散到個案的配偶和家屬。由於問題的多樣性，每種自助團體的型態都是由面對某一問題的特定對象所組成，也衍生出自助團體的多樣性，使得這類團體對象的特質與需求的描述比較具有挑戰性。

本節從說明自助團體的意涵開始，因為有關自助團體成員的特質與需求的討論，必須事先釐清自助團體的意涵和特質。

壹、自助團體的意涵

一、團體的定義

「自助性團體」（self-help group）又稱「互助團體」（mutual aid group），也稱自助與支持性的團體（support group），顧名思義就是面對共同或類似問題的一群人（當事者本身或者家人）自願組成的團體或社群，透過互相幫助，也就是「施」（給予協助）與「受」（接受協助）的彼此關照，目的是解決共同面對的問題，對於遭受身心疾病之苦的病患而言，希望疾病能夠獲得控制，能夠過著復原的生活（recovery）（Faces and Voices of Recovery, 2014）；這裡的復原並不是指痊癒或者完全不會再復發，指的是一種問題可以得到控制，找尋可以面對問題的生活方式。至於受到衝擊的家庭成員，則希望透過自助團體找出面對病患問題

的對策，解決家人的疾病帶來的溝通和互動的問題，因應家人的問題或者必須提供照顧帶來的身體、心理和社會層面的壓力和負荷（Gitterman & Shulman, 2005）。

學者Borkman（2008; 1976）針對自助性團體的內涵提出精闢的論述，雖然他賦予自助團體的定義和其他專家學者大同小異，比較獨特的觀點在於「經驗知識」的概念。他認為自助團體就是一種「自願性的人群服務（human service）團體，由一群面對共同問題的人組成，透過共同的努力，試圖解決問題，這群人依靠的不是專業知識，而是經驗知識（experiential knowledge），作為決策和互動過程主要的權威依據」。

Borkman（1976）提出自助團體成員的「經驗知識」和社會工作或其他助人專業（特別是諮商領域）的「專業知識」（professional knowledge）形成對比，兩者的差異在於資訊的類型和對該資訊的態度，自助團體成員的資訊來自團體生活過程得到的經驗和智慧，那是具體、獨特、無法替代的「真理」，屬於完整的智慧，在態度方面，因為經驗來自親身的體驗和經歷，因此，對於這項資訊的態度就是「確信」或「深信」（certitude），自助團體的生活情境和同儕的支持與經驗的分享讓這種確信更為堅定不移。這項經典的定義似乎顯示出自助團體和專業人員組成與運作的治療團體之間的矛盾與對立。

二、團體的特質

從上述的定義和其他相關的文獻（Arkowitz & Lilienfeld, 2011; Ahmadi, 2008; Benton, 2008）可以看出自助團體具有以下幾項特質：

（一）共同問題

自助團體的成員都有共同面對的問題，有些是身體方面的問題或疾病，例如：癌症、口吃；有些是心理方面的疾病或問題，例如：成癮問題和行為（酗酒、賭博、毒品濫用、性）；有些是社會層面的問題，例如：家庭暴力。如前所述，除了問題的當事者之外，有些自助團體則是由面對

上述問題的個案的家屬所組成，尤其是配偶和子女，這類團體最著名的就是由「戒酒無名會」（Alcoholics Anonymous, AA）的家屬組成的支持團體，稱爲「戒酒無名會家庭支持團體」（AL-anon family groups），這類團體和「戒酒無名會」一樣，已經散布到世界許多國家，遍布美國各地。

（二）自主參與

自助團體的成員都是自願參與的，展現公民社會的素養，素養愈深化的公民社會，自助團體就愈盛行，既然是自主組成的，絕大多數的團體都很強調成員的自主性或自主權，由於自主的彈性頗大，成員甚至可以來去自如，毫無拘束，其中又以「戒酒無名會」和所衍生出來類似的自助團體的自主權爲最大，連成員都是匿名參與每次的聚會，即使旅行到一個地方，只要想參加，就可以找到最近的無名會，整天都沉浸在其中也不是問題。

（三）自我管理

自助團體很強調自我管理，因爲自助，所以所有的決策、領導、團體聚會過程或活動和團體的結構都由成員負責，大多數的自助團體也強調這方面的特質，即使邀請專家協助的團體，也都會維持很高程度的自主權，專家僅是從旁協助或提供建議。既然有「管理」的事實，就有管理的權威人物或幹部出現，不過，這種情形在自助團體比較不存在，因爲這是同儕互助的團體，組織上沒有階級之分。

（四）拒斥專業

美國的自助團體盛行的重要原因之一就是對專業人員或專業協助的失望，不少人求助於專業人員，卻無法得到自己想要的結果或助益，使得自助團體拒絕或排斥專業的涉入和協助（曾華源、鄭夙芬、溫信學，2013），形成一種「反專業主義」（anti-professionalism）印象；Borkman（1976）認爲「反專業主義」的說法有點誤導，比較貼切的說法應該是：依賴經驗知識的權威，以之替代專業權威。反問專業人員對於經驗知識能夠有多少接納。這樣的說法似乎圓融，卻也無法消彌依賴經驗知識和依賴專業知識兩造雙方的隔閡與疏離，甚至衝突。

（五）核心信念

自助團體的核心信念極其簡單，因為不依賴「專家知識」，如前所述，它依賴的是「經驗知識」，所以並不複雜，這也許就是它能夠吸引人的地方，同儕之間的「經驗知識」就是定義成員共同面對的問題，因應問題的方針，和組織的決策，與組織權威的基礎的核心架構；不像專業關係，區分專家和個案形成疏離和依賴的關係，自助團體的互助關係是平等的同儕關係，不像「專家知識」的理性無血，自助團體依賴有血有肉的經驗，也反對把「經驗知識」模組化，反對從成員的具體經驗中抽出抽象的模式和概念，因而離經驗法則愈來愈遠（Borkman, 2008; Ahmadi, 2008）。

貳、團體成員的特質和需求

本段討論自助團體成員的特質和需求，由於自助團體極其多元，反映出成員問題和需求的多樣性與複雜性，也因為成員的問題太過於多元，形成討論上的挑戰，無法討論到所有類型自助團體的成員特質，因此，將自主團體類型與團體成員問題簡要區分成物質使用疾患、慢性疾病（精神疾患和身體疾病），和個案的家庭成員等三種類型，依據這三種類型進行討論，由於每種類型內部又含括許多疾患或疾病，無法一一說明，在物質使用疾患方面，僅針對酒精使用疾患，在慢性疾病和家屬方面則描述他們的共同特質和需求，不再針對每一種疾病特質進行描述，雖然不同的疾病有不同的因應方式，但是自助互助的精神應該雷同。因為最著名、被認為最成功和最有成效的自助團體，非戒癮團體莫屬，特別是「戒酒無名會」，相關的文獻和研究也很多，因此本段選擇成癮者的團體進行討論。

一、成癮者的特質和需求

本段首先呈現美國精神科協會的「診斷和統計手冊（第五版）」

（*Diagnostic and Statistical Manual of Mental Disorder*, Fifth Edition, DSM-V）（American Psychiatric Association, 2014）有關成癮的物質和疾患，再進一步說明成癮者的特質，最後呈現他們的需求。

（一）物質成癮和疾患

DSM-V（American Psychiatric Association, 2014）將一個群組的疾病歸類為物質相關與成癮疾患（Substance Related and Addictive Disorders），賭博疾患雖然和物質成癮沒有關係，但是因為臨床的表現、腦神經的機制、共病現象、生理學機制和治療都與物質相關的成癮問題類似，所以被列在同一群組，該疾患本身只有單一的成癮行為（賭博）。整個群組一共包括十二種疾患（見表13-1）：

表13-1　成癮疾患和行為

物質使用疾患	鴉片類使用疾患
酒精使用疾患	苯環利定使用疾患
安非他命使用疾患	鎮靜劑、安眠劑、抗焦慮劑使用疾患
大麻使用疾患	煙草類使用疾患
古柯鹼使用疾患	其他未知物質使用疾患
吸入劑使用疾患	賭博疾患（成癮行為）

資料來源：American Psychiatric Association（2014）。

物質相關的成癮疾患也可能引起身體、心理和社會方面的其他疾患（Substance-induced Disorder），包括精神性疾患、雙極情緒疾患、憂鬱疾患、焦慮疾患、強迫疾患、睡眠失調疾患、性功能失調、瞻妄，和神經認知疾患，這些因為物質使用疾患引起的其他疾患凸顯物質成癮可能產生的嚴重後果。研究也顯示高比率的物質使用疾患的病患可能有「雙重診斷」（dual diagnosis）的問題，也就是物質使用疾患和精神疾患並行或交互影響的情形（Schäfter, 2011）。

（二）診斷標準和症狀特質

　　為了協助精神醫療專業人員診斷、治療和進行人員之間的專業溝通，DSM-V（American Psychiatric Association, 2014）列出了十一項診斷的指標或者症狀的特質，在過去十二個月期間只要有兩項或以上的問題項目出現就顯示患者具有該疾患，雖然有十二種疾患，其診斷的指標都是十一項，且差異並不是很大。以下以「酒精使用疾患」為例：

表13-2　酒精成癮的症狀

1. 飲酒經常超過預想的量，和預期的時間。	7. 不斷使用卻還操作機具和車輛。
2. 努力想要減量或控制使用卻無法成功。	8. 明知身心已經受創仍然持續使用。
3. 花很多時間取得酒精或想脫離其影響。	9. 容忍：下列之一或兩者兼具 (1) 攝取更多量以達成原先酒醉的效果。 (2) 持續攝取同樣的量，效果卻大減。
4. 不斷使用導致曠職、輟學、疏忽家庭。	10. 戒斷： (1) 沒有飲酒會產生身心的反應。 (2) 攝取同樣的量以避免或消除戒斷。
5. 即使引起社會和人際問題卻持續使用。	11. 強烈的欲望或衝動想使用酒精。
6. 因為酒精放棄社會、職場、娛樂活動。	

資料來源：American Psychiatric Association（2014）。

（三）多層面的變化和衝擊

　　不論是物質或其他成癮的疾患，都有可能引起其他的疾患，也有可能引起許多角色方面的失調，無法在學業、職場、家庭和社會互動，以及其他生活的領域發揮應有的功能，比較大的問題則是當事者不只無法控制，還可能否認自己的生活出了嚴重的問題。

　　從美國政府的精神醫療網站（U. S. Department of Health and Human Services, 2014）可以看出物質使用疾患可能引起許多身體、行為和人際

關係的變化與問題，以下列舉十多項的變化：

1. 行為方面的變化

物質使用者的行為變化包括學業中輟、工作曠職、打架、滋事、犯法、意外頻傳、開車或操作機具時使用物質、行為可疑和隱密、睡眠或食慾習慣改變、不明原因的人格或態度驟變、情緒不穩反覆無常、過動和焦躁不安、不合理的焦慮懼怕或恐慌，缺乏動機。

2. 身體方面的變化

在身體的變化方面，物質使用者的眼睛可能充滿血絲、瞳孔放大、體重驟升或驟降、身體外觀變差、不尋常的體臭、口臭或服裝異味、言詞不清、身體不自主顫抖動、身體協調失靈。

3. 社會方面的變化

在社會方面的變化，病患可能突然更換朋友、變換嗜好、更動以前常去的社交場所，開始有作奸犯科的問題，不明原因的財務問題或者突然缺錢，即使妻離子散甚至擔負強調的自責、罪惡感和羞愧感，還是持續使用物質，人際和家庭關係也因此更為疏離（Schäfter, 2011）。

（四）相關的需求

從上述的症狀或變化可以看出病患的需求很多元：

1. 治療

顯而易見的是，物質使用疾患的個案最需要的就是治療，這項需求雖然因為對不同物質成癮而有不同，可是對所有成癮者而言，接受治療最困難的莫過於突破當事者的防衛或心防，許多治療模式失敗的主因在此，再者，一旦成癮，便很難根除的問題特質，治療通常必須維持一段時間才可能控制成癮行為，治療失敗和復發是常見的事，因此，有效的治療方式的選擇頗為重要，這實證的議題。

2. 支持

物質使用疾患或成癮帶來人格和心理狀態的改變，導致角色功能的失能，破壞了人際和家庭的關係，最後的結果就是人際的疏離，社會網絡的解體，家庭的離散，因此，物質使用疾患的個案極其需要社會支持，缺乏社會支持也可能衝擊到接受治療的動機和持續度。

3. 復健

　　物質使用疾患的個案如果想獲取社會支持，就必須進行人際互動關係的復健，重新學習溝通技巧和人際互動的知能，才有可能修補疏離的關係；在所有的人際關係之中，家庭關係的修補可能最為艱難，因為成癮者的人格和行為變化，以及執迷不悟，對家人造成的傷害非同小可；另外，上癮也使得病患失去工作和經濟來源，再社會化的歷程中，重新進入職場或再接受教育，也是復健不可或缺的目標。

二、慢性疾病個案的特質和需求

　　本段說明慢性疾病的衝擊和病友的需求，慢性疾病包括身體的疾病和精神的疾患，精神疾患的自助團體頗多，有些是由罹患憂鬱症和躁鬱症的病友組成，以及遭遇到情緒問題的病友所組成，身體疾病方面的團體也頗多，比較常見的有癌症病友組成的團體。

（一）慢性疾病的衝擊

　　任何疾病對於病患的衝擊都牽涉到生理、心理和社會層面（Ashford, LeCroy, & Rankin, 2017），精神疾患影響到生理層面，例如：憂鬱的病患可能會有睡眠過多或過少，食物攝取量過多或過少的問題，服用精神藥物也可能帶來身體方面的副作用，心理方面的問題則可能涉及到情緒低落、想法扭曲或不合理，或負向的自我價值觀等，另外，比較嚴重的疾病可能使得求學、就業和婚姻關係中斷，例如：精神分裂症和躁鬱症好發在青少年或青年時期，求學或就業首當其衝。

（二）病友的需求

　　就像疾病的衝擊一樣，病友需求的滿足也是可以從生理、心理和社會等層面評估（Ashford, LeCroy, & Rankin, 2017）。在生理方面，個案有需要得到適當的治療，持續用藥，持續控制病情，和關注身體和營養的狀況，在這方面，需要衛教的介入，減少病識感的不足；在心理方面，個

案需要學習因應疾病帶來的壓力，面對社會對精神障礙的負面印象（汙名化），找到情緒抒發的管道，懷著對疾病預後的合理期待和想法；在社會層面方面，個案需要維持或重建家庭關係或人際關係，家庭和社會的支持格外重要，協助和陪伴他們面對問題，在學業或職場方面，個案需要復健，以便評估復健的成效，冀望能夠重回學校或職場；整體而言，個案需要疾病相關的知識或資訊，他們需要衛教持續接受治療和控制病情，他們需要認識相關的資源，必要時有人可以協助他們連結到所需要的服務。

三、對家屬的影響和需求

本段分別說明物質使用疾患和慢性疾病對於家屬的影響和家屬可能的需求，兩者分開描述是因為疾病的本質不同，對家屬的影響略有不同。

（一）物質使用疾患的家屬

家中有物質使用疾患的個案對於整體家庭生活的衝擊頗大，夫妻和親子關係遭到破壞，成癮可能使得潔身的承諾無法兌現，卻又不斷承諾和無法履行的惡性循環，家人之間最基本的信任感已經蕩然無存，更嚴重的傷害來自暴力，物質使用者失去原先的親職角色和功能造成的衝擊已經不小，雖然當事者自覺羞愧和心存罪惡感，行為失控之下可能對家人施暴，暴力（性和身體暴力）對子女而言真是情何以堪，研究也顯示生長在物質使用疾患和暴力家庭的子女，未來成為物質使用疾患的病患和施暴者的機會比較高（Schäfter, 2011）；另外，在人際互動方面，家屬還必須面對社會對於物質使用的負面烙印與刻板印象帶來的羞愧或恥辱，經過長期試圖協助病患之後，不少家屬可能選擇切斷關係。

（二）慢性疾病和家庭動力

物質使用的問題或慢性病對於家庭系統的衝擊頗大，兩種問題的屬性不同，衝擊也有所不同，本段以慢性病為討論主軸，由於家庭系統的層面很多元，就像是一棟房子的多扇窗戶，例如：角色、溝通、互動、界限、

規範、情緒抒發等動力指標（Gilliss, Pan, & Davis, 2019）。從每扇窗戶的角度可以一窺房子內部的樣態，想同時從多個窗戶探視，難度比較高，如果能夠從其中一扇窗戶（一項動力指標）著手，切入其他動力指標，比較能夠得心應手，本段從家庭成員的角色（其中一扇窗）談起。

首先，慢性病可能衝擊到家庭成員的角色和功能，如果罹病的是兒童，過去研究顯示照顧身心障礙兒童和家庭成員的父母，因為照顧壓力導致身心俱疲、財務負荷、社會孤立，除了生活品質每況愈下之外，因此而造成身體損傷、憂鬱焦慮，或離婚的比例頗高（Sethi, Bhargava, & Dhiman, 2007）。

如果夫妻之中有人罹病，疾病可能削弱他／她的親職和配偶的角色和功能，另一位配偶可能必須扮演起兩人的親職或其他角色，角色負荷可能過重，親職角色可能被削弱，衝擊到年幼子女的發展需求之滿足，照顧工作和任務可能使得成員互動的頻率也降低，溝通或情緒抒發與交流受阻，因為慢性疾病而角色弱化的配偶可能會有自責或愧疚的感受，啟動一連串的情緒、行為和想法的反應（Pollin & Golant, 1998），包括病患的角色的抉擇與掙扎，例如：「身為病患可以或應該得到多少照顧」和「應該承擔多少責任」兩者之間並不容易拿捏，溝通不順暢之下，更容易成為病患和家屬猜測和不滿的引爆點；另外，隨著疾病的進展，年紀比較大的兒童可能主動地或者被要求分擔家庭或親職的角色，負責管教年紀比較輕的手足，甚至可能替代罹病的父親或母親的角色，必要時還可能必須安慰擔負照顧角色的父親或母親（替代配偶的角色），這些角色的轉換都使得家庭次系統原先維持的界限變得模糊，例如：原先手足之間的位階和權力是均等的，卻因為慢性疾病的衝擊，年長的孩子必須管教和照顧年紀比較輕的弟弟、妹妹，家庭原先溝通互動的模式和相關的規範可能也在有形或無形的變動，衝擊到次系統之間原先維持的界限或分際，由於家庭成員可能忙於照顧罹患慢性病的成員，無暇與外界互動和交流，整個家庭可能因此趨向於封閉，外界的協助或資源比較不容易進入，徒增家庭的壓力和削弱家庭抒解或因應壓力的機會。家庭需要資源的介入，減少照顧者角色的過度負荷和轉換，透過衛教協助家庭因應疾病，透過家庭的介入協助家庭了解疾病對於家庭動力的衝擊，成員能夠順暢溝通的管道，維持互動和情感抒

發的機制，滿足成員的發展需求，避免家庭成員之間的疏離，甚至家庭系統的解體。

四、失智症長者和家屬的特質和需求

由於為失智症家屬成立的自助互助或支持團體愈來愈受到重視，因此，有必要特別說明這些家屬的需求。

（一）照顧負荷或壓力

失智症的類型頗多，比較嚴重和廣為人知的是阿茲海默氏症，它是一種不可逆轉的疾病，因為腦神經的病變，造成患者認知功能的虧損，進入中度和重度階段可能還有「精神行為症狀」，在精神和情感問題方面常見的有憂鬱症狀、妄想症狀、幻覺、錯任症狀，和日落症候群等，在行為問題方面，常見的以攻擊行為、重複現象、睡眠障礙、迷路、漫遊、貪食行為、病態收集行為，和不恰當性行為等（黃正平，2011）；照顧失智症患者對家屬而言是一項艱困的工作。這些艱困的工作主要是由女性家庭成員擔綱，尤其是配偶、女兒或媳婦等，照顧過程可能會產生身體或生理（例如：疲倦、健康虧損、疾病）、心理和情緒（例如：悲傷、失落、憤怒、憂鬱、焦慮、孤單、無助）、經濟（例如：照顧支出、購買服務和輔具、辭職或曠職失去收入）、社會性（例如：家庭關係緊張、社交休閒時間減少）等層面的負荷（楊培珊、陳俊佑，2011）。

（二）家庭照顧者的需求

1. 失智症相關知識和衛教

家庭照顧者需要認知疾病的特性和進程，能夠協助病患進行早期篩檢和預防，了解如何因應病患的問題行為和認識與評估醫療照護的需求。

2. 照護的決策和因應倫理和法令的議題

因為照顧失智症患者的工作比照顧失能長者來得複雜，過程之中可能要面對不少抉擇和決定，尤其牽涉到倫理兩難議題的抉擇，例如：是否將

疾病診斷告知病患？當長者的認知功能虧損嚴重，必須決定要不要申請監
護宣告和輔助宣告。

3. 壓力因應和情緒抒發

因為照顧失智長者的過程充滿了負荷和壓力，如何學習管理自己的情
緒和抒解照顧的壓力，知道自己的限度，照顧過程能夠維持自己的生活之
經營，深知任何照顧者都需要喘息，照顧的品質才能夠維持，被照顧和照
顧者的生活也才有品質。

4. 資源連結和社會支持

照顧者需要透過社會網絡認識和連結正式和非正式照顧的資源，例
如：居家服務、喘息服務和支持團體等，這些資源的連結和社會支持的取
得，有助於緩衝壓力源對於照顧者情緒（例如：負荷和憂鬱）的負面衝擊
（Chang, 2009）。

 ## 第二節　實施現況與類型

本節說明國內外發展的現況、問題類型和團體屬性、自助團體和專業
主義的關係、AA模式的作用。

壹、國內外發展的現況

本段說明自助團體在國外的成長趨勢，以及臺灣的發展現況，說明的
主軸是團體的數量的成長。

一、國外的成長趨勢

自助團體早已經在國際之間擴展，大多數以疾病和成癮行為相關問題
而成立的自助團體起源於美國，美國的自助團體極為盛行，如前所述，其

中又以「戒酒無名會」最早開始，也最能夠引領風潮，在家屬自助團體方面則是由戒酒無名會的親友組成的「戒酒無名會家庭團體」最有名，也成為其他家屬或親友互助團體的模式。

　　「戒酒無名會」成立於1935或1944年，由William Wilson（簡稱Bill W.）和Robert Smith（簡稱Dr. Bob）兩人創辦，後來模仿AA的團體大量的成立，1992年已經拓展到一百個國家，大約四萬個團體（Ahmadi, 2007），2014年國際間大約有十一萬六千個戒酒無名會團體，大約二百一十萬個會員，大多數的團體集中在北美地區，美國和加拿大大約有六萬四千個AA團體，大約有一百四十萬會員，每年大約有五百萬人參與各種類型的自助團體（National Council on Alcoholism and Drug Dependence, INC., 2014）。

二、臺灣的發展現況

　　臺灣在解嚴之後，公民意識抬頭，自主團體的風氣高漲，主要是集中在環境保護和消費者保護的領域，以及由許多病友團體組成的協會。從「戒酒無名會」（戒酒無名會—臺灣，2024）的網站可以看出目前有十二個點，集中在六都，臺北市、新北市、桃園市、臺中市、臺南市、高雄市，對照十年前網站的布點，過去其他縣市也有，目前似乎已經看不到：六都又以臺北市最多（六個點），聚會地點以捷運站附近咖啡店為主，僅有一處在療養院，減少過去醫院聚會的點可能引起參與者疑慮的問題。和美國類似，家屬和朋友們也組成一個「戒酒無名會家屬團體」，也是由酒癮者的家屬和朋友組成，目前僅一處聚會點；另外，因為疫情或資訊時代的趨勢，該會也有兩個線上會議，比較特別的是其中一個線上會議僅限女性，男性止步。臺灣的AA或類似AA模式的成癮互助團體比較少，在類型的多元性和數量方面都和緣起的美國有些差異。或許是因為民眾對成癮問題求助的習慣和意願的不同，或許AA或類似的自助團體並沒有重視宣傳，許多人者並不知道這類團體的存在。另外，或許國人比較不習慣在不熟悉的團體成員面前分享或告白自己的經成癮經驗，加上AA和類似

的團體被認為具有宗教色彩，或許AA被接受甚至獲得青睞的背後宗教、文化、國情與民情等情境因素和臺灣有些差異，成為無法廣泛拓展的原因，不過，真正的因素還需要實證研究進一步檢視才有可能釐清。

除了AA之外，其他的成癮相關團體並不多，僅有少數，例如：「財團法人臺灣紅絲帶基金會」（2024）過去曾經為使用過娛樂性藥物且有戒除動機的男同性戀者，成立「使用者匿名自助團體」，從網站可以看出該基金會目前聚焦在匿名篩檢，無法確認「娛樂性藥物使用者匿名自助團體」是否還存在。「杏陵心理諮商所」也成立過「性與愛成癮自助團體」、「性與愛上癮無名會」，主要對象是「對性有強迫性的需求，感情上極端依賴他人，習慣上痛苦地被愛情、挑逗、幻想占據注意力」（杏陵心理諮商所，2012），團體每週聚會一次，只是搜尋現今的網站（杏陵心理諮商所，2024）已經無法確認這個自助團體是否仍然存在。另外，「臺灣同行者互助會」（2024）是協助有生理和心理上癮行為的人和家屬成立的支持性團體，成立宗旨強調互助和自助，服務對象廣泛，包括監所收容人（成人，含不同性別與性傾向）、更生人、愛滋藥癮者，上述對象之家屬、學生和青少年，透過專業與非專業並行的方式，藉助於健康促進、養生與宗教等多元的模式協助上癮者和家屬；在家屬的支持團體方面，網站看到的團體目標與內容以專業人員運作的支持團體，似乎不是家屬自行成立和主持的自助團體。

本段簡述臺灣自助團體的現況，這項描述受限於資訊的取得，只能透過網站的搜尋，上一次搜尋是十年前，十年後再搜尋，有些似乎已經不存在，但透過網站也無從確認。整體而言，臺灣的「自助團體」成立的比較晚，可能和解嚴之後社會開放與民眾自主有關。值得注意的是這些以「自助或互助」為名的團體，大多數有專業人員實質運作的軌跡，在專業人員帶領之下，強化團體成員互助和自助，團體結束之後，成員們也無持續自主運作的後續行動，因此嚴格說來，並非類似AA的自助性團體。在辦理團體的單位或組織的屬性方面，以針對身心健康問題而組成的團體占大多數，尤其是由醫療社會工作者協助成立的自助團體（秦燕，1998；閻家慧，1986），主要是病友團體、身心障礙者權益促進相關團體，或家屬聯誼會和協會類屬的支持團體，其中全國分布比較廣布的團體則是

「財團法人羅慧夫顱顏基金會」（2014）在各地成立的脣顎裂、小耳症家庭自助團體，包括板橋脣顎裂自助團體、桃園脣顎裂自助團體、雲林脣顎裂自助團體、嘉義顱顏自助團體、臺南脣顎裂、小耳症自助團體、高雄脣顎裂、小耳症自助團體、臺東顱顏自助團體，通常是每三或四個月一次的聚會，分享照顧孩子的醫療、教養等經驗；「懷仁全人發展中心」（2012）成立「風雨生信心」支持性自助團體，以個人問題和成長議題探索爲主；另外，還有爲了協助社區中的受暴婦女而成立的互助團體，例如：「北投社區安全家庭整合方案」（葛書倫，2013），雖然強調受暴婦女之間的互助自助關係，但是進一步了解其服務模式，專業人員仍然扮演重要的角色，帶領受暴婦女和志工組成的社區協力網絡。

最近失智症的照顧議題愈來愈受到重視，「天主教康泰醫療教育基金會」於87年成立「康泰失智症家屬互助聯誼會」，「臺灣失智症協會」成立「瑞智互助家庭」，兩者都屬於家屬互助團體。如前所述，這些取名爲「自助」的團體並不符合國外所謂的「self-help」或「mutual aid」的意涵。

貳、問題類型和團體屬性

雖然上一段提到辦理自助團體的單位，似乎已經透露該單位或組織的屬性，以及想要因應的問題，本段進一步說明組成自助團體背後的問題類型，這些問題很多元（見表13-3），可以簡要區分成四種類型：物質使用相關問題、其他成癮問題、身體疾病和精神疾患等，其中以成癮的問題最常見，主要是因爲許多自助團體模仿AA，而AA的成立是爲了協助成員面對成癮問題（酗酒），解決這類問題的障礙就是否認自己的問題的防衛機轉，透過專業人員也很難突破，只能在同儕分享經驗和沒有專業權威「威逼」的氛圍之下，自行放下防衛。這些自助團體以物質使用者最常見，包括古柯鹼、大麻、鴉片、尼古丁等，通常是針對某種特定毒品的上癮行爲，少數團體則針對多種毒品（上述毒品和其他）。由於AA的十二個步驟提到「上帝」，很難不讓人聯想到西方社會崇奉的基督教，少數

團體因此強調無神論，例如：戒酒無神論團體（AA Agnostica）；有些團體則更具體的加入基督信仰的名稱，例如：酒癮者獻身基督（Alcoholics for Christ）、酒癮者勝利（Alcoholics Victorious，強調耶穌爲更高的權柄）和卡力克司會（The Calix Society，天主教酒癮團體）；另外有些團體標榜去基督宗教化，融入佛教的教義，稱爲佛教復原網絡（Buddhist Recovery Network），上述這些團體都是針對加入戒酒無名會的成員額外提供的協助，主要是強調去宗教化或去基督教化，或排除團體中的宗教或靈性色彩。

如前所述，隨著「戒酒無名會」運用十二個步驟帶來的成效和風潮，許多類似的團體應運而生，包括受到影響的家庭成員與子女，也紛紛成立相關的家屬支持團體，學習如何因應家人酗酒的問題，例如：「戒酒無名會家庭團體」以配偶或親友爲主；「成人子女無名會」（Adult Children Anonymous）由酒癮者的成人子女組成；「家庭青少年支持團體」（Family Teens Support Group）則是酒癮者的青少年子女組成（Gitterman & Shulman, 2005）。少數則是子女有酒癮和毒品的行爲問題，父母組成「因爲我愛你」互助團體（Because I Love You, BILY），有少數專門爲婦女而設立，例如：「婦女潔身」（針對酒癮婦女成立，Women for Sobriety）和「母親美沙咚」（母親懷孕期服用該藥物，受到影響的孩子成立的支持團體，Mothers On Methadone）。另外，還有物質使用致死之後，家屬成立的哀傷復原團體（Grief Recovery After A Substance Passing, GRASP）。

表13-3　自助團體問題類型和團體屬性

問題	個案	家屬或親朋好友	
		親友	子女
酒精	戒酒無名會 婦女潔身	酒戒酒無名會家庭團體	家庭青少年支持團體 成年子女無名會
古柯鹼	古柯鹼無名會	古柯鹼親友無名會	

問題	個案	家屬或親朋好友	
		親友	子女
鴉片	鴉片無名會 美沙咚無名支持		
尼古丁	尼古丁無名會		
多種毒品：大麻、尼古丁、古柯鹼、或其他	毒品無名會 潔身24 （社群網站）	復原夫妻無名會物質致死後哀傷復原	
所有成癮物質	所有成癮無名會	家庭無名會	
輕度成癮毒品	輕度成癮毒品無名會	親友無名會	
冰毒	冰毒無名會		
精神藥物	精神藥物無名會		
貪食	貪食無名會/食物上癮		
債務	債務無名會		
性	性癮無名會		
賭博	戒賭無名會	戒賭家庭團體	
工作狂	工作狂無名會		
任何成癮問題	成長（Grow）		
情緒問題	情緒無名會		
離婚	離婚無名會		
家暴		父母無名會 （虐童問題）	童年受暴存活者無名會
憂鬱	憂鬱無名會		
躁鬱	躁鬱世界（社群網站）	躁鬱者家屬 雙極親友 （社群網站）	
憂鬱和雙極	憂鬱和雙重診斷聯盟	雙極親友	

問題	個案	家屬或親朋好友	
		親友	子女
任何問題（上癮和精神或任何問題）	復原無名會（焦點取向團體）		

資料來源：Faces & Voices of Recovery（2014）、Gitterman & Shulman（2005）。

　　在精神違常的自助團體方面，主要是單一診斷的團體爲主，例如：憂鬱無名會（Depression Anonymous）、雙相情緒障礙無名會（Bi-Polar Anonymous）；或者兩種問題混合我組成的團體，例如：憂鬱和雙相情緒障礙支持聯盟；或物質濫用疾患和精神疾患「雙重診斷」復原支持團體，例如：Double Trouble In Recovery（雙重麻煩復原中）；另外，還有針對任何情緒問題的「情緒無名會」（Emotions Anonymous，簡稱EA）。

　　如同物質濫用疾患的家屬或親友組成自助團體，精神疾患家屬也不例外，例如：雙極（雙相情緒障礙）親友（Bipolar Significant Others）、憂鬱和雙極支持聯盟（Depression And Bipolar Support Alliance, DBSA）。隨著網路的發達，有些病友和家屬成立網路互助團體，例如：躁鬱症患者家屬成立的雙極親友（Bipolar Significant Others）和病友成立雙極世界（Bipolar World），除了精神疾患病友或親友之外，也有針對酒癮和物質成癮病友成立的社群網站，例如：SOBER24（潔身24）。

　　另外，美國也有一些醫療或健康問題相關的自助團體，例如：愛滋過往者的親人、罹癌孩子的父母、罹癌者和家屬、心臟手術病患和家屬、自閉症全國協會、精神障礙者全國聯合會等。有些家庭成員則組成問題相關的自助團體，例如：單親和子女、哀悼的父母、受青少年問題干擾的父母等（Ahmadi, 2007）。

參、自助團體和專業主義的關係

　　本段討論贊成或擁護自助團體的人對專業的態度。

一、反專業和醫療消費倡導

　　如前所述，自助團體（例如：AA）的緣起的重要原因之一就是對專業主義（專業知識、專業人員、專業團體）的不滿意或失望，強調經驗知識、同儕管理、同儕領導，和同儕決策等自主原則，也因為AA的影響，自助團體很容易被標籤為反專業主義（Borkman, 2008），或者對於專業抱持批判的態度（曾華源、鄭夙芬、溫信學，2013）。

　　值得注意的是AA類型的自助團體不只在態度和思考架構方面（對問題本質的界定與框架、解決問題的理念、管理和決策機制）和專業主義有異，它除了建構一個和傳統治療模式差異很大的自助社團和系統之外，它也挑戰傳統的健康照護體系的社會結構，依Borkman & Munn-Giddings的研究（2008），自助團體在四個層面挑戰健康照護體系的結構，同時進行醫療消費者的倡導，包括質疑醫療體系對於疾病的歸因、質疑醫療體系提供的治療選項不足、批判醫療體系的預防策略、挑戰研究經費編列的優先順序、倡導消費者參與醫療的決策、創造正向和不負面標籤的消費者認定感。除了對問題的定義和解決問題的思考架構和專業截然不同之外，對於醫療體系的結構面的顛覆更容易讓專業人員看出AA類型自助團體的反專業主義。

　　不過，從早期有限的實證研究結果可以看出AA成員對於專業主義的看法並不一致，有研究結果發現友善的取向，但是也有研究的結果呈現相反的情形（Toseland&Hacker, 1985），或許顯示AA成員態度的差異的實況，實際上如何，屬於實證的議題，值得進一步探討。

二、與專業關係的類型

　　Ahmedi（2008）認為自助的模式有兩種，「專業專家」模式（professional expert model）和「同儕自助參與」模式（self-help peer participatory model）；Borkman（2008）認為AA模式的自助團體和專業的關係不全然是拒斥或者疏離的，專業知識和經驗知識兩者並不是完全互

斥，有些專業也重視個案中心，並具有經驗的基礎或成分，有些自助團體也藉助於專業，邀請專業人員講授，有些專業人員也成為自助團體成員，顯示自助團體和專業之間可以秉持互相接納、正向與和諧的關係，因此，依據Borkman（2008）的看法，其實兩者的關係介於兩種模式的兩極光譜之間，從左邊的完全自助不依賴任何專業，到最右邊的完全信賴專業，拒斥自助團體只依賴經驗法則可能帶來的危險。Adams（1990）的分類則依據自助團體的獨立自主程度，分成專業機構創設專業人員主導、半獨立自主、獨立自主三種模式；值得注意的是，從自助團體的意涵看來，處在光譜的最右端，由專業人員主責的許多病友或家屬自助團體似乎已經脫離「自助」的本質，是否仍然可以稱為「自助團體」有待商榷。以下整理自助團體和專業關係的類型，採取的觀點是把光譜的右端都列入，稱為自助團體（見表13-4）。

表13-4　自助團體與專業的關係類型

	AA自助團體	瑞士口吃自助團體	「風雨生信心」支持性自助團體*	美國口吃自助團體	臺灣的病友自助團體
成立	成員	成員	專業團體	成員	專業團體
專業互動	完全排除	鼓勵專業治療／專業人員講授與衛教	催化／接待／陪伴	專業人員成為顧問甚至領導者	專業領導主導
議題界定	成員	成員	成員	成員／專業	專業＋成員
治療觀點	成員	成員	成員	兩者	專業＋成員
活動方案	成員	成員	成員	兩者	專業＋成員
醫療服務消費倡導	強力	中等	無	無	中等到低度

*註：「懷仁全人發展中心」成立。

　　光譜的左邊屬於大多數的AA自助團體，和專業比較沒有往來，往光譜中間些微移動的則是類似瑞士的「口吃自助團體」，由口吃病友自主成

立，有時候會邀請語言治療專家到團體授課，但是應用的功夫與拿捏還是由成員掌控，除此之外，該團體並不希望專業人員參與團體活動，除非加入團體成為會員。美國「口吃自助團體」則更往光譜的右邊移動，因為該團體除了鼓勵成員在參加團體的同時，接受專業的語言治療之外，還會邀請語言治療師大量地協助，專業人員還可能成為顧問，提供團體活動和方向的決定之諮詢，有時候還成為團體的領導者（Borkman, 2008）。

從上述這些關係類型看來，臺灣大多數所謂的「自助團體」可能都落在光譜的最右端，除了AA之外，純粹由病友和非專業人士成立與支撐的團體很少，多數團體似乎都有專業斧鑿的痕跡，從成立團體、成員的招募、團體決策和運作、資源的連結和財源的籌措、永續經營，似乎都由專業人員負責，例如：早期已經存在的許多病友團體；只有極少數團體宣告專業人員只負責接待、陪伴或催化，例如：「懷仁全人發展中心」成立的「風雨生信心」支持性自助團體；少數團體則在成員能夠自主之後，專業人員或機構退居幕後，僅從旁協助或提供相關資源，由團體成員接手，例如：「天主教康泰醫療教育基金會」成立的「失智症家屬聯誼會」。這些情形凸顯臺灣的所謂的「自助團體」的特質，與國外賦予所謂的「self-help」或者「mutual aid」的意涵和特質有很大的落差，嚴格說來，並不適合稱為自助或互助團體。

肆、AA模式的作用

由於AA模式是目前最盛行的自助團體模式，有關其特質有需要更明確的介紹。本節說明AA的幾項優勢，例如：能夠突破成癮者的防衛、同儕認同與植入希望、充權、支持網絡的建構、認知的框架。這些優勢的說明是在以下的前提，就是了解AA也存在可能的問題或風險，例如：過度地活在AA的世界裡、宗教的色彩，和前述的反專業主義等。

社會團體工作——理論與實務

一、突破防衛

　　如前所述，中止成癮行為的最大障礙就是「否認」上癮問題的防衛機轉，即使行為已經造成社會角色的失敗，嚴重傷害家庭和至親，當事者仍然不認為自己有問題；AA的十二個步驟的第一個就是承認自己的無能為力或者生命失去控制，這是決定開始經營復原生活的第一步；這個步驟背後的依據似乎和疾病理論有關，因為上癮是一種疾病，所以無法自救，也無法痊癒，需要藉助於更高的力量（Arkowitz & Lilienfeld, 2011）。另外，防衛的突破需要依賴情境，這是其他心理諮商模式比較無法著力的地方，這個情境就是同儕的經驗分享的說服力，而且是在沒有任何專業說教或權威，不必冒險透露自己和隱私，連姓名也可以隱匿之下營造出來的不具任何威脅的氛圍。

二、植入希望

　　突破成癮者的防衛，承認自己的無能為力之後，必須有希望的願景接續，否則只能夠被無力感占據，幸運的是，希望的願景就在眼前，沒有距離，就在同儕的經驗和分享裡，活生生的展現，具有權威，又容易產生確信，相信自己也能夠做到。希望也來自十二個步驟的第二、三、五、六、十一等步驟的要求：相信一個更高的力量，把一切完全地交托給祂，不管這個力量是誰，力道如何，從成功地過著潔身生活的同儕的口中說出，很容易讓聽者產生盼望（Arkowitz & Lilienfeld, 2011）。

三、充權倡導

　　在AA的模式裡，最重要的充權來自團體成員不用依賴專業人員，而是同儕互相依靠，互相依靠和互相幫助讓面對問題感到無力的當事者產生力量，扮演助人的角色和看到自己的用處；充權也來自同儕能夠自主、掌

握，與控制自己的命運，不論是自己面對的問題本質的解釋框架，或是解決問題的解答、團體過程的決策、團體的經營管理等，都由成員自主決定，充權指的是提升了自助團體成員的自尊和自我效能；充權也是來自參與和投入，無形中強化了成員的社會和人際技巧，屬於社會復健的療程。在政策面的充權則來自前面所述的AA類似的自助團體對於成員的健康照護權益的倡導，成功地影響或改變英國和美國健康照護系統的政策（Borkman & Munn-Giddings, 2008）。

四、支持網絡

只有信念不足以成事，社會支持和網絡必須發揮功效，在一群面對共同問題、具有共同信念和信仰的人組成的社團之中生活，是落實和實踐信仰最重要和不可或缺的條件，加入AA的人會獲得一位「贊助者」（sponsor）提供精神上的支持和提醒，AA也鼓勵成員之間的互動，必要時，可以整天參加不同地點的AA聚會，避開成癮朋友的誘惑。捍衛AA宗教色彩過於濃厚的人可能會把「更高的力量」或「上帝」解釋成為「AA」構築而成的社會情境與網絡，或者AA這個大家庭。

五、認知療法

AA模式的自助團體的效能，部分來自一些「自我言談」或「內在自言」（self-talk）技巧的運用，取代「自我言中」的失敗預言（self-fulfilling prophecy），例如：「放輕鬆」（Easy does it.）、「一天的難處一天當就夠了（不要為明天憂慮）」（Take one day at a time.），類似這種簡單的用詞或提醒語，在日常生活中透過對自己說話，可以將AA的價值和生活方式內化，發揮影響生活和行為的效果，這也是AA值得學習的地方。

六、生活方式

　　AA的效能是建立在把面對成癮的問題的抉擇轉化成一種生活的方式，從無名會的會徽可以看出：一個圓內有三角形，三角形的三個邊分別象徵康復、服務和團結，康復就是追求一種潔身、禁慾或滴酒（毒品）不沾（abstinence）的生活方式，服務（service）就是幫助其他成癮的朋友，合一（團結）就是建立一種酗酒者的團契生活，在自己的自助團體內，在無名會之間，和整體無名會組織裡的和諧合作關係（戒酒無名會——臺灣，2014；Borkman, 2008）。

 第三節　團體方案要領或重點

　　自助團體對於專業主義的態度或者對於與專業人員的互動關係的看法和定位，可以簡單地區分成拒斥、部分接受，或依賴專業人員等類型。相對地，專業人員對於自助團體的看法和態度，以及參與或涉入的情形也有程度上的差異，從陪伴到實際投入，包括專業人員對自助團體的接納態度、社區轉介和連結、建構社區服務網、提供資源或聚會地點，以及自己成立自助團體工作等（Toseland & Hacker, 1985）。

壹、社區轉介和連結

　　許多以AA的模式成立的團體（又稱為「十二個步驟團體」）可能比較不會希望專業人員協助，不讓他們扮演任何角色，甚至不會歡迎他們進入團體，除非以個別的方式成為會員，才可以參加團體的活動。對於這種類型的自助團體，團體工作者仍然可以試圖和自助團體建立關係，協助進行社區宣傳與轉介，更進一步則是建立社區連結網絡（Toseland & Hecker, 1985），不過，專業人員在投入這兩項行動之前，有需要檢視自己對自助團體的看法和態度。

一、對自助團體的態度

　　不論自助團體對專業主義的態度是正向或負向，專業人員或許可檢視個人對不少反專業主義的自助團體的態度屬於正向、負向，或者不置可否，也就是不批判也不推薦的態度；值得注意的是這裡的著眼點不應該是專業人員個人的態度議題，而是應該回到「案主需求」或「案主中心」的核心價值或理念，如果自助團體是面對共同問題的案主尋求問題解決的選項之一，專業人員可以採取開放的態度，視為個案滿足自己的需求的努力，尤其是對專業服務失望的案主，有權利考量更多的選項，這對部分專業人員而言，並不是一件容易的事，如果參與傾向於反專業主義的自助團體的要求是在團體進行的過程中被提出，領導者可能會將這項要求視為是對當下進行的團體的一種否定，甚至可能將案主的意向解讀成為是對專業的一種挑戰；不過，值得思考的是專業人員的意向或態度的確是影響案主使用自助團體的重要因素之一（Toseland & Hacker, 1985）。

二、社區宣傳與轉介

　　專業人員的態度如果不再是障礙，更積極的做法就是協助自助團體進行社區宣傳，因為資訊是使用任何服務最重要的促成因素之一，案主如果有使用自助團體的需要，資訊的缺乏將成為使用服務的障礙，Toseland和Hacker（1985）的研究發現社會工作者對自助團體的熟悉度是影響個案使用服務的重要因素之一。社會工作者可以協助自助團體在社區中進行宣傳，只是宣傳的方式和管道需要研議和確認，以免徒勞無功；有些團體是透過媒體宣傳的方式，這種管道的成果似乎比較不確定，比較確切的方式是透過個案經常接觸的醫療院所或社會福利團體和協會，協助宣傳，例如：臺灣的AA或其他比較道地的自助團體很少人知道，有必要廣為宣傳，因為臺灣酗酒的問題有趨向於嚴重的趨勢，原住民酗酒的問題也不例外（Yen et al., 2008）。

　　轉介則是接受服務的案主的需求超過專業人員或機構能夠提供，轉到

其他的服務機構是滿足個案需求的方式之一，轉介通常必須以完整的評估為前提，掌握個案的實際狀況，再提供個案相關的資訊，比較完整的做法則是確認個案是否確實地和和自助團體連結，不過，如果社會工作者想轉介或連結的自助團體是匿名會，則想要確認個案是否成功地加入該會並不容易，因為該類型自助團體強調自主參與和匿名的政策。不論是宣傳或者轉介，其先決條件就是讓自助團體深入有需要的社區，包括原鄉。

三、網絡連結的角色

由於社會工作者服務的對象可能有很多元的需求，不是單一的服務項目能夠滿足，例如：失智症的個案需要醫療門診、社區照顧服務和家屬的支持服務等，建構一個友善的社區服務網絡，強化社區各個資源單位的連繫、協調和合作，或者將個案、專業服務機構和自助團體三者加以連結，比較能夠為個案量身訂製相關的服務，滿足個案多元的需求。

貳、支持的角色

Toseland和Hacker（1985）認為專業人員也可以提供自助團體資源的協助，成為主題的講授者、專家諮詢者，或者擔任顧問。這些支持如果以個體從社會網絡或人際關係獲得的支持加以分類，包括資訊和知能的支持、情緒的支持和實質的支持，這些支持必須在團體的哪一個階段提供，可以遵照自助團體的意願，秦燕（2002）認為專業人員在團體初期擔任顧問、導引、培訓角色，團體能夠自主運作之後，擔任諮詢和支持角色。

一、支持的類別

（一）資訊知能的支持

如前所述，有些自助團體邀請專業人員擔負教育者、諮詢者和顧問的角色，提供因應問題相關的資訊（Borkman, 2008），例如：美國口吃自助團體。由於專業知識和經驗知識差異很大，專業人員提供的資訊知能必須能夠轉譯為經驗知識和語言，否則比較難以獲得共鳴和認同，更不容易將因應問題的知能內化，因此，有些自助團體會由成員討論和轉譯，連結經驗知識，是最佳的做法。在提供團體的經營管理的諮詢和建議（顧問）方面似乎比較沒有這方面的問題，不過，尊重成員的自主性，相信他們有能力可以自我管理，對專業人員而言雖然是很重要的原則，卻不是很容易放手的事。

（二）情緒和實質支持

專業人員可以在自助團體互動過程或者團體成員在經營管理方面遇到挫折時，提供情緒方面的支持，不過，與其由專業人員提供支持，不如教導成員能夠互相支持。另外，專業人員或所屬機構也可以提供實質支持，包括軟體、硬體或財務方面，尤其是聚會的場地，這對資源比較缺乏的自助團體而言極為重要，可以讓他們後顧無憂。

二、依賴和自主的議題

支持的提供有可能使得團體過度依賴專業人員，依賴關係一旦形成，自助的程度可能逐漸減弱，自助因而變成他助，團體的自主性可能因而被弱化，並且難以走向自助自主的道路；因此，專業人員的角色和功能必須有很清楚的定位，鼓勵和教導成員如何獨立自主，減少依賴是很重要的原則。

參、擔任團體領導者

有些團體會邀請專業人員擔任領導者，Ahmedi（2008）將這種安排歸類為「專業專家」模式之一，有別於「同儕自助參與」模式，他特別提醒後者的優勢就是團體成員的充權，同儕互相依賴、互相幫助、成員自主管理的團體因為分享共同的羞愧和社會標籤，權威來自經驗和分享，並學習掌控自己的生命和問題，對充權有很大的助益，這也表示專業領導的團體似乎比較不具充權的功能。

領導者的挑戰仍然在於如何盡快的將領導權轉移到成員，不過，在轉移之前仍然可以透過「以案主為中心」的原則，讓團體成員在問題界定框架的選擇、目標設定、因應問題方法的決定，或團體過程和未來發展的掌控都由成員自主，領導者以催化的角色為主。「以案主為中心」的實務理念除了不將專業的框架加諸於團體之外，還包括對於團體成員的能力的信賴，相信他們有潛能可以解決問題，以及掌握自己、彼此和團體的生命。

肆、成立自助團體

Toseland和Hacker（1985）認為社會工作者可以在自助團體發揮功能的其中一個選項就是「成立一個自助團體」，臺灣許多病友團體與協會的社會工作者很早就已經在發揮這方面的功能，而且成立之後，持續領導和管理，英國學者Adams（1990）似乎也把這類團體歸類為自助團體，但是他提到的是「導引」，比較不是掌控、領導和管理，而是主導權轉移給團體成員，雖然，嚴格說來，許多的病友支持團體並不算是自助團體，湯麗玉等人（2000）還是希望專業人員在協助成立之後，能夠盡量扶植自主，顯示「瑞智互助家庭」正在往這個方向邁進；「康泰失智症家屬互助聯誼會」似乎已經走向自主之路，除了從「天主教康泰醫療教育基金會」得到一些資源上的協助，更重要的是很有領導力（charisma）的成員出來帶領，培植這類領導者格外重要。

上述有關專業人員可以在自助團體方面發揮的功能的說明也適用於成

立自助團體的工作，需要補充說明的是自助團體潛在的對象之考量和開始的功夫。

在對象的考量方面，自助團體的成立通常是從一群有共同問題的人開始，他們的需求的滿足是主要的考量，也就是社會工作者服務的對象或案主群，例如：社區中的獨居、失智、失能長者，或他們的照顧者，又例如：受暴婦女或慢性疾病患者，已經開始聚會和聯誼的案主群是很好的起始點，如果個案從來沒有聚集過，可以從下午茶或聯誼會的方式開始（林蘭因、羅秀華、王潔媛，2004）。

聯誼會進行一段時間之後，熱心、出席頻繁、有向心力的核心成員可能開始浮現，可以進一步評估成員的團體動力和凝聚力，再以個別和團體的方式探索成員對於成立自助團體的意向和看法，在這個階段裡，核心成員的意見和投入頗為重要，他們需要有關自助團體的功能和運作相關的資訊。

準備成立或剛開始成立的過程中，團體需要專業人員或機構在情感、資源和實質等方面持續的協助和支持的承諾，專業人員和機構也需要對成員有充分的信心，相信他們有能力掌握和管理自己的團體，這種信賴也包括冒著自助團體可能過度自主，甚至脫離母機構或協助他們成立的專業人員，成為一個完全自主和獨立的實體，對許多專業人員或機構而言，這可能不是一項樂見的結果，但是，最道地和實存的自助團體就是同儕主導、管控、經營的團體，專業人員和機構也深怕這類團體無法永續下去，Borkman（2008）說的最貼切：「自助團體（指AA）是實際且實用的，也是自願的，整個團體的理念和模式隨時都在接受考驗，因為如果團體無效，沒有幫助，成員就不會來，團體就沒落、萎縮，甚至消失。」

參考資料

中文部分

王正平（2011）。失智症的精神行為症狀。出自天主教失智老人基金會主編「失智

症整合照護」（第三章）。臺北市：華騰文化股份有限公司。

戒酒無名會—臺灣（2014）。戒酒無名會。取於2024/07/31自 *http://www.aataiwan.org/meetings.html*。

李玲（1997）。精神病患家屬參與自助團體主觀經驗之探究—以臺北市心理復健家屬聯合協會爲例。東吳大學社會工作研究所碩士論文。臺北：東吳大學。

杏陵心理諮商所（2012）。親密與性健康促進學院—性與愛成癮自助團體。取於 2014/05/29自 *http://mercysexco.pixnet.net/blog/post/45517666*。

林蘭因、羅秀華、王潔媛（2004）。動員社區資源照顧社區老人—以龍山老人服務中心下午茶外展服務方案爲例。社區發展季刊，106: 186-201頁。

陳靜美（2012）。東吳大學社會工作學系碩士論文。

湯麗玉、葉炳強、陳良娟、謝碧容（2000）。失智症家屬支持團體成效初探。應用心理研究，7：171-190。

財團法人臺灣紅絲帶基金會(2024)。財團法人臺灣紅絲帶基金會」網站。取於 2024/7/30自 https://www.taiwanaids.org.tw。

曾華源、鄭凰芬、温信學編著（2013）。社會團體工作。新北市：空中大學。

楊培珊、陳俊佑（2011）失智症的精神行爲症狀。出自天主教失智老人基金會主編「失智症整合照護」（第八章）。臺北市：華騰文化股份有限公司。

葛書倫(2013)。她說？他說？再思親密關係暴力的權控論述：以北投經驗爲例。社區發展季刊，124，264-272頁。

閻家慧（1986）。乳癌患者與自主團體之工作評估。醫務社會工作協會年刊，57-65。

秦燕（1998）。乳癌病患參與自助團體的意願及滿意度之研究。臺中：榮民總醫院社會工作室。

臺灣同行者互助協會(2024)。臺灣同行者互助協會。取於2024/7/30自 https://www.hihatw.org/%e6%88%92%e7%99%ae%e5%ae%b6%e5%b1%ac%e6%94%af%e6%8c%81。

英文部分

Adams, R. (1990). *Self-help, social work and empowerment*. London: Macmillan Education.

Ahmadi, K. (2007). What is a Self-Help Group?. *Psych Central*. Retrieved on June 9, 2014, from http://psychcentral.com/lib/what-is-a-self-help-group/0001280

Arkowitz, H. &Lilienfeld, S. (2011). Does Alcoholics Anonymous Work? For some heavy drinkers, the answer is a tentative yes.

Ashford, J.B. & LeCroy, C.W., Rankin, L. (2017). *Human Behavior in the Social Environment: A Multidimensional Perspective* (4thed.). Boston: Cengage Learning.

Benton, S.A. (2008). *Understanding the High-Functioning Alcoholic: Professional Views and Personal Insights.* New York: Barnes & Noble.

Borkman, T. (1976). Experiential Knowledge: A New Concept for the Analysis of Self-Help Groups. *Social Service Review*, 50(3), 445-456.

Borkman, T. (2008). The Twelve-Step Recovery Model of AA: A Voluntary Mutual Help Association. Recent Developments in Alcoholism, Vol. 18 (2008), pp. 9-35.

Borkman, T. &Munn-Giddings, C. (2008). Self-help groups challenge health care systems in the US and UK, in Susan M. Chambré, Melinda Goldner (ed.) *Patients, Consumers and Civil Society* (Advances in Medical Sociology, Volume 10), Emerald Group Publishing Limited, pp.127-150

Chang, H.J. (2009). The Correlation of Home Care With Family Caregiver Burden and Depressive Mood: An Examination OF Moderating Functions. *International Journal of Gerontology*, 3(3): 170-180.

Faces and Voices of Recovery. (2014).Guide to Mutual Aid Resources. Retrieved on 2014/05/16, from http://www.facesandvoicesofrecovery.org/guide/support..

Gilliss CL, Pan W, Davis LL. (2019). Family Involvement in Adult Chronic Disease Care: Reviewing the Systematic Reviews. *Journal of Family Nursing*, 2019; 25(1):3-27.

Gitterman, A. &Shulman, L. (2005). *Mutual Aid Groups, Vulnerable and Resilient Populations, and the Life Cycle* (3rd Ed.). Columbia University Press.

Hargrave, T.& Hanna, S. (1997). *The aging family:New versions in theory, practice, and reality.* New York: Brunner/Mazel.

Natinal Council on Alcoholism and Drug Dependence, INC. (2014). Mutual Aid/Support Group. Retrieved on June 14, 2014 from http://ncadd.org/index.php/recovery-support/mutual-aid-support.

Pollin & Golant, S. (1998). *Taking Charge: Overcoming the Challenges of Long-Term Illness.* New York: Random House Value Publishing.

Rolland, J.S. (1987). Chronic Illness and the Life Cycle: A Conceptual Framework.

Family Process, 26:203-221.

Sethi, S., Bhargava, SC., &Dhiman, V. (2007).Study of level of stress and burden in the caregivers of children with mental retardation. *Eastern Journal of Medicine*, 12, 21-24.

Schäfer, G. (2011). Family functioning in families with alcohol and other drug addiction. *Social Policy Journal of New Zealand*, 37(June), 1-17.

Toseland, R.W., Hacker, L. (1985). Social workers' use of self-help groups as a resource for clients. *Social Work*, 30(3), 232-237.

U.S. Department of Health & Human Services. (2014). Mental Health and Substance Use Disorder. Retrieved on June 6, 2014, from http://www.mentalhealth.gov/ what-to-look-for/substance-abuse/.

Yen CF, Hsiao RC, Ries R, Liu SC, Huang CF, Chang YP, Yu ML. (2008). Insight into alcohol-related problems and its associations with severity of alcohol consumption, mental health status, race, and level of acculturation in southern Taiwanese indigenous people with alcoholism. *American Journal of Drug Alcohol Abuse*, 34(5), 553-61.